全国社会工作者职业水平考试3D题库

免费下载
+送手机版

圣才学习网www.100xuexi.com

交友学习、高清视频讲解与名师直播答疑的3D题库

◆ 全国社会工作者职业水平考试3D题库【免费下载＋送手机版】

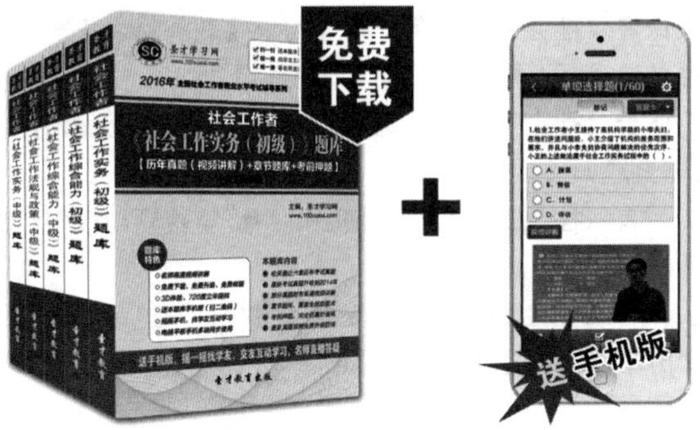

1. 社会工作者《社会工作实务（初级）》题库【历年真题（视频讲解）＋章节题库＋考前押题】
2. 社会工作者《社会工作综合能力（初级）》题库【历年真题（视频讲解）＋章节题库＋考前押题】
3. 社会工作者《社会工作综合能力（中级）题库【历年真题（视频讲解）＋章节题库＋考前押题】
4. 社会工作者《社会工作法规与政策（中级）题库【历年真题（视频讲解）＋章节题库＋考前押题】
5. 社会工作者《社会工作实务（中级）》题库【历年真题（视频讲解）＋章节题库＋考前押题】

◆ 题库功能介绍

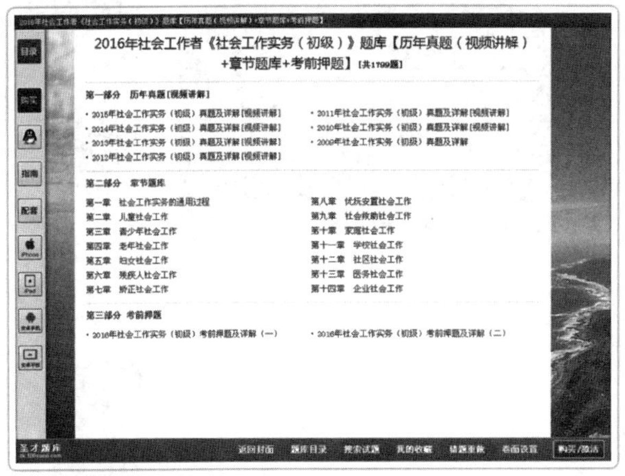

3D题库特色：

1. 直播答疑：辅导名师考前直播答疑点拨考点
2. 视频讲解：辅导名师高清视频讲解疑难试题
3. 互动学习：摇摇手机即可寻找学友互动做题
4. 免费做题：所有试题可免费不限次看题做题
5. 功能强大：错题重做、试题搜索等十大功能
6. 多端并用：电脑手机平板等多平台同步使用

◆ 题库内容简介

圣才题库系统共分为三部分：（1）历年真题；（2）章节题库；（3）考前押题。进入题库页面点击对应按钮即可开始学习。

（1）历年真题：采用近年考试真题进行测试，试题附有高清视频讲解。

（2）章节题库：根据最新考试教材分为章节题库，进行针对性做题训练。

（3）考前押题：由专业老师根据历年真题命题规律及热门考点进行押题。

以上三部分在做题过程中出现的错误答题，系统会自动记录在“错题重做”栏目里，学员可以根据错题重做有针对性的进行查漏补缺。

全国热线：4006-123-191（8:30-00:30）；咨询QQ：4006123191（8:30-00:30）

全国社会工作者职业水平考试辅导

火爆招生

圣才学习网（www.100xuexi.com）—成功辅导数万人通关的教育视频网站！

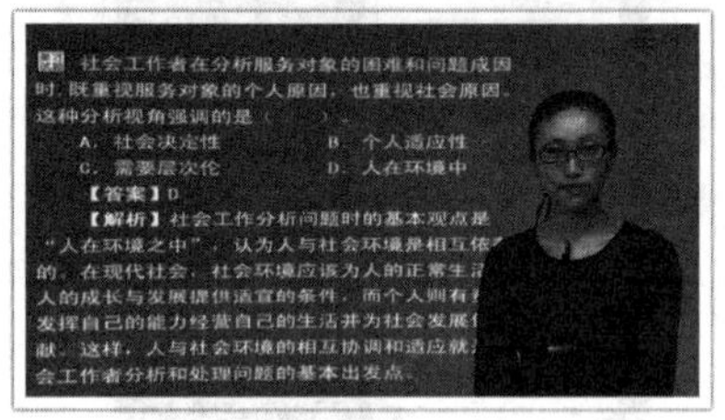
▲ 历年真题名师详解

▲ 考试大纲解读与命题规律总结

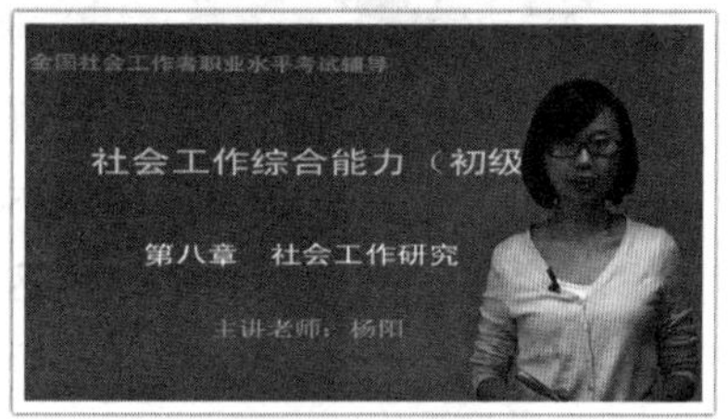

▲ 参考教材精讲

	产　品	内　容	备　注
社会工作实务（初级）	1. 网授保过班	网授精讲班【教材精讲＋真题串讲】＋真题解析班（网授）＋3D电子书（题库）＋内部押题资料＋全程答疑	①送手机版电子书（题库） ②签约保过，不过免费重修
社会工作综合能力（初级）	2. 网授精讲班【教材精讲＋真题串讲】	精讲参考教材章节内容，穿插经典真题，分析各章考点、重点和难点。	①送手机版电子书（题库） ②高清视频讲解，影院效果
社会工作综合能力（中级）	3. 真题解析班（网授）	包括：①考试大纲解读与命题规律总结；②历年真题名师详解。	①送手机版电子书（题库） ②高清视频讲解，影院效果
社会工作实务（中级）	4. 一对一辅导（面授/网授）	制定个性化辅导方案＋串讲教材、解析真题＋3D电子书（题库）。	主要针对基础比较薄弱的学员。
社会工作法规与政策（中级）	5. 3D电子书（题库）	过关必做习题集（含历年真题）、历年真题详解、题库、讲义与视频课程等。	①免费下载，送手机版，视频讲解，720度旋转。 ②摇一摇手机，摇出本书学友，交友学习两不误。 ③考前开通直播课堂，讲解重点习题，点拨考点。

◆产品介绍

1. 网授保过班

每位学员配一位专职班主任，提供全程答疑。签订保过协议，不过免费重修一次。

2. 网授精讲班【教材精讲＋真题串讲】/真题解析班【高清视频】

高清视频精讲参考教材/真题，分析考点、重点和难点。学员可直接登录网站在线学习。有效期为自报名之日起至考试结束后一周，在此期间可多次学习。

3. 3D电子书（题库）【免费下载+送手机版】

详细内容参见前面插页介绍。

更多职业资格类考试辅导，登录圣才学习网（www.100xuexi.com）。

全国热线：4006-123-191（8:30-00:30）；咨询QQ：4006123191（8:30-00:30）

全国社会工作者职业水平考试辅导系列

社会工作实务(初级)

历年真题与模拟试题详解

(第3版)

主编：圣才学习网

www.100xuexi.com

中国石化出版社

图书在版编目(CIP)数据

社会工作实务(初级)历年真题与模拟试题详解/

圣才学习网主编.—3版.—北京:中国石化出版社,

2015.9

(全国社会工作者职业水平考试辅导系列)

ISBN 978-7-5114-3569-9

Ⅰ.①社… Ⅱ.①圣… Ⅲ.①社会工作-中国-水平

考试-题解 Ⅳ.①D632-44

中国版本图书馆 CIP 数据核字(2015)第198705号

中国石化出版社出版发行

地址:北京市东城区安定门外大街58号

邮编:100011 电话:(010)84271850

读者服务部电话:(010)84289974

http://www.sinopec-press.com

E-mail:press@sinopec.com

武汉市新华印刷有限责任公司印刷

全国各地新华书店经销

*

787×1092毫米 16开本 17印张 4插页 432千字

2015年10月第3版 2015年10月第1次印刷

定价:35.00元

序　言

为了帮助考生顺利通过全国社会工作者职业水平考试，我们根据最新考试大纲和指定教材编写了全国社会工作者职业水平考试辅导系列。

本书是全国社会工作者职业水平考试科目《社会工作实务》(初级)的历年真题与模拟试题详解。全书由两部分组成：第一部分为历年真题详解，精选了2009年至2015年的7套真题，并对全部真题的答案进行了详细的分析和说明；第二部分为模拟试题详解，按照最新考试大纲及近年的命题规律精心编写了3套模拟试题，并根据最新指定教材和法律法规对所有试题进行了详细的分析和说明。

购买本书享受240元大礼包增值服务。详情请登录圣才学习网(www.100xuexi.com)首页的【购书大礼包】，刮开本书封面所贴防伪标的密码，即可享受大礼包增值服务：

★ 网络课程(18小时真题解析班，价值100元)。

由圣才名师对本科目2010~2015年的6套真题(包括每个选项)从难易程度、考查知识点等方面进行全面、细致地讲解，以帮助考生掌握命题规律和出题特点。

★ 本书3D电子书【视频讲解】(价值30元)。

★ 3D题库【历年真题(视频讲解)+章节题库+考前押题】(价值30元)。

★ 手机版【电子书/题库】(价值60元)。

★ 圣才学习卡(价值20元)，可在圣才学习网旗下所有网站进行消费。

扫一扫本书封面的二维码，可免费下载本书手机版；摇一摇本书手机版，可找到所有学习本书的学友，交友学习两不误；本书提供名师考前直播答疑，手机电脑均可观看，直播答疑在考前推出(具体时间见网站公告)。

与本书相配套，圣才学习网提供社会工作者考试网络课程、3D电子书、3D题库(免费下载，免费升级)(详细介绍参见本书书前插页)。

圣才学习网(www.100xuexi.com)是一家为全国各类考试和专业课学习提供名师网络课程、3D电子书、3D题库(免费下载，免费升级)等全方位教育服务的综合性学习型视频学习网站，拥有近100种考试(含418个考试科目)、194种经典教材(含英语、经济、管理、证券、金融等共16大类)，合计近万小时的面授班、网授班课程。

职称资格：www.100xuexi.com(圣才学习网)
考研辅导：www.100exam.com(圣才考研网)

圣才学习网编辑部

目　录

第一部分　历年真题详解

2015年助理社会工作师《社会工作实务》(初级)真题及详解 ……………… (共28页)
2014年助理社会工作师《社会工作实务》(初级)真题及详解 ……………… (共28页)
2013年助理社会工作师《社会工作实务》(初级)真题及详解 ……………… (共28页)
2012年助理社会工作师《社会工作实务》(初级)真题及详解 ……………… (共28页)
2011年助理社会工作师《社会工作实务》(初级)真题及详解 ……………… (共28页)
2010年助理社会工作师《社会工作实务》(初级)真题及详解 ……………… (共28页)
2009年助理社会工作师《社会工作实务》(初级)真题及详解 ……………… (共28页)

第二部分　模拟试题详解

助理社会工作师《社会工作实务》(初级)模拟试题及详解(一) ……………… (共24页)
助理社会工作师《社会工作实务》(初级)模拟试题及详解(二) ……………… (共24页)
助理社会工作师《社会工作实务》(初级)模拟试题及详解(三) ……………… (共24页)

密

封

线

内

不

要

答

题

准考证号：________

姓名：________

2015年度全国社会工作者职业水平考试试卷
(助理社会工作师)社会工作实务(初级)

(考试时间120分钟　满分100分)

题　号	一	二	总　分	统分人签字
得　分				

得　分	评卷人

一、单项选择题(共60题，每题1分。每题的备选项中，只有1个最符合题意)

一、单项选择题(共60题，每题1分，每题的备选中，只有1个符合题意)

1. 社会工作者小王接待了来机构求助的小李夫妇，在他们讲述问题后，小王介绍了机构的服务范围和要求，并且与小李夫妇协商问题解决的优先次序。小王的上述做法属于社会工作实务过程中的(　　)。
   A. 接案　　B. 预估　　C. 计划　　D. 评估
2. 张老师发现自己班上的学生小花最近总是闷闷不乐、情绪低落，于是带着小花来见社会工作者小江，小江在询问的过程中观察到，小花一直低头不说话，都是张老师在替她回答问题。上述案例中，小花属于(　　)的服务对象。
   A. 潜在　　B. 现有　　C. 自愿　　D. 外在
3. 小红因婚姻问题前来求助，社会工作者小赵在仔细倾听了小红的叙述后，拟通过询问小红自己对问题的看法来明确问题，小赵的下列提问中，恰当的是(　　)。
   A. "您认为自己的婚姻困惑是怎么出现的?"
   B. "您认为自己的婚姻可以怎样改善?"
   C. "您做过哪些努力来改善自己的婚姻?"
   D. "您对自己的婚姻有哪些期待?"
4. 社会工作者小王正在开展一个震后伤残学生家长减压互助小组，督导要求她对小组过程的每一个环节分别做出评估，为此，小王应向督导提供有关服务过程中的(　　)信息。
   A. 服务网络　　B. 服务结果　　C. 介入对象　　D. 介入行动
5. 小强是小学四年级学生，在学校经常欺负同学，小强知道这样不对，但遇事管不住自己，社会工作者为实施帮助小强的行为矫正计划，需要进行基线测量，下列测量方法中，正确的是(　　)。
   A. 观察小强目前是否欺负同学
   B. 观察小强目前欺负同学的次数

   C. 观察小强欺负同学行为的变化
   D. 观察小强欺负同学行为是否消除
6. 社会工作者小李在与服务对象小强的面谈中了解到，小强上课经常走神，注意力很难集中，学习跟不上老师的教学进度，为此，小李与小强共同制定了改善小强学习状况的目标，下列目标中，恰当的是(　　)。
   A. 减少小强上课走神的次数　　B. 提高小强的学习能力
   C. 延长小强上课注意力的集中时间　　D. 改变小强注意力不集中的习惯
7. 从儿童社会心理发展的角度来看，幼儿时期的儿童需要完成(　　)人格的培养。
   A. 信任　　B. 自主　　C. 勤奋　　D. 独立
8. 某农村儿童早期综合发展干预项目中，社会工作者的工作内容之一是对儿童家长、社区医生、妇女工作者、志愿者以及普通村民开展培训，普及儿童权利知识，降低儿童遭受虐待、忽视和意外伤害的风险。从儿童社会工作的类型上划分，上述服务内容属于(　　)服务。
   A. 替代性儿童福利　　B. 儿童保护
   C. 补充性儿童福利　　D. 儿童支持
9. 小学一年级学生小刚，因父母入狱，没有亲戚照顾，无人抚养，为解决小刚目前的问题，社会工作者正确的做法是(　　)。
   A. 联系民政部门，帮助小刚寻找领养家庭
   B. 招募社区志愿者作小刚的监护人
   C. 联系有关部门，帮助小刚寻找寄养家庭
   D. 劝小刚父母好好改造，争取减刑早日回家
10. 某机构社会工作者小林在贫困山区实施"6~10岁儿童教育发展项目"，在设计儿童成长需要评估表时，下列指标中应该纳入到该评估表中的是(　　)。
   A. 家庭安全保障能力　　B. 家庭的社会历史情况
   C. 父母的基本生活照顾能力　　D. 儿童的身份认同状况
11. 小李是儿童福利院负责家庭寄养服务的社会工作者，在对寄养家庭进行跟踪回访时，从村委会和邻居那里了解到，有一户寄养家庭的家长经常用讽刺、挖苦和侮辱的语言对寄养的残疾儿童进行管教，此时，小李应采取的正确做法是(　　)。
   A. 向派出所报警　　B. 终止该家庭寄养
   C. 为家长提供培训　　D. 要求村委会严格监管
12. 几名高三学生打算放弃高考，一起自主创业，他们的父母得知后非常着急，认为孩子只有考上大学才有未来。在多次与孩子沟通无果后，家长们向社会工作者小林求助，希望小林能劝孩子们放弃自己的想法，此时，小林可采用(　　)方法协助父母与孩子进行沟通。
   A. 社会维护　　B. 为家长与孩子举办创业方法讲座
   C. 资源整合　　D. 为家长与孩子开办亲子并行小组
13. 社会工作者针对社区内16~25岁人群不同需要，开展了下列活动：为学习困难青少年提供学习方法辅导；为待业青年提供求职面试技术训练；为婚龄青年进行正确的婚恋观教育。上述活动属于青少年社会工作中的(　　)服务。
   A. 促进青少年成长发展　　B. 保障青少年的合法权益

C. 预防青少年违法犯罪　　D. 促进青少年心理健康

14. 某高中毕业班毕业后工作的同学存在职业发展上的困惑，社会工作者小赵运用“生涯选择配合论”帮助这部分同学做生涯规划。小赵首先协助同学们(　　)。

A. 提升职业所需的能力　　B. 分析职业发展前景与机会

C. 掌控自己的内在世界　　D. 评估各种职业的报酬率

15. 社会工作者小秦运用“父母、成人、儿童”自我状态觉察训练方法协助高一新生提高自我觉察能力，训练开始时，全体组员站在“儿童”圈内。当组员与其他组员沟通，说话语气从情绪化转向成熟理性，行为表现从抱怨转向理性看待和解决问题后，该组员就可以(　　)。

A. 从父母圈跳到成人圈　　B. 从成人圈跳到儿童圈

C. 从儿童圈跳到成人圈　　D. 从儿童圈跳到父母圈

16. 85岁的刘爷爷独自一人生活，前不久因中风导致行动不便，身体日渐衰弱，子女担心他发生意外，打算送刘爷爷去养老院生活，但刘爷爷不愿去养老院，担心养老院的规定会影响到自己的生活习惯，面对刘爷爷和子女的意见分歧，社会工作者应采取的措施是(　　)。

A. 引导刘爷爷改变生活习惯，适应养老院生活

B. 尊重刘爷爷的决定，帮助他与子女协商解决问题

C. 尊重子女的决定，劝刘爷爷去养老院

D. 建议子女改变想法，请保姆在家照顾刘爷爷

17. 某农村社区青壮年大多外出务工，留守、独居老人占社区老年人的比例很大，其中，部分老人年老体弱，生活困难，为加强这些老人的非正式支持系统，社会工作者合适的做法是(　　)。

A. 为生活困难的老年人申请救助

B. 招募和组建志愿服务队为老年人提供服务

C. 请当地老龄委工作人员到社区宣传《老年人权益保障法》

D. 请当地敬老院工作人员到社区做宣传以吸引老年人入住

18. 社会工作者大智为失学、失业的青少年开展服务，拟根据“社会连接理论”组建一个小组，大智设定的下列总目标中，正确的是(　　)。

A. 帮助青少年形成良好的行为习惯

B. 协助青少年树立正确的就业意识

C. 提高青少年的合作意识和能力

D. 引导青少年更多地参与社会活动

19. 丧偶多年的张大爷，因脑溢血导致半身不遂，张大爷的女儿长期独自照顾他的日常起居，近来感到力不从心，向社会工作者小林求助。小林拟运用“家庭思维”方法为该家庭开展服务，其适宜的做法是(　　)。

A. 请专业康复人员定期上门提供家庭康复服务

B. 邀请张大爷女儿参加照顾者支持小组

C. 请社区志愿者定期探访张大爷家庭

D. 动员张大爷入住养老机构，让女儿常去探望

20. 随着年龄的增长，独居的张大爷身体机能逐渐下降，对买菜做饭感到力不从心，

在社会工作者小王为张大爷提供的各类服务中，属于社区照顾服务的是(　　)。

A. 联系送餐服务帮助他解决困难

B. 护送他入住养老机构以获得专业照顾

C. 劝说他改变饮食习惯，选择方便食品

D. 通过婚介机构为他征婚，找个老伴

21. 社会工作者小王组建了一个面向独居老人的支持小组，在小组活动中，小王发现刘大爷因受到其他组员的言语攻击而烦躁不安。此时，小王首先应做的是(　　)。

A. 由刘大爷决定小组是否继续

B. 请刘大爷想想不被组员接纳的原因

C. 要求所有组员遵守保密原则，对组外保密

D. 调节组员间的冲突，保护刘大爷免受伤害

22. 社会工作者小李为一个矛盾的家庭提供专业服务，小李通过家访了解到小红家婆媳关系紧张，这对婆媳在家务分工、子女培养、老人赡养、经济支配等很多方面存在矛盾，经过分析，小李认为，婆婆的“从夫居、养儿防老”观念是导致这对婆媳发生矛盾的深层根源，小李的上述分析反映了(　　)对家庭的影响。

A. 传统性别制度　　B. 婆媳个人素质

C. 传统性别角色　　D. 婆媳两代关系

23. 社会工作者为协助做好社区的计划生育管理工作，与社区工作人员共同制定了一系列评估指标，下列指标中具有社会性别敏感性的是(　　)。

A. 辖区内育龄妇女计划生育知情选择的比例

B. 符合条件的育龄妇女采取长效节育措施的比例

C. 对辖区内新婚夫妇进行计划生育培训的人次

D. 对辖区内育龄妇女开展生殖健康培训的次数

24. 某儿童福利机构在社会工作者提议下设置了收容弃婴的“安全岛”。一年来，在“安全岛”收容的婴儿中女婴占绝大多数。这一现象提醒社会工作者应积极呼吁全社会共同关注女性(　　)的保障。

A. 教育权　　B. 生命权

C. 特殊权益　　D. 生育权

25. 盲人老钱带导盲犬上公交车，遭到部分乘客的反对。这一事件说明残疾人的(　　)应被重视。

A. 社会康复权　　B. 社会福利权

C. 文化生活权　　D. 环境友好权

26. 某乡的青壮年男性大多到附近煤矿打工，患尘肺病的人较多，社会工作者了解到当地人正在练习的一套拳法特别有利于尘肺病人肺功能的改善，于是请当地人每天带领尘肺病人练习，取得了较好的效果，社会工作者此种做法遵循了社区康复工作中的(　　)原则。

A. 因地制宜　　B. 因势利导

C. 因陋就简　　D. 低成本、广覆盖

27. 大伟因交通意外导致下肢瘫痪，外出需以轮椅代步。为使大伟重新融入社会，社

密　封　线　内　不　要　答　题

密 封 线 内 不 要 答 题

会工作者小林采用职业康复的方法帮助他，小林实施职业康复服务的第一个环节应是(　　)。

A. 就业指导　B. 职业培训　C. 职业咨询　D. 职业评估

28. 24岁的小伟假释期间接受社区矫正服务。社会工作者老孙评估后发现，小伟成长在单亲家庭，家庭经济情况比较差，小伟犯罪与他急于改善经济状况和交友不慎有很大关系，老孙运用个案管理方法为小伟提供服务，合适的做法应是(　　)。

A. 与小伟共同分析他的心理状况和改变动机

B. 鼓励小伟参加就业培训并替他介绍工作

C. 要求小伟参加公益劳动以矫正不良行为

D. 召集职业规划和就业援助员共同讨论服务计划

29. 某公司老板在得知小李有犯罪前科后欲将他开除，社会工作者小希得知情况后，将小李在接受社区矫正过程中的良好表现告知公司老板，希望老板能给予小李一视同仁，公平竞争的机会，小希的做法保障了小李的(　　)权益。

A. 生存　B. 就业　C. 家庭生活　D. 教育

30. 为满足光荣院老年服务对象发挥余热的需求，社会工作者介绍他们担任中小学校外辅导员，参与学校和社区为青少年开展的爱国主义教育活动，通过上述做法帮助老年优抚对象实现了(　　)。

A. 老有所养　B. 老有所为　C. 老有所依　D. 老有所医

31. 复员军人老刘突发心脏病住进某优抚医院。几个疗程后，已痊愈的老刘不肯出院，社会工作者调查了解到，老刘孤身一人，年老体弱，腿脚不便，出不了门。此时社会工作者首要的任务是协助老刘满足其(　　)的需求。

A. 治疗康复　B. 基本生存　C. 家庭生活　D. 社会交往

32. 义务兵小潘2013年6月退役，当年10月在工商行政管理部门首次登记成立了个体餐饮公司。社会工作者老王获悉后，积极了解相关政策，主动协助小潘免费参加政府职能部门举办的企业管理培训，免交餐饮公司管理类的行政事业收费，老王所做的工作实现了社会工作(　　)的目标。

A. 治疗　B. 救助　C. 预防　D. 权利保障

33. 军休干部老李由部队移交到地方军队后，感到非常失落，觉得自己为部队奉献了大半辈子，到老没有用了，被部队当做“包袱”扔到了地方。终日闷闷不乐的老李拒绝参加军队所组织的各种活动，社会工作者决定运用理性情绪疗法协助老李适应角色转换，其介入的关键是改变老李(　　)。

A. 社交退缩的非理性行为　B. “老了无用”的消极态度

C. 心理失落带来的负面情绪　D. “被部队遗弃”的非理性信念

34. 张某因诈骗罪在监狱服刑15年，获得假释出狱后在社区接收了3年的矫正服务，社会工作者小秦接受任务后，认真查阅张某的相关档案材料，做了充分准备。与张某第一次见面时，小秦以尊重、平等、接纳、关怀的价值理念与张某进行交谈，下列提问中恰当的是(　　)。

A. “请您告诉我您的姓名、年龄和犯罪事实，好吗?”

B. “您了解社区的纪律和规定吗?”

C. “刚才我握您的手觉得很凉，您的身体有什么不舒服吗?”

D. “我看到您一个人很孤独，您的太太和孩子为什么离开您?”

35. 某学校在贫困家庭学生的救助工作中，要求申请救助的学生在班上演讲说明其贫困状况，以同学投票的方式认定其受助资格。从社会工作专业角度看，这些做法违背了(　　)。

A. 自我决定　B. 知情同意

C. 尊重隐私　D. 无条件接纳

36. 老李文化程度不高，又没有一技之长，享受了几年低保之后，想通过就业改变生活状况，社会工作者联系就业援助员向他推荐了几份工作，但老李觉得这些工作既苦又累，薪水又少，不愿接受。针对老李的情况，社会工作者首先要做的是(　　)。

A. 调整其自我认知　B. 提升其自信心

C. 为其寻找其他就业信息　D. 协助其参加技能培训

37. 赵大爷年近七旬，生活在农村。几年前赵大爷的独子因交通意外身亡；老伴受不了打击也去世了，目前赵大爷无亲无故，以拾荒为生，社会工作者老宋计划协助赵大爷申请救助。下列救助类别中，最能帮助赵大爷解决生活困难的是(　　)。

A. 最低生活保障　B. 特困人员供养

C. 就业救助　D. 临时救助

38. 社会工作者老赵在街头救助中发现16岁的小凯流浪街头，衣食无着，常说粗话，脾气暴躁，老赵在征得小凯同意后，将他安置到流浪未成年人救助保护中心，此时，老赵首先应关注小凯的(　　)状况。

A. 心理　B. 健康　C. 家庭　D. 行为

39. 小李夫妻因工作繁忙请父母来照看孩子，但不久就发现，老人与他们的教育方式差别很大，两代人之间时常发生争执。他们认为老人太溺爱孩子，而老人觉得孙子还小，大了自然就懂事了，小李夫妻为此很苦恼，向社会工作者求助。社会工作者的下列做法中，恰当的是(　　)。

A. 观察和倾听孩子的想法

B. 倾听和理解家庭每个成员的感受

C. 协助老人明白教育孩子是父母的责任

D. 说服小李夫妻接受老人的教育方式

40. 社会工作者小郑接待了前来求助的小红母女俩，在面谈中，母亲告诉小郑，小红近来像变了一个人似的，上课不专心，做作业拖沓，为此她也说过小红，但情况没有任何改观。根据家庭系统理论，小郑下列的判断中正确的是(　　)。

A. 这个家庭的问题是小红导致的

B. 小红的问题是母亲导致的

C. 小红的问题是整个家庭的问题

D. 小红的问题与这个家庭无关

41. 王女士32岁，与丈夫分居两年，目前带着8岁的女儿与父母一起生活。王女士父亲今年60岁，刚退休；母亲56岁，还在工作。根据上述家庭资料，社会工作者绘制的家庭结构图中，正确的是(　　)。

A.

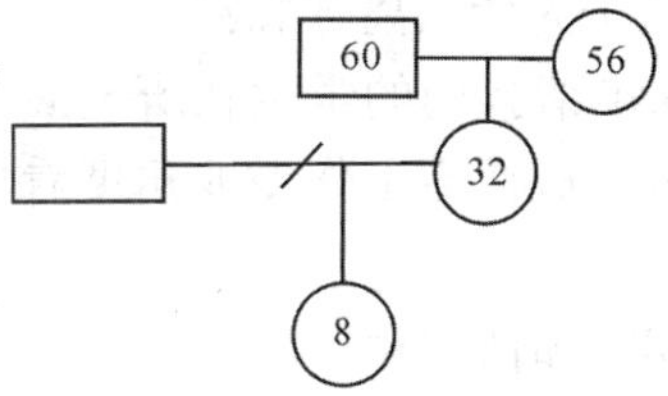

B.

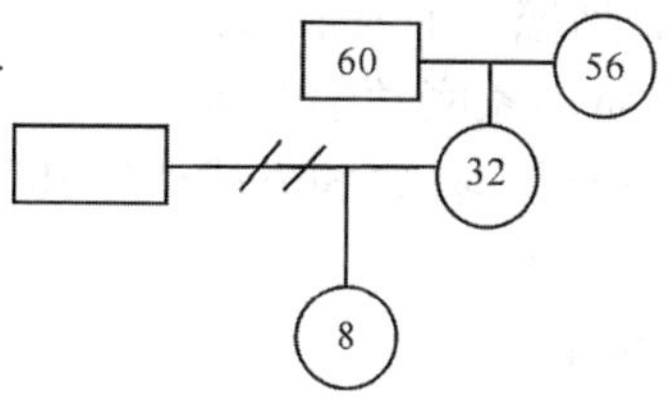

C.

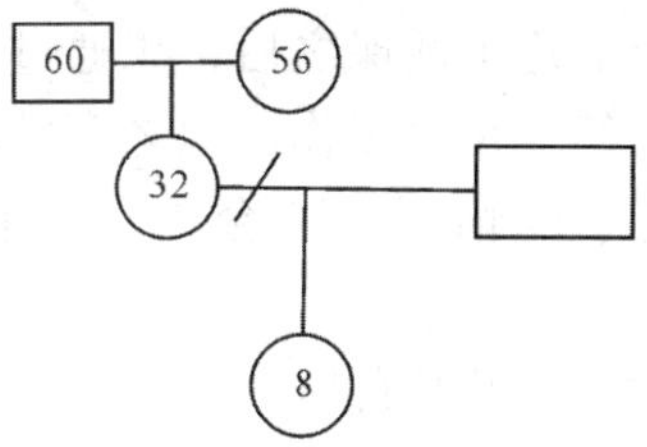

D.

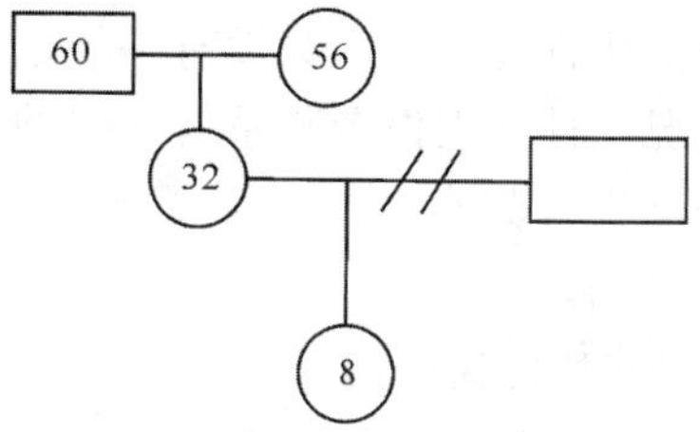

42. 小张夫妇发现儿子小强的一些行为习惯很不好，自己玩过的玩具不整理，说话也没礼貌，他们向社会工作者小孙求助，小孙根据家庭行为学习原理为小强设计了行为改变的方案，下列做法中正确的是(　　)

A. 指导小强改变不良的行为习惯

B. 指导小张夫妇学习新的亲子沟通方式

C. 指导小张夫妇形成家庭角色分工，并制定家庭规划

D. 指导小强学习新行为，并鼓励父母及时给予鼓励

43. 王女士向社会工作者小李抱怨：“你说这孩子是怎么了？那么简单的题，做了一遍又一遍，总是记不住，可只要说起玩，他就来劲。”小李运用再标签提问技巧帮助王女士重新认识自己的孩子。小李的下列提问中，符合再标签技巧运用的是(　　)

A. “你是说孩子对感兴趣的事很投入，是吗？”

B. “你是说孩子对学习很不上心，是吗？”

C. “你是说孩子总是想着玩，是吗？”

D. “你是说孩子管不住自己，是吗？”

44. 自从发现自己丈夫有了外遇后，王女士便不断与丈夫争吵。每次争吵后，王女士在女儿面前抱怨。不久，王女士发现女儿开始厌学、逃课，学习成绩出现下滑。王女士非常担心女儿，于是向社会工作者求助，根据家庭系统理论，社会工作者应该帮助王女士(　　)

A. 改善与丈夫的关系　　B. 加强与女儿的沟通

C. 调整其丈夫与女儿的关系　　D. 明确与女儿的界限

45. 社会工作者小顾在为六年级学生小浩提供辅导时，老师反映小浩平时好玩注意力不集中，喜欢与同学打闹，但在美术课上，却能用心画画。据此，小顾建议老师让小浩担任美术课代表，小顾这样做的目的在于(　　)

A. 增强小浩的自我效能感　　B. 培养小浩的亲社会连结

C. 促进小浩的认知能力　　D. 改善小浩的行动能力

46. 为了培养学生的认知能力，学校社会工作小莉引导学生学习辨别各种“扭曲思想”，为此，设计了一个讨论的情境，在此情境中，其中一个学生说：“我连英语

也学不好，我将来就是一个没用的人。”该生这种“扭曲思想”表现出(　　)非理性认知的特点。

A. 非黑即白　　B. 灰色眼镜　　C. 以偏概全　　D. 透视心意

47. 小刚跟随打工的父母从农村来到城市。为了帮助小刚适应新环境，社会工作者小张多次走访了他的家庭，学校和所在社区。小张发现小刚在班级里有几个要好的伙伴，于是组织他们一起学习和玩耍，并帮助小刚熟悉环境，以减轻小刚由于转学造成的不适应感觉。下列对小刚的改变产生了重要影响作用的是(　　)。

A. 朋辈群体　　B. 学校　　C. 家庭系统　　D. 社区

48. 学校社会工作者小勇运用个案管理方法帮助贫困学生解决他们所面临的问题。当服务结束时，小勇从“资源——社会支持网络——服务对象”的对接程度来评估服务成效。小勇上述工作属于(　　)评估。

A. 学生状况　　B. 资源整合

C. 服务系统传输　　D. 社会支持网络

49. 社会工作者小马在与初中一年级学生小明交谈中得知，小明一到教室就莫名地紧张，常找各种理由不来上学。小马请小明写出他认为到教室上课有可能发生的三种危险情况，协助他分析这些想法是否符合事实，分析这些危险发生的概率，并以此为依据，帮助小明克服焦虑情绪，建立理性想法。小马采取的上述干预方法是(　　)。

A. 辨识情绪　　B. 舒缓压力　　C. 转换想法　　D. 分辨是非

50. 某小区“夕阳红服务队”和“4 点半学堂”在社区内有着良好的声誉。为了促进参与社区治理，社会工作者小林策划由“夕阳红服务队”的助老志愿者和“4 点半学堂”的孩子们共同到社区老年人服务中心，与那里的老人一起开展联合活动。小林采用的社区资源连接方式是(　　)。

A. 资源整合　　B. 资源共享　　C. 资源开发　　D. 资源流通

51. 某小区有居民反映大妈们一早就在广场上跳舞，影响上班族休息。社区居委会拟将跳广场舞的时间定为上午 9:00 ~ 10:00，地点在小区相对偏僻的地方，并将此提议公示，征求居民意见，以便形成最终决议，让社区居民执行。这属于社区参与层次和形式中的(　　)。

A. 告知　　B. 协商　　C. 咨询　　D. 共同行动

52. 社会工作者在服务状况调查中，记录不同的人群表达的需求。下列表达中属于规范性需求的是(　　)。

A. 要加强社区绿化管理

B. 要建立一个书法艺术室

C. 社区应建立一个养老中心

D. 按规定应建立一个社区卫生服务中心

53. 2014 年，非洲爆发埃博拉疫情的消息引发了某小区部分居民的恐慌，扰乱了正常的生活秩序。社会工作者老顾及时联系了某医院感染科的专家深入社区进行专题健康讲座，解除了大家的恐慌情绪，稳定了社区秩序。在这一过程中，老顾的工作起到了(　　)的作用。

A. 宣传教育　　B. 资源连接　　C. 组织动员　　D. 防疫管理

密封线内不要答题

54. 老张是一个癌症晚期患者，医生通知家人为老张做好料理后事的准备。老张每天经受病痛的折磨，感到生活没有意义，社会工作者小林通过老张上山下乡的辉煌经历，帮助其整理老唱片以“统整人生”，并协助其安排后事。小林所提供的是(　　)服务。
A. 社会照顾　B. 临终关怀　C. 危机干预　D. 舒缓疗护

55. 赵女士多年前患有精神方面的疾病，近期出现幻听、幻视、幻嗅并有轻度暴力的行为。入院治疗三个月后，赵女士各方面身体指标趋于稳定，准备出院，回到社区接受康复服务，针对赵女士这种情况，医务社会工作者首先应做的是(　　)。
A. 普及精神卫生知识，改善社区康复环境
B. 对其父母进行康复指导，方便进行家庭治疗
C. 与精神社区康复中心医生联系，保证治疗连续性
D. 联系社区志愿者，完善社区支持系统

56. 某医院妇产科因孕妇家属不愿排队发生了殴打医护人员的恶性事件，医务社会工作者到现场后，首先应采取的措施是(　　)。
A. 安抚孕妇家属的情绪
B. 向医生了解孕妇的情绪
C. 协助安排孕妇尽快进行检查
D. 向医院领导汇报，并通知警务室和保安

57. 某地区医疗中心重症医学科李主任已有20年的工作经历，抢救过很多危重病人。由于长期的能量透支和巨大的工作压力，李主任最近出现了严重的身心不适，常说“我感觉自己很失败，做不了手术了。”这种状态影响到了他的正常工作，面对这种情况，医务社会工作者首先应采取的措施是(　　)。
A. 策划李主任家庭会议，增强他的家庭动力系统
B. 进行个案干预，舒缓压力，调整自我认知
C. 组织举办重症医生支持小组，进行群体减压
D. 推动医院建立一线骨干医生强制轮休

58. 某企业有相当数量的新员工对企业没有归属感，缺乏人生目标，工作动力不足，社会工作者小林通过小组工作帮助他们辨识理想与现实的差距，自我发展的路径。小林在小组工作过程中为职工提供的服务是(　　)。
A. 规划职业生涯　B. 改善工作态度
C. 提升工作技能　D. 优化工作环境

59. 年近50岁的李女士是某企业的工程师。人力资源部门通知她准备办理退休手续，李女士不愿退休，找到社会工作者老王，寻求帮助，老王协助她查阅了相关文件，向李女士讲解劳动争议处理程序，建议她与企业协商，协商不成，再通过工会进行劳动争议调解。在上述过程中，老王扮演了(　　)角色。
A. 教育者　B. 协调者
C. 促进者　D. 咨询辅导者

60. 某企业近期职工流失比较严重，人力资源部门请求社会工作者老严帮助，在为该企业提供服务时，老严首先需要做的是(　　)。
A. 评估职工流失的原因　B. 与人力资源部门协商制定服务计划
C. 引导职工合理流动　D. 提高职工的工资和福利

得　分	评卷人

二、多项选择题(共20题，每题2分。每题的备选项中，有2个或2个以上符合题意，至少有1个错项。错选，本题不得分；少选，所选的每个选项得0.5分)

61. 社会工作者小王准备结束一个家庭个案，根据结案期工作的要求，小王的下列做法中，正确的有(　　)。
A. 拒绝家庭继续会面的要求　B. 保持与家庭的电话联系
C. 减少与家庭直接会面的次数　D. 缩短与家庭直接会谈的时间
E. 加强与家庭成员的联系

62. 老王最近因照顾年迈母亲的事常与兄弟姐妹发生争执，向社会工作者小赵求助，小赵与老王初步沟通后，决定进行接案会谈，为做好这次会谈，小赵应做的准备工作包括(　　)。
A. 了解老王之前接受服务的情况　B. 走访老王的兄弟姐妹
C. 走访老王生活的社区　D. 阅读老王的有关资料
E. 为老王制定干预计划

63. 李奶奶的三个子女相互推诿赡养责任，在社会工作者小李的调节下，李奶奶的赡养问题得到妥善解决。社会工作者准备结案时，李奶奶表现出来对未来生活的焦虑，害怕小李不再来看她，会谈时心不在焉，认为自己的问题还未得到解决。李奶奶的表现反映了结案阶段服务对象常会出现的反应，其中包括(　　)。
A. 倒退　B. 依赖　C. 否认　D. 抱怨
E. 愤怒

64. 某市社会工作者协会运用儿童友好社区建设理念，推动有关部门创建有利于儿童身心健康发展的社区。儿童友好社区建设的内容应包括(　　)。
A. 提供干净的饮用水和卫生的外部环境
B. 设置安全的儿童游戏设施
C. 设立儿童保护服务机构
D. 在社区内依法合理设置网吧和游戏机房
E. 发动儿童参与到与其相关的社区事务之中

65. 社会工作者小清组织有学习困难的青少年参加自我探索小组，该小组的服务目标是：协助组员认识自己的性格、优缺点及喜好，认识自我价值观，了解自己在不同环境中的角色及表现，了解别人对自己的评价，明确自己将来的目标。小清为组员设定的服务目标，涉及罗杰斯“自我概念”范畴中的(　　)方法。
A. 现实我　B. 理想我　C. 客观我　D. 主观我
E. 未来我

66. 某社会福利院的社会工作者小华正在为一位年过80的老人办理入院预约登记，此阶段小华可提供的专业服务有(　　)。
A. 咨询服务　B. 健康检查
C. 经济状况评估　D. 家庭网络调查

E. 生活方式调查

67. 下列人员或机构中属于老年正式社会支持网络的有(　　)。
A. 配偶　　B. 敬老院
C. 老年业余合唱队员　　D. 成年子女
E. 社区老年中心

68. 为改变农村两委(党支部和村委)女性比例偏低的状况，某地妇联社会工作者运用倡导方法关注此问题，可采取的做法有(　　)。
A. 针对女性参与治理现状形成调研报告，提交相关部门
B. 撰写提高村两委女性比例的议案、提案，提交到当地人大和政协
C. 与民政局、组织部等部门沟通出台相关政策，保证女性进村两委的比例
D. 建立妇女骨干支持小组，鼓励她们参与选举
E. 为女性候选人进行竞选技巧培训

69. 某社区居民存在重男轻女的传统观念，社会工作者小彬运用增能的方法，组织社区居民排练以“男女平等”为主题的演出，小彬适宜的做法有(　　)。
A. 将主题确定为“妈妈与女儿的故事”
B. 请社区居民骨干到社区搜集与主题相关的故事
C. 请民众戏剧的专家为社区居民骨干进行相关培训
D. 与社区居民一起将搜集的故事编成剧本
E. 为居民进行角色分配并计划排练时间

70. 长期遭受婚姻暴力的妇女会认为自己应该对施暴者的行为负责，有严重的罪恶感和心理压力，逐渐将暴力行为视为日常生活的一部分，否定自己的能力，不相信自己能够摆脱暴力，导致遭受的婚姻暴力周期性发生。上述现象可概括为“受虐妇女综合征”，其特征包含(　　)。
A. 低自尊　　B. 以暴制暴
C. 暴力循环　　D. 暴力抵抗
E. 暴力正常化

71. 建立三级预防体系是我国残疾人社区康复的重要工作。下列开展的残疾社区康复的服务中，属于一级预防的有(　　)。
A. 残疾早期筛查　　B. 计划免疫接种
C. 实施康复功能训练　　D. 康复咨询
E. 围产期保健

72. 矫正社会工作的主要内容包括(　　)的服务。
A. 司法判决前　　B. 监禁场所中
C. 社区矫正中　　D. 刑满释放后
E. 重返工作后

73. 小龙在执行军事任务时遭遇意外致三级伤残，入住荣誉军人康复医院。住院期间，未婚妻解除婚约，家人也不常来探望，极度失望的小龙产生了轻生念头，抗拒治疗。为此，社会工作者老王对小龙进行了危机干预，其介入措施应包括(　　)。
A. 鼓励自决，让小龙决定介入目标

B. 输入希望，让小龙重燃对生活的渴望
C. 提供支持，联络小龙家人定期探视
D. 恢复自尊，协助小龙重塑自信
E. 培养自主能力，帮助小龙恢复社会功能

74. 社区戒毒人员小方近期精神恍惚，常怀疑有人跟踪他，要杀他，为此买了把水果刀带在身边。禁毒社会工作者经过专业评估，认为小方出现了幻觉，且可能伤害他人或自己，小朱联系小方的家人，社区精神科的医生，社区禁毒专职人员等共同协助小方应对危机。此时，依据社会工作的保密原则，小朱需要向上述人员提供的有关小方的信息有(　　)。
A. 使用毒品的种类　　B. 成长经历
C. 幻觉内容　　D. 微信账号
E. 性倾向

75. 小梁高中毕业应征入伍，从部队复员后应聘多家单位，均因学历低、缺乏技能等原因被拒之门外。面对小梁这样的复员退伍军人，社会工作者应提供的帮助有(　　)。
A. 协助他们做好职业生涯规划
B. 积极深化复员退伍军人安置顶层设计
C. 协助他们了解用人单位的具体需求
D. 为他们做好心理调适和压力疏导工作
E. 协助他们免费参加劳工部门组织的职业培训

76. 学校社会工作者小张运用培养学生抗逆力的方法为支出型贫困家庭子女提供服务，目标是帮助他们接纳自我，增强自我价值感和现实感。小张在服务提供过程中应关注上述服务对象的内在优势因素，这些因素包括(　　)。
A. 父母的合理期望　　B. 积极的个人形象
C. 关怀支持的环境　　D. 解决问题的能力
E. 乐观向上的态度

77. 小红是个性格内向的女孩，父母离婚后，她与生活拮据的爷爷奶奶一起生活，因缺乏家庭的教育和指导，小红学习成绩一直不好，与同学很少交往，只有一位好伙伴，经常一起上学，学校老师很关心小红的成长，时常给小红补习功课，针对小红的情况，依据生态系统理论，社会工作者可以介入的微观系统有(　　)。
A. 小红个人　　B. 小红的家庭
C. 小红的同伴　　D. 小红的学校
E. 小红的社区

78. 32 岁的外来女工小娟几年前离异，带着 8 岁的女儿一起生活，因女儿学习适应困难小娟非常着急，向社会工作者求助，在帮助这个家庭之前，社会工作者应做评估，其内容包括(　　)。
A. 小娟母女面临的问题　　B. 小娟与女儿的互动方式
C. 小娟可用的社会资源　　D. 小娟家庭的生命周期
E. 小娟失败的婚姻经历

79. 为培养和强化学生情绪控制和表达能力，社会工作者可做的工作包括协助学

密封线内不要答题

密封线内不要答题

生(　　)。

A. 辨识自己和他人的情绪

B. 拒绝接纳自己的负面情绪

C. 提高对他人负面情绪的同感能力

D. 学会运用不同的词语和方法表达自己的感受

E. 理解个人内在情绪和外在表达的差异性

80. 程大爷患有糖尿病和高血压20余年，一个月前因糖尿病并发症入院治疗。程大爷的病情有所好转，即将出院。为了跟进治疗，医院的社会工作者与医生合作为程大爷设计了家庭医疗服务方案。下列有关家庭医疗服务的做法中，属于社会工作者工作范围的有(　　)。

A. 评估程大爷及其家庭的需要

B. 为程大爷介绍社区医疗服务资源

C. 协调医务人员定期进行探访

D. 为家庭照顾者提供护理知识培训

E. 为家庭照顾者提供关怀和支持

答案及详解

一、单项选择题(共60题，每题1分，每题的备选中，只有1个符合题意)

1. A 【考点】接案阶段会谈的主要任务

【解析】在接案阶段，社会工作者经过与服务对象的初步接触后，就可以和服务对象达成一个初步的协议。内容包括以下方面：①机构和社会工作者可以提供的服务；②对服务对象问题的初步界定；③相互的角色期望及暂定的工作时间长度。

2. A 【考点】服务对象的类型

【解析】那些主动求助和转介及外展而来的、已经使用社会工作者提供的资源或正在接受社会工作者协助的服务对象，被称为是现有服务对象；那些尚未使用或接受社会工作者协助和资源帮助，但未来可能需要服务资源和协助的服务对象，即是潜在服务对象。题中，小花尚未使用或接受社会工作者协助和资源帮助，但可能需要协助，属于潜在服务对象。

3. A 【考点】会谈的任务中的界定服务对象的问题

【解析】社会工作者要注意，服务对象自己对问题的看法是界定问题时最重要的起点，因此，在使用沟通技巧与服务对象会谈时，服务对象关心的问题、他们的困惑即是界定问题的入手点。从询问服务对象对自己问题的看法开始来界定问题，其道理在于，服务对象对自己问题的看法可以让社会工作者了解服务对象希望改变的是什么。题中，小赵应该用恰当的语言来明确小红的婚姻问题出现的原因，以此来了解服务对象的问题及其希望改变的是什么。

4. D 【考点】过程评估

【解析】过程评估是对整个介入过程的监测评估，包括社会工作介入进行中的评估。它对工作过程的每一步骤、每一个阶段分别做出评估，关心的重点是工作中的各种步骤和程序怎样促成了最终的介入结果，方法是了解和描述介入活动的内容，回答服务过程中发生了什么以及为什么发生。过程评估提供有关服务过程的各种信息，包括工作目标、介入过程、介入行动和介入影响。

5. B 【考点】基线测量评估的操作程序中的分析和比较

【解析】基线测量评估的操作程序之一是分析和比较，它是指将基线期和介入期的数据按测量时间和顺序制成图表，将每个时期的数据资料进行连接，呈现数据的变化轨迹和变化趋势，并将基线期和介入期的数据基线进行对比。如果数据的变化与基线期和介入期变化一致，一般可以认为是介入本身发生了效果。题中，社会工作者可以通过观察小强目前欺负同学的次数来建立基线；通过开展服务，观察小强在接受服务后欺负同学的次数，两者进行比较，以此判断介入是否有效果。

6. C 【考点】制订服务计划的方法

【解析】制订服务计划的第一步是在分析与辨识服务对象的需要与问题的基础上与服务对象共同设定工作的目的和目标。“目的”是指服务总体上要达到的结果，通常是不可测量的。它是社会工作者和服务对象通过努力期望最终达到的总目标。

为了完成这个总目标，需要设定很多具体目标，这些具体目标是现实可行的，并且是可以测量的。题中，小李可以通过制定延长小强上课注意力的集中时间的目标，来帮助小李逐渐改善学习状况。

7. B 【考点】儿童社会心理发展的特点

【解析】儿童的社会心理发展具有顺序性。从积极人格培养的角度，婴儿时期的儿童需要完成信任人格的培养；幼儿时期的儿童需要完成自主人格的培养；学前阶段的儿童则需要完成勤奋的人格培训。这些社会心理人格的培养，必须在儿童成长发展的某一个阶段完成，这些阶段无法变更顺序。

8. B 【考点】儿童社会工作的类型

【解析】儿童保护服务的服务对象是遭受到人为伤害，包括虐待、忽视、剥削和暴力伤害的儿童及其家庭，内容主要包括伤害预防和伤害应对服务。伤害预防服务是通过对有伤害风险儿童及其家庭的介入，逐步减少直至消除风险的过程，包含的服务可以是支持性的也可以是补充性的。伤害的应对服务通常是指儿童伤害发生后，为受到伤害的儿童提供家庭外安置服务的过程，多数时候是替代性服务。题中，社会工作者提供的服务主要是伤害预防，属于儿童保护服务。

9. C 【考点】家庭寄养服务

【解析】救助和保护儿童是指为永久或者临时失去了家庭监护的儿童提供的替代家庭监护服务。家庭寄养就是其中的服务之一，是指经过规定的程序，将出现了家庭监护永久或者临时缺失的儿童，委托给其他家庭养育的照料模式。家庭寄养为儿童提供了家庭环境，使其有机会感受家庭生活的氛围。家庭寄养情况下寄养儿童的监护权不变，仍由委托机构承担。题中，小刚的情形属于临时失去家庭监护，此时对小刚最重要的救助和保护是为其寻找寄养家庭，为其身心发展提供一个良好的环境。

10. D 【考点】儿童成长需要的监测与评估表

【解析】应纳入儿童成长需要的监测与评估表的指标包括：①健康状况；②教育状况；③情绪和行为培养状况；④身份认同的状况；⑤获得建立关系的能力的状况；⑥公共形象呈现的状况；⑦自我照顾的技能。

11. B 【考点】儿童家庭寄养的跟踪的含义

【解析】儿童家庭寄养的跟踪是指负责儿童寄养工作的机构定期进入寄养家庭走访，了解和评估寄养家庭的监护状况和儿童生活及成长状况，及时发现问题，及时给予支持，以保证寄养儿童得到适当的生活照顾和成长指导。题中，这一户寄养家庭的家长经常用讽刺、挖苦和侮辱的语言对寄养的残疾儿童进行管教，被寄养的儿童没有得到适当的生活照顾和成长指导。由于家庭寄养情况下寄养儿童的监护权不变，仍由委托机构承担，此时，小李可以向委托机构申请终止该家庭寄养。

12. D 【考点】构建和睦亲子关系的方法

【解析】亲子关系是指父母与子女的关系。亲子关系出现问题，直接反应出其家庭功能的缺失。为调和青少年家庭的亲子关系，亲子并行小组是社会工作者经常运用的服务方法，通过青少年组和家长组的分组活动，以及并组沟通交流，青少年家庭间的亲子关系可得到较好调和，家庭关系及功能趋于良性发展。题中，小林

可采取为家长与孩子开办亲子并行小组的方法协助小林与父母之间的沟通。

13. A 【考点】青少年社会工作的服务内容

【解析】青少年社会工作的服务内容主要包括服务青少年成长发展、维护青少年合法权益、预防青少年违法犯罪。其中，服务青少年成长发展是指促进青少年的道德发展、开展良好行为习惯、开展包括就业、婚恋、社交等方面的专业服务，能够促进青少年的成长发展。

14. C 【考点】Wood 关于生涯规划的先决条件的观点

【解析】Wood 的生涯选择配合论是生涯规划的重要理论基础。他认为生涯规划的先决条件是必须要先对自己有充分的认识与了解，包括自己的能力、兴趣、人格和需求与价值观等，也就是要先能掌控自己的内在世界之后，才开始探索外在的工作世界、了解职业所需的能力、职业的分类与内容、职业所需的特质及各类职业的报酬率等。

15. C 【考点】艾瑞克·伯恩的沟通分析论

【解析】沟通分析论认为，每个人都是由三个独立的自我状态：父母、成人、儿童组合而成一个个体，三者交互作用，会呈现个人的行为表现。父母式的自我状态是指，个人内化了父母或父母型人物的思想观念、行为表现、语言表达及态度等而形成，其行为特征多属指使性的、权威的、命令的、谩骂的或批评的。成人式的自我状态属于生活中的思考概念，是资料和讯息的处理者，在人格结构中属于较客观的部分，其行为特征较为理性、现实、客观和有组织性。儿童式的自我状态偏重在生活中的感觉概念，属于本能的、冲动的、自发性的行为表现，其行为较为任性和情绪化。题中，组员说话语气从情绪化转向成熟理性，行为表现从抱怨转向理性看待和解决问题，说明此时组员所处的状态是成人式的自我状态，因此组员可以从儿童圈跳到成人圈。

16. B 【考点】老年个案工作的注意事项

【解析】老年个案工作的注意事项包括：①营造适宜于跟老人沟通的环境；②对有沟通障碍的老人应尽量多方求证老人的问题；③老人重视文化传统，特别需要得到社会工作者的尊重；④给老人自决权，尊重老人的选择；⑤要有耐心，做好花较长时间处理个案的准备。题中，面对刘爷爷和子女的意见分歧，社会工作者应给老人自决权，尊重刘爷爷的决定，帮助他与子女协商解决问题。

17. B 【考点】非正式支持体系的构成

【解析】非正式支持体系的构成通常分为三类：①家庭成员（主要是子女）对父母的养老支持；②亲属（兄弟姐妹及远亲、姻亲等）对老年人的支持；③非亲属对老年人的支持，如邻居、朋友、同事、慈善机构、非政府组织、社区志愿服务等。非正式支持的主要支持包括：经济支持、情感支持、生活照料、精神慰藉等。题中，留守、独居老年人的主要需求是生活照料和情感慰藉等，社会工作者可以通过招募和组建志愿服务队为这部分老年人提供服务。

18. D 【考点】社会连接理论

【解析】赫胥的“社会连接理论”认为，个人与社会的联系可以阻止个人进行违反社会准则的越轨与犯罪行为。较深入地参加传统活动的，总是全力以赴地忙于各种传统事务，就会缺少从事越轨互动的时间和精力。从这个理论出发，社会工作者

密 封 线 内 不 要 答 题

的正确做法是组织青少年参与各类社会活动，通过提升青少年的参与感促进青少年正面成长。

19. B 【考点】"家庭思维"的内涵

【解析】"家庭思维"是指把老年人看成是复杂的多代关系系统的一部分。这一关系系统对老年人的生活有重大影响，是老年人与他人交往并获得支持的基本来源。照顾老年人的工作会面临许多压力。社会工作者可以开办照顾者支持小组，维系住照顾者，给他们提供情绪上的支持和具体的建议，让照顾事宜效率更高，更有收获。题中，小林运用"家庭思维"的方式开展服务，可以邀请张大爷女儿参加照顾者支持小组，以此来缓解照顾压力。

20. A 【考点】老年人社区照顾的服务内容

【解析】老年人社区照顾的服务内容通常包括：咨询与转介、志愿者服务、代际融合、老年教育、老年休闲娱乐、老年就业、收入保障、营养与餐饮、健康照顾与生活安康、心理健康、出行、住房、个案管理、居家照顾、照顾人支持等。题中，张大爷的问题主要是生活能力的减弱，买菜做饭力不从心，因此，社会工作者小王可以联系送餐服务帮助他解决困难。

21. D 【考点】老年小组工作的注意事项

【解析】在小组带领者的呵护下，小组成员会在彼此身上发现力量并成为彼此的支持性治疗媒介。但是，小组也可能会变得有破坏性，让老年人在情绪上感到极其焦灼不安，小组成员有可能在不自觉的情况下会变成实施心理虐待的"暴徒"。小组带领者要适时解决小组内的冲突，或者做出解散小组的决定。小组不应为了存在下去而无视对成员的责任。题中，小王应及时调节组员间的冲突，避免刘大爷受到伤害。

22. A 【考点】妇女社会工作中婚姻和家庭关系的调适

【解析】家庭问题主要表现为夫妻关系、婆媳关系、亲子关系和教育等方面的问题，这些问题都与传统社会性别对妇女角色的定位紧密相关。妇女在婚姻家庭生活中遇到的婆媳关系问题通常围绕孙辈教育、对老人赡养、孝顺等方面，是社会性别问题在家庭中的反映，将婆媳矛盾看成是婆媳个人的素质问题，这样的看法忽视了传统性别制度(从夫居、养儿防老)是导致婆媳容易产生矛盾的深层根源。

23. C 【考点】针对妇女生殖健康工作的干预策略

【解析】在制定政策的时候首先要有社会敏感性，同时在执行的过程中也应该有社会性别敏感性。如计划生育政策中只规定应该计划生育，但没有明确强调男女应该有共同的责任，所以在实际操作过程中，计划生育的主要承担者变成女性，甚至有些地方妇女发展纲要中，明确将女性计划生育的比例作为执行妇女发展纲要的检测指标之一。具有社会性别敏感性的生殖健康政策应该是男女共同承担生育健康的责任和风险，而不仅仅是女性。C项是针对夫妻双方制定的评估指标。

24. B 【考点】妇女生命权得到保障的需要

【解析】一个国家的妇女地位主要看两个方面，即生命权和参政权。一个国家女比男的出生性别比正常的数字应该是100:107，目前我国女男出生性别比达到了100:122.85，这是溺、弃女婴的结果。男孩偏好导致女婴的生命权利被剥夺，涉及女性生命权利的保障问题。题中，"安全岛"收容的女性弃婴占绝大多数，对于这一现象，社会工作者应呼吁社会关注女性的生命权的保障。

25. D 【考点】残疾人的权益和基本需求

【解析】残疾人的权益和基本需求主要包含康复权、教育权、劳动权、文化生活权、社会福利权和环境友好权。其中，残疾人环境友好权主要指为残疾人享有平等社会生活创造无障碍环境的权利。消除社会性环境中阻碍残疾人参与的"物化"因素是环境友好的重要措施，主要包括物理环境(各类建筑物、道路和交通设施等)的无障碍、信息交流环境无障碍、公共服务无障碍和政治参与无障碍等。

26. A 【考点】社区康复工作的原则

【解析】社区康复工作的原则包括：①社会化的工作原则；②低成本、广覆盖的原则；③因地制宜的原则；④因陋就简的原则；⑤因势利导的原则；⑥康复对象及其家庭积极参与的原则。其中，因地制宜原则表现为，社区康复应依据社区的社会背景、经济水平、文化习俗、康复技术资源状况和康复对象需求等实际，因地制宜，采取适合本地社区康复模式开展工作。社区康复应以社区残疾人康复需求为导向，以社区建设为依托，立足于社区内部资源和力量，从社区实际出发，有针对性地开展康复服务。题中，社会工作者请当地人每天带领尘肺病人练习拳法，遵循了因地制宜原则。

27. C 【考点】职业康复方法

【解析】职业康复方法第一个环节是职业咨询，其目的是在接案后针对残疾人的特殊情况和与就业相关的问题，进行综合考察，帮助残疾人解决职业中出现的问题。针对残疾人的职业咨询活动与对健全人职业咨询的服务主要区别，在于要求考虑到残疾与障碍对个体职业活动的影响和限制，同时由于他们职业选择的领域比较狭窄，所以更要注意残疾人对其职业的适应能力。

28. A 【考点】个案工作方法在社区矫正中的运用

【解析】对于矫正社会工作者而言，其大量的工作内容是与单个的服务对象打交道，因此，个案工作的专业方法，是最常用的方法。社区矫正是一个长期的工作过程，矫正社会工作者需要协助服务对象解决许多复杂和艰难的问题，诸如服刑态度的端正问题、矫正计划安排的配合问题、心理和行为方式的改变问题、学习和工作的安排问题、基本生活的保障问题等。所有这些问题很难在一个短时期内全部解决，所以矫正社会工作者必须引导服务对象共同参与，有重点分步骤地制订矫正工作计划，逐步实现矫正工作的最终目标。题中，社会工作者应先与小伟共同分析他的心理和行为方式的改变问题。

29. B 【考点】矫正服务对象的教育、就业权益的保障需要

【解析】矫正服务对象有教育、就业权益的保障需要。矫正社会工作的目标是帮助服务对象能够通过自身能力来维持其基本生存条件，因此，教育、就业权益的保障显得尤为重要，要通过帮助其接受较好的教育，以及实现有效就业，实现帮助其自新、自强、自立的目标。

题中，社会工作者小希把小李在社区矫正过程中的良好表现告知其老板，希望小李老板打消开除他的想法，以此来保障小李的就业权益。

30. B 【考点】老年优抚对象的需要

【解析】老年优抚对象有社会参与的需要，孤老优抚对象非常渴望与他人交往，渴

望获得亲情与温暖，渴望发挥自己的作用。题中，社会工作者介绍老年优抚对象参与学校和社区为青少年开展的爱国主义教育活动，满足了老年优抚对象的社会参与的需要，实现了老有所为。

31. B 【考点】优抚医院社会工作服务对象的需要

【解析】优抚医院社会工作服务对象的需要主要包括：①治疗康复需要；②基本生存需要；③家庭生活需要；④社会交往需要；⑤社会尊重需要。题中，老刘虽已痊愈，但存在孤身一人，年老体弱，腿脚不便，出不了门的情况，此时社会工作者的首要的任务是协助老刘满足其基本生存的需求。

32. D 【考点】社会工作权利保障的目标

【解析】AC 两项，小潘没有疾病和康复的需求，不涉及治疗与预防；B 项，社会救助社会工作是指在社会救助领域，社会工作者根据社会救助的性质与特点，以社会工作价值理念为指导，以社会工作的专业理论为依据，采用社会工作专业方法与技巧，为社会救助对象提供专业服务的过程。社会救助对象大多是老、弱、孤、病、残、贫的群体，小潘不属于这些群体。D 项，根据相关政策，义务兵小潘成立的个体餐饮公司有免交行政事业收费的权利，同时也有权免费参加政府举办的培训，社会工作者老王所做的工作实现了社会工作权利保障的目标。

33. D 【考点】军休社会工作的内容

【解析】社会工作者要积极引导军休干部进行平民化角色转换，做好心理补偿和精神慰藉，帮助适应移交安置后的新生活，发展新的人际关系，树立积极健康的休养观，推进融入社区和社会，提高幸福指数。理性情绪疗法认为并不是真实发生的事件导致人们的情绪反应，而是人们对事件的认知导致了情绪反应，强调通过改变服务对象的错误认知，帮助其重新建立新的认知，进而导致新的情绪反应。题中，社会工作者对老李的介入关键是要改变老李的“被部队遗弃”的非理性信念，从而改变他的消极态度和负面情绪，让其适应新的环境和身份。

34. C 【考点】社区矫正中的社会工作方法

【解析】面对社区矫正的服务对象开展个案工作时，除了坚守个案工作的一般原则、价值、方法和技巧外，还要重视和善于与服务对象建立良好的专业关系，在工作过程中，依照矫正社会工作的专业价值理念，用接纳、尊重、平等的态度来对待服务对象，而不是用一种居高临下的、强势的姿态来处理关系，这种做法才能有效的达到矫正的目的。

35. C 【考点】隐私保密原则

【解析】社会工作者在开展服务的时候要尊重案主的隐私，在对贫困家庭学生的救助工作中，学校社会工作者也要尊重保护服务对象的隐私。题中，该学校的做法违背了尊重教育救助对象的隐私。

36. A 【考点】就业救助中的服务内容

【解析】受自身能力和知识技能所限，以及社会资源缺乏，救助对象在参与就业过程中可能会遇到挫折和挑战，不能及时就业或者就业岗位不能完全符合自己的就业意愿的问题。社会工作者要协助救助对象认真分析就业形势和自身的优势与不足，调整自己的认知和心态，以更加务实和乐观的心态积极就业。题中，社会工作者应该先协助其调整自我认知，使其有一个积极的就业心态，然后再协助其参加技能培训，寻找合适的工作。

37. B 【考点】特困人员供养申请条件

【解析】国家对无劳动能力、无生活来源且无法定赡养、抚养、扶养义务人，或者其法定赡养、抚养、扶养义务人无赡养、抚养、扶养能力的老年人、残疾人以及未满 16 周岁的未成年人，给予特困人员供养。题中，赵大爷年纪比较大，劳动能力较弱，没有法定赡养人、扶养人，符合特困人员供养申请条件，因此社会工作者可以帮助赵大爷申请特困人员供养，为赵大爷提供基本的生活条件，改善其生存状况。

38. A 【考点】对流浪乞讨人员的救助

【解析】流浪乞讨人员没有基本的生活条件，生存缺乏保障。救助机构首先要做的就是给予生活的合理安排。除了物质上的救助，还要开展教育，对其行为和心理进行疏导，消除其懒惰和依赖社会的想法，纠正偏差行为，帮助其分析自身的长处和弱点，鼓励他们独立自强，走出困境。题中，小凯常说粗话，脾气暴躁，社会工作者老赵首先应该关注小凯的心理状况。

39. B 【考点】家庭社会工作开始阶段，如何准确评估受助家庭的问题

【解析】在家庭社会工作的开始阶段，为了准确评估受助家庭的问题，社会工作者在此阶段需要倾听每一位家庭成员的解释，理解每一位家庭成员的要求，并且在界定问题时，让每一位家庭成员的观察视角和要求也包含在里面，尊重每一位家庭成员的真实感受。

40. C 【考点】家庭系统理论的基本观点

【解析】家庭系统理论的观点认为，家庭成员的问题是由整个家庭不良的沟通交流方式导致的。所有的家庭都是一个社会系统，家庭成员之间相互依赖、相互影响。因此不能把家庭的问题归结为由某个或者某些家庭成员导致的，而应把它放在整个家庭的处境中，理解家庭成员之间的互动交流方式以及这样的方式与家庭问题之间的内在联系。

41. A 【考点】家庭结构图的图形代表含义和绘制应遵循的原则

【解析】在家庭结构图中，□表示男性；○表示女性；——表示婚姻关系；—//—表示离婚关系；—/—表示分居关系；------表示同居关系。家庭结构图的绘制应遵循 3 项基本原则：①长辈在上，晚辈在下；②同辈关系中，年长的在左，年幼的在右；③夫妻关系中，男的在左，女的在右。只有 A 项符合题意。

42. D 【考点】家庭行为学习

【解析】家庭行为学习是对家庭中的年轻子女在成长过程中遇到的行为问题进行干预的服务。孩子的行为学习与家庭成员之间的互动交流方式是紧密关联的，尤其孩子与父母亲之间的沟通交流，是影响孩子行为学习的重要因素。家庭行为学习要求社会工作者首先与父母亲建立良好的合作关系，在指导孩子学习新行为的同时，鼓励父母亲在孩子做出适当的行为时给予奖励，对于孩子做出的不当行为则给予惩罚，帮助父母亲指导孩子学习新的行为，改善父母亲与孩子之间的沟通交流。题中，社会工作者应指导小强学习新行为，并鼓励父母及时给予鼓励。

43. A 【考点】再标签技巧的含义

【解析】再标签技巧是指社会工作者帮助受助家庭成员从更为积极的角度界定问

密封线内不要答题

题，改变受助家庭成员以往的消极态度和认识，从而促使受助家庭成员产生新的、积极的行为。A 项，社会工作者小李帮助王女士认识到自己孩子对感兴趣的事很投入这一优点，属于再标签技巧的运用。

44. A 【考点】家庭系统理论的基本观点

【解析】家庭系统理论认为，如果社会工作者能够让整个家庭成员看到"问题"与家庭成员沟通交流方式之间的关联，并且设法改变这样的沟通交流方式，让家庭成员从相互责备的恶性循环方式中摆脱出来，就能有效解决家庭功能的失调。题中，王女士女儿的问题主要是受到了父母不良关系的影响，因此，社会工作者应该帮助王女士改善与丈夫的关系，从而恢复家庭正常功能，促进家庭的健康发展。

45. B 【考点】亲社会规范

【解析】亲社会规范是一些明确的、正面的、健康的、合乎道德的标准，有助于学生增强群体信念，引导群体行为，包括利他信念、合作、分享、关怀、援助、对他人负责任等。题中，小顾发现小浩在美术课上能够用心画画，据此建议老师让其担任美术课代表，目的在于引导小浩通过课代表的角色改善其与同学之间的关系，防止打闹的出现。

46. C 【考点】扭曲思想的类型

【解析】扭曲思想对自我效能感有负面的影响。常见的扭曲思想包括：①"非黑即白"：用是或不是这样"绝对"的思想影响人；②"灰色眼镜"：使人看一件事情时只着眼于负面或令人感到沮丧的地方，而忽略其他好的方面；③"以偏概全"：使人把个别事件或贬低自我的想法无限放大；④"透视心意"：使人单凭直觉猜测别人的想法和用心，还信以为真。题中，该生认为"自己英语学不好，将来就是一个没用的人"的非理性认知，属于"以偏概全"这一扭曲思想。

47. A 【考点】影响学生的社会生态系统

【解析】学校社会工作的主要服务对象是学生，影响学生的社会生态系统包括家庭、朋辈群体、学校、社区等。题中，小刚转学后不适应环境，社会工作者小张发现小刚在班级中有几个要好的伙伴，通过这些小伙伴帮助小刚熟悉环境，减轻小刚转学的不适感，在这个过程中，朋辈群体对小刚的改变产生了重要的影响。

48. C 【考点】评估的类型

【解析】在个案管理的评估过程中，评估包括学生评估和服务系统传输评估。对学生的评估可以从学生的生活状况、情绪状况和学习状况来进行前后比较。对服务系统传输评估可以通过学生及其家庭对其社会支持网络的利用率以及资源与需求对接的程度来判定。题中，小勇的工作属于服务系统传输评估。

49. C 【考点】增强学生情绪控制和表达能力时，学校社会工作的主要内容

【解析】在协助学生满足其情绪觉察、情绪表达和情绪控制需要方面，学校社会工作的主要内容包括：①指导学生学习有关情绪的基本概念；②培养学生分辨个人情绪的能力；③提高学生辨识别人感受和情绪的能力；④引导学生认识情绪问题的形成及其影响；⑤引导学生以正面想法去面对负面情绪，学习以"转换想法"技巧去排除负面感觉和情绪。"转换想法"分为三个步骤：a. 分辨与判断是否存有非理性想法，依据是这些想法是否符合事实，是否造成困扰；b. 对非理性想法进行驳斥，既能以客观事实为基础进行逻辑性驳斥，又能以事实为证据做实证性

驳斥；c. 重建合理想法，驳斥非理性想法之后，需重建以客观事实为基础，用证据去分析或推论的理性想法。题中，小马采取的干预方法属于转换想法。

50. A 【考点】社区资源的连接方式

【解析】社区资源的连接方式包括：①资源整合；②资源共享；③资源流通。其中资源整合强调的是社区内各类组织在强调社会分工的同时，通过整合既有资源和争取更多资源，形成功能上的互补与互赖，来达到共同的目标。资源整合包括了社区组织之间协调、合作的过程。协调是指社区内组织和组织间的协调，通过协调过程强调共享工作环境(如场地设施)、联合决策和行动等；合作是社区内两个或多个组织以及参与者一起共事，彼此形成紧密联系和友好的关系，并建立起互惠措施，来达到共同的目标。题中，社会工作者小林采用的方法属于资源整合。

51. B 【考点】社区参与的层次和形式中的协商

【解析】协商是指，社区进行建设和改造时，邀请受此影响的社区居民一起了解和讨论计划内容，推动居民成为决策过程中的一分子。不过，虽然居民被邀请参加了决策过程，但社区建设或改造的最初设计者通常会设定讨论议题的范围，限定其他参与者的决策权。题中，社区居委会征求居民意见，以便形成最终决议，居民处于社区参与的协商层次。

52. D 【考点】规范性需求

【解析】社区需求主要分为四类：①感觉性需求。指社区居民或服务对象感受到或意识到，并用言语表述出来的需要。②表达性需求。指社区居民或服务对象把自身的感觉通过行动表达出来的需要，例如申请服务、排队等候服务等。③规范性需求。指由专家学者、专业人士、政府行政官员评估而决定的需求。④比较性需求。指社区居民或服务对象将所得到的服务与其他类似社区进行比较，而认为有所差别的需要。

53. A 【考点】健康教育的含义

【解析】健康教育主要是以社区为单位，向居民提供健康和预防疾病的知识。题中，老顾通过联系某医院感染科的专家深入社区进行专题健康讲座，解除了大家的恐慌情绪，稳定了社区秩序，属于关于健康的宣传教育工作。

54. B 【考点】临终关怀的服务内容

【解析】在死亡和濒临死亡阶段，老年人常会承受身心方面的双重痛苦。社会工作者要了解临终者可能会有的恐惧、绝望、压抑等心理反应，了解临终者对于治疗的愿望，为老年人提供临终关怀服务，使老年人能有尊严地离世。社会工作者还要协助老人及其家人处理好医疗与后事安排、家人支持等方面的事宜。题中，小林提供服务属于临终关怀的服务。

55. A 【考点】精神卫生领域社会工作主要内容

【解析】针对社区精神康复而言，社会工作服务主要包括：①普及精神健康知识；②开展精神疾病患者康复训练；③社区资源连接；④提供咨询；⑤开展转介工作。题中，针对赵女士回到社区进行社区精神康复，医务社会工作者首先应该普及精神卫生知识，改善赵女士的社区康复环境，帮助其恢复健康。

56. A 【考点】妇产科医务社会工作的主要服务内容

【解析】妇产科医务社会工作的主要服务内容有：①协助病患及其家属了解病情与

治疗计划，鼓励配合治疗，并增强其信心；②疏导病患与其家属焦虑、不安、沮丧的情绪；③转介病友或志愿者，协助病情适应；④透过病友团体提供支持；⑤协助医疗费的减免及申请社会资源。题中，针对孕妇家属不愿排队发生殴打医护人员的恶性事件的情形，医务社会工作者的首先应安抚孕妇家属的情绪。

57. B 【考点】急诊室社会工作服务内容

【解析】急诊室社会工作服务内容之一是协助配合医护人员。社会工作者是医疗团队中的一分子。当医护人员忙于工作、身心疲惫的时候，社会工作者可以提供一些心理辅导支持性服务，帮助他们克服情绪低落所带来的工作倦怠。题中，针对李主任的低落情绪影响工作的情况，应先对其进行个案辅导，舒缓压力，调整自我认知，从而恢复积极的工作状态。

58. A 【考点】企业社会工作服务内容

【解析】个人发展是企业发展和社会发展的基础，只有充分发挥人的主观能动性，在企业建立以人为本的职业生涯开发与管理的目标体系，帮助职工实现自我价值，通过做好职工的职业生涯开发与管理，把企业的人力资源最大限度地变成人力资本，企业才能最终实现未来的愿景。社会工作者通过为职工提供职业生涯辅导，帮助职工进行自我职业生涯设计，促进职工职业生涯的发展。题中，小林为职工提供的服务就是规划职业生涯。

59. D 【考点】企业社会工作者的角色

【解析】企业社会工作者在介入职工的服务时承担着不同的角色。作为咨询辅导者，企业社会工作者主要是为企业职工就职业和生活问题提供咨询辅导。社会工作者会帮助职工明确其所工作的环境和条件，厘清其需求，弄清其所担忧的问题，寻找各种解决方法和途径，发展职工自身应对环境的能力。题中，社会工作者老王协助李女士查阅相关文件，讲解劳动争议处理程序，并给出她解决问题的建议，此时，老王承担着咨询辅导者的角色。

60. A 【考点】企业社会工作的主要方法

【解析】按照社会工作专业方法的步骤，在提供服务前应该进行问题和需求的评估，针对评估情况进行服务的开展。题中，针对该企业职工流失比较严重的情况，社会工作者首先应对企业工会、人力资源部门及职工进行较深入的调查，评估职工流失的原因。

二、多项选择题(共 20 题，每题 2 分，每题的备选项中有 2 个或 2 个以上符合题意，至少有 1 个错项，错选，本题不得分；少选，所选的每个选项得 0.5 分)

61. BCD 【考点】结案阶段的主要任务；接案反应的处理方法

【解析】结案并不是说社会工作者绝对不再与服务对象接触，而是不再提供服务。在这一个阶段，社会工作者要逐渐减少与服务对象的接触，提醒服务对象要学会自立，给服务对象以心理支持，告诉他们有需要时社会工作者将继续提供协助。

62. ABCD 【考点】接案的准备工作

【解析】为了顺利进行接案会谈，事前的准备工作非常重要。接案的准备工作包括服务对象资料的准备和拟定初次面谈的提纲。服务对象资料的准备主要包括：①事先研读服务对象的资料，了解其是否接受过服务；②了解他们的身体和精神健康状况；③走访社区，通过服务对象的社会网络来了解服务对象个人和社会处境

两方面的情况；④了解服务对象是否有特殊事项需要谨慎小心处理。

63. BC 【考点】结案时服务对象的负面反应

【解析】在结案阶段，服务对象会表现出对即将到来的结案的负面反应。常见的负面反应包括：①否认，不愿承认已到结案期，避免讨论关于结案的话题。表现为不准时参加与社会工作者的工作会谈、会谈时心不在焉等。②倒退，回复到以前的状态，以此拖延结案的到来。③依赖，对社会工作者过分依靠。④抱怨，对社会工作者不满意。⑤愤怒，表现为对社会工作者不满，批评、攻击和挑战其他人。⑥讨价还价，当发现没有可能阻止结案时，有些服务对象会寻找理由拖延结案。⑦忧郁，表现出无精打采、失落而无助，对结束专业关系充满焦虑。题中，李奶奶在结案阶段出现的负面反应主要是依赖和否认。

64. ABCE 【考点】儿童友好社区建设倡导的内容

【解析】儿童友好社区建设倡导的内容包括：①完善社区基础建设。为儿童的健康成长提供干净的饮用水和卫生的外部环境。②建设安全、益智的儿童游戏场所和设施。③健全社区儿童和家庭服务体系。需要社区培育和发展小型的专业社区服务机构，包括儿童发展服务机构、儿童福利服务机构、儿童保护服务机构、儿童紧急庇护场所等。④创新社区儿童参与工作机制。要在他们童年时，通过社区参与了解社区和社会，学会参与社会的知识和技能，帮助他们成为合格的公民。

65. ABC 【考点】罗杰斯的"自我概念"

【解析】罗杰斯(Rogers)"自我论"中的"自我概念"，可以成为协助青少年开展自我探索的理论基础之一。罗杰斯认为："自我概念"又称"自我影像"，是指个人对自己整体的了解和看法，包括个人的态度、意见、知觉反应或价值观等。"自我概念"可以涵盖 3 个层面：现实我(是真正的我)、理想我(是希望中的我)及客观我(是别人眼中的我)，这三个自我需要能相互运作充分发挥其功能，健康自我才得以出现。

66. CDE 【考点】养老机构照顾阶段社会工作者的专业服务

【解析】申请和做决定阶段，养老机构照顾阶段与社会工作者的角色如表 1 所示。

表 1　养老机构照顾阶段与社会工作者的角色

养老机构照顾阶段	服务对象的反应	服务标的	社会工作者的工作和角色
申请和做决定	不情愿	辅导	辅导员
	焦虑、恐惧	研究和评估	研究和评估筛选者
	放弃	物理环境	为服务对象选配适当的机构
	拒绝	经济状况	评估者
	害怕与家人分离	家庭网络	调查者
	压抑	健康	辅导员
	失去自尊	自我照顾能力	
		生活方式	
		宗教信仰	
		教育水平	

密封线内不要答题

密 封 线 内 不 要 答 题

67. BE 【考点】老年人的正式支持体系

【解析】老年人的正式支持体系主要是由政府的老年工作组织机构和涉老组织机构构成。如我国各级老龄工作委员会及其办事机构，政府办的社会福利院、敬老院、老年公寓、颐养院、护理院、临终关怀机构、社区老年中心等。

68. ABC 【考点】倡导的方法

【解析】倡导是指为了确保社会公正，站在服务对象或者受助团体的立场上，直接从事代表、捍卫、支持受助个人或者团体的利益的活动过程。倡导的前提是妇女个人存在着困难和社会保障制度的缺乏以及政策和法律保障不力等。因此，倡导的目的就是改变政策、法律和制度。从微观上而言，倡导是为了要满足服务对象的需求；从宏观上来说，倡导就是采取游说、政策建议和运用传媒等方式进行政策建议。

69. CE 【考点】增能的方法

【解析】妇女增能是通过社会工作者和妇女之间的共同合作，让妇女有能力认识到自身的真实处境，引发她们对形成这种境况的社会因素进行思考，寻找解决的途径，并且通过采取具体的行动来改善处境。其主要方法包括：①透明化，与妇女形成伙伴关系，由她们主导工作过程，充分发挥妇女的创造力；②鼓励和肯定，通过鼓励和肯定慢慢增进妇女的自信和能力，提升妇女自身的价值感；③权力分析，与服务对象一起讨论两性之间的、家庭的以及日常生活中其他相关的权力关系；④意识醒觉，通过阅读、小组讨论、经验分享以及观看影片等方式观察和了解妇女的弱势社会地位；⑤倡导政策改变，借助集体行动，倡导政策的发展和改变。

70. ACE 【考点】受虐妇女综合征的特征

【解析】受虐妇女综合征的特征包括：①低自尊，认为自己应该对施暴者的行为负责，有严重的罪恶感和心理压力；②暴力循环，婚姻暴力是有规律的，呈现出周期性循环发生的特征，每次暴力不仅有周期而且深度也相同；③暴力正常化，长期和反复经受暴力的妇女，不是不愿反抗暴力，而是逐渐将暴力行为视为日常生活的一部分，将其正常化。她们被暴力控制了身心，否定自己的能力，不相信自己能够摆脱暴力等。

71. BE 【考点】残疾预防工作中的三级预防体系

【解析】残疾人社区康复的内容之一是开展残疾预防工作。残疾预防是指在发生伤残之前预防其发生或发生后减轻其功能障碍程度。我国初步建立了三级预防体系：一级预防、二级预防和三级预防。其中，一级预防是指预防致残性伤害和残疾的发生，通过实施免疫接种、围产期保健、预防性咨询、减少暴力、预防交通意外、加强公共场所安全、避免引发伤病的危险因素或危险源、指导健康的生活方式、提倡合理行为及精神卫生、安全防护照顾等措施。

72. ABCD 【考点】矫正社会工作的主要内容

【解析】矫正社会工作是司法矫正体系中的社会福利服务，贯穿于对服务对象进行司法矫正的各个方面以及整个过程，其主要内容包括司法判决前的服务、监禁场所中的“社会工作”、社区矫正中的“社会工作”以及刑满释放后的“社会工作”四个方面。此外，针对戒毒人员的社会工作介入，也是矫正社会工作的主要内容之一。

73. BCDE 【考点】危机干预的介入策略

【解析】在具体介入的过程中，社会工作者老王对小龙进行危机干预时，尤为要注重：①输入希望，提供精神支持与宣泄渠道，让迷茫、无助的小龙重燃对生活的渴望、人生的希望。②提供支持，加强资源连接，积极联络小龙的亲属定期去探视小龙，充分利用小龙自身拥有的资源，协助解决当前问题，共同努力克服危机。③恢复自尊，了解小龙对自己的看法，协助重塑自信、自我增能，并在其改变的过程中给予适度激励，以乐观的精神感染小龙，在整个服务过程中尽可能地传递正能量。④培养小龙的自主能力，帮助其恢复和发展功能、减少依赖、增强自主、克服危机。

74. ABC 【考点】保密原则

【解析】保密原则要求社会工作者在提供服务的各个环节，始终遵守保护受助者个人隐私和有关信息的承诺，绝不能轻易泄露服务对象的私人信息以及同服务相关的隐秘信息，以保护服务对象的个人权益。但是当服务对象涉及他人的生命安全的时候，社区禁毒专职人员应将小朱涉及自己和他人生命安全的相关信息上诉人员报告，协助小朱应对危机。

75. ACDE 【考点】复员退伍军人安置社会工作的主要方法

【解析】复员退伍军人安置社会工作的个案介入方法包括始终以尊重、关注和接纳的方式与服务对象进行沟通，适时予以安慰、鼓励、承认，同时要在现实的基础上表达出对服务对象的信心、肯定和赞许，疏导情绪，使服务对象消除焦虑，减少内疚，化解不满，增强自信，以从容、积极的心态应对新工作和新生活。在开展小组辅导时，为组员进行职业生涯规划，带领组员进行自我职业性格分析；介绍当前的社会大背景和就业环境，重点介绍退役军人安置制度改革以及应对措施，促进理念转变、能力提升；技巧上，可以通过播放影视数据、现场讲授、小组讨论等方式，让组员更加明确当前的形势、把握现有的机会，正确评价自己，更新观念，调整心态，树立与市场经济相适应的择业观和就业观，尝试进行职业选择。

76. BE 【考点】抗逆力的构成要素

【解析】抗逆力由外部支持因素、内在优势因素以及效能因素三部分组成。其中，内在优势因素包括完美的个人形象感和积极乐观感。将观察自己而得到的结论和从别人那里得到的反馈称为自我形象，这对于青少年非常重要。积极的个人形象感是指个体对自我具有较强的认同感，能够接纳自我，同时具有高自尊以及高度自我价值感。乐观感即相信未来是光明和充满希望的。

77. AC 【考点】生态系统理论的假设

【解析】生态系统理论假设，影响个人发展的环境可分为四个系统：①微观系统，是指个人直接面对面接触和交往而组成的系统，它对个人的影响最直接、最频繁，构成个人最重要的生活场所。②中观系统，是指个人积极参与的两个或多个微观系统之间的互动关系。例如，对儿童来说，家庭和学校关系就是非常重要的中观系统。③外部系统，是指对个人有影响但个人并不直接参与的系统。例如，家庭所在的社区就是这样的系统。④宏观系统，是指影响个人的思想和行为的社

会文化价值系统。E 项属于外部系统。

78. ABD 【考点】接触阶段的评估内容

【解析】在初次家庭会谈之前，社会工作者需要做一些准备工作，例如阅读受助家庭的有关资料，或者查阅与受助家庭类似的其他家庭的一些文献研究，以了解受助家庭的基本情况。在初次家庭会谈中，社会工作者有两项基本任务需要完成：①初步评估受助家庭的问题；②与受助家庭成员建立基本信任关系。在初次家庭会谈的安排中还需要考虑社会工作者自身的安全。ABD 三项属于评估家庭问题的内容。

79. ADE 【考点】增强学生情绪控制和表达能力的技巧

【解析】情绪控制和表达能力是学生成长过程中十分重要的部分，直接影响学生发展正面的自我观念，建立良好的人际关系。善于控制和表达情绪能增强学生处理人生逆境的能力。要培养和强化学生控制和表达情绪的能力，主要技巧如下：①辨识自己的情绪；②辨识他人的情绪；③运用不同的词语和方法表达情绪；④对他人的情绪经验有同理心和同情心；⑤了解个人内在情绪与外在表达的必然差异；⑥以健康的方法处理负面情绪；⑦了解情绪交流是建立深厚人际关系的一部分；⑧加强个人对情绪的自我效能感。

80. ABCE 【考点】家庭医疗的工作方法

【解析】为了减轻医院的经济负担和社会的医疗保险负担，医务社会工作者可以从事跟进治疗工作，既可以防止已有的疗效退化或消失，也可以协助长期慢性病患者让出床位给急诊患者。其具体做法是：①评估长期慢性病患者及其家庭的需求，明确需要开展的服务活动；②拟订服务的具体计划，包括患者生理指标的维护、家庭护理人员的培训和医务人员的定期查访等；③寻求社会资源，拓展有效的转介程序，减轻医生和患者的负担；④给予家庭照顾者必要的关怀和支持。

密封线内不要答题

密 封 线 内 不 要 答 题

准考证号：________ 姓名：________

2014 年度全国社会工作者职业水平考试试卷（助理社会工作师）社会工作实务（初级）

（考试时间 120 分钟　满分 100 分）

题　号	一	二	总　分	统分人签字
得　分				

得　分	评卷人

一、单项选择题（共 60 题，每题 1 分。每题的备选项中，只有 1 个最符合题意）

1. 小郑在医院精神科接受治疗，精神状况得到了明显改善，希望重新就业，经医院转介，小郑进入一家机构接受职业康复服务。小郑属于(　　)服务对象。

A. 自愿　B. 外展　C. 非自愿　D. 潜在

2. 与服务对象初次接触后，社会工作者小李来到其居住的社区，向居委会了解其家庭生活状况，并拟定了一份初次面谈提纲。小李的做法属于(　　)。

A. 接案准备　B. 接案面谈　C. 面谈安排　D. 问题界定

3. 74 岁的老李在接受居家养老服务时，向社会工作提起孙女小红正在上初中，学习成绩不好。希望社会工作者给予帮助。此案例中，小红属于(　　)服务对象。

A. 正式　B. 潜在　C. 非正式　D. 现有

4. 社会工作者小赵在与服务对象会谈时，通过提供情绪支持，缓解了服务对象的焦虑；通过改变不恰当的自我认知，增加了服务对象自我改变的动力，小赵的上述做法具有(　　)作用。

A. 启发性　B. 治疗性　C. 安抚性　D. 肯定性

5. 班主任马老师发现小学一年级新生小亮沉默寡言，很少与同学交流，于是将小亮转介给学校社会工作者华姐。在与小亮接触后，华姐觉得小亮的问题还需要其他专业人士的帮助。为此，华姐向心理专家和精神科医生请教如何准确评估小亮的问题与需要，这属于(　　)方法。

A. 调查　B. 询问　C. 观察　D. 咨询

6. 某儿童服务中心计划为 3 岁以下的儿童及家长开展科学喂养知识讲座和亲子活动，为3～6岁的儿童及家长开展辅导、娱乐等活动，为 7～14 岁的儿童及家长开展沟通交流活动以及青春期身心健康教育，上述活动主要是依据(　　)特点而设立。

A. 儿童性格　B. 儿童发展　C. 家长心理　D. 家长行为

7. 某儿童服务中心的社会工作者认为每位学生都有与众不同的能力，因此为社区内的小学生开设了美术、舞蹈、篮球、陶艺等课程，以发展各自的特长，当学生在

某些课程上表现不尽如人意时，社会工作者也予以接纳。上述服务理念依据的是(　　)。

A. 心理社会理论　B. 多元智能理论

C. 自我发展理论　D. 认知行为理论

8. 当儿童面临灾害、虐待和遗弃等紧急情况时，社会工作者应首先(　　)。

A. 排除危险，保障儿童人身安全　B. 向有关儿童保护部门报告

C. 提供辅导，减少儿童所受伤害　D. 为儿童提供寄养照顾和庇护服务

9. 某中职学校招收了一批福利院的孤儿，该校的社会工作者建议校方把资助款汇到孤儿学生的银行卡里，让他们自己去交学费和住宿费，并且在班级组成、活动组织等方面不对他们作特殊的安排，社会工作者的上述建议遵循了(　　)原则。

A. 自决　B. 保护稳私

C. 接纳　D. 注重发挥优势

10. 根据民政部最新统计，全国除了有 57 万孤儿外，还有 61 万事实上无人抚养的儿童，包括因父母重病、重残、双方或一方服刑，或者一方死亡、一方改嫁而造成的事实上无人抚养的儿童，这些儿童最需要的服务是(　　)。

A. 风险规避　B. 成长辅导　C. 长期安置　D. 教育救助

11. 为解决一些高一新生进入学校后难以适应新环境、课业跟不上等问题、学校的社会工作者拟采用个人需求取向设计服务方案，其正确的做法是(　　)。

A. 听取学校老师反映新生学业困难的意见

B. 收集家长有关家庭教育的信息

C. 运用“头脑风暴”方法让学生表达其需要

D. 请专家对新生问题进行社会调查和分析

12. 社会工作者小王非常注重运用整合性社会工作方法为社区“失学失业”青少年提供服务，小王的下列做法中，体现整合性方法特点的是(　　)。

A. 针对社区青少年的多元需求设计服务

B. 加强对青少年个人资源和社会环境的研究

C. 建立本机构内部有效服务青少年的管理制度和机制

D. 向有关部门建议创造更具有特性的青少年发展环境

13. 力强 15 岁，是学校的“小霸王”，因对同学有暴力行为，被学校勒令退学，父母找到社会工作者小郭，希望能够帮助力强重返学校。当小郭找到力强时，他正在网吧打游戏，小郭上前劝说，力强极不耐烦，冲动之下欲出手打人。对此，小郭恰当的做法是(　　)。

A. 要求力强父母将他禁闭在家时进行研究反思

B. 帮助力强分析他在此次事件中所犯的错误

C. 马上报警，并将力强转介给其他服务机构

D. 舒缓力强的冲动情绪，与他分析走出困境的方法

14. 小丽是一名初中生，因父亲酗酒，母亲改嫁而缺少照顾、常在网吧或娱乐场所流连，彻夜不归。下列为小丽提供的服务中，具有治疗性功能的是(　　)。

A. 改善家庭环境　B. 改善学校环境

C. 提供安置服务　D. 倡导完善青少年保护政策

15. 社会工作者小王组织社区青少年成立非洲鼓学习小组，邀请专家为他们提供辅导和训练，并组织他们到社区表演。在此过程中，青少年不仅结识了朋友，而且提高了自信，该小组属于(　　)。

A. 教育小组　　B. 任务小组
C. 游戏技巧小组　　D. 娱乐小组

16. 老张夫妇退休前忙于工作，事业有成；退休后，热心社区公益活动，生活悠然而充实，最近喜添外孙。夫妻俩忙着在家带孩子，不再像以前那样经常参加社区公益活动了。老张夫妇的上述经历反映了老年人(　　)的变化。

A. 生理　　B. 心理　　C. 年龄　　D. 社会角色

17. 王爷爷早上起床后感觉有点不舒服，老伴李奶奶为他量了体温，未发现异常。照顾王爷爷吃完早餐后，李奶奶便出门买菜，回家后发现老伴已经离世。为此，李奶奶非常自责，“如果当时我带他去医院，或者早点回家，他就不会走了，都是我的错，都是我不好。”此时，社会工作者首先要为李奶奶提供(　　)。

A. 生命教育　　B. 哀伤辅导　　C. 丧葬安排　　D. 健康照顾

18. 小玲是护理院的社会工作者，经常为临终老人及其家庭提供服务。最近一段时间小玲感到很疲惫，对工作缺乏兴趣，容易发火动怒。作为一名社会工作者，小玲最恰当的做法是(　　)。

A. 克服自身困难，保持服务热情
B. 坦诚告知服务对象自己目前的状况，暂缓提供服务
C. 与家人讨论自己的工作内容，征求他们的意见
D. 寻求专业督导支持，找到改变自身状况的方法

19. 小张夫妻俩都有一个升迁机会，丈夫认为妻子应该以家庭为主，负责照顾一家老小，放弃升迁机会。妻子认为，这个机会难得，不愿放弃。两人争执不下，寻求社会工作者的帮助。从社会性别视角来看，社会工作者的下列回应中，正确的是(　　)。

A. “女人擅长家务，应该以家庭为主”
B. “女人的升迁机会确实难得，当然不能放弃”
C. “男人在工作中的发展空间更大，应以事业为重”
D. “照顾家庭是夫妻双方的事情，应共同协商承担”

20. 小谭结婚了5年，自女儿出生后，就留在家里照顾孩子。近来，丈夫经常因一点小事就对她拳脚相加。万般无奈之下，小谭带着孩子离开了家，向社会工作者求助。社会工作者首先应提供的服务是(　　)。

A. 协助小谭联系律师，与丈夫商议离婚
B. 与庇护所联系，为小谭母女提供暂时住所
C. 帮助小谭找工作，以实现经济独立
D. 从增能视角出发，提升小谭的自尊和自信

21. 小丽从家乡进城打工之后，一直担心遇见坏人，害怕被骗被抢，不敢和其他人交往，社会工作者小王发现不少外出打工的女孩子都有类似的情况，于是策划开办打工妹互助小组帮助她们。小王的下列做法中，错误的是(　　)。

A. 履行好自己作为小组长的角色

B. 小组地点选择在方便打工妹参加的地方
C. 开办小组的时间由打工妹自己讨论决定
D. 协助打工妹在小组中分享与他人相处的经验

22. 某农村社区缺乏残疾人康复设备，为让更多的服务对象享有康复服务，当地社会工作者鼓励康复对象和家属自制康复器械。上述做法体现了开展社区康复的(　　)原则。

A. 社会化　　B. 因势利导　　C. 因陋就简　　D. 低成本、广覆盖

23. 某残障人士服务机构拟通过“爱心敲门”、“电话问安热线”等服务，构建残障人士预防性社会工作介入模式，此服务所采用的方法属于(　　)。

A. 心理康复　　B. 职业康复　　C. 社区康复　　D. 教育康复

24. 社会工作者协助即将出狱的服务对象调整心态，为他们提供社会发展变化的资讯，以便他们更好适应出狱后的生活，社会工作者的上述做法满足了服务对象的(　　)需要。

A. 服刑改造　　B. 基本生存　　C. 再社会化　　D. 去污名化

25. 社会工作者小王鼓励擅长书画、篆刻的社区矫正对象发挥自己的特长，组建艺术治疗小组，陶冶情操，提升自信。此案例中，小王运用的是(　　)。

A. 认知理论　　B. 标签理论
C. 行为主义理论　　D. 优势视角理论

26. 大李假释回到社区后，多次求职失败，加上邻居都疏远他，情绪低落、社会工作者小陈一方面疏导大李的情绪，增强他对生活的信心；另一方面介绍他参加职业技能培训，提升就业能力，最终大李在社区成功就业。就业后的大李乐观开朗，工作努力。上述案例体现的社会工作核心价值理念是(　　)。

A. 接纳　　B. 可塑性　　C. 同理　　D. 个别化

27. 依据《社区矫正实施办法》，某街道司法所要求社区矫正服务对象按时参加社会工作者组织的集中教育活动和公益劳动。服务对象虽服从安排，却不愿与社会工作者多交流、针对这种情况，社会工作者首先应做的是(　　)。

A. 改善专业关系　　B. 开展小组服务
C. 开展矫正教育　　D. 进行家庭访问

28. 针对某些社区矫正服务对象在求职过程中存在的自卑、人际沟通困难等问题，社会工作者设计了以“挺身而说”为主题的求职技巧训练小组活动，协助他们接纳自己、提升自信。这种方法属于行为治疗中的(　　)。

A. 模仿　　B. 放松训练
C. 自我指导　　D. 敢于自表训练

29. 服务对象小张戒毒后成为一名出租车司机，最近，他向社会工作者小王哭诉，自已已经两年不吸毒了，交管部门依然吊销了他的驾照，这等于砸了他的“饭碗”，小张感到万念俱灰，开始复吸，且萌发了轻生念头。此时，小王恰当做法是(　　)。

A. 联系交管部门，请他们对小张进行法制教育
B. 开展情绪疏导，并协助其申请临时救助

密封线内不要答题

C. 解释毒驾处理政策，引导其理解毒驾对社会的危害

D. 接纳小张的想法，协助其分析吸毒可能导致的后果

30. 服务对象小方曾因吸毒被强制隔离戒毒两年，从戒毒所出来后，小方回到社区，家人不愿接纳她，拒绝承认有她这个女儿，社会工作者小赵了解到家人从小对小方期望过高，让她觉得透不过气来，吸毒是为了缓解压力，她自己也很讨厌这样的生活，针对小方的困境，小赵恰当的做法是(　　)。

A. 对小方进行健康教育，告知其吸毒的危害性

B. 采用想象厌恶疗法，让小方的犯瘾惩罚自己

C. 协助小方把自己的感受和想法告诉家人，以获得谅解

D. 安排大学生志愿者与小方进行结对帮教

31. 某光荣院中的伤残退役军人因行动不便，日常生活和活动仅局限于院内，生活单调、枯燥。为此，社会工作者组建了一支志愿者队伍时常探望他们，还请他们外出为中小学师生作事迹报告。上述案例中，社会工作者为服务对象提供了(　　)。

A. 健康咨询　　B. 心理治疗　　C. 情绪辅导　　D. 社会支持

32. 某优抚医院存在个别服务对象被疏于照顾的问题。社会工作者及时识别哪些处于高风险中的服务对象，并向医院反映他们的要求。在此过程中，社会工作者的角色是(　　)代言人。

A. 服务对象　　B. 机构　　C. 工作人员　　D. 社会

33. 老钱退休后被易地安置到甲市某军队离休退休干部休养所。离开工作了大半辈子的军营，到来人生地不熟的甲市，原本外向开朗又多才多艺的老钱仿佛变了一个人，整天“宅”在家里，感觉失落与茫然。对此，休养所社会工作者的工作重点(　　)。

A. 对老钱进行危机干预

B. 对老钱实施系统脱敏

C. 协助老钱树立健康休养观

D. 协助老钱构建社会支持网络

34. 五级伤残军人小李因担心将来医疗没有保障，对移交地方政府安置顾虑重重，迟迟不肯在移交协议书上签字。针对小李的情况，社会工作者最宜采取介入的策略是(　　)。

A. 挖掘小李个人生活潜能

B. 尊重小李继续留在部队的意愿

C. 引导小李坦然接受安置现实

D. 协助小李了解地方医疗保障政策

35. 曾多次获得荣誉称号的小徐在一次执行反恐任务时受重伤导致高位截瘫，终日躺在荣军医院病床上，情绪低落，行为退缩，沉浸在既往的回忆中，日渐对当下的生活有一种深深的无力感和无意义感。为协助小徐重燃对生活的希望，社会工作者下列做法中，最恰当的是协助小徐(　　)。

A. 配合医疗康复训练

B. 学习自我护理技能

C. 回顾过往生活经验

D. 建构当下生命意义

36. 社会工作者小张为社区的低保人员开展求职技能培训，组织他们为社区提供志愿服务，并为他们争取一些工作机会。社会工作者这样做的主要目的是(　　)。

A. 避免低保人员因长期失业而被边缘化

B. 增加社区居民对低保人员的接纳与认同

C. 要求有劳动能力的低保人员回报社区

D. 运用低保人员提供的志愿服务满足社会需要

37. 对街头流浪乞讨人员中的危重病人、精神病人和危险传染病人进行救助时，社会工作者应坚持的原则是(　　)。

A. 先救治，后救助

B. 先救助，后救治

C. 只救治，不救助

D. 只救助，不救治

38. 某社会工作援建团队已在灾区服务两年，在新一年的服务计划中，他们提供的恰当服务内容是(　　)。

A. 组织人员搭建临时安置所

B. 评应急生活物品需求

C. 组织重建邻里关系专题活动

D. 组织衰伤辅导工作坊

39. 在街道办事处和工商部门的支持下，某社会服务组织在临街的公共场地上搭建起一些小商品摊位，计划供社区贫困家庭低价租用，在向居民代表征集摊位租用意见时，大家看法不一。下列对贫困家庭进行救助的意见中，最符合社会工作理念的是(　　)。

A. “既然是贫困家庭，就把租金全免了”

B. “为申请到摊位的家庭提供创业培训”

C. “小买卖不挣钱，还不如贫困家庭领低保”

D. “将公共场地进行商业出租，租金直接发给贫困家庭”

40. 社会工作者在某贫困村开展旨在倡导自立自强的扶贫救助服务。下列服务中，符合地区发展理念的是(　　)。

A. 举办职业技能培训班

B. 开展特种养殖项目社区宣讲

C. 邀请创业成功人士分享经验

D. 组织家庭代表商讨土特产加工厂建设事宜

41. 小勇是一名精神分裂症患者，正接受住院治疗。主治医生告诉社会工作者小李，这已经是小勇第三次入院了，他每次在医院的治疗效果都很理想，但一回到家病情就会反复，针对小勇的情况，小李首先应做的是(　　)。

A. 了解其家庭状况

B. 帮助其家庭成员增能

C. 开展家庭治疗

D. 满足其家庭成员需要

42. 小丽和大强婚后育有一女，大强游手好闲，还动手打小丽母女；小丽的婆婆也处处挑剌，常劝儿子与小丽离婚，从家庭系统理论看。社会工作者应介入(　　)。

A. 小丽和女儿的亲子系统

B. 婆媳次系统

C. 小丽和大强的夫妻次系统

D. 家庭之外的社会系统

43. 社会工作者老李在与小琴夫妇的面谈中发现，小琴不时抱怨丈夫像个长不大的孩子，对家里的事不管不问；小琴丈夫则说妻子像一个怨妇，满腹牢骚，不体谅自己工作的辛苦，根据家庭社会工作中帮助家庭成员增能的原则，老李的下列提问中正确的是(　　)。

A. “你们在的争吵是什么时候开始的?”

B. “你们自己认为问题出在哪里?”

C. “你们希望什么方面有所改善?”

D. “你们之前发生争吵是怎样解决的?

44. 社会工作者小宁在督导会上谈到一个家庭个案。他说：“这是一个典型的单亲家

庭，父母离婚8年，和所有单亲家庭一样，他们的孩子有一大堆行为问题。”对于小宁的个案描述，最合适的督导意见是(　　)。
A. 小宁对家庭的认识很敏锐，是一次分析家庭的有益尝试
B. 小宁收集到足够的资料，对家庭问题作出了正确评估
C. 小宁关注到家庭的不完整，坚持了以家庭为中心的理念
D. 小宁对家庭的认识干扰了其对服务对象家庭的理解和评估

45. 社会工作者小王在入户探访时了解到，李婆婆今年72岁，丈夫去世多年，与女儿女婿住在一起，日常起居由女儿和女婿归照顾。根据上述资料，小王绘制的下列家庭结构图中，正确的是(　　)。

A. 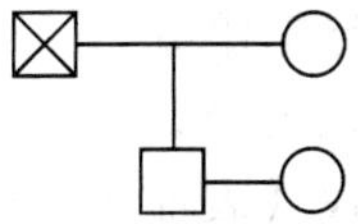

B. 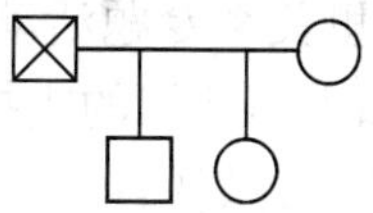

C. 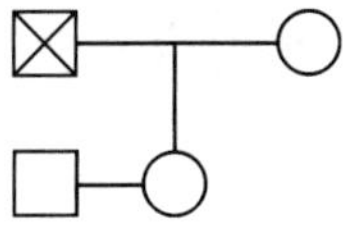

D. 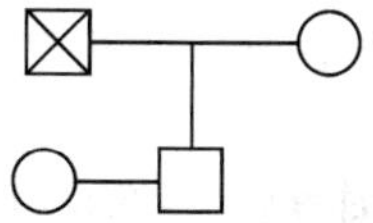

46. 学校社会工作者小秦使用抗逆力理论为身处困境的青少年开展服务，重点在于提升他们的自我认同感，使他们接纳自己，能够在困境中坚持刻苦学习，提升自我价值，小秦上述做法的目的是增强这些青少年的(　　)。
A. 内在优势　　B. 外在优势　　C. 内部效应　　D. 外部支持

47. 学校社会工作者小赵发现住校生中存在欺凌现象，为改善同学关系、建立和谐校园，小赵希望帮助爱欺负同学的学生改善人际关系。为此，小赵的工作目标应聚焦于帮助这些学生学会(　　)。
A. 自我肯定　　B. 发挥潜能　　C. 掌控情绪　　D. 自我觉察

48. 学校社会工作者希望通过小组工作帮助学生找出理想与现实的差距，并进一步找到他们在当前阶段需要自我培养、自我加强、自我改变的方面。该小组工作满足了学生(　　)的需要。
A. 自我认知和自我探索　　B. 学业发展和生涯规划
C. 人际协调和技能养成　　D. 情绪觉察和情绪管理

49. 小学三年级学生小婷学习数学比较困难，学校社会工作者联系志愿者为其辅导功课，但效果不明显。近来，社会工作者经常听到小婷说：“不是我不想学习，而是我学不会。”为更好地帮助小婷，社会工作者需要提升小婷的(　　)。
A. 个人形象　　B. 自尊自信　　C. 自我价值感　　D. 自我效能感

50. 学校社会工作者正在为大学生筹划一个生涯规划发展小组，为了帮助学生明确生涯规划目标，下列活动主题最适宜的是(　　)。
A. 制定学业发展计划，培养终生学习意识
B. 注重创新思维培养，学习资源整合方法
C. 了解生涯发展任务，树立生涯规划意识
D. 制定生涯发展规划，提升自我探索能力

51. 社会工作者与某学校协商，每周末向社区老年人开放音乐和美术教室，并请老师为老年人开设音乐和美术讲座，这一做法体现了社区教育中的(　　)取向。

A. 社区老人本位　　B. 学校本位
C. 社区工作本位　　D. 补偿本位

52. 某社区为解决停车位严重不足的问题，决定修建地下停车场，并就修建停车场的时间、地点、功能、管理方式等制定了详尽计划。社会工作者邀请居民代表就建停车场的开工时间进行讨论，这属于社区参与层次和形式中的(　　)。
A. 告知　　B. 咨询　　C. 协商　　D. 共同行动

53. 某社区设立了残疾人康复中心，配备了相应的康复设施，中心运行一段时间后，社会工作者受委托来到该社区访谈相关人士，了解社区残疾人的需求情况，在相关人士提出的需求中，属于规范性需求的是(　　)。
A. 残疾人说，康复中心设施配备很好，但康复服务不太专业
B. 残疾人家属说，相邻社区康复中心的康复师比较专业
C. 残联工作人员说，调查结果显示该社区康复中心需要配备专业康复师
D. 社区居民说，与同类机构相比该社区康复中心应配备专业康复师

54. 某社会工作机构计划在社区开展针对老年人的健康教育活动。在服务策划阶段，社会工作者需要做的是(　　)。
A. 了解老年人的人数及健康状况　　B. 根据老年人身体状况安排活动场地
C. 招募志愿者为老年人开展健康讲座　　D. 了解老年人对健康活动的满意度

55. 为提升外来务工人员子女的社会适应能力，某社会工作机构在10所小学开展了系列专业服务，社会工作者老高负责对该服务项目进行评估。下列老高使用的方法中，属于定量评估的是(　　)。
A. 调查各校负责人对服务活动的满意度
B. 听取小学生对服务活动的意见
C. 召开座谈会听取家长对服务的看法
D. 观察小学生人际交往变化情况

56. 某社区位于城乡结合部，除居住居民外，还有大量外来务工人员，管理和服务未能跟上，社区卫生环境和治安状况不佳，社会工作者希望通过控制、教育改善该社区状况，为此可以采取的做法是(　　)。
A. 为外来务工人员举办环境讲座
B. 在社区展览破坏社区环境后果的图片
C. 与社区居民共同分析环境卫生问题
D. 告知社区居民环境卫生投诉电话

57. 在参与化解医患矛盾时，社会工作者的主要角色是(　　)。
A. 医患关系的调解者　　B. 患者的代理人
C. 医患矛盾的仲裁者　　D. 医院的代言人

58. 为了提升白血病患儿的医疗服务质量，社会工作者开展了一系列专业服务，属于宏观层面的是(　　)。
A. 参与医生查房，了解白血病患儿家庭的实际困难
B. 开展调研，向政府提交白血病患儿医疗救助政策建议
C. 开办支持小组，提升白血病患儿家庭的自我效能感
D. 开办支持小组，志愿者与白血病患儿家庭“一对一”结对

密封线内不要答题

密封线内不要答题

59. 老张是某精神卫生中心的社会工作者，目前正在为16岁的患者小刚提供服务，帮助其回归社会，老张的下列做法中，正确的是(　　)。
A. 到小刚所在社区宣传心理卫生知识
B. 协助小刚加强与家庭和有关机构的联结
C. 告知邻居小刚的病例和他即将出院的消息
D. 告知精神科医生小刚的发病史和生活

60. 张女士，55岁，因患乳腺癌接受了乳房切除手术及化疗，手术后张女士感到身体外形发生改变，担心丈夫不再疼她，害怕疾病可能复发，因而情绪低落，时常哭泣。对此，社会工作者首先应做的是(　　)。
A. 激发张女士对未来的期待　B. 引导张女士转变思维模式
C. 减轻张女士手术后的焦虑　D. 协助张女士调整生活方式

得　分	评卷人

二、多项选择题(共20题，每题2分。每题的备选项中，有2个或2个以上符合题意，至少有1个错项。错选，本题不得分；少选，所选的每个选项得0.5分)

61. 社会工作者小陈接待了前来求助的初中生小红，经过面谈和预估，小陈发现小红和母亲的沟通存在困难，针对小红的问题，小陈开展的下列服务中，属于直接介入的有(　　)。
A. 让小红扮演母亲的角色，体会母亲的想法
B. 指导小红主动表达自己的想法，加强与母亲沟通
C. 联系小红母亲，了解她对女儿的看法
D. 邀请小红母亲参与辅导，增加与女儿的交流
E. 指导小红母亲发现小红的优点，增进对女儿的了解

62. 社会工作者小秦针对服务对象小强的问题开展了5次服务，发现小强的状况有了明显改善，于是决定结案，小秦的下列结案做法中，正确的有(　　)。
A. 与小强一起回顾服务开展的进程　B. 提前告知小强结案的具体时间
C. 与小强一起分析结案后面临的困难　D. 逐渐减少与小强直接交流的机会
E. 转移小强结案时出现的负面情绪

63. 从优势视角出发，社会工作者致力于为服务对象增能。为此，在制订服务计划时，社会工作者强调服务对象参与其中。这样做的目的在于让服务对象(　　)。
A. 有自我成长的机会
B. 看到自己对解决问题的贡献
C. 有机会为解决自己的问题做出努力
D. 感觉到社会工作者是以服务对象为中心
E. 感觉到社会工作者是以问题为中心的

64. 流浪儿童救助保护中心的社会工作者对13岁的流浪儿童小华进行需求评估，并形成评估报告。该评估报告的内容应包括(　　)。
A. 小华的需求情况　B. 评估结论与服务建议
C. 详细的干预帮扶计划　D. 救助保护中心的基本信息

E. 小华的主要问题及原因分析

65. "共创成长路"抗逆力服务项目旨在通过授课、讲座、活动等方式，帮助青少年降低风险性因素，提高保护性因素，培养正向能力。这一服务项目具有(　　)的特点。
A. 治疗性　B. 发展性　C. 预防性　D. 教育性
E. 整合性

66. 16岁的小峰，高考失利，加上患有皮肤病，自信心很低，整日躲在家里，不想继续上学，也不想找工作。面对父母失望的眼神，小峰内心非常煎熬，但又觉得无法改变现状，小峰的上述表现反映出的需要有(　　)。
A. 为未来的职业生涯做准备　B. 接纳自己的身体与容貌
C. 追求独立自主，不依赖父母　D. 与同伴发展适当的人际关系
E. 通过叛逆行为获得他人关注

67. 王老伯是甲街道某社区活动的积极分子，最近因中风卧床不起，儿子儿媳请了保姆照顾他。社会工作者知道后上门看望老人，协助他向民政部门申请临时困难补助，还邀请了志愿者定期看望陪伴。上述案例中，属于王老伯非正式支持体系的有(　　)。
A. 保姆　B. 街道办事处　C. 儿子儿媳　D. 志愿者
E. 民政部门

68. 社会工作者小王为社区失明老人开展"心明"老年人支持小组。除了有一位失明独居的陈奶奶多次拒绝社会工作者的邀请外，其他失明老年人都参加了小组活动，但存在出门不便和沟通不畅的困难。为保证小组活动的顺利开展，小王可采取的适当做法有(　　)。
A. 安排志愿者上门，接送出行有困难的失明老人
B. 扮演支持者角色，保持小组成员的参与热情
C. 留意观察组员的进步，为点滴成长喝彩
D. 发动组员上门真诚邀请，鼓励陈奶奶打开心门
E. 实时播放小组进程，号召居民为失明老人创造友善环境

69. 社会工作者在为受暴妇女提供服务时，应遵循的原则有(　　)。
A. 尊重受暴妇女的人格独立
B. 分析受暴妇女行为与暴力重复的因果关系
C. 接纳受暴妇女描述的问题而不是责怪她们
D. 与受暴妇女建立信任、真诚的专业关系
E. 协助受暴妇女平衡家庭和个人角色

70. 某地娱乐服务行业女性健康状况调查结果显示，这一人群受教育程度较低、缺乏相应的健康保健知识，患性病和艾滋病的比例较高，针对这种情况，社会工作者开展的下列服务中，正确的有(　　)。
A. 与公安机关联合开展清查、取缔、整顿娱乐服务场所行业
B. 联系医院，为娱乐服务行业女性进行定期体检
C. 为娱乐服务行业女性举办健康知识讲座
D. 公布患性病、艾滋病人员名单，切断疾病传染源

E. 开展娱乐服务行业女性小组工作，教育其洁身自好

71. 下列残疾人康复措施中，属于社会康复的有(　　)。

A. 营造非歧视性的经济生活环境　　B. 营造残健和谐的社会生活环境

C. 营造残健平等的政治生活环境　　D. 提供公平正义的生存权利保障

E. 提供特定职业的知识技能培训

72. 服务对象小张，21 岁，因吸食冰毒被责令社区戒毒三年，小张的家人认为小张在社区里是改不好的，希望让他进戒毒所接受强制隔离治疗，于是向社会工作者求助，社会工作者拟为小张提供的下列服务中，适当的有(　　)。

A. 推荐小张参加戒毒康复同伴小组活动

B. 在社区进行宣传倡导，改善小张的生活环境

C. 协助小张家人为小张办理强制隔离戒毒申请

D. 与小张探讨可能引发心瘾的高危情景，提升他的拒毒能力

E. 对青少年吸食冰毒案例进行研究，并制定合理的介入方案

73. 在某案件审理过程中，社会工作者受法院委托撰写犯罪嫌疑人背景的调查报告，以提交法庭作审判参考。为此，社会工作者需要访谈的对象包括(　　)。

A. 家属　　B. 犯罪嫌疑人

C. 法官　　D. 社区工作人员

E. 公安部门工作人员

74. 老赵退休后被安置在地方军队离休退休干部休养所，从指挥千军万马的军人变成脱下军装的平民，一时很难适应，情绪低落。为帮助老赵，社会工作者邀请他参加其组织的“夕阳红”老年人互助小组，帮助社区里的高龄老人，老赵在参与小组活动的过程中，不但心情开朗了，而且结识了很多老年朋友，经常与他们结伴去中小学给孩子们讲革命传统故事，有时还去爬山，有了不开心的事就找老年朋友说说，家里有事时也能得到大家的帮助，上述案例中，社会工作者运用的方法有(　　)。

A. 减缓压力　　B. 情绪疏导　　C. 激发生活热情　　D. 心理干预

E. 构建社会支持网络

75. 某社会工作援助团队在地震两天后到达现场，应立即开展的工作有(　　)。

A. 协助确定需紧急转移的受灾人数

B. 协助转移受灾对象，搭建临时避难所

C. 配合治安保卫人员，维护社会生活秩序

D. 参与评估社区房屋、公共设施的重建需求

E. 征集受灾群众意见，向地方政府提出社区重建的建议

76. 社会工作者小宁为某三口之家提供辅导服务，以下是部分会谈记录：

父亲说：“这孩子太让人失望了。不但学习成绩差，还经常撒谎逃学，15 岁了，一点上进心都没有”。

母亲回应：“就是，我和他父亲也算是成功人士，不知为什么儿子会变成这样，太不成器，太令人失望。”说着说着哭了起来。

父亲立即说：“就知道哭，都是你，也不知道你每天都忙什么，儿子被你管教成这样了”。

母亲回应：“你还好意思说我，你在干什么？儿子不是你的？你整天就知道忙，什么时候关心过他！”

夫妻俩你一言我一语地吵起来，互不相让，小宁几次试图阻止他们，都没有成功，身旁的儿子看大人这样，把身子缩成一团，转过头，闭上眼睛。

根据上述会谈记录对该家庭进行评估，小宁得到的基本信息包括(　　)。

A. 家庭成员的问题　　B. 家庭成员的能力

C. 家庭的生命周期　　D. 家庭与外部环境的交流

E. 家庭成员的互动方式

77. 下列根据家庭系统理论分析家庭问题的看法中，正确的有(　　)。

A. 家庭的问题常常可以归结为某个家庭成员的问题

B. 家庭的问题是由整个家庭不良的沟通交流方式导致的

C. 如果对家庭问题作出回应，会影响家庭中的其他成员

D. 如果家庭成员仍旧运用以往无效的问题解决方式，会加重问题

E. 让整个家庭看到问题与家庭互动之间的关联是解决问题的关键

78. 小李夫妻俩找到社会工作者，抱怨儿子小强升入小学五年级后开始逃课，夫妻俩反复劝说甚至责骂，小强好不了几天又会变成老样，社会工作者评估后，决定采用家庭行为学习方式帮助夫妻俩，下列做法符合家庭行为学习方式的有(　　)。

A. 与小李夫妻俩建立良好的合作关系

B. 向小李夫妻俩介绍家庭教育的知识

C. 增进小李夫妻俩与小强之间的有效沟通

D. 指导小李夫妻俩肯定小强好的行为表现

E. 指导小李夫妻合理处罚小强的不良行为

79. 小贝夫妻俩自从有了孩子之后，一直磕磕碰碰，小贝总是抱怨自己既要工作又要照顾孩子，感到很累；丈夫则认为有了孩子之后小贝变得婆婆妈妈，爱抱怨。根据家庭生命周期理论，社会工作者的下列做法，正确的有(　　)。

A. 帮助小贝学习母亲角色　　B. 帮助小贝丈夫学习父亲角色

C. 帮助小贝夫妻俩形成家庭规则　　D. 帮助小贝夫妻俩调整夫妻角色

E. 帮助小贝夫妻俩回忆之前的幸福时光

80. 某社区为创建“和谐家园”，举行“远亲不如近邻”主题活动。社会工作者的下列做法中，属于活动实施阶段的有(　　)。

A. 合理安排人力和场所　　B. 清楚记录活动的各项支出

C. 表彰表现突出的志愿者　　D. 制订详细的宣传活动工作进度表

E. 带领社区居民分析活动的需求

密 封 线 内 不 要 答 题

答案及详解

一、单项选择题(共 60 题，每题 1 分。每题的备选项中，只有 1 个最符合题意)

1. A 【考点】服务对象的类型

【解析】根据服务对象的来源可以按寻求服务时的意愿把服务对象分为两种类型：①自愿型服务对象，是指那些认识到需要协助而自己主动向社会工作者求助的，以及由他人介绍而接触社会服务机构并愿意成为其服务对象的人；②非自愿型服务对象，是指那些由政府、法院或其他有权力的部门或个人(包括父母、老师等)将需要协助的服务对象转介给社会工作的服务机构，以协助其解决问题的服务对象。题中，小郑自己希望重新就业，经医院转介，进入一家机构接受职业康复服务，属于自愿型服务对象。

2. A 【考点】接案的准备工作

【解析】接案的准备工作包括：①服务对象资料的准备；②在资料准备和了解服务对象来源与类型的基础上拟定初次面谈的提纲。详细的面谈提纲可以帮助社会工作者厘清工作思路，从而在面谈时有备无患，且能够有序并有效地与服务对象进行沟通，探讨他们的问题，澄清有疑问的地方，以提供切合服务对象需要的服务。题中，小李的做法属于接案准备环节的工作内容。

3. B 【考点】现有服务对象与潜在服务对象

【解析】服务对象可分为现有服务对象与潜在服务对象。那些尚未使用或接受社会工作者协助和资源帮助，但未来可能需要服务资源和协助的服务对象，即是潜在服务对象。题中，小红还没有接受社会工作者的帮助，但是老李向社会工作站提出小红有学业上的问题，未来可能需要帮助，属于潜在服务对象。

4. B 【考点】会谈的技巧

【解析】社会工作者在接案面谈时，除与服务对象沟通“事实性”内容之外，也要有意识地与服务对象进行治疗性沟通。治疗性沟通(或具有治疗效果的沟通)是指这样一种人际沟通：通过人与人的交往，达到一个人对其他人进行帮助的目的。在接案面谈时，社会工作者有意识地与服务对象进行的治疗性沟通具有以下功能：①提供支持；②减轻服务对象因求助而带来的内心的焦虑；③协助服务对象建立对自己和解决自己问题的正确想法；④促成服务对象为解决问题采取有效的行动。题中，小赵的做法具有治疗性的作用。

5. D 【考点】收集资料的方法和途径

【解析】为获得服务对象的准确资料，社会工作者也常向其他专业人士咨询，以求对服务对象的问题有全面、正确、科学的认识。题中，社会工作者华姐向心理专家和精神科医生请教如何准确评估小亮的问题与需要的做法属于咨询的方法。

6. B 【考点】儿童社会工作

【解析】儿童社会工作是把儿童作为工作和服务的对象，以儿童权利为价值理念，以儿童发展的科学知识和社会工作实务理论为依据，运用社会工作专业方法，结合所在社会的环境资源，为促进儿童的健康成长和保护儿童免遭伤害而开展的专业服务活动。另外，儿童的发展包括了生理、心理、经济以及社会诸多方面，而不仅仅指心理发展。儿童社会工作的开展是建立在特定对象需要和特点基础之上。题中，该儿童服务中心为不同年龄的儿童开展不同的活动，是依据儿童发展特点而设计的。

7. B 【考点】多元智能理论

【解析】多元智能理论由美国哈佛大学教育研究院的心理发展学家霍华德·加德纳在 1983 年提出。根据加德纳的理论，学校在发展学生各方面智能的同时，必须留意每一个学生只会在某一两方面的智能特别突出；而当学生未能在其他方面追上进度时，不要让学生因此而受到责罚。题中，社会工作者开展不同课程以发展各自特长的做法，依据的是多元智能理论。

8. A 【考点】对受虐儿童的社会工作介入方法

【解析】对受虐儿童的辅导是儿童社会工作介入的第一步，它优先考虑的是儿童的安全，进而协助儿童沟通及表达他们的感觉。题中，当儿童面临灾害、虐待和遗弃等紧急情况时，社会工作者应首先排除危险，保障儿童的人身安全。

9. B 【考点】保护稳私原则

【解析】社会工作者应保护服务对象的隐私，未经服务对象同意或允许，社会工作者不得向第三方透露涉及服务对象个人身份资料和其他可能危害服务对象权益的隐私信息。题中，社会工作者建议校方把资助款汇到孤儿学生的银行卡里，并且在学校生活中不对他们作特殊安排，体现了社会工作者遵循了保护孤儿学生隐私的原则。

10. C 【考点】安置服务

【解析】替代性服务是通过改变儿童生存环境的方法对儿童进行保护。如对极度危险家庭监护权的剥夺，流浪儿童的救助，孤儿弃儿的机构养育等。开展此类服务时前期评估十分重要，另外也必须考虑到是否在授权的范围内进行的问题。长期安置包括亲属监护、家庭收养、家庭寄养、类家庭养育和机构集中供养等方式。题中，我国存在大量的孤儿和事实上无人抚养的儿童，应该为他们提供机构养育等长期安置服务。

11. C 【考点】青少年社会工作服务计划设计的类型

【解析】青少年社会工作服务计划设计的类型分为：①社会问题取向，主要是指计划设计是通过问题分析、诊断、方案设计的过程来完成的，在这个过程中，专家、权威、专业人士、社会工作者的意见是起主导作用；②个人需求取向，主要是指服务方案的设计是回应服务对象的需要，因此在整个服务方案的策划过程中，社会工作者是发起者和推动者的作用，通过与服务对象建立关系，然后发动服务对象挖掘自己的需求。C 项，社会工作者让学生自己表达需要，是遵循了个人需求取向来设计服务方案。

12. D 【考点】整合性方法的特点

【解析】社会资源的综合性决定了社会工作方法的整合性。在针对青少年的服务中，社会工作者除了需要充分调动青少年个人以及家庭的资源功能外，还要在社区层面开展各类资源动员活动，如走访职介部门、社区就业援助部门、青少年活动中心等，也要向有关政府部门建议创造更具支持性的青少年发展环境，如争取

学校的支持等。以上这些正式或非正式的资源系统的整合，对于社会工作专业方法的综合运用提出了更高的要求。题中，B 项的做法体现了整合性方法的特点。

13. D 【考点】青少年社会工作的服务原则

【解析】具有攻击行为是社会认知缺陷的现象。青少年的情绪控制能力不如成人，在遭遇情绪不稳定、挫折或攻击时，常会因失控而施暴，以发泄情绪。此时应舒缓其冲动的情绪，然后与其共同分析解决问题的办法。题中，针对力强的行为，小郭恰当的做法是舒缓力强的冲动情绪，与他分析走出困境的方法。

14. C 【考点】治疗性的青少年社会工作的主要内容

【解析】治疗性的青少年社会工作是指运用各类专业方法，协助青少年恢复处于崩溃边缘的社会功能，主要包括以下内容：①提供就学或生活补助，以帮助有困难家庭的青少年正常成长；②提供被忽略或虐待的青少年的保护服务；③提供安全保护、收容服务及不适合家庭居住的青少年安置服务；④提供在身体、情绪、精神等方面功能失调，以及社会人际适应不良等方面的治疗性服务；⑤提供犯罪青少年及过失青少年的矫正服务，尤其注重社区层面的服务。C 项，提供安置服务属于治疗性功能；ABD 三项均属于预防性青少年社会工作。

15. C 【考点】游戏技巧小组

【解析】游戏技巧小组的目的是在享乐的同时学会一套游戏技巧。该小组一般有顾问、教练和老师，有比较明确的任务导向，也有相互学习互动的机会。通过学习、游戏、演出等小组活动，促使青少年实现成长，并在服务他人中感受自身潜能并获得自信。题中，组织社区青少年成立非洲鼓学习小组，邀请专家为他们提供辅导和训练，并组织他们到社区表演，属于游戏技巧小组。

16. D 【考点】老年人老化的特点

【解析】老年人处于人生的最后一个年龄阶段，老化是其最显著的特点，主要表现在三个方面：生理老化、心理老化和社会角色变化。角色理论认为，当个体经历老化过程所带来的变化时，他们会丧失象征中年的社会角色和社会关系。例如他们会因为退休而失去职业角色，需接纳象征晚年的新社会角色和关系，如做祖父母。这一理论认为成功的老年人在很大程度上取决于对角色变化和角色丧失的调整适应。题中，老张夫妇的经历反映了老年人社会角色的变化。

17. B 【考点】丧亲辅导

【解析】丧亲辅导是指帮助老人及其家人把丧亲视为一个过程，一个长期的系列调整过程，在生活方式和态度上有所改变。老人及其家人可能也需要得到支持性服务方面的资讯，帮助他们在所爱的人去世后重新组织自己的生活。题中，李奶奶面临的是丧亲问题，处在老伴过世后的伤心、自责中，社会工作者需要对其进行哀伤辅导，提供情感支持，协助老人及其家人处理伴随死亡而带来的多种复杂情绪。

18. D 【考点】老年社会工作应注意的事项

【解析】老年社会工作会面临许多老年人的人生问题，如疾病、伤残、死亡等，社会工作者会不由自主地想到自己的晚年，对处理这些问题感到焦虑、沉重。社会工作者应当敏锐地体察自己的情绪状态，及早发现工作耗竭的征兆，并采取减压措施，可以通过找同事和其他专业人员咨询和督导来缓解工作上的压力。题中，

针对这种情绪问题，小玲应该寻求专业督导支持，找到改变自身状况的方法。

19. D 【考点】社会性别

【解析】社会性别是指在一个特定社会中形成的对有关男性和女性的群体特征、角色、活动及责任等的观念。传统的、定型的社会性别观念规定了男人和女人不同的发展路径，而且男性优越于女性的性别定型认识阻碍了妇女的发展。因此，打破传统的社会性别定型认识，重新反思和认识社会性别，这对妇女的发展、男女平等的实现都具有重要意义。D 项体现了社会性别视角。

20. B 【考点】针对妇女暴力的干预原则

【解析】针对妇女暴力的干预原则包括：①接纳受害妇女描述的问题而不是责怪受害者；②尊重受害妇女的人格独立，提升她们的自信心；③关注受害妇女的安全；④与受害妇女建立信任、真诚的专业关系。题中，小谭的丈夫经常对她拳脚相加，她带着孩子离开了家，社会工作者首先应提供的服务是与庇护所联系，为小谭母女提供暂时住所。

21. A 【考点】社会工作者和妇女的平等关系

【解析】把相同处境的妇女组织起来，建立支持小组，需要注意以下三点：①建立小组要兼顾妇女的两种需求，即实用性性别需求和战略性性别需求；②小组活动的时间和场地一定要根据妇女的情况而定；③社会工作者和妇女的平等关系。前来参加小组的妇女本身就是在社会中受到排斥和轻视的一群人，因此社会工作者要警惕自己在小组中的身份以及由此带来的不平等；需要关注自己的情绪和感受，将自己投入小组中，而不是把自己作为一个冷静的、领导小组活动的专家。题中，小王应该融入到小组中去，与小组成员建立平等关系，而不是将注意力放在组长角色上。

22. C 【考点】因陋就简原则

【解析】因陋就简原则是社区康复的原则之一。社区的资源是有限的，尤其是广大农村，缺医少药，交通不便，康复条件较差，设备远比城市的简陋。要使社区大多数康复对象享有康复服务，必须在尽可能动员社区力量的基础上因陋就简，使康复人员、康复对象及其亲友自制康复训练器械，充分利用传统的医学知识，采用易懂、易学、易会的实用技术，使康复成为普遍理解、便于推广应用的服务措施。题中，当地社会工作者鼓励康复对象和家属自制康复器械的做法体现了开展社区康复的因陋就简原则。

23. C 【考点】社区康复的内容

【解析】社区康复的内容包括开展残疾的预防、开展康复评定和开展全面康复服务。其中，残疾预防是指在发生伤、病、残之前，预防其发生或减轻其功能障碍程度的措施。题中，通过“爱心敲门”、“电话问安热线”等服务，构建残障人士预防性社会工作介入模式的方法，属于社区康复中的开展残疾预防工作。

24. C 【考点】再社会化的服务需要

【解析】再社会化的服务需要是矫正社会工作服务对象的需要之一。矫正社会工作通过矫正计划措施的实施，促进服务对象恢复和重建其严重缺失的社会功能，成为社会正常成员。社会工作者要在专业价值观指导下，运用社会工作的理论、知识和方法、技术，为服务对象及其家人，在审判、监禁、社区矫正、刑释或强制

戒毒期间，提供思想教育、心理辅导、行为纠正、信息咨询、就业培训、生活照顾以及社会环境改善等方面的服务，使罪犯消除犯罪心理结构，修正行为模式，适应社会生活。题中，社会工作者协助即将出狱的服务对象调整心态，为他们提供社会发展变化的资讯，以便他们更好地适应出狱后的生活，该做法满足了矫正对象的再社会化的需要。

25. D 【考点】优势视角理论

【解析】优势视角是与问题视角对应的理论视角。在矫正工作领域，传统的观念是将矫正对象看做是“有问题”的一群人。从这一视角出发，工作的着重点就放在对矫正对象的严格监管和强制性的教育上，目的是防范问题的再发生。而优势视角理论却相信，每一个人都有“优点”，都有向健康方向发展的潜能，即便是曾经违法犯罪的矫正对象也如此。优势视角下的矫正社会工作是一种策略性的弱化服务对象的问题，是更多的关注服务对象的优势和潜能的社会工作实践的理论视角。从这一视角出发，社会工作者更多地将精力放在发现、发挥和发展矫正对象的“优势”方面。题中，小王鼓励矫正对象发挥自己的特长，运用了优势视角的理论。

26. B 【考点】矫正社会工作的核心价值理念

【解析】社会工作的价值伦理是一个完整的体系，在社会工作的不同领域中，这些价值伦理都是社会工作者思想和行为的指引和规范。在矫正社会工作领域中，基本的价值理念主要包括接纳、可塑性和个别化。就可塑性而言，社会工作对人的一个基本看法是：相信每一个人在一定条件下都是可以改变的，即相信人具有可塑性。在这样的信念指引下，社会工作者才相信可以运用专业的方法和技巧，帮助受助对象改变其与社会生活不相适应的思想观念、生活态度、行为方式等，达到恢复其社会功能、重新成为正常社会成员的目标。题中，社会工作者小陈疏导大李的情绪，增强他对生活的信心，介绍他参加职业技能培训，提升就业能力，体现了可塑性的社会工作核心价值理念。

27. A 【考点】个案工作方法在社区矫正中的运用

【解析】社区矫正工作的服务对象与其他社会工作实务领域(如婚姻家庭社会工作、残疾人社会工作等)的工作对象不同，一般不是通过主动求助的途径来到工作者面前的，因此他们中的很多人具有被动、不配合，甚至抗拒的心理和行为特点。矫正社会工作者要采取更为主动的姿态去和服务对象建立关系，这是矫正社会工作是否成功的第一步。题中，社会工作者组织集中教育活动和公益劳动，服务对象虽服从安排，却不愿与社会工作者多交流，说明服务对象并没有真正地融入社区，对社会工作者不信任，所以社会工作者首先应改善专业关系。

28. D 【考点】敢于自表训练

【解析】敢于自表训练是一种社交技能训练，通过运用指导、回馈、模仿、角色扮演、社会性奖励、家庭联系等方法，使当事人勇于表达自己的感受和想法。题中，“挺身而说”的活动属于行为治疗中的“敢于自表训练”。

29. B 【考点】理性情绪治疗模式

【解析】理性情绪治疗模式认为，服务对象的认知、情绪和行为的反应受到服务对象的信念系统的影响，要对服务对象情绪、行为困扰背后的非理性信念进行探寻

和识别，主要技巧包括反映感受、角色扮演、冒险、识别等。题中，小张因交管部门吊销了他的驾照，砸了他的“饭碗”，感到万念俱灰，开始复吸，且萌发了轻生念头。说明服务对象一方面面临着生活困境的问题；另一方面面临着情绪极端不稳定的问题。因为涉及到“自杀念头”，所以必须马上进行危机干预，开展情绪疏导；接着就应该针对生活困境问题来开展临时救助。

30. C 【考点】社区工作方法在社区矫正工作中的运用

【解析】在社区矫正工作领域，运用社区工作方法，应该注意以下几个方面的问题：①进行综合治理，以改善矫正对象的生活环境；②开展社区教育，培育社区居民接纳、尊重矫正对象的意识和习惯。题中，对于从戒毒所出来的小方，最大的问题就是如何生存、如何抬起头来面对生活，小赵开展社区矫正工作要用亲情、友情关爱，以接纳的社会工作价值理念对待这群特殊的人，使其从心理上戒毒，走上社会。因此，小赵恰当的做法是协助小方把自己的感受和想法告诉家人，以获得谅解，使其重新适应戒毒后的生活。

31. D 【考点】光荣院社会工作服务对象的需要

【解析】光荣院社会工作服务对象的需要主要包括：①婚姻家庭的需要。②健康维护的需要。③社会参与的需要。孤老优抚对象非常渴望与他人交往，渴望获得亲情与温暖，渴望发挥自己的作用。④社会尊重的需要。常年相对封闭的院舍生活加深了一些孤老和生活不能自理的优抚对象“被社会遗弃了”的感觉，他们非常渴望得到别人的尊敬、重视和赞赏。题中，伤残退役军人因行动不便，日常生活和活动仅局限于院内，生活单调、枯燥，社会工作者组建志愿者队伍探望他们，还请他们外出为中小学师生作事迹报告，这加强了他们与社会的联系，并使他们能发挥余热，融入社会，这种社会工作服务属于社会支持。

32. A 【考点】处理疏于照顾问题的方法

【解析】社会工作者的角色是对服务对象疏于照顾的迹象保持警惕，运用自己的专业知识和训练识别可能会遇到这一问题的高风险服务对象，充当“代言人”，给行政管理人员提供建议。题中，社会工作者的角色是服务对象的代言人。

33. D 【考点】军休社会工作服务对象的需要

【解析】军休社会工作服务对象的需要主要包括：①军队情结的需要。②社会尊重的需要。军休干部是一个政治上相对强势、生活上相对优势的群体，离退休后更渴望得到社会的尊重。③健康维护的需要。多数军休干部患有不同程度的疾病，对医疗保障需求高。④多元养老的需要。军休干部群体中，空巢老人多，独居老人不少，对家庭养老、居家社区养老和机构养老的需求不断增强。⑤社会参与的需要。军休干部具有丰厚的政治优势、经验优势、智慧优势，“离休不离志、退休不褪色”，社会参与意识强。题中，老钱来到人生地不熟的甲市，整天“宅”在家里，感到失落与茫然，社会工作者的工作重点是要帮助其恢复社会功能，建立起社会支持网络，使其融入社会，满足社会尊重与社会参与的需要。

34. D 【考点】优抚医院社会工作的总体内容

【解析】优抚医院社会工作的总体内容有：①协助处置服务对象及其家庭的问题；②协助增强服务对象对医院环境的适应；③协助处理服务对象与医疗系统的关系；④出院及跟进服务。其中，协助处理服务对象与医疗系统的关系中具体包括

提供相关的医疗资讯、协助服务对象及其家庭运用有关的社会资源、提供相关的医疗及福利的电话咨询、个案处理及转介等。题中，小李因担心将来医疗没有保障而不愿移交地方政府安置，社会工作者在了解情况之后，首先应该协助小李了解地方医疗保障政策，以缓解小李的顾虑，稳定其情绪。

35. D 【考点】优抚安置对象精神问题的解决方法

【解析】社会工作者在为优抚安置对象提供社会工作服务时，要引导服务对象找到往事的意义，以曾经的军旅生涯经历来建构生命的意义，这是人生问题过程的重要作用。题中，小徐因为情绪低落、行为退缩，并日渐对当下的生活有一种无力感和无意义感，所以社会工作者要帮助他找到当下生命的意义以及探索对生命的信念的方法，协助其重燃对生活的希望。

36. B 【考点】社会救助社会工作的主要功能

【解析】促进服务对象的社会融合与社会支持是社会救助社会工作的主要功能之一。生活贫困或者遭遇不幸的个人或家庭缺乏参与社会活动的机会和资源，被排斥在正常的社会交往之外，在社会生活中往往被边缘化。社会工作者需要为服务对象创造机会参与社区活动，增进他们与其他居民的交流，扩大他们的交往范围，帮助他们积极融入正常的社会生活中。如社会工作者可以鼓励社区中的低保对象参与社区的文体活动和志愿活动，帮助他们参加社区的各种居民组织，增加互相了解，为社区发展献计献策，增强他们的自信心，提升他们社区参与的意识，从而让低保家庭融入社区、融入社会。题中，小张组织他们为社区提供志愿服务主要目的是增加社区居民对低保人员的接纳与认同。

37. A 【考点】流浪乞讨人员救助原则

【解析】2009 年，民政部联合有关部委发布《关于进一步加强城市街头流浪乞讨人员救助管理和流浪未成年人解救保护工作的通知》，要求各地注意引导街头流浪乞讨人员进入救助管理站接受救助，不愿入站的，根据其实际情况提供必要的饮食、衣被等服务；坚持“先救治，后救助”的原则，配合医疗机构做好街头流浪乞讨人员中的危重病人、精神病人、危险传染病病人的救治工作。

38. C 【考点】灾后社区重建的内容

【解析】灾后社区重建的内容主要有：①开展社区人居环境重建；②恢复社会生活秩序；③复苏社区的经济秩序。其中，恢复社会生活秩序包括：①协助重建社区管理组织系统，以及社区的医疗、教学、文化娱乐、基本生活物资供给等社会服务系统；②组织策划专题活动，重建邻里关系；③参与社会救助活动，安排困难群众基本生活。题中，社会工作援建团队已经开展服务两年，此时恰当的服务内容是组织重建邻里关系专题活动。

39. B 【考点】社会救助社会工作的主要功能

【解析】协助服务对象提升反贫困的能力是社会救助社会工作的主要功能之一。社会工作者有必要帮助服务对象制定最有利的反贫困策略，增强其自身脱贫能力的培养和塑造。除了协助其获得政策范围内的救助外，社会工作者还要帮助贫困家庭和个人发掘社会资源，提高生存能力，培养工作技能，改善生活质量，通过自身努力彻底摆脱贫困。B 项最符合社会工作的理念。

40. D 【考点】地区发展模式

【解析】地区发展模式以社区为基础，强调居民共同参与，强调有效利用和整合资源，以及通过自下而上的民主方式决定社区事务和社区发展方向。题中，“组织家庭代表商讨土特产加工厂建设事宜”符合地区发展理念。

41. A 【考点】针对精神病患者的工作方法

【解析】针对精神病患者的工作方法包括：①患者健康资料的收集。对于来医院求助的患者，医务社会工作者可以应用适当的沟通交流的技巧，收集患者的生理、心理、精神、社会文化等多层面的资料，了解患者发病的原因和以往的治疗情况。②初步诊断与评估。包括对患者的家庭和人际关系以及发病前的心理、社会、工作、生活和文化环境等不同方面做出评估。③不同治疗方式的配合。精神疾病的特殊性要求治疗者必须与患者及其家属建立治疗性联盟。④社区精神康复机构的衔接。医务社会工作者需要制订患者出院后的康复计划，实现帮助患者维护健康、恢复社会功能的目标，并且为患者回归社会作准备。题中，小勇第三次入院，他每次在医院的治疗效果都很理想，但一回到家病情就会反复，说明其家庭环境出现了问题，针对小勇的情况，小李首先应做的是了解其家庭状况。

42. C 【考点】家庭系统理论

【解析】家庭系统理论认为，家庭成员的问题是由整个家庭不良的沟通交流方式导致的。所有的家庭都是一个社会系统，家庭成员之间相互依赖、相互影响。因此不能把家庭的问题归结为由某个或者某些家庭成员导致的，而应把它放在整个家庭的环境中，理解家庭成员之间的互动交流方式以及这样的方式与家庭问题之间的内在联系。题中，社会工作者应介入小丽和大强的夫妻次系统。依据抓住主要矛盾的原则，当下的家庭系统问题主要聚焦在夫妻问题上。

43. D 【考点】家庭成员增能原则

【解析】家庭成员增能原则假设，每个家庭成员都有自己解决困难的能力，帮助家庭成员克服困难的有效方式是增强他们克服困难的能力。家庭成员增能原则要求社会工作者在帮助家庭成员解决问题过程中，鼓励家庭成员积极参与问题的解决过程，增强家庭成员自身的能力，提高家庭成员的自信心和独立性。D 项的提问体现了鼓励家庭成员积极参与问题解决的理念。

44. D 【考点】家庭个别化原则

【解析】家庭个别化原则认为，每个家庭都是独特的，都有自己的生活环境和沟通交流的方式，社会工作者只有从受助家庭所处的特殊处境和方式着手，才有可能把握受助家庭成员的真实需求，提供符合受助家庭成员要求的服务。题中，小宁仅将这个家庭当作一个典型的单亲家庭看待，认为所有的单亲家庭孩子都有行为问题，违背了个别化原则，干扰了其对服务对象家庭需求的理解和评估。

45. C 【考点】家庭结构图绘制应遵循的原则

【解析】在家庭结构图中，□表示男性；○表示女性；——表示婚姻关系；-//-表示离婚关系；-/-表示分居关系；------表示同居关系。家庭结构图的绘制应遵循三项基本原则：①长辈在上，晚辈在下；②同辈关系中，年长的在左，年幼的在右；③夫妻关系中，男的在左，女的在右。C 项正确体现了李婆婆的家庭结构图。

46. A 【考点】内在优势因素

【解析】内在优势因素包括完美的个人形象感、积极乐观感。将观察自己而得到的

密封线内不要答题

结论和从别人那里得到的反馈称为自我形象，这对于青少年非常重要。积极的个人形象感是指个体对自己具有较强的认同感，能够接纳自我，同时具有高自尊以及高度自我价值感。乐观感即相信未来是光明和充满希望的。题中，小秦的做法是为了增强这些青少年的内在优势。

47. D 【考点】针对学生一般需要的学校社会工作——协调人际关系的需要

【解析】学校社会工作者在对学生进行人际关系方面的辅导时，可以通过小组工作或者个案工作的方法进行辅导。学校社会工作者可以侧重从以下几个方面入手：①帮助学生自我觉察。帮助成员觉察自己日常沟通行为的"自我状态"，引导学生对自我有更加深刻的了解和认识。②提高学生个性品质。③促进学生养成技能。④协助学生自我成长。题中，小赵的工作目标应聚焦于帮助这些学生自我觉察。

48. A 【考点】针对学生一般需要的学校社会工作——自我认知与自我探索的需要

【解析】自我认知又称自我意识或自我，是个体对自己存在的觉察，包括对自己的行为和心理状态的认知。自我认知与自我觉察是进行清晰的自我定位的基础，也是个人职业与事业生涯的起点。自我认知包括：①认知自己的价值观、人生方向和目标；②认知自己的性格特征；③认清自己的优势和劣势；④觉察自我的情绪变化、原因等。题中，学校社会工作者的做法满足了学生的自我认知与自我探索的需要。

49. D 【考点】自我效能感

【解析】自我效能感影响一个人的感受、思想、行为和做事的毅力。在增强学生的自我效能感方面，学校社会工作的主要内容包括：①培养学生的自尊自信；②挖掘和激发学生的能力；③协助学生订立切实可行的目标；④增强学生的自我效能感；⑤降低负面自我效能感。题中，为更好地帮助小婷，社会工作者需要提升小婷的自我效能感。

50. C 【考点】针对学生一般需要的学校社会工作——学业发展与生涯规划的需要

【解析】学校社会工作针对学生的学业发展和生涯规划进行辅导时，主要通过小组工作的方式，让学生在参与中成长。小组设计包括以下几方面的内容：①明确生涯目标。帮助学生了解当前的生涯发展任务，初步树立生涯规划的意识；运用简单的生涯规划的模式与技巧思考和确立自己的生涯目标。②注重能力培养。③结合学习生活。④提高学习方法。题中，"了解生涯发展任务，树立生涯规划意识"体现了明确生涯目标的内容。

51. B 【考点】社区教育实施的取向

【解析】从运行体制的角度看，社区教育的实施有两个取向：①学校本位的社区教育，即根据学校的条件和需要，发展与社区的教育合作，以达到培养学生社区归属感、公民责任意识等教育目标，同时也让社区居民有享用学校设施及活动的机会，其实施主体是教育机构和教育工作者；②社区工作本位的社区教育，即是以建立社区居民的互助关系为基础，鼓励居民参与社区公共事务，提高社区居民的觉悟，进而改善生活质量，建设一个互相尊重和团结的社区，其实施主体是社会福利机构和社会工作者。题中，社会工作者与某学校协商，每周末向社区老年人开放音乐和美术教室，并请老师为老年人开设音乐和美术讲座，该做法体现了学校本位的社区教育取向。

52. B 【考点】社区参与的层次和形式

【解析】社区参与体现的是一种合作过程，通过社区居民的参与，分享决策权力，同时必须对决策后的结果承担共同责任。社区参与的层次和形式包括：告知、咨询、协商、共同行动和社区居民自治。其中，咨询比"告知"上升了一个层次。有关部门除了告诉基层社区、重要利益关系人和相关组织将要进行社区建设或改造的规划和信息，并进一步征求他们的意见，同时也会在规划修订过程中考虑他们提出的意见。题中，社区制定了详尽计划，邀请居民就建停车场的开工时间进行讨论，属于社区参与层次和形式中的咨询。

53. C 【考点】规范性需求的含义

【解析】规范性需求是指由专家学者、专业人士、政府行政官员评估而决定的需求。题中，社区设立了残疾人康复中心，社会工作者访谈相关人士，C 项，残联工作人员属于专业人士，因此其提出的需求属于规范性需求。

54. A 【考点】社区服务(活动)策划的过程

【解析】服务策划过程中，需要了解社区居民或服务对象的特征。包括社区居民或服务对象的兴趣、特点、能力、生活习惯和方式、休闲时间的安排，以及与社区其他群体的关系等。A 项，"了解老年人的人数及健康状况"是对服务对象特征的了解，是在服务策划阶段，社会工作者需要做的事情。

55. A 【考点】定量评估法

【解析】定量的方法，即通过事先设计的问卷，采用问卷调查法，收集社区居民和服务对象参与服务(活动)后的满意度。定量评估法的特点包括：①用数字表现评估结果；②评估者事先预设了某些答案，然后再由参加服务(活动)的社区居民或服务对象对答案进行选择。A 项，调查各校负责人对服务活动的满意度属于定量评估。

56. B 【考点】控制式教育的含义

【解析】从社区教育的基本目标看，社区教育的内容包括补偿式教育、控制式教育和发展式教育。其中，控制式教育是指通过一些宣传教育的活动，重点控制不守公德和秩序的行为，这种社区教育是以阻止性为主，通常不是树立正面的模范去宣传理想公民所应有的态度和表现。目前政府推行的公民行为规范的教育，多属控制式教育。题中，针对此种情况，可采取控制式教育的做法。

57. A 【考点】从医患关系的角度看医院社会工作的内容

【解析】从医患关系的角度看医院社会工作的内容，医务社会工作者以调解者的身份处理医患关系。尽管医务社会工作者是医疗团队的一员，但其专业价值的要求决定了医务社会工作者需要为患者服务，在医患关系的处理上要充分考虑患者的需求和利益。因此，由医务社会工作者扮演调解者的角色处理医患关系，这样的安排会更加恰当，更能够保证患者利益。题中，在参与化解医患矛盾时，社会工作者的主要角色是医患关系的调解者。

58. B 【考点】医务社会工作者的专业角色

【解析】医务社会工作者的专业角色既有宏观层面的政策倡导与健康宣传活动，又有中观层面的社区健康和职业健康，还有微观层面的病人照顾等。B 项，开展调研，向政府提交白血病患儿医疗救助政策建议，属于广义上宏观层面的社会工作。

59. B 【考点】精神健康社会工作的主要内容

【解析】帮助精神康复患者回归社会是精神健康社会工作的主要内容之一。精神疾病不仅给患者造成生理和心理的困扰，同时也使患者的社会功能退缩，例如因为患精神疾病无法上学、上班等。医务社会工作者可以通过探访、咨询等方法帮助精神疾病患者联系家庭、学校和有关机构，为他们重新回归社会作好各种必要的准备。B 项的做法有助于帮助小刚回归社会。

60. C 【考点】从患者的角度看医院社会工作的内容——对患者进行心理社会评估和干预

【解析】对患者进行心理社会评估和干预是医务社会工作的最基本内容，它包括对患者的家庭史、生活状况、过去的相关经验、适应中的难题，以及患者家庭的沟通状况、家庭关系的调整和对成员需求的回应等不同方面的认识和了解。通过共同确认一些与特定医疗状况有关的问题和处理方法，社会工作者与患者及其家属一起对患者进行心理社会评估，制订具体的干预计划，协助患者及其家庭适应现实的要求。在进行评估的过程中，医务社会工作者可以对新发现的问题进行及时的干预。题中，张女士在术后除了继续进行药物治疗以外，更重要的一方面是进行心理治疗。目前张女士的情绪因手术而变得异常焦虑，社会工作者首先要做的就是帮她疏导情绪、减轻焦虑。

二、**多项选择题**(共 20 题，每题 2 分，每题的备选项中，有 2 个或 2 个以上符合题意，至少有 1 个错项，错选，本题不得分；少选，所选的每个选项得 0.5 分)

61. AB 【考点】直接介入

【解析】直接介入是指以个人、家庭和小群体为关注对象，针对个人、家庭和小群体采取的直接行动。直接介入的重点在于改变家庭或小群体内的人际交往，或改变个人、家庭和小群体与其环境中的个人和社会系统的互动方式。直接介入也指针对服务对象采取的行动以及直接服务提供和介入。间接介入是指以个人、家庭、小组、组织和社区甚至更大的社会系统为关注对象，由社会工作者代表服务对象采取行动，通过介入服务对象以外的其他系统间接帮助他们。AB 两项是直接针对小红的服务，属于直接介入。CDE 三项是针对小红母亲开展的行动，属于间接介入。

62. ABCD 【考点】结案反应的处理方法

【解析】社会工作者要注意在结案期服务对象可能会有的负面反应，并在结案阶段审慎处理它们。具体方法包括：①在结案前与服务对象回顾一下介入工作的过程，以确定结案的时机是否已经成熟；②提前让服务对象知道结案时间，早些做好心理准备；③在结案阶段社会工作者要逐渐减少与服务对象的接触，提醒服务对象要学会自立，给服务对象以心理支持，告诉他们有需要时社会工作者将继续提供协助；④社会工作者也要估计一些可能会破坏改变成果的因素，预防问题的产生，继续提供一些服务，并为服务对象提供能够对他们有帮助的资源网络，待稳定了服务对象的改变成果后，才最后结束专业助人关系；⑤安排正式的结案活动，让服务对象交流各自的收获，以建设性的方式表达感受，相互鼓励，面向未来。ABCD 四项均属于结案阶段正确的做法；E 项应是审慎处理负面情绪，而不是简单的转移。

63. ABC 【考点】制订服务计划的原则

【解析】在制订服务计划时，要注意以服务对象为中心，让服务对象参与计划的制订。如果社会工作者单方面制订计划会带来两个问题：①服务对象没有机会对解决自己的问题做出决定；②妨碍服务对象在解决问题过程中的努力和贡献。题中，强调服务对象参与，目的是为服务对象增能。

64. AE 【考点】评估应注意的事项

【解析】评估要切合实际需要，评估是为了使社会工作的服务能够切实满足服务对象的需要，帮助他们解决问题。因此，进行评估时要从实际情况出发，选择的评估方法也要与评估目标一致，切实可行，而不是越复杂越好。题中，需要的评估包括两个部分：①确定目标对象；②了解目标对象的特征和问题。

65. BC 【考点】青少年社会工作的内容

【解析】青少年社会工作的内容可以分为三类：①发展性青少年社会工作，是指能够发展社会资源和青少年潜能，使青少年的生活能力得到增强的社会工作服务；②预防性的青少年社会工作是指通过社会工作的各类服务，对一些潜在的、阻碍社会功能有效发挥的条件和情境进行早期发现和控制；③治疗性的青少年社会工作是指运用各类专业方法，协助青少年恢复处于崩溃边缘的社会功能。题中，通过“共创成长路”抗逆力服务项目，帮助青少年降低风险性因素，提高保护性因素，培养正向能力，体现了发展性和预防性的特点。

66. AB 【考点】青少年个体发展性的需要

【解析】青少年的特点具有多元性特征，青少年的需要也是一个复杂多元的概念。从发展的角度，可以把青少年个体发展性需要作以下概括：①接纳自己的身体与容貌，表现符合社会所规范之性别角色需求；②个体与同伴发展适当的人际关系；③追求个体之情绪独立自主，少依附父母及其他人；④自食其力寻求经济独立；⑤对未来的生涯作准备；⑥发展符合社会期望的认知技能和概念；⑦努力表现负责任的行为，追求理想和抱负；⑧对未来的婚姻和家庭作准备；⑨建立个体之价值体系，符合现实世界的需求。题中，小峰因为高考失利和患有皮肤病而自信心低、躲在家里，不想继续上学、不想找工作，并觉得自己无法改变现状的表现，反映出了小峰有接纳自己的容貌、为职业生涯做准备的需要。

67. ACD 【考点】非正式支持体系的构成类型

【解析】非正式支持体系的构成通常分为三类：①家庭成员(主要是子女)对父母的养老支持。②亲属(兄弟姐妹及远亲、姻亲等)对老年人的支持。③非亲属对老年人的支持。如邻居、朋友、同事、慈善机构、非政府组织、社区志愿服务等。题中，保姆、儿子儿媳、志愿者属于王老伯的非正式支持系统。

68. ABCD 【考点】老年小组工作的注意事项

【解析】老年小组工作的注意事项有：①尊重自决权；②平衡对小组和个人所负的责任；③尊重保密权；④干预小组动力，保护小组成员免受伤害。E 项，实时播放小组进程，不符合社会工作的保密原则，没有尊重保密权。

69. ACD 【考点】针对妇女暴力的干预原则

【解析】针对妇女暴力的干预原则有：①接纳受害妇女描述的问题而不是责怪受害者；②尊重受害妇女的人格独立，提升她们的自信心；③关注受害妇女的安全；

密封线内不要答题

④与受害妇女建立信任、真诚的专业关系。

70. ABC 【考点】针对妇女的生殖健康问题的干预策略

【解析】针对妇女的生殖健康问题，需要宏观的政策推动和微观的妇女健康权利的教育以及与实际干预行动相结合。如在贯彻执行计划生育政策时，同时关注妇女的生殖健康，将计划生育和生殖健康相结合；推动各级政府切实贯彻落实《中国妇女发展纲要(2001—2010年)》中对妇女生殖健康规定的指标；并且在微观层面上进行社区综合治理，打破沉默文化，重视妇女的生殖健康权利，提供健康服务所需的资源等。针对妇女的生殖健康开展综合干预，是妇女社会工作的重要工作内容。

71. ABCD 【考点】社会康复的措施

【解析】根据社会康复的内涵，开展具体工作的措施如下：①协助政府机构制定法律、法规和各种政策来保护残疾人的合法权益，使其享有同健全人一样的物质生活条件和文化成果。②保障残疾人生存的权利，使其在住房、食物、婚姻家庭方面得到公平的待遇，有适合其生存的必需条件。③为残疾人自身的发展提供帮助，使其有接受教育和培训的机会，提高其生活自理能力、就业能力和参与社会的能力。④消除家庭中、社区里和社会上的物理性障碍，使残疾人获得生活起居的方便，并享受社会的公共设施服务。⑤大力提倡和实现人道主义精神，消除社会上对残疾人的歧视和偏见，激励残疾人的自强、自立精神，建立一种和谐的社会生活环境。⑥组织残疾人与健全人一起参加社会文化、体育和娱乐活动，支持残疾人自己的社团活动，通过交往，形成全社会理解、尊重、关心和帮助残疾人的良好风尚。⑦帮助残疾人实现经济自立，或提高其经济自立能力，保障其在经济生活中不受歧视；对于不能实现经济自立的重度残疾人，帮助他们得到社会给予的经济保障。⑧鼓励和促进残疾人参与社会的政治生活，保障其政治权利。ABCD四项均属于社会康复的措施；E项属于职业康复方法。

72. ADE 【考点】矫正社会工作中个案管理需要注意的问题

【解析】在矫正社会工作中个案管理需要注意以下几个问题：①要重视和善于与服务对象建立良好的专业关系；②要有重点分步骤地制订矫正工作计划；③要着眼于服务对象的潜能发掘和自己解决问题，切忌包办代替；④要妥善处理为案主保密的原则与维护社会安全的关系。B项不属于个案管理范畴；C项，小张家人的看法不能代表小张的看法。

73. ABDE 【考点】针对犯罪嫌疑人的社会工作介入

【解析】社会工作者要客观准确地写出报告，除了与犯罪嫌疑人交谈外，还要对与其相关的许多人，如家人、邻居、同学、同事、朋友、警察、受害人等进行广泛交谈。题中，社会工作者受法院委托撰写犯罪嫌疑人背景的调查报告时，需要访谈的对象包括家属、犯罪嫌疑人、社区工作人员和公安部门工作人员。

74. BCE 【考点】优抚社会工作

【解析】优抚社会工作是促进优抚对象充分发掘和利用资源，更好地发挥其社会功能，建立并发展积极的社会关系。题中，老赵变成平民，开始很难适应，导致情绪低落，到后来参加老年人互助小组，心情逐渐开朗，社会工作者运用了情绪疏导的办法；老赵在小组中结识了很多朋友，结伴去中小学给孩子们讲革命传统故事，有时

还去爬山，激发了他对生活的热情；社会工作者协助老赵充分利用和发掘自身和外部的正式和非正式社会支持网络。

75. ABC 【考点】灾害救助的内容

【解析】灾害社会工作根据灾害发展的时间阶段分为三方面：灾害预防，灾害救助，灾后重建。根据题中"地震两天后"可以推出是在灾害发生后的紧急救援阶段，此时，社会工作者开展灾害救助的工作方法包括：①积极介入、紧急转移、保护生命；②寻找资源、安置灾民、维持秩序；③安抚精神、调适心理、重建网络。DE两项属于灾后重建的工作方法。

76. ABE 【考点】家庭社会工作的实施步骤

【解析】在初次家庭会谈的开始，社会工作者首先需要介绍自己和机构的基本情况，让受助家庭对社会工作者和服务机构有一个基本的了解。在初次家庭会谈中，社会工作者有两项基本任务需要完成：①初步评估受助家庭的问题以及与受助家庭成员建立基本信任关系；②在初次家庭会谈的安排中还需要考虑社会工作者自身的安全。题中，通过会谈记录对该家庭进行评估，小宁得到的基本信息包括家庭成员的问题(如孩子学习成绩差，还经常撒谎逃学)，家庭成员的能力(如我和他父亲也算是成功人士)，家庭成员的互动方式(如夫妻俩你一言我一语地吵起来，互不相让，儿子把身子缩成一团，转过头，闭上了眼睛)。

77. BCDE 【考点】家庭系统理论的基本观点

【解析】家庭系统理论有三个基本的观点：①家庭成员的问题是由整个家庭不良的沟通交流方式导致的。所有的家庭都是一个社会系统，家庭成员之间相互依赖、相互影响。因此不能把家庭的问题归结为某个或者某些家庭成员导致的，而应把问题放在整个家庭的环境中，理解家庭成员之间的互动交流方式以及这样的方式与家庭问题之间的内在联系。②家庭所面临的危机既是机会，也是挑战。一旦某个家庭成员出现"问题"，不仅这个家庭成员需要调整自己的行为和沟通交流方式，对"问题"做出回应；同时这个问题也会影响家庭中的其他成员，要求其他家庭成员也做出相应的调整。如果家庭成员仍旧运用以往无效的"问题"解决方式，就会加重"问题"；相反，如果家庭成员能够运用"问题"提供的机会调整相互之间的沟通交流方式，就能为"问题"的解决提供新的机会。③因"问题"而导致的家庭功能的失调能够得到有效解决。如果家庭出现了"问题"，通常这些"问题"会被理解成某个或者某些家庭成员导致的，其他家庭成员就会花费很多时间和精力责备那些有"问题"的家庭成员。这样，整个家庭的沟通交流方式就会转向相互指责、相互抱怨的不良循环中。如果社会工作者能够让整个家庭成员看到"问题"与家庭成员沟通交流方式之间的关联，并且设法改变这样的沟通交流方式，让家庭成员从相互责备的恶性循环方式中摆脱出来，就能有效解决家庭功能的失调。

78. ACDE 【考点】改善亲子关系的服务

【解析】改善亲子关系的服务有家庭行为学习、家庭照顾技巧训练以及家庭心理健康教育等。其中，家庭行为学习是根据行为学习理论的原理，对家庭中的年轻子女在成长过程中遇到的行为问题进行干预的服务。家庭行为学习要求社会工作者首先与父母亲建立良好的合作关系，在指导孩子学习新行为的同时，鼓励父母亲在孩子做出适当的行为时给予奖励，对于孩子做出不当的行为则给予惩罚，帮助

父母亲指导孩子学习新的行为，改善父母亲与孩子之间的沟通交流。

79. ABD 【考点】家庭生命周期理论

【解析】家庭生命周期理论为社会工作者正确评估家庭成员在不同家庭发展阶段的需求提供基本的逻辑框架，也为社会工作者协助家庭成员解决不同发展阶段的问题提供必要的指导。根据家庭成员之间的互动关系和面临的任务，可以把家庭生命周期分为8个阶段：家庭组成阶段、学前子女家庭阶段、学龄子女家庭阶段、青少年家庭阶段、子女独立家庭阶段、家庭调整阶段、中年夫妇家庭阶段以及老年人庭阶段。每个阶段家庭成员面临的任务和要求是不同的。题中，小贝夫妻俩正处在学前子女家庭阶段，此时的任务和要求是：①学习父亲和母亲的角色；②调整夫妻的角色。

80. BCD 【考点】社区服务(活动)方案执行

【解析】社区服务(活动)方案执行包括：①筹备阶段，具体内容有经费筹措、人力安排、场地安排、宣传推广；②服务实施阶段，具体内容有预算管理、时间进度管理、服务品质管理、士气激励和提升；③结束阶段，具体内容有经费报销、资料归档、进行表彰、成效评估。题中表明的是“活动实施阶段”，A项属于筹备阶段的工作；D项属于社区服务(活动)方案策划之前的任务。

密 封 线 内 不 要 答 题

准考证号：________

姓名：________

2013年度全国社会工作者职业水平考试试卷（助理社会工作师）社会工作实务（初级）

（考试时间120分钟　满分100分）

题　号	一	二	总　分	统分人签字
得　分				

得　分	评卷人

一、单项选择题（共60题，每题1分。每题的备选项中，只有1个最符合题意）

1. 社会工作者小李在社区活动中结识了学习遇到困难的学生小强，经过面对面的沟通之后，小强主动来到社会工作站向小李求助。这个过程称为社会工作的（　　）。
A. 接案　B. 接触　C. 筛选　D. 走访

2. 蒋女士在出差时遭遇车祸。住院期间，她不断地向病友哭诉车祸发生过程。病友建议她寻求社会工作者小王的帮助，她表示同意。第二天，小王与蒋女士进行了第一次会谈。蒋女士属于（　　）型的服务对象。
A. 转介　B. 外展　C. 非自愿　D. 自愿

3. 收集服务对象的相关资料，认定服务对象的问题，得出有关服务对象问题的暂时性结构。这个过程称为社会工作的（　　）。
A. 预估　B. 问题界定　C. 接案　D. 问题分析

4. 秦老师是某中学的班主任，最近时常有任课老师向他反映小刚上课"捣乱"，秦老师找到学校社会工作者小李，希望小李能够协助他找出小刚"捣乱"的原因。案例中，小刚是（　　）的服务对象。
A. 秦老师　B. 任课老师　C. 小李　D. 小刚的父母

5. 社会工作者在接案过程中可以通过向服务对象直接询问的方式来收集资料。下列属于直接询问的方式是（　　）。
A. 问卷　B. 观察　C. 咨询　D. 角色扮演

6. 小强是小学三年级的学生，半年前跟随打工的父母来到城市就读，小强虽然很努力，但因为基础薄弱，加上父母不知道如何指导其学习，考试常常不及格。针对小强目前的状况，社会工作者可以采取的间接介入策略是（　　）。
A. 定期上门辅导小强　B. 加强小强与同学的学习交流
C. 改进小强与父母的沟通方式　D. 提高父母指导小强学习的能力

7. 由于人际沟通技巧不足，某企业一些员工常遭到客户投诉。为提升员工沟通技巧，企业社会工作者打算运用发展取向的小组工作模式开展工作。为评估小组工作成果，社会工作者采取的基线测量做法是（　　）。
A. 测量员工参加小组后顾客投诉情况
B. 测量小组过程中员工沟通情况
C. 测量员工参加小组前后顾客投诉情况
D. 测量员工参加小组后沟通情况

8. 为了帮助一些好动的学生改变上课经常"开小差"的习惯，社会工作者所用的合理目标是（　　）。
A. 减少服务对象"开小差"的次数
B. 改变服务对象不良的行为习惯
C. 培养服务对象良好的听课习惯
D. 延长服务对象上课集中注意力的时间

9. 随着网络的普及，社会工作者小王发现小学生社会交往退缩现象日益增多，他希望对自己所服务的学生进行评估，识别社会交往退缩问题严重的学生，以便开展有针对性的服务。小王应采用的评估量表为（　　）。
A. 格塞尔发展顺序量表　B. 儿童社会期望量表
C. 阿亨巴赫儿童行为量表　D. 儿童自我意识量表

10. 某地自实行孤残儿童家庭寄养办法以来，接收了100多名孤残儿童。为了提升孤残儿童的生活质量，社会工作者开展了一系列服务活动，其中属于宏观层面的选项是（　　）。
A. 走访寄养家庭，了解寄养家庭的实际困难
B. 开展调研，撰写报告，向政府提交政策建议
C. 开办支持小组，提升孤残儿童的自我效能感
D. 进行资源链接，为寄养儿童找到"一对一"的资助

11. 某社会福利机构收养了50名儿童，采用"大孩子帮助小孩子"的管理方式，但在实施过程中却出现了大孩子欺负小孩子的情况。社会工作者计划采取小组工作方法对此问题进行干预。下列说法中，最合适的是（　　）。
A. 鼓励大孩子给小孩子补习功课
B. 将大孩子和小孩子分开组织活动
C. 鼓励小孩子联合起来向福利机构负责人反映
D. 结合大小孩子的共同兴趣让他们一起组织活动

12. 小月今年13岁，父母离异后与母亲一起生活。最近，她结交了一些不良少年，开始经常夜晚外出，有时彻夜不归。妈妈很担心小月，希望她能好好学习。母女俩经常发生争执，关系非常紧张。在评估了小月母女的需求后，社会工作者决定采取亲职教育的方式开展服务。下列服务中属于亲职教育的是（　　）。
A. 为小月提供沟通技巧训练　B. 为小月提供课业辅导
C. 让小月改变夜不归宿的行为　D. 为小月母亲提供沟通技巧训练

13. 某地幼儿园出现了教师虐待儿童事件，社会工作者进行紧急介入，首先应做的是（　　）。
A. 协助警察逮捕施虐教师　B. 运用量表评估儿童受伤害程度
C. 保护受虐儿童的安全　D. 协助受虐儿童表达他们的感受

14. 社会工作者小王对有厌学倾向的小军进行个案辅导。考虑到小军平时沉默寡言，小王选择了沙盘治疗的方法。下列操作中，正确的做法是(　　)。

A. 按小军的指示把模具摆放到沙盘中

B. 向小军母亲解释小军每个摆放行为的象征意义

C. 将小军喜欢的模具玩偶作为配合治疗的奖励送给他

D. 守护和陪伴在小军旁边观察记录，让小军自己和沙盘交流

15. 社会工作者为某打工子弟中学的新生设立了“大哥哥大姐姐”项目，其主要内容包括帮助新生适应学校生活，并在他们学习遇到困难的时候提供课业辅导，促进新老学生的交流。该项目属于(　　)青少年社会工作。

A. 治疗性　　B. 发展性　　C. 预防性　　D. 康复性

16. 小琴今年 17 岁，初中文化程度，性格内向，平时喜欢画漫画，但从来不敢把自己的画给别人看。在家里无论她做什么事情，父母总是说“你不行的”、“你不会的”，所以她觉得处处不如别人，非常自卑。社会工作者老王决定运用个案工作的方法提升小琴的自信心。当看到小琴画的漫画时，老王适宜的回应是(　　)。

A. “你画的漫画是全世界最好的。”

B. “你能和我说一说这画的意思吗?”

C. “父母说你不会画画你肯定很难过。”

D. “父母说你画得不好是他们不太懂漫画。”

17. 小强父母向社会工作者反映，小强进入青春期后性格有了很大的改变，追求另类，不仅将头发染成黄色，在胸前和手臂上绘有纹身，还在学校组织了一个摇滚乐队。父母觉得小强应该将精力放在学习上，而小强认为父母观念落后，双方经常发生争执，有时小强甚至一个星期不和父母说话。从文化角度分析，小强属于(　　)。

A. 政治偏激青年　　B. 问题青年

C. 文化叛逆青年　　D. 正直青年

18. 16 岁的小红因为填报中考志愿与父母发生冲突。父母希望小红填报本市最好的中学，小红却因没有充分把握而拒绝。社会工作者了解小红的情况后，采取的恰当做法是(　　)。

A. 建议父母尊重小红的选择　　B. 肯定小红拒绝的理由

C. 鼓励小红自己分析拒绝的理由　　D. 劝说小红听从父母的要求

19. 某社区的不少居民反映，他们担心孩子暑假期间无人照管，不是上网就是闲逛，希望社区能够组织一些活动。针对社区居民的要求，社会工作者可以设计和组织的发展性青少年社会工作活动是(　　)。

A. 网瘾戒除小组　　B. 课业补习小组

C. 父母亲职小组　　D. 户外拓展小组

20. 在一次青少年小组活动中，社会工作者先引导组员画出自画像，然后让组员分别介绍自己的优点和不足。通过分享，组员们增进了彼此之间的了解，加深了对自己的认识，获得了成长。上述小组工作的效果是通过(　　)取得的。

A. 情绪疏导　　B. 技能学习

C. 自我探索　　D. 知识传授

21. 小王是敬老院的社会工作者，他开展了一系列活动，以改善敬老院的照顾质量。其中，属于园艺模式的活动是(　　)。

A. 组织老年人参加社区文艺演出　　B. 改善敬老院的无障碍设施

C. 请营养顾问评估并改进现有食谱　　D. 定期为老年人进行健康检查

22. 社会工作者小王计划在养老院组织小组活动，加强老人的相互沟通。可是，患病多年的张奶奶一向不愿主动与人交流，无论小王怎么动员，就是不肯参加。对此，小王采取的正确做法是(　　)。

A. 向院长汇报，请院长说服她参加　　B. 给她子女打电话，请他们劝她参加

C. 发动几位活跃老人，鼓励她参加　　D. 找张奶奶谈心，倾听并尊重其决定

23. 社会工作者需要能够辨别与老年人自杀有关的风险因素。在下列与老年人自杀相关的线索中，风险最高的是(　　)。

A. 超剂量购买并藏匿安眠药　　B. 对人说“有时我真想结束一切”

C. 整理行装，准备拜访故旧　　D. 和老伴讲“我死了你会好过些”

24. 某地根据当地妇女儿童发展现状，制定了《禁止拐卖妇女儿童行动计划》。这一举措旨在回应妇女的(　　)需要。

A. 生殖健康　　B. 权益保障

C. 特殊保护　　D. 性别公正

25. 著名学者摩塞把妇女的需求分为实用性社会性别需求和战略性社会性别需求。在当今中国社会，属于妇女战略性社会性别需求的是(　　)需求。

A. 基本生活　　B. 就业

C. 生殖健康　　D. 参政

26. 建筑业是以男性为主的行业，存在女性被边缘化的现象。某社会工作服务机构计划为建筑工地的女性提供服务。社会工作者在运用赋权理论制定服务目标的过程中，正确的做法是(　　)。

A. 与有关专家共同制定目标　　B. 与男性员工共同制定目标

C. 与女性员工共同制定目标　　D. 与建筑公司管理层共同制定目标

27. 小王是进城务工人员，前不久在建筑工地工作时，从脚手架上摔下受伤。小王出院后，身体落下残疾，于是向建筑公司索赔，建筑公司以无法确定赔偿金额为由予以拒绝。小王向社会工作者小李求助，小李首先要做的是(　　)。

A. 协助小王到法院起诉建筑公司　　B. 协助小王申请工伤认定

C. 联系专业人士为小王制定康复计划　　D. 与小王一起到建筑公司谈判

28. 某社会工作服务机构多年来一直推行智障人士社区化服务模式，践行社会康复理念，为此开展了大量工作。下列措施中属于社会康复的是(　　)。

A. 为智障人士制定职业发展规划

B. 为智障人士制定康复训练计划

C. 让轻度智障的儿童进入普通学校随班就读

D. 运用个案工作手法缓解智障人士心理压力

29. 某社会工作服务机构面向社区居民开展了一系列活动，带领不同年龄段的居民体验失明、失聪、肢残等多种失能感受。在改善残疾人社会环境方面，这类活动产生的直接作用是(　　)。

密封线内不要答题

A. 推动社区无障碍环境建设　　B. 促进社区居民与残疾人的互动
C. 推进社区特殊教育的发展　　D. 增进社区居民对残疾人的理解

30. 服刑人员小王的父母目前居住在一所狭小的房子里，靠微薄的退休金生活。小王服刑多年即将刑满释放，对外界不甚了解，对释放后的生活没有信心。社会工作者与小王一起商议其释放后的生活计划，其中最符合小王再社会化需求的是(　　)。
A. 鼓励小王每天坚持运动　　B. 帮助小王找到合适住房
C. 协助小王申请最低生活保障　　D. 帮助小王拓展人际交往

31. 社会工作者运用理性情绪治疗模式开展小组工作以回应社区服刑人员不服判决的问题。在小组活动中，社会工作者正确运用非理性信念检查技巧的做法是(　　)。
A. 对有进步的组员进行奖励　　B. 让组员扮演特定的角色
C. 让组员大声朗读相关规定　　D. 让组员模仿别人受到奖励的行为

32. 张大爷是位一级伤残的优抚对象，近日，老伴因心脏病突发离世。护理员反映，张大爷已两天没吃饭了，身体非常虚弱。社会工作者小王立即联系优抚医院的医生为张大爷检查身体，并一直陪伴在其身边，安抚他的情绪。此案例中，小王采取了(　　)方法。
A. 环境干预　　B. 认知干预
C. 行为干预　　D. 危机干预

33. 部分优抚安置对象在由军人到老百姓的角色转换过程中，常会产生一些负面情绪。社会工作者运用理性情绪疗法协助这些服务对象适应角色转变。在此过程中，社会工作者扮演的主要角色是(　　)。
A. 管理者　　B. 教育者　　C. 倡导者　　D. 协调者

34. 大军退伍半年多了，一直没有找到合适的工作。上幼儿园的儿子每月需不菲的开销，近日，母亲又生病住院花费不少，这些都让大军倍感压力，情绪低落。社会工作者多次与大军沟通，了解其需要，并为其申请了短期临时救助，以解燃眉之急。此案例中，社会工作者发挥的作用是(　　)。
A. 减缓压力　　B. 鼓励赞许
C. 控制情绪　　D. 激发动机

35. 老张在服役期间多次立功受奖。如今他居住在光荣院，尽管衣食无忧，却觉得生活越来越没有意义。老张常常独自躲在屋子里，靠整理战友照片和摆弄勋章打发时光。每当想起为保护自己而牺牲的战友，以及未见到最后一面就去世的老母亲，他就心生愧疚。社会工作者在运用人生回顾的方法予以干预的过程中，应当重点帮助老张(　　)。
A. 寻找当下生命的意义　　B. 弥补过往生活的遗憾
C. 治疗痛苦经历带来的创伤　　D. 享受集体生活的快乐

36. 流浪儿童小花被送到救助管理站并接受专业服务。救助管理站的医生为她做了详细的身体检查，发现她身上有多处新旧伤痕。但无论医生和民警怎样劝说，她始终不肯开口。针对上述情况，救助管理站的社会工作者首先要做的是(　　)。
A. 运用游戏引导小花打开心扉

B. 与民警合作寻找小花的家人
C. 运用直接影响技巧开展个案辅导
D. 发放联系卡以便小花在需要时能获得帮助

37. 某社会工作服务机构今年社会救助的服务主题是“社区反贫困能力建设”。下列最符合该主题的做法是(　　)。
A. 协助救助对象成立合作社，培育社区领袖
B. 联系各类服务组织，为救助对象提供更多的服务
C. 帮助救助对象拓展社会交往修复或建立各类社会关系
D. 将贫困群体的生存状况、问题与需求反映给相关社会救助部门

38. 未成年人保护中心为流浪儿童提供全方位的服务。下列服务中，不属于流浪儿童救助服务的是(　　)。
A. 物质帮助　　B. 品行教育
C. 回归家庭　　D. 合法收养

39. 家庭社会工作是社会工作专业的实践领域之一。下列家庭社会工作的说法，正确的是(　　)。
A. 家庭社会工作就是家庭治疗
B. 家庭社会工作与家庭治疗截然不同
C. 家庭社会工作是家庭治疗的一个分支
D. 家庭社会工作与家庭治疗既有联系又有区别

40. 大李夫妇有一个 15 岁的孩子，一直以来，孩子的大小事情都由父母安排。最近一年，他们发现孩子脾气越来越坏，不服父母的管教，事事要自己做主，有时还与父亲发生激烈争吵。从家庭生命周期的角度来看，该家庭目前最重要的任务是(　　)。
A. 调整夫妻角色，共同教育孩子
B. 调整夫妻关系，促进孩子的自立
C. 调整家庭关系，满足孩子的独立要求
D. 调整夫妻角色，适应不以孩子为中心的角色

41. 大力夫妻带着 16 岁的女儿来见社会工作者，女儿出现厌食症已有半年，明显消瘦，无法上学。面谈过程中，社会工作者发现，大力因婚外情一年前开始与妻子闹离婚，很少回家。大力的妻子除了哭泣，就是在女儿面前不停地抱怨丈夫。社会工作者经过分析，认为女儿的厌食症与他们的夫妻关系有关。根据结构式家庭治疗原理，社会工作者对该家庭干预的主要目标应是(　　)。
A. 改善夫妻关系，帮助夫妻妥善处理婚姻问题
B. 改善亲子关系，减少母亲情绪对女儿的负面影响
C. 重构家庭界限，引导母亲不再让女儿涉入夫妻次系统
D. 调整家庭结构，协助父母齐心协力帮助女儿走出困境

42. 在倾听了一对夫妻对孩子许多不满和抱怨之后，社会工作者采用聚焦技巧将这对夫妻的注意力集中到需要解决的问题上。下列回应中，正确的是(　　)。
A. “你们对孩子有许多不满，目前你们最想解决的是什么?”
E. “你们对孩子有许多不满，让我们从最让你们头痛的地方开始。”

C. “你们对孩子有许多不满，平时遇到这些情况，你们是怎么处理的?”

D. “你们对孩子有许多不满，但一下子又无法解决，你们认为该怎么办?”

43. 阿丽今年35岁，因性格不合，与丈夫离婚。目前，她一个人带着8岁的儿子在城市打工，把10岁的女儿留给了丈夫。根据上述案例介绍，社会工作者绘制的家庭结构图中正确的是(　　)。

A.
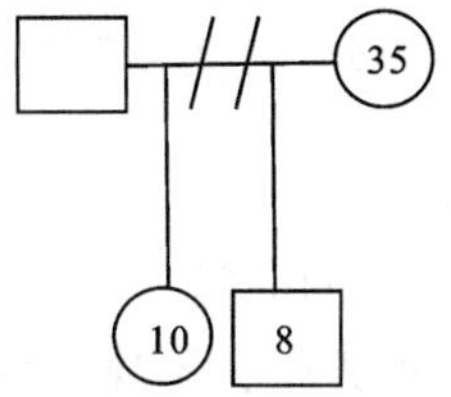

B.
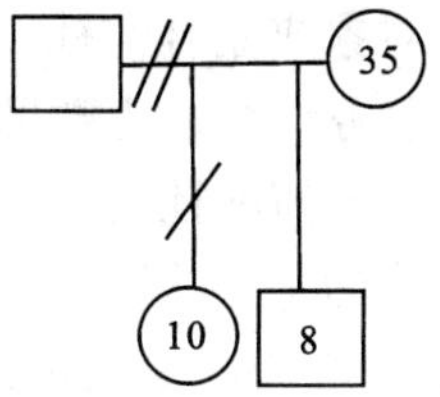

C.
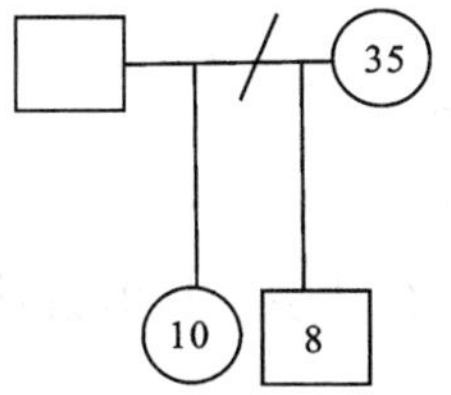

D.
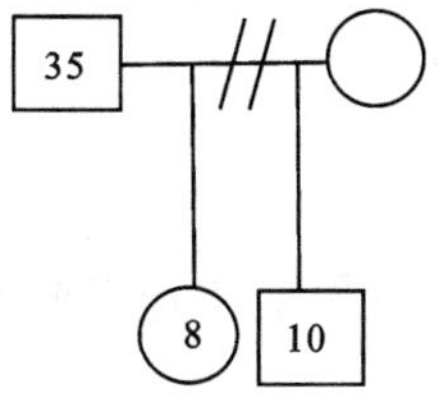

44. 小明是小学五年级学生。最近，父母发现小明对学习数学越来越没有兴趣，作业拖沓，有时故意把数学作业本留在学校，回家不做作业。为此，父母苦口婆心地劝说小明，甚至责骂他，但都没有什么效果。社会工作者了解了小明的家庭教育情况后，决定采用家庭行为学习的方式帮助小明。下列做法中，正确的是(　　)。

A. 改变小明父母教育子女的态度

B. 改变小明父母之间的沟通方式

C. 指导小明制订详细的数学学习计划

D. 指导小明父母及时肯定小明数学学习的进步

45. 小李夫妇向社会工作者抱怨上中学的儿子大大咧咧，对什么事都不上心。社会工作者听了他们的描述之后，希望运用再标签的技巧改变夫妻俩的态度。社会工作者的下列回应中，正确的是(　　)。

A. “每个人都有缺点，孩子也一样。”

B. “孩子有缺点，也一定有优点。他有什么优点?”

C. “如果遇到压力，孩子大大咧咧的性格有什么作用?”

D. “你们不去注意孩子的缺点，他的缺点就不会那么突出。”

46. 在学校开展小组辅导时，社会工作者应遵循的原则是(　　)。

A. 以教师为主体　　B. 保持小组异质性

C. 以自愿和需求为本　　D. 强调学生个性需要

47. 学校社会工作者小李运用抗逆力理论设计服务方案，将服务重点聚焦在提升学生的人际交往能力、解决问题能力和自我管理能力等方面。小李的服务方案强调抗逆力中的(　　)因素。

A. 效能　　B. 内在优势　　C. 乐观　　D. 外部支持

48. 在一所打工子弟学校开展服务时，社会工作者发现这所学校的一部分学生刚从农村来到城市，生活不习惯，学习基础差、压力大，导致自我评价较低。为了提升

这些学生的自我认识能力，社会工作者最宜开展的服务是(　　)。

A. 提供学业发展辅导　　B. 开办情绪管理小组

C. 提供生涯规划辅导　　D. 开办自我成长小组

49. 小芳原来学习成绩在班里名列前茅，但自初中以来，她每天上课无精打采，情绪低落，下课后也是独来独往，有时甚至不来上课，成绩直线下降。社会工作者初步预估后发现，一年前小芳父母离了婚，母亲在外地打工，将小芳交给年迈的外婆照顾。社会工作者与班主任沟通了小芳的情况，请班主任照顾小芳的学习和生活。一段时间后，小芳的脸上又有了笑容，学习成绩也提高了。本案例中，社会工作者运用了(　　)的方法增强小芳的抗逆力。

A. 教授生活技能　　B. 提供关怀与支持

C. 提出高期望　　D. 提供机会促进参与

50. 某老旧小区失业、低保人员较多，便民设施缺乏，居民日常生活不便。社会工作者分析了社区的具体情况后，与相关政府部门取得联系，开设便民餐车和家电维修点，既改善了小区便民设施少的状况，又开发了就业岗位。在本案例中，社会工作者采用的社区工作方法是(　　)。

A. 地区发展　　B. 社会策划

C. 社会行动　　D. 社会倡导

51. 某社区在改造过程中，社会工作者促成当地政府与受此影响的居民一起商讨改造计划。居民的这种社区参与形式是(　　)。

A. 咨询　　B. 协商　　C. 告知　　D. 共同行动

52. 甲社区流动儿童较多，放学后回到社区无人照看，危险频出，居民反映强烈。与甲社区相邻的乙社区有一家社会工作服务机构，具有丰富的流动儿童服务经验，但没有开展服务的场地。于是，甲社区与乙社区协商并达成合作协议，由甲社区提供场地和配套经费，由乙社区的社会工作者开展社区课后辅导服务。本案例中的资源连接方式属于(　　)。

A. 资源共享　　B. 资源协调

C. 资源整合　　D. 资源流通

53. 社会工作者小王受区妇联委托，在其服务的社区开展受虐妇女的服务需求调查。受虐妇女们受到“家丑不能外扬”这一传统观念的影响，最初不愿接受小王的访谈。在小王的关心、支持和不懈努力下，受虐妇女们终于敞开心扉，讲述她们的受虐经历和应对策略。受虐妇女们的讲述反映了她们的(　　)。

A. 表达性的需求　　B. 比较性的需求

C. 感觉性的需求　　D. 规范性的需求

54. 社会工作者针对社区中空巢和独居老人较多的现象，为这些老人建立互助网络。下列做法中，最合适的是(　　)。

A. 建立社区老人支持小组

B. 动员医生上门为老人义诊

C. 动员老人的亲友经常探望老人

D. 联系养老机构为老人提供上门服务

55. 某古镇被国家列为重点文物保护单位。为保护古镇风貌，当地政府准备对古镇及

密封线内不要答题

周边地区重新规划。涉及古镇部分居民搬迁的新规划草案公布后，人们议论纷纷，很多居民因在古镇上做生意而不愿搬迁。面对这种情况，社会工作者首先要做的工作是(　　)。

A. 组织志愿者帮助居民完成搬迁

B. 邀请邻近社区居民介绍搬迁经验

C. 在政府有关部门支持下，召开居民代表恳谈会

D. 大力宣传保护古镇对当地经济发展的重要意义

56. 某社区地处城郊结合部，流动人口多，社区卫生状况较差。社会工作者希望从控制式教育入手改善这一状况，最适宜的做法是(　　)。

A. 开展公民权益知识讲座　　B. 为社区居民开展就业技能培训

C. 分析问题原因并找出解决办法　　D. 在社区宣传栏张贴社区卫生公约

57. 2012 年 2 月，国务院发布新修订的《环境空气质量标准》增加了细颗粒物监测指标。社会公众对其具体含义以及有效预防知识知之甚少，为此医务社会工作者通过展板和单页的形式在社区中开展相关的教育工作。社会工作者运用了公共卫生社会工作的(　　)方法。

A. 健康宣传　　B. 慢性病管理

C. 健康管理　　D. 传染病预防

58. 医务社会工作者在参与处理医患关系纠纷时，扮演的角色是(　　)。

A. 倡导者　　B. 调解者　　C. 服务者　　D. 支持者

59. 张大爷被诊断为癌症晚期，最近病情恶化。一周来，张大爷总抱怨老伴做的饭菜不好吃，还生气地把食物扔到地上。张大爷十分担心自己的病情，夜不能寐，总说"我还有很多事情要做，我不能死"。对此情形，社会工作者最宜采用的做法是(　　)。

A. 建议家人给张大爷服用镇静类药物

B. 建议家人让张大爷尽早进重症监护室

C. 开展家庭治疗，改善张大爷的家庭关系

D. 协助家人了解张大爷的想法，实现其未了心愿

60. 脑瘫患者小王的父母年事已高，在照顾小王的过程中感到力不从心，向社会工作者小李求助。小李的下列做法中，能够直接缓解小王父母照顾压力的是(　　)。

A. 联系社区照顾机构协助照顾小王

B. 联系治疗师对小王父母进行家庭治疗

C. 向小王父母提供正确照顾小王的方法

D. 邀请小王父母参加脑瘫患者家庭支持小组

得　分	评卷人

二、多项选择题(共 20 题，每题 2 分。每题的备选项中，有 2 个或 2 个以上符合题意，至少有 1 个错项。错选，本题不得分；少选，所选的每个选项得 0.5 分)

61. 当支持性小组中的组员彼此已建立起信任，开始互帮互助时，社会工作者告知组员，小组即将结束。此时，有些组员表示还有很多话没来得及说；有些组员又开始变得沉默，不再参与小组讨论；有些组员很生气，指责社会工作者推卸责任；还有些组员表示小组不应该结束，还有问题需要社会工作者解决。分析上述情形，该小组成员在结案期出现的反应有(　　)。

A. 否认　　B. 倒退　　C. 依赖　　D. 欣喜

E. 讨价还价

62. 小强因为与父母发生争吵，主动打电话寻求社会工作者小王的帮助。小王为了与小强进行初次面谈，需要做的准备工作包括(　　)。

A. 向小强父母了解小强的情况

B. 向小强解释机构的服务要求和范围

C. 了解小强目前的身体和精神健康状况

D. 了解小强是否有需要谨慎处理的特殊事项

E. 了解小强以前是否接受过社会工作者的帮助

63. 为满足单亲家庭孩子身心发展的需要，社会工作者充分挖掘社区资源，组织退休教师志愿服务小组，开展了一系列的活动；为学习有困难的孩子辅导功课；与青春期少年结对，做他们的人生导师；与孩子们共同设计社区公益活动，培养社会责任感；组织单亲家庭聚会，密切亲子关系。社会工作者的介入行动体现了(　　)原则。

A. 个别化　　B. 服务目标聚焦

C. 经济效益优先　　D. 与服务对象相互信赖

E. 关注服务对象的发展阶段和特点

64. 去年冬天，某地居民在垃圾箱内发现 5 具 10 岁左右的男童尸体。经警察初步调查，这 5 名离家出走男童困在垃圾箱内生火取暖导致一氧化碳中毒死亡。对于这些儿童而言，他们未能获得满足的基本需要有(　　)。

A. 生存的需要　　B. 冒险的需要

C. 被保护的需要　　D. 游戏的需要

E. 社会化的需要

65. 小红的父亲脾气暴躁，经常殴打妻子，导致妻子多次住院治疗，甚至有生命危险。每当暴力事件发生时，小红只能用大哭大闹甚至自我伤害的方式来吸引父亲的注意力，以期让父亲停止殴打母亲。在这种情况下，社会工作者采取的恰当介入方法有(　　)。

A. 帮助小红联系寄养家庭，以保障她的安全

B. 帮小红母女联系庇护所，在需要时提供庇护

C. 对小红父亲进行宣传教育，预防其对小红施暴

D. 对小红父母进行婚姻治疗，以期实现家庭和谐

E. 把小红父亲转介到情绪控制小组，以期减少暴力行为

66. 因不满父亲的管教方式，15 岁的小强与父亲发生争吵后，与几位同学一起离家出走。母亲很着急，向社会工作者求助。社会工作者找到小强，询问其离家出走的原因，小强说"我就不想回家，看见他我就生气!"社会工作者计划提供服务，以改善小强与父亲的关系。下列活动中，从个人层面介入的青少年社会工作服务包括(　　)。

A. 帮助小强调整非理性情绪　　B. 指导小强改善与父亲的沟通技巧
C. 为小强和同伴开设成长小组　　D. 协助小强父亲改善家庭教育方式
E. 学校加强对小强及同伴的教育

67. 社会工作者老徐十分赞同通才实务工作观。面对来自单亲家庭、性格内向、缺乏自信、不善与人交往的青少年服务对象，老徐开展了一系列服务，其中体现了应用通才实务工作观的有(　　)。
A. 针对服务对象的家庭进行关系调整
B. 通过社区工作，为服务对象建立成长支持网络
C. 建议服务对象父母复婚，保证健全的家庭结构
D. 为服务对象开展个案辅导，协助其改变行为方式
E. 让服务对象参加小组活动，增加其人际交往机会

68. 老年人面临的恶意对待包括(　　)。
A. 身体虐待　　B. 经济虐待
C. 疏于照顾　　D. 社会歧视
E. 情感虐待

69. 阿芬15岁，家住偏远山村，生活条件艰苦。在一次意外中，阿芬失去了右腿，给她的生活造成诸多不便。社会工作者小王得知情况后，请木匠将木椅改造成坐便器，并协调村医教会阿芬的家人用传统中医手法给她定期按摩。小王的上述做法体现的社区康复原则有(　　)。
A. 因地制宜　　B. 因陋就简
C. 因势利导　　D. 家属参与
E. 低成本、广覆盖

70. 某社区管辖人口2000余人，各类残障人士占总人口近10%。为大力推进社区无障碍环境建设，社会工作者应该开展的工作有(　　)。
A. 在社区内安置大型显示屏
B. 在社区公共厕所内安装扶手
C. 为社区工作人员开设手语学习班
D. 为社区残障人士设立心理咨询室
E. 为社区残障人士开设网络信息学习班

71. 老张因盗窃被判入狱服刑，社会工作者小吴定期为其提供心理辅导。老张出狱后无住房，生活困难。社会工作者小赵协助老张申请了低保，同时积极帮老张找工作。本案例中属于矫正社会工作服务(　　)。
A. 司法判决前的服务　　B. 监禁场所中的服务
C. 刑满释放后的服务　　D. 社区矫正中的服务
E. 司法判决中的服务

72. 在优抚医院和光荣院中，有时会出现对服务对象的隐避性疏于照顾的现象。这种隐避性疏于照顾现象包括(　　)。
A. 隔离服务对象　　B. 剥夺服务对象的选择权
C. 给服务对象贴标签　　D. 过度照顾服务对象
E. 用语言攻击服务对象

73. 顾某，35岁，无固定职业，因盗窃被判有期徒刑1年，缓期执行。判决后，其妻离家出走。目前顾某与父母、儿子共同生活，父母年老多病，儿子辍学在家，家庭生活困难。面对困境，顾某焦虑急躁，家庭关系十分紧张。经过评估，社会工作者认为顾某目前的需求包括(　　)。
A. 基本生活保障　　B. 获得就业机会
C. 获得教育机会　　D. 提供社区服务
E. 改善家庭关系

74. 社会工作者在社会救助政策制定、实施和评估过程中，正确的做法包括(　　)。
A. 协调各类救助资源　　B. 对救助政策的不足进行修订
C. 参与救助灾款发放　　D. 将救助理念转化为救助行动
E. 灵活制订救助标准，考虑个体差异

75. 某地发生重大泥石流灾害，当地赈灾机构社会工作者第一时间赶赴现场，协助当地政府开展紧急救援。下列做法中，正确的有(　　)。
A. 转移群众，减少伤亡　　B. 恢复生产经济设施
C. 统筹安排，发放物资　　D. 为受灾群众提供心理援助
E. 解决居民基本生活问题

76. 在家庭社会工作中，常用的干预技巧包括(　　)。
A. 观察　　B. 聚焦　　C. 例子使用　　D. 再标签
E. 家庭图

77. 自从有了孩子，小赵夫妇就争吵不断，妻子指责丈夫不关心孩子成长，丈夫抱怨妻子过分溺爱孩子。为了准确评估小赵夫妇的需求，社会工作者决定采用家庭处境化原则开展调查工作。下列做法中符合该原则的有(　　)。
A. 进行入户调查，了解小赵夫妇的日常生活安排
B. 观察小赵夫妇问题的同时，也了解他们的潜能
C. 观察小赵夫妇与周围环境之间的互动交流状况
D. 观察小赵夫妇的日常生活安排与需求之间的关联
E. 观察小赵夫妇目前需求的同时也了解他们的长远需求

78. 学校社会工作者拟开展以生涯规划为主题的小组。在该小组的设计中，应将重点聚集在(　　)。
A. 树立终身学习意识　　B. 促进自我接纳
C. 提升情绪识别能力　　D. 改善人际关系
E. 注重自我管理能力培养

79. 某社会工作服务机构在社区开展了为期一年的健康教育活动。活动结束后，工作者从不同角度对该活动进行了评估。下列属于成效评估内容的有(　　)。
A. 相关人群对该活动的满足度
B. 举办健康讲座与培训的场所
C. 社区居民对相关知识的知晓率
D. 该活动对其他社区产生的影响
E. 相关人群在活动中印象最深的事件

80. 某城市社区居民对即将在本社区建设焚烧厂意见很大，认为垃圾焚烧会污染社会

密　封　线　内　不　要　答　题

密封线内不要答题

空气。因此，不少居民通过社区网上论坛表达不满情绪，有些居民还公开表示抗议，针对这种情况，该社区的社会工作者应当做的是(　　)。

A. 要求社区论坛管理员消除网络不满言论

B. 与企业协商，安置若干社区下岗人员，以缓和双方矛盾

C. 请专业人士就建设垃圾焚烧厂进行专业解答，消除居民疑虑

D. 与政府部门一起邀请社区居民代表共同参与制定建厂实施方案

E. 开展社区宣传教育，提升社区居民通过合法渠道维护自身权益的能力

答案及详解

一、单项选择题(共 60 题，每题 1 分。每题的备选项中，只有 1 个最符合题意)

1. A 【考点】接案

【解析】接案是社会工作者与潜在服务对象开始接触，了解其需要，帮助其逐渐成为服务对象并接受社会工作服务的过程。题中，小强为潜在服务对象，社会工作者小李与小强沟通后，小强向社会工作者求助，接受社会工作者服务，这个过程即为社会工作的接案。

2. D 【考点】服务对象的类型

【解析】自愿型服务对象是指认识到需要协助而自己主动向社会工作者求助的，以及由他人介绍而接触社会服务机构并愿意成为其服务对象的人。题中，蒋女士经病友建议，主动接触社会工作者小王，与小王展开交流，属于自愿型的服务对象。

3. A 【考点】预估

【解析】预估是收集资料和认定问题的过程，是把所有有关服务对象的资料组织起来使其具有意义的专业实践活动，其目的在于为制订科学的介入计划打好基础。

4. C 【考点】服务对象的来源

【解析】服务对象的来源通常有三种情况：①主动求助者；②由他人介绍或机构转介来的；③由社会工作者通过外展工作而成为服务对象的。其中，主动求助者，通常是一个人、一个家庭或团体带着超出他们能力之外而不能解决的问题主动前来寻求帮助。题中，常有任课老师提出小刚上课“捣乱”，扰乱课堂秩序，故秦老师请小李找出小刚“捣乱”的原因，小刚成为小李的服务对象。

5. A 【考点】直接询问的方式

【解析】直接询问的方式包括会谈和问卷。其中，问卷属于直接的、书面的询问方法，是非常有用的收集资料的工具，特别是在社区工作场所中，利用问卷可以收集社区需要、问题和居民意愿的资料。

6. D 【考点】间接介入

【解析】间接介入是指以个人、家庭、小组、组织和社区甚至更大的社会系统为关注对象，由社会工作者代表服务对象采取行动，通过介入服务对象以外的其他系统间接帮助他们。题中，以小强为关注对象，父母是服务对象之外的系统，社会工作者提高父母指导小强学习的能力属于间接介入策略。

7. C 【考点】基线测量的应用范围

【解析】基线测量方法可以应用于对个人、家庭、小组或者社区的工作介入评估，通过对服务对象介入前、介入中和介入后的观察和研究，比较服务提供前后发生的变化。题中，社会工作者采用基线测量法来评估小组工作成果，应测量员工参加小组前后的顾客投诉情况。

8. C 【考点】儿童社会工作的特殊性

【解析】服务对象自决是社会工作专业的基本价值观。在儿童社会工作中，社会工作者要特别注意在具体的实践中通过专业的助人活动，帮助儿童发现其问题的所

在、提高儿童自决的能力，在为儿童提供自决机会的前提下，帮助他们实现成长。题中，社会工作者要帮助学生认识到上课“开小差”的危害，通过引导让学生自觉培养良好的听课习惯，这是儿童社会工作的理想目标。

9. C 【考点】阿亨巴赫儿童行为量表

【解析】阿亨巴赫儿童行为量表主要用来识别和评价具有行为和情绪问题的高危儿童，但并不能给出心理障碍的诊断。该表所测查的社会能力主要包含儿童的体育运动能力、社会交往情况和在校学习状况。题中，小王想要识别社会交往退缩问题严重的学生，应选择阿亨巴赫儿童行为量表。

10. B 【考点】儿童社会工作的三个层面

【解析】儿童社会工作一般可分为微观、中观和宏观三个层面。微观层面的儿童社会工作是指根据儿童个体本身的需要而开展的个案辅导工作；中观层面的儿童社会工作是指以满足儿童需要为中心，针对儿童家庭，或有相同问题同伴开展的小组工作；宏观层面的儿童社会工作是指以满足儿童需要为中心，针对社会组织和社区的社会工作，或针对政策改变开展的调查研究、宣传倡导等社会工作。社会工作者参与宏观层面儿童社会工作的方式有：①参与制定和实施法律、政策；②组织对儿童状况的调研，并向政府及社会提交报告；③参与公众焦点事件的分析，并向决策机构提供专业建议等。

11. D 【考点】儿童小组工作

【解析】儿童小组工作是指一种通过小组过程及小组社会工作者的协助，使小组中的儿童能够获得小组经验、产生行为改变和恢复正常功能，以及与他人和周围环境达成有效的调适，最终促进个人及小组发展的专业服务活动。题中，对于儿童来说，参加活动、游戏等更容易使他们建立融洽的关系。

12. D 【考点】亲职教育

【解析】亲职教育是指向儿童的父母和家庭传播科学育儿理念，并为他们提供具体的科学育儿实践指导和日常育儿问题咨询。具体内容包括：①科学育儿的理念，包括儿童权利和现代儿童观；②科学育儿的知识，包括儿童生理、心理人格和社会行为发展的知识；③科学育儿的技能，包括观察的技能、沟通的技能、引导的技能等。

13. C 【考点】对受虐儿童的社会工作介入方法

【解析】对受虐儿童的辅导是儿童社会工作介入的第一步，它优先考虑的是儿童的安全，进而协助儿童沟通及表达他们的感觉。题中，社会工作者首先应做的是保护受虐儿童的安全。

14. D 【考点】沙盘游戏治疗

【解析】沙盘游戏又称箱庭游戏，沙盘游戏治疗是目前国际上很流行的心理治疗方法。通过唤起童心，人们找到了回归心灵的途径，进而身心失调、社会适应不良、人格发展障碍等问题在沙盘中得以化解。一旦儿童能够以童心来摆放沙盘，他就开始了借助沙盘探索自我的历程。接下来，儿童开始摆放沙盘世界，此时所奉行的是“非语言的治疗”原则，治疗师尽可能保持一种守护性和陪伴性的观察和记录，并努力让儿童自己和沙盘交流。

15. C 【考点】预防性青少年社会工作的主要内容

【解析】预防性青少年社会工作是指通过社会工作的各类服务，对一些潜在的，阻碍社会功能有效发挥的条件和情境进行早期发现和控制。预防性青少年社会工作的主要内容包括：①改善青少年家庭生活环境，为青少年家庭提供服务，提供青少年父母亲职教育机会，以增进父母教导青少年的技巧；②改善青少年学校生活环境，加强学校对不适应学业之学生的学业辅导、技艺训练、发展补充性课程及相应活动；③改善青少年社区生活环境，加强社区各组织在青少年社会工作中的合作，整合各类社区资源，为青少年发展提供良好的社会支持；④探索建立学校、家庭、社区良性互动的青少年社会工作服务模式；⑤倡导有效的青少年服务和发展政策等。题中，“大哥哥大姐姐”项目旨在通过新老生交流帮助新生适应学校生活，预防一些潜在问题的发生，属于预防性青少年社会工作。

16. B 【考点】个人层面社会工作方法的运用

【解析】小琴长期受挫后(来自父母)产生过度的自卑感，这种自卑感让小琴过于敏感，形成“假设性”思考，习惯性认为别人会嘲笑自己，从而产生人际适应困难。社会工作者老王应采用理性情绪治疗法，让小琴对自己有正确认识和评价，接受自己，能坦然自处。通过引导小琴正视和描述自己的画来建立良好的专业关系，进而深入该个案。

17. C 【考点】青少年的特点

【解析】除了生理、心理等方面外，文化角度是青少年研究的重要视角。有学者将青少年文化分成四种类型，也可以作为对青少年行为及其特点的一种分类，其类型包括正直青年、问题青年、文化叛逆青年、政治偏激青年。其中，文化叛逆青年不甘平凡，喜欢标新立异，追求独特的文化或生活品位，建立自己的一套生活方式。题中，小强追求另类，形成了与父母不同的学习、生活观念，属于文化叛逆青年。

18. C 【考点】青少年社会工作的服务原则

【解析】青少年社会工作的服务原则包括尊重青少年的价值与尊严、接纳与关爱青少年、注重青少年的个别需求、协助青少年具备适应社会变化不断成长的能力等。题中，社会工作者首先应该尊重小红的选择，鼓励她自己分析拒绝的理由，如果理由充分且合理，应该接受，再建议父母尊重小红的选择。

19. B 【考点】发展性青少年社会工作

【解析】发展性青少年社会工作是指能够发展社会资源和青少年潜能，使青少年的生活能力得到增强的社会工作服务。主要包括：①提供青少年闲暇场所；②举办并设计各种活动，使青少年学习并建立正确的人生目标、做事负责任的态度、领导及创造能力；③提供国内外时事信息的服务，使青少年了解世界发展的趋势，并明确自己所应扮演的角色；④提供青少年发展中的生理、心理、情绪、行为、人际交往、社会适应等各方面的知识性辅导服务，增进人际关系、法律常识、性教育、生理保健的知识与能力；⑤提供就业信息及就业辅导服务，以拓展青少年的就业能力等。

20. C 【考点】自我认知与自我探索的需要

【解析】自我认知与自我觉察是进行清晰的自我定位的基础，也是个人职业与事业生涯的起点。自我认知包括：认知自己的价值观、人生方向和目标，认知自己的

密封线内不要答题

性格特征，认清自己的优势和劣势，觉察自我的情绪变化、原因等。只有使每个青少年懂得自己的优点和缺点，并认识到自己是独一无二的，与众不同的，才能学会去接纳自己、尊重自己，获得成长。题中，社会工作者让组员通过介绍自画像来认识自己的优缺点，属于自我探索的过程。题中，社会工作者让组员通过介绍自画像来认识自己的优缺点，属于自我认知和自我探索的过程。

21. A 【考点】照顾质量的不同照顾模式及其特点

【解析】照顾质量的照顾模式包括：①"园艺模式"，首要任务是满足老人未得到满足的需要，开发老人的能量和未得以实现的能力，"园艺模式"所提供的照顾是以人为本，重点是老人的社会和情感要求；②"仓储模式"，照顾机构的首要任务是延长人的寿命，重点是为老人提供一个安全的居住环境、合适的饮食、良好的健康和医疗服务。BCD三项重点在于为老人提供安全的居住环境、合适的饮食、良好的健康和医疗服务，属于"仓储模式"。A项重点是满足老人的社会和情感需要，符合"园艺模式"的特点。

22. D 【考点】老年小组工作的注意事项

【解析】老年小组工作的注意事项包括：①尊重自决权；②平衡对小组和个人所负的责任；③尊重保密权；④干预小组动力，保护小组成员免受伤害。题中，小王正确的做法应该是了解张奶奶的真实想法，尊重她的个人意愿和自决权。

23. B 【考点】自杀评估

【解析】社会工作者需要意识到与老人自杀有关的风险因素，并通过直接的、间接的和行为上的线索加以评估。在评估老人的自杀风险时，可以从以下三方面进行评估：①直接线索。老人若直接说"我要了结自己"或者"有时我真想结束一切"，并不是随便说说引人关注，而是直接的线索，表明他正在考虑终止自己的生命。老人正在考虑的自杀手段越致命，其实施方案的可能性就越大，完成自杀企图的风险就越高。②间接线索。有时老人会借用一些问题看所爱的人的反应，如"没了我你会过得好些"或者"这些日子我太麻烦人了"。这些话是直接要求肯定他们的生命有价值，他们对某人来说很重要。尽管家人和社会工作者可能觉得这样的话让人恼怒，但是这是老人在绝望地呼救，要重视不能视而不见。③行为线索。有些老人决定了要结束自己的生命，并且不愿意和别人沟通。这些老人常常会在行为上流露出一些倾向，这些应该被视为警示信号。一些行为线索表明老人会有自杀倾向：储存药物、出人意料地留遗嘱或修改遗嘱、突然开始筹划葬礼安排、突然把贵重物品送人等。AC两项属于行为线索；B项属于直接线索，其自杀风险最高；D项属于间接线索。

24. B 【考点】保障妇女的权益和发展的需要

【解析】贯彻和落实《中国人民共和国妇女权益保障法》是妇女社会工作的艰巨任务。全社会要维护妇女的特殊权益，促进妇女在就业、教育、参政、婚姻、家庭等方面的平等的机会和发展权利，改善妇女的贫困状态，保护妇女不再遭受家庭暴力、性侵犯、被拐卖等威胁。题中，制定《禁止拐卖妇女儿童行动计划》旨在保护妇女的合法权益，回应妇女的权益保障需要。

25. D 【考点】战略性社会性别需求

【解析】战略性社会性别需求是指挑战和改变由妇女在社会中的从属地位而产生的

需要。这类需要涉及社会的分工模式、权利等，满足这类需求可以协助妇女取得更多的平等权利，改变现存的社会分工模式和角色，挑战妇女的从属地位。ABC三项，基本生活、就业、生殖健康属于妇女的实用性社会性别需求，不具有对社会性别的挑战；D项，参政挑战了妇女的社会从属地位，属于战略性社会性别需求。

26. C 【考点】妇女增能

【解析】妇女增能是指通过社会工作者和妇女之间的共同合作，让妇女有能力认识到自身的真实处境，引发她们对形成这种境况的社会因素进行思考，寻找解决的途径，并且通过采取具体的行动来改善处境。C项，社会工作者与妇女群体进行合作，共同制定目标，属于运用赋权理论制定服务目标。

27. B 【考点】维护残疾人的合法权益

【解析】小王的情况属于意外伤害赔偿问题，该问题在残疾人的法律政策咨询方面比较突出。因各种意外伤害致残的人数与日俱增，伤残者中农民进城打工者占有很大比例。社会工作者在开展这类特殊服务时，首先要处理好工伤的认定问题，同时要适当进行转介服务，协助有关的调查工作。

28. C 【考点】社会康复

【解析】社会康复的措施包括：①协助政府机构制定法律、法规和各种政策来保护残疾人的合法权益；②保障残疾人生存的权利；③为残疾人自身的发展提供帮助，使其有接受教育和培训的机会，提高其生活自理能力、就业能力和参与社会的能力；④消除家庭中、社区里和社会上的物理性障碍；⑤大力提倡和实现人道主义精神；⑥组织残疾人与健全人一起参加社会活动；⑦帮助残疾人实现经济自立，或提高其经济自立能力；⑧鼓励和促进残疾人参与社会的政治生活，保障其政治权利。

29. A 【考点】开展残疾的预防

【解析】开展残疾的预防是社区康复的内容之一。无论是在各种机构中还是在社区里，社会工作者在残疾预防方面，首先要特别注意的是修建方便残疾人日常生活的无障碍设施，并保证这些设施能安全使用。题中，只有让社区正常居民真正体验到残疾人生活的艰辛，才能很好地开展改善残疾人社会环境的活动，推动社区无障碍环境建设。

30. B 【考点】矫正服务对象的需要

【解析】矫正服务对象面临困难重重的生活压力，为其提供基本生存的条件，既是基本人权的体现，也是对其实施矫正计划措施的前提。矫正服务对象的基本生存条件包括：①维持基本生活所需的经济收入或低保救助；②维持基本生活所需的住房条件；③维持身体健康的卫生医疗待遇。题中，小王的父母居住环境狭小，小王刑满释放后如果同父母一同居住势必会加重自己与父母的生活困境。在他面临的种种压力中，住房需求是最迫切的。

31. B 【考点】非理性信念的检查技巧

【解析】非理性信念的检查技巧是指对服务对象情绪、行为困扰背后的非理性信念进行探索和识别的具体方法。主要包括：①反映感受，让服务对象具体描述自己的情绪、行为以及各种感受，从而识别出背后的非理性信念；②角色扮演，让服

务对象扮演特定的角色，重新体会当时场景中的情绪和行为，了解情绪和行为背后的非理性信念；③冒险，让服务对象从事自己所担心害怕的事，从而使情绪、行为背后的非理性信念呈现出来；④识别，根据非理性信念的抽象、普遍和绝对等不符合实际的具体特征分析、了解服务对象情绪、行为背后的非理性信念。B项为角色扮演的检查技巧。

32. D 【考点】危机干预模式

【解析】危机是指人类个体或群体无法利用现有资源和惯常应对机制加以处理的事件和遭遇。危机干预模式是一种短期干预的方法，强调在有限的时间内(一般仅持续1~6周)为服务对象提供支持性服务，强调处理紧急而非长期问题，强调挖掘服务对象的优势、资源和应对机制以克服面临的发展性、意外性或者存在性危机，旨在通过提高服务对象的应对水平、信心和解决问题的能力，帮助服务对象返回到平衡稳定状态。危机干预模式适用于人格稳定和面临暂时困境或挫折的人，以及家庭、婚姻、儿童问题、蓄意自伤、自杀或意外伤害等情况。题中，张大爷原本的生活因为老伴的去世而发生重大变故，失去稳定，自身也陷入困境。小王采取的行动旨在帮助张大爷度过这一危机，属于危机干预。

33. B 【考点】认知和情绪问题的处理方法

【解析】运用认知行为理论的视角可以帮助服务对象识别导致情绪不适和问题行为的有缺陷的思维模式，推进适应角色转变。认知行为模型中比较熟知的是理性情绪行为疗法，即REBT。在REBT过程中，社会工作者充当着咨询者和教育者的角色，其实质是要引导服务对象树立一种豁达的人生态度。

34. A 【考点】社会救助社会工作的主要功能

【解析】协助服务对象申请适合的救助项目是社会救助社会工作的主要功能之一。社会救助政策类型多，涉及项目广，内容非常丰富。服务对象对于申请救助的程序和拟申请的救助类型、项目不一定充分了解，或者限于能力和认识，不知道自身应享有的救助权利以及国家相应的救助政策。社会工作者首先要熟悉社会救助的项目、内容和程序，对相关法规政策有清晰的了解，然后帮助服务对象正确分析自身的状况，对照政策作出是否符合申请要求的判断，最后在政策范围内申请合适的救助项目。题中，退伍军人大军因未找到合适工作面临多重困境，情绪低落，社会工作者通过帮助申请临时救助等措施减缓了大军的压力。

35. A 【考点】光荣院社会工作的主要内容

【解析】光荣院社会工作的主要内容包括11项，其中第3项，为服务对象提供个案心理辅导，运用怀旧、生命回顾方面的技巧，帮助服务对象重塑自我，找回生命意义。题中服务对象老张的问题是“觉得生活没有意义”，可以通过回顾人生，达到不沉浸在过去，更加珍惜当下的目的。

36. A 【考点】儿童辅导的游戏治疗模式

【解析】儿童辅导有许多方法或模式，如行为治疗法、当事人中心治疗法、社会技巧训练等。由于儿童年龄较小，许多困惑或遭受的伤害难以用语言表述出来和表达清楚，所以，过于理性或复杂的治疗模式有时候并不能获得理想的辅导效果。针对儿童的身心特点和年龄特点，可以运用游戏治疗模式进行儿童辅导。题中，针对小花不肯开口的情况，救助管理站的社会工作者首先应该运用游戏引导其打

开心扉。

37. D 【考点】社区工作中社会工作者的主要任务

【解析】在社区工作中，改善社区环境是社会工作者的主要任务之一。从事贫困救助的社会工作者要着眼于大的社会环境的改善，倡导制度和政策的完善，要成为救助对象的“代言者”和“呼吁者”，将贫困群体的生存状况、问题与需求反映给相关社会救助行政部门，争取社会政策的制定和修改能更有利于贫困群体的困境改善。

38. D 【考点】流浪儿童救助服务内容

【解析】流浪儿童救助服务内容包括：①从物质救助到教育救助；②从机构救助到回归家庭与社会；③安置与跟踪服务。题中，未成年人保护中心无权对流浪儿童提供合法收养的服务。

39. D 【考点】家庭社会工作与家庭治疗的区别与联系

【解析】家庭社会工作与家庭治疗这两个概念既有联系又有区别，很容易混淆。它们的区别主要体现在以下四个方面：①起源不同；②关注焦点不同；③工作理念不同；④专业关系不同。它们的联系主要表现在：①服务领域的相互影响；②服务模式的相互影响；③工作人员的相互影响。

40. C 【考点】青少年家庭阶段的任务和要求

【解析】家庭生命周期的第四个阶段为青少年家庭阶段，这一阶段的任务和要求是：调整家庭界限以满足青少年的独立要求，适应家庭成员对个人自主性的新要求。题中，大李的孩子15岁，其家庭正处在青少年家庭阶段，最重要的任务是满足孩子的独立要求。

41. D 【考点】家庭的变迁与社会工作

【解析】家庭结构的转变不是简单的结构的变化，同时意味着家庭成员之间互动交流关系的转变以及家庭成员需求的改变。作为社会工作者，需要将家庭结构的改变与家庭成员互动关系的转变以及家庭成员需求的变化联系起来，并且将这些变化放在家庭的日常生活场景中考察。题中，女儿的厌食症与夫妻间一直闹离婚，大力很少回家导致的家庭结构的转变有很大关系，所以社会工作者干预的主要目标应是调整家庭结构，协助夫妻俩帮助女儿走出困境。

42. B 【考点】聚焦技巧

【解析】聚焦技巧是指社会工作者帮助受助家庭成员收窄注意的焦点，将受助家庭成员的注意力集中在需要解决的问题上，以便对问题作出深入的探索，保证服务介入活动的效率。题中，夫妻对孩子的抱怨很多，范围太广，运用聚焦技巧可以缩小关注范围，将他们的注意力集中到需要解决的问题上。

43. A 【考点】家庭结构图

【解析】在家庭结构图中：“□”表示男性；“○”表示女性；“——”表示婚姻关系；“-//-”表示离婚关系；“-/-”表示分居关系；“------”表示同居关系。家庭结构图的绘制应遵循三项基本的原则：①长辈在上，晚辈在下；②同辈关系中，年长的在左，年幼的在右；③夫妻关系中，男的在左，女的在右。

44. D 【考点】家庭行为学习

【解析】家庭行为学习是根据行为学习理论的原理，对家庭中的年轻子女在成长过

密封线内不要答题

程中遇到的行为问题进行干预的服务。它要求社会工作者首先与父母亲建立良好的合作关系，在指导孩子学习新行为的同时，鼓励父母亲在孩子做出适当的行为时给予奖励，对于孩子做出的不当的行为给予惩罚，帮助父母亲指导孩子学习新的行为，改善父母亲与孩子之间的沟通交流。

45. B 【考点】再标签技巧

【解析】再标签技巧是指社会工作者帮助受助家庭成员从更为积极的角度界定问题，改变受助家庭成员以往的消极态度和认识，从而促使受助家庭成员产生新的、积极的行为。B项，社会工作者通过引导使小李夫妇思考和发现儿子的优点(积极面)，而不是仅仅看到儿子的缺点，来改变他们对儿子的态度，运用了再标签技巧；ACD三项都是围绕着消极面(缺点)展开的话题，不符合再标签技巧。

46. C 【考点】学校小组工作的原则

【解析】小组工作是学校社会工作中运用普遍又颇有成效的方法，它比较适合儿童青少年的年龄特点与心理需求。在学校开展小组辅导应注意两大原则：①按需开展。小组工作的开展一定要建立在满足学生实际需要的基础之上，即学生有需要才开展相关的服务，否则小组就容易流于形式，难以取得效果。②自愿原则。学校小组工作要遵循学生自愿选择参加的原则，不能硬性强迫参加。学生是否自愿参加，对于小组过程能否顺利进行有着很大的影响。

47. A 【考点】抗逆力的构成要素

【解析】从构成要素上看，抗逆力由外部支持因素、内在优势因素以及效能因素三部分组成。其中，效能因素包括人际技巧、解决问题能力、情绪管理及目标订定等。题中，小李将服务重点聚焦在提升学生的人际交往能力、解决问题能力和自我管理能力等方面，属于效能因素。

48. D 【考点】家庭生活困境的学校社会工作

【解析】学校社会工作者在面对家庭生活困境的学生时，可以从四个方面入手：①情感支持；②发展支持系统；③运用社会资源；④开发学生潜能。其中，发展支持系统是指学校社会工作者采用小组工作方法，把相似家庭背景的孩子组成互助或成长小组，让他们相互支持、相互学习，共同探讨解决问题的方法。D项属于发展支持系统，通过相互支持、学习，解决学习基础差、压力大的问题，最终提升学生的自我认识能力。

49. B 【考点】培养学生抗逆力的操作性环节

【解析】培养学生抗逆力的操作性方法包括六个步骤：①促进亲社会联结；②建立清楚一致的行为和规范；③教授生活技能；④提供关怀与支持；⑤建立和表达高期望；⑥提供机会，促进参与。步骤①到③为缓解环境中的危机因素，步骤④到⑥为建立青少年的抗逆力。其中，关怀与支持是是抗逆力形成的关键因素，缺少关怀的人几乎不能克服逆境。关怀不只是亲人才能提供，老师、邻居、社会工作者、同辈伙伴，甚至宠物都可以提供。题中，请班主任照顾小芳的学习和生活运用了提供关怀与支持的方法。

50. B 【考点】社会策划模式

【解析】社区工作的模式有地区发展、社会策划、社会行动、社区照顾等。在开展社区社会救助工作时，一般采用多种模式综合运用的方法。其中社会策划强调解

决社区内部的实质性问题，比如下岗失业人员就业、住房、精神健康、停车难等问题。社会工作者分析了本社区的具体情况，制订了社区反贫困的工作目标后，就可以鼓励居民，尤其是救助对象积极参与讨论，提出解决问题的思路。社区的资源有限，因此社会工作者应积极与街道办事处协商并利用驻社区单位的资源，制订相关方案。题中，社会工作者分析了社区的具体情况后，与相关政府部门取得联系，开设便民餐车和家电维修点，既改善了小区便民设施少的状况，又开发了就业岗位，是一个成功的社会策划。

51. D 【考点】社区参与的层次和形式

【解析】社区参与的层次和形式共有五个方面，即告知、咨询、协商、共同行动和社区居民自治。其中，共同行动是指在决策过程中，社区建设或改造的规划由大家共同决策，并在决策过程中分配任务，让大家共同分担执行责任，形成分工与合作。题中，当地政府与受影响居民一起商讨改造计划是共同行动的社区参与形式。

52. A 【考点】社区资源的连接方式

【解析】社区资源的连接方式有：①资源整合；②资源共享；③资源流通。其中，资源共享是指相邻社区都有资源，但资源的种类不同，如一个社区有丰富的场地资源，另一个社区有丰富的人力资源，为了改善社区的环境和促进社区的发展，相邻的社区通过共同合作的方式，各自获得自己的利益或达到自己的目的。题中，调动甲社区的场地和经费，又调动乙社区的社会工作者来开展社区课后辅导服务，最终达成合作协议，属于资源共享。

53. C 【考点】社区需求分析的类型

【解析】社区需求分析主要有四种类型：①感觉性需求，是指社区居民或服务对象感受到或意识到，并用言语表述出来的需要；②表达性需求，是指社区居民或服务对象把自身的感觉通过行动表达出来的需要；③规范性需求，是指由专家学者、专业人士、政府行政官员评估而决定的需求；④比较性需求，是指社区居民或服务对象将所得到的服务与其他类似社区进行比较，而认为有所差别的需要。题中，受虐妇女将她们的受虐经历和应对策略用语言表达出来，属于感觉性需求。

54. A 【考点】互助网络

【解析】互助网络是把面对相同问题或具有相似兴趣或能力的人聚合在一起，帮助他们建立联系，促进他们互相帮助和互相支援。具体做法是社区社会工作者为那些有共同问题、相同背景、兴趣的服务对象建立起朋辈支持小组或互助小组，加强同伴之间的支持，促进信息分享和经验交流，增强解决问题的能力。题中，空巢和独居老人生活上具有相同的问题，所以社会工作者将其组织起来，建立社区老人支持小组，加强相互间的交流，增强他们解决问题的能力。

55. C 【考点】推动社区居民参与的策略

【解析】推动社区居民参与的策略包括：①促进社区居民对参与价值的肯定；②提升社区居民的参与意愿；③提高社区居民的参与能力。其中，促进社区居民对参与价值的肯定是指通过社区教育和社区宣传，唤醒居民对社区问题的关注，改变他们对社区的冷漠态度，加强其对参与成效的信心。具体方法包括社区研讨会、座谈会、居民大会、社区展览会、教育讲座、记者招待会和公布社区调查结果

等。题中，针对居民因做生意而不愿搬迁的情况，社会工作者首先应做的工作是通过宣传促进社区居民对参与价值的肯定。

56. A 【考点】社区教育的内容

【解析】从社区教育的基本目标看，社区教育的内容包括补偿式教育、控制式教育和发展式教育。其中，控制式教育是指通过一些宣传教育的活动，重点控制不守公德和秩序的行为。AD 两项均属于宣传教育的手段，但是开展现场讲座比宣传栏张贴公约的效果更直接，更容易引起注意，是最适宜的做法。

57. A 【考点】公共卫生社会工作的主要方法——健康宣传方法

【解析】健康宣传不仅包括运用各种宣传手段普及健康理念，同时还包括健康教育计划的制订、组织和实施。健康理念的普及宣传是指运用各种宣传手段向公众传播健康理念，使人们树立健康的意识，从而促使人们改变不健康的行为和生活方式，养成良好的生活习惯。借助这一方法，可以降低或者消除影响健康的危险因素，提高人们的自我保健和卫生法律的意识。题中，医务社会工作者通过展板和单页的形式在社区中开展相关的教育工作，运用了公共卫生社会工作的健康宣传方法。

58. B 【考点】以调解者的身份处理医患关系

【解析】尽管医务社会工作者是医疗团队的一员，但其专业价值的要求决定了医务社会工作者需要为患者服务，在医患关系的处理上要充分考虑患者的需求和利益。因此，由医务社会工作者扮演调解者的角色处理医患关系，这样的安排更加恰当，更能保证患者利益。

59. D 【考点】临终关怀的工作方法

【解析】一旦患者进入临终关怀程序，药物治疗的目标是减轻痛苦。临终患者的基本需求是不能忽视的，这些基本需求包括满足临终患者的生理需求和心理需求。心理需求的满足，即临终患者由于对死亡的不同认识，会有发怒、恐惧、焦虑、悲伤等不同的情绪反应，医务社会工作者可以为临终患者做心理抚慰，满足患者未了的心愿。题中，张大爷面对死亡产生了发怒、焦虑、悲伤等情绪反应，社会工作者需要对张大爷进行心理抚慰，协助家人实现张大爷的未了心愿。

60. B 【考点】对精神病患者家属的辅导和支持——家庭治疗

【解析】家庭治疗是对精神病患者家属给予辅导和支持的内容之一，医务社会工作者可以帮助精神疾病患者联系家庭治疗师，通过治疗师的辅导和治疗，消除或者减轻家庭成员与精神病患者之间的冲突。题中，小李联系治疗师对小王父母进行家庭治疗，能够直接缓解小王父母的照顾压力。

二、**多项选择题**(共 20 题，每题 2 分，每题的备选项中，有 2 个或 2 个以上符合题意，至少有 1 个错项，错选，本题不得分；少选，所选的每个选项得 0.5 分)

61. ABE 【考点】结案时服务对象的负面反应

【解析】结案时常见的负面反应包括：①否认，即不愿承认已到结案期，避免讨论关于结案的话题，表现为不准时参加与社会工作者的工作会谈、会谈时心不在焉等；②倒退，即回复到以前的状态，以此拖延结案的到来；③依赖，即对社会工作者过分依靠；④抱怨，即对社会工作者不满意；⑤愤怒，即表现为对社会工作者不满，批评、攻击和挑战其他人；⑥讨价还价，即当发现没有可能阻止结案时，有些服务对象会寻找理由拖延结案；⑦忧郁，即当所有延长结案时间的努力都无效时，有些服务对象会表现得无精打采、失落而无助，对结束专业关系充满焦虑。题中，该小组成员在结案期出现的反应主要是否认、倒退和讨价还价。

62. ACDE 【考点】接案的准备工作的内容

【解析】接案的准备工作的内容包括服务对象资料的准备和拟定初次面谈的提纲。在服务对象资料准备方面，要做的工作有：①事先研读服务对象的资料，了解其是否接受过服务；②了解他们的身体和精神健康状况；③走访社区，通过服务对象的社会网络来了解服务对象个人和社会处境两方面的情况；④了解服务对象是否有特殊事项需要谨慎小心处理。

63. ABDE 【考点】社会工作者的介入行动的原则

【解析】社会工作者的介入行动的原则包括：①以人为本、服务对象自决；②个别化；③考虑服务对象的发展阶段和他们的特点；④与服务对象相互依赖；⑤瞄准服务目标；⑥考虑经济效益。其中，考虑经济效益是指介入意味着社会工作者和服务对象都要付出时间和精力，介入行动要量力而行，优先考虑投入时间和精力最少的行动，从而以最小的成本投入获得最有效的改变结果。

64. ACDE 【考点】儿童的需要

【解析】儿童的需要包括：①生存的需要，主要有：a. 生命存在的需要，即获得基本生活照料，包括养育照料和可获得的最高水平健康医疗照料，b. 社会存在的需要，即获得社会身份，包括姓名、户籍和国籍；②发展的需要是指儿童为了身心发展，需要获得的关爱、教育和引导；③受保护需要是指儿童在其成长过程中，需要在身心两方面得到安全保障，不受到任何人为的伤害；④社会化需要，是儿童逐步了解社会、掌握生存技能的过程，是人的社会化过程中的第一步，它要求儿童在其成长过程中通过个人和社会的交互作用，获得在语言、思维、情感等能力和行为方式。

65. BCE 【考点】家庭暴力的干预

【解析】家庭暴力的干预是针对家庭中的暴力现象而开展的服务活动，通常涉及妇女、儿童权益的保护，如妇女权益的援助、妇女平等意识的提升等。此外，还包括对家庭施暴者的心理辅导等内容，如男性的愤怒情绪控制小组，就是帮助家庭施暴者学习控制自己的情绪，改善冲突处理的行为方式。

66. ABD 【考点】青少年社会工作的层面

【解析】青少年社会工作一般可分为微观、中观、宏观三个层面。其中，微观层面一般是指个人层面的社会工作，即针对青少年个体需求而开展的个案辅导服务。ABD 三项强调从个人层面介入的青少年社会工作服务；CE 两项属于中观层面的青少年社会工作。

67. ABDE 【考点】整合社会工作方法在青少年服务中的运用

【解析】由于现代社会的纷繁复杂，社会工作专业强调通才实务工作观，主张社会工作者在改善个人、群体和社区的生活质量及功能发挥时，要同时考虑个人和环境两方面的因素，并同时与个人和环境有关的方方面面打交道。这一观点使社会工作脱离以个别对象或领域为着眼点的局限，转向对多重个人系统进行干预的广博范畴。通才取向的社会工作考虑到个人问题与群体问题的相互作用，与多种多

密封线内不要答题

样的系统一起工作。这些系统包括社会、社区、邻里、复杂的组织、正式群体、非正式群体、家庭和个人，目的是带来变革，最大限度地发挥社会功能。

68. ABCE 【考点】恶意对待老人的情形

【解析】恶意对待老人的情形包括：①身体虐待，表现为击打、体罚、推搡、冲撞、摇晃、掌击、烧烫和捏掐，不恰当地用药、限制人身自由或强迫进食；②性虐待，表现为未经当事人同意发生性行为，各种类型的性攻击，包括强暴、非自愿地裸露身体或者拍摄色情图片；③情感或心理上的虐待，表现为用语言或非语言的方式让老人遭受精神上的痛苦，包括用言语攻击、威胁、恐吓或骚扰老人，还包括把老人当孩子对待或者有意断绝老人与他人的社会接触，以此为手段惩罚或控制老人；④经济虐待，表现为不恰当地使用老年人的经济资源、个人财产或其他有价物品，包括伪造支票或法律文件；⑤他人疏于照顾；⑥自我忽视。

69. BD 【考点】社区康复的原则

【解析】在实际工作中，各类专业人员要坚持的社区康复原则包括：①社会化的工作原则；②低成本、广覆盖的原则；③因地制宜的原则；④因陋就简的原则；⑤因势利导的原则；⑥康复对象及其家庭积极参与的原则。题中，小王请木匠将木椅改造成坐便器，符合因陋就简原则，即在尽可能动员社区力量的基础上因陋就简，使康复人员、康复对象及其亲友自制康复训练器械，充分利用传统的医学知识；协调村医教会阿芬的家人用传统中医手法给她定期按摩，符合康复对象及其家庭积极参与的原则。

70. ABCE 【考点】无障碍环境

【解析】无障碍环境是残疾人参与社会生活的基本条件，无障碍环境包括物质环境无障碍、信息和交流的无障碍。物质环境无障碍主要是要求城市道路、公共建筑物和居住区的规划、设计、建设应方便残疾人使用和通行，如铺设盲道、坡道，设置交通音响信号装置等；信息和交流的无障碍主要是要求公共传播媒介应使听力语言和视力残疾人无障碍地获得信息，进行交流，包括影视字幕、盲文、手语等。AB 两项属于物质环境无障碍；CE 两项属于信息和交流的无障碍。D 项，“心理资讯咨询室”不属于为了方便残疾人基本生活的环境部分。

【说明】根据最新版考试教材，残疾人环境友好权主要指为残疾人享有平等社会生活创造无障碍环境的权利。消除社会性环境中阻碍残疾人参与的“物化”因素是环境友好的重要措施，主要包括：①物理环境(各类建筑物、道路和交通设施等)的无障碍；②信息交流环境无障碍；③公共服务无障碍；④政治参与无障碍。

71. BC 【考点】矫正社会工作

【解析】矫正社会工作是司法矫正体系中的社会福利服务，贯穿于对服务对象进行司法矫正的各个方面以及整个过程，其主要内容包括司法判决前的社会工作、监禁场所中的社会工作、社区矫正中的社会工作以及刑满释放后的社会工作四个方面。题中，老张入狱服刑期间社会工作者小吴定期为老张提供心理辅导，属于监禁场所中的社会工作；出狱后社会工作者小赵协助其申请低保，积极帮老张找工作，属于刑满释放后的社会工作。

72. ABC 【考点】疏于照顾问题

【解析】在优抚医院和光荣院中最常发生三种隐避性疏于照顾：①服务对象丧失基本日常活动的选择权，诸如强迫服务对象按机构的需要而不是个人的需要进餐、洗澡和就寝；②隔离，有攻击性的服务对象受到排斥，棘手的服务对象可能被罚待在自己的房间里或者被推到电视机前；③“贴标签”，某个服务对象被认为是“刺儿头”或者“老好人”。

73. ABCE 【考点】矫正服务对象的需要

【解析】矫正服务对象的需要包括：①基本生存条件的保障需要；②教育、就业权益的保障需要；③正常家庭生活的需要；④再社会化的服务需要。题中，顾某无固定职业，因此有教育、就业的需要；家庭生活困难，因此有基本生活保障的需要；家庭关系十分紧张，因此有改善家庭关系的需要。

74. BDE 【考点】社会救助政策的制定、实施与评估

【解析】在社会救助政策的制定中，救助政策和有关实施规定也需要适时的修订和调整，同时需要填补社会救助现有政策尚未涉及的领域。在社会救助政策的实施与评估中社会救助政策的实施是将救助理念和救助规定转化为具体救助行为的过程。社会救助社会工作者需要熟悉相关政策并学会灵活运用，并按照统一的国家和地方标准实施救助，同时还要考虑贫困群体的个体差异性，运用分类施保等特殊规定保障其基本生活。社会救助社会工作者必须通过对救助政策的评估，查找政策制定和政策实施中的不足之处，进而为政策的修订完善提供依据。

75. ACDE 【考点】灾害紧急救援的社会救助内容

【解析】灾害紧急救援的社会救助内容包括：①紧急救援，减少财产损失。灾害紧急救援最主要的任务就是救护生命，减少财产损失。②为受灾群众提供基本的生活保障。社会工作者应当协助政府部门，统筹安排好社会救助生活物资的筹集、发放和使用，解决好灾民的吃饭、穿衣、住宿、饮水、医疗等基本生活问题。③安抚灾民情绪，进行心理疏导。社会工作者应当采取措施稳定灾民情绪，及时介入心理救助，运用专业手法给予灾民适度干预和心理疏导。

76. ABCD 【考点】家庭干预的常用技巧

【解析】家庭干预的常用技巧包括：①观察技巧，是指运用系统记录实际行为表现的强度、频率和时间的方式让受助家庭成员准确了解自己行为带来的结果和面临的问题，从而帮助受助家庭成员随时调整自己的行为，增强行为的有效性。②聚焦技巧，是指社会工作者帮助受助家庭成员收窄注意的焦点，将受助家庭成员的注意力集中在需要解决的问题上，以便对问题做出深入的探索，保证服务介入活动的效率。③例子使用技巧。社会工作者经常运用例子使用的技巧向受助家庭成员解释、描述和转递重要的信息和想法，让受助家庭成员了解困难解决的不同途径和经验，并且舒缓受助家庭成员的压力。④再标签技巧，是指社会工作者帮助受助家庭成员从更为积极的角度界定问题，改变受助家庭成员以往的消极态度和认识，从而促使受助家庭成员产生新的、积极的行为。

77. ACD 【考点】家庭处境化原则

【解析】家庭处境化原则假设，家庭是家庭成员日常生活的场景。它要求社会工作者在观察和评估家庭成员的需求时，把家庭成员放在家庭的日常生活中，观察和了解家庭成员之间以及家庭成员与周围环境之间的互动交流状况，关注家庭成员的日常生活。只有建立在家庭自然生活场景中的观察和评估，才能准确把握家庭

成员的需求，并且提供符合实际家庭处境的解决方案。

78. AE 【考点】针对学生一般需要的学校社会工作

【解析】针对学生一般需要的学校社会工作包括学业发展与生涯规划的需要、协调人际关系的需要、自我认知与自我探索的需要和情绪觉察与情绪管理的需要。学校社会工作针对学生的学业发展和生涯规划进行辅导时，主要通过小组工作的方式，让学生在参与中成长。小组设计包括：①明确生涯目标；②注重能力培养；③结合学习生活；④提高学习方法。BCD 三项分别是为满足学生自我认知与自我探索的需要、情绪觉察与情绪管理的需要、协调人际关系的需要的措施，与小组要求的生涯规划主题不符。

79. AC 【考点】社区服务(活动)方案的评估内容

【解析】A 项，社区服务(活动)方案的评估内容包括方案成效评估和方案过程评估。主题活动结束后进行评估属于方案成效评估。方案成效评估的方法有两种：①采取定量的方法，即通过事先设计的问卷，采用问卷调查法，收集社区居民和服务对象参与服务(活动)后的满意度；②采用定性的方法，即通过深度访谈、观察、文件档案整理分析来评价社区服务(活动)方案的成效。C 项，社区居民对相关知识的知晓率是对为期一年的健康教育活动在社区开展的深度的一个调查，属于成效评估的内容。

80. BCDE 【考点】推动社区居民参与的策略；社区参与的层次和形式

【解析】BC 两项，推动社区居民参与的策略包括：①促进社区居民对参与价值的肯定；②提升社区居民的参与意愿；③提高社区居民的参与能力。其中，提升社区居民的参与意愿具体包括：①充分考虑家人和亲友对参与意愿的正负面影响，邀请和鼓励他们同时参与，或尽量减少其负面的影响；②要考虑到居民参与意愿很大程度决定于所参与的社区事务是否与他们的生活或利益密切相关。题中，要考虑到社区居民的生活和利益，社会工作者恰当的做法是消除居民心中垃圾焚烧是否会污染空气的疑虑，可以通过请专业人士现场解答的方式，同时在矛盾存在时，与企业协商，安置社区下岗人员，带给这些人员合适的利益，也会减少甚至化解矛盾。D 项，社区参与的层次和形式有告知、咨询、协商、共同行动和社区居民自治。其中，协商是指社区进行建设和改造时，邀请受此影响的社区居民一起了解和讨论计划内容，推动居民成为决策过程中的一分子。E 项，居民公开表示抗议的做法，如果双方矛盾不能解决，事态得不到控制，居民的抗议情绪可能会升级，做法也可能会过激，社会工作者为了防止不合法的过激行为发生，预防性地开展宣传教育，提升居民通过合法渠道维护自身利益的能力也很必要。

密封线内不要答题

密 封 线 内 不 要 答 题

准考证号：________ 姓名：________

2012年度全国社会工作者职业水平考试试卷
（助理社会工作师）社会工作实务（初级）

（考试时间120分钟 满分100分）

题 号	一	二	总 分	统分人签字
得 分				

得 分	评卷人

一、单项选择题（共60题，每题1分。每题的备选项中，只有1个最符合题意）

1. 小张夫妻俩发现儿子小明上初中以后逐渐对学习失去兴趣，性格变得很叛逆。夫妻俩教育孩子时，感到束手无策，希望社会工作者能够帮助他们的孩子。在这个案例中，小明是（ ）的服务对象。
A. 潜在 B. 现有 C. 外展 D. 自愿
2. 小红自父母离异后随奶奶生活，因学习上缺乏家人的指导，成绩开始下滑，加上生活条件比较困难，小红变得越来越沉默。下列社会工作者帮助小红的活动中，属于间接介入的是（ ）。
A. 辅导小红的课业
B. 让老师给小红介绍学习伙伴
C. 舒缓小红的内心压力
D. 协助小红家庭申请低保
3. 小张夫妻俩为到谁家过年发生争吵，情急之下还动手打了起来，为此两人要离婚。社会工作者在了解小张夫妻俩争吵的基本情况后，问他们："根据刚才你们讲的情况，你们觉得问题出在哪里？"社会工作者这样是为了（ ）。
A. 了解需求 B. 了解问题
C. 界定需求 D. 界定问题
4. 社会工作者小王从与服务对象小强的面谈了解到，小强学习成绩不好，平时做作业拖沓，不认真。于是，社会工作者与小强协商制订了具体服务介入的目标。下列目标中，符合社会工作的是（ ）。
A. 减少作业拖沓次数
B. 提高学习效率
C. 克服不认真的态度
D. 增加按时按要求完成作业次数
5. 幼儿每次在吃水果之前，家长都要求他（她）先去洗手，然后再拿水果，重复多次之后，幼儿再看到水果，即使没有家长提醒，也会自己先去洗手。这符合（ ）的原理。
A. 观察学习 B. 模仿学习
C. 古典制约 D. 操作制约
6. 某地区失依儿童、家境贫困儿童、受艾滋病影响儿童等特殊儿童生活比较窘迫。社会工作者在这一地区收集这些特殊儿童的信息，并对这些儿童提供支持性服务，通过环境培育的方法来促进儿童发展。社会工作者承担的角色为（ ）。
A. 支持者 B. 保护者 C. 教育者 D. 中间人
7. 在某城乡结合部工作的社会工作者小李接触到一个11岁的儿童。该儿童告诉小李，他是被"老板"租用后带到本地进行乞讨的，每天必须将讨来的钱如数交给"老板"，如果要不到钱，"老板"就会打他。小李初步确认该儿童情况后，应立即（ ）。
A. 向当地公安部门报告 B. 帮助该儿童寻找家人
C. 带他到医院检查身体 D. 向当地的救助管理站报告
8. 小王是被父亲遗弃的流浪儿童。在流浪儿童救助保护中心待了两年后，小王被安排到技术中心接受技能培训。小王认为这是救助保护中心不管他了，因此焦虑不安，对去技校学习没有兴趣。针对小王目前的情况，社会工作者介入的重点应是（ ）。
A. 联系技校老师为小王创造良好的学习环境
B. 引导小王要自立自强，将来好自力更生
C. 处理小王曾经被亲人遗弃的内心冲突
D. 动员周围的的同龄伙伴来劝说小王
9. 一对无生育能力的夫妇收养了一个被遗弃的1岁女孩。3年后，养父因车祸去世，女孩被诊断为智力发育迟缓，养母因无太多技能，收入也不高，无力安排女孩进行早教治疗，向社会工作者求助。下列服务活动中，社会工作者应（ ）。
A. 向养母提供经济、康复等方面的帮助
B. 安排女孩到经济条件较好的家庭寄养
C. 将女孩送到儿童福利机构抚养
D. 为女孩寻找新的收养家庭
10. 某校男生成立了一个"妆前妆后"社团，社团成员平时乐于助人，好打抱不平，但在社团活动中他们却喜欢涂粉底、粘假睫毛等，并把妆后照片放在校园橱窗及微博上。从研究角度看，这些学生属于（ ）。
A. 问题青年 B. 文化叛逆青年
C. 正直青年 D. 政治偏激青年
11. 青少年的身体逐渐发展成熟，独立意识不断增强，权利和责任感开始提升，表现出不稳定的特点。这些特点要求社会工作者在开展青少年服务时应坚持（ ）视角。
A. 发展性 B. 保护性 C. 预防性 D. 治疗性
12. 社会工作者小王在社区走访家庭时，有几位家长反映想让他们刚上大学的孩子趁暑假期间多了解大学生活，为未来的学习做好准备，小王决定运用个人需求取向的政策开展青少年活动。他适宜采取的做法是（ ）。

A. 邀请这些学生到社区活动中心，让他们讨论具体的活动计划
B. 邀请有关专家进一步了解这些学生需求，策划具体的活动
C. 组织大学生志愿者帮助这些学生
D. 自主设计适合这些学生特点的游戏活动

13. 小彬从小十分受宠，不受管束，父母总是顺着他。在一次考试中，小彬从班里的前几名跌落到后几名，回家后被父母狠狠责骂，小彬自尊心受到很大打击，开始接触网络游戏，一发不可收拾。针对小彬的情况，社会工作者决定从家庭成员间的互动关系入手开展服务活动，下列做法中，正确的是(　　)。
A. 要求小彬父母辅导小彬的课业，提高小彬的学习信心
B. 帮助小彬父母反思他们管教孩子的方式
C. 与小彬父母一起矫正小彬的行为，帮助小彬摆脱网瘾
D. 调整父母与小彬之间的沟通方式，让父母了解小彬的需要

14. 在老年人的认知和情绪问题中，突发性意识障碍常表现为(　　)。
A. 痴呆　　B. 谵妄　　C. 抑郁　　D. 焦虑

15. 王奶奶患有重度痴呆症，她的子女因忙于工作无暇照顾老人，将王奶奶送到护理院照顾。根据王奶奶的情况，护理院的社会工作者在为王奶奶提供服务的时应注意(　　)。
A. 控制和缓解王奶奶身体疼痛，提升其生命质量
B. 关注及预防王奶奶被疏于照顾或被虐待
C. 陪伴王奶奶看电视，提高其生活质量
D. 鼓励王奶奶参与社区活动，促进其身心健康

16. 下列服务中，属于社会工作者为居家老人所提供的健康促进与健康维护服务内容的是(　　)。
A. 为老人联系和安排送餐服务
B. 建立老人健康风险评估档案
C. 联系社区医院，为老人就医设置便利条件
D. 为老人出行提供辅助设施

17. 某村为农户实施了沼气改建项目。项目完成后，妇女们用上了清洁能源做饭，再也不用像过去那样受烟熏火燎的困扰了。这样的沼气项目(　　)。
A. 满足了妇女的战略性社会性别需求
B. 满足了妇女的实用性社会性别需求
C. 既满足了妇女战略性社会性别需要，又满足了其实用性社会性别需求
D. 既没满足妇女战略性社会性别需要，又没满足其实用性社会性别要求

18. 在现实生活中，大多数女性在家庭领域扮演重要角色，而在政治、经济、社会领域中扮演辅助性角色。这就是我们常说的“男主外、女主内”、“男主女从”。这种分工模式是(　　)。
A. 两性生理基础上的分工
B. 符合两性特点的分工
C. 两性各取所长的分工
D. 社会建构的两性分工

19. 贫困山村的阿芳今年快 40 岁了，由于小时候没有条件上学，她和周围一些年龄相仿的姐妹既没什么文化，也没什么技术专长，加上村子交通不便，她们一直在贫困线上徘徊。社会工作者都希望帮助她们连接资源，解决贫困，宜采取的方法是(　　)。
A. 与她们一道分析贫困的原因
B. 让她们挤出晚上的时间学习致富技术
C. 请农技站技术员对她们进行种养技术现场指导
D. 在全村宣传学习文化的重要性，让村里的女孩好好学习

20. 吴女士长期以来忍受丈夫的家庭暴力。这天，因饭菜不合口味，丈夫动手打了吴女士一耳光，吴女士刚辩解几句，丈夫用绳子将其勒得喘不过气，并用刀将她的手臂砍伤。邻居们闻声冲开门把吴女士救了下来并请来了社会工作者。面对这种情况，社会工作者首先应该(　　)。
A. 送吴女士就医并确保其安全
B. 收集诊断证明等相关证据，为吴女士维权做准备
C. 向媒体披露事实，获得社会的同情与支持
D. 请律师找吴女士丈夫商议离婚事宜

21. 我国残疾预防分为一级、二级和三级。下列预防措施中属于第三级预防的是(　　)。
A. 开展新生儿计划免疫工作
B. 宣讲安全规划，推动安全教育
C. 及早发现伤病，及时治疗
D. 使用运动治疗方法减轻残疾

22. 小张今年 28 岁，有轻度智力障碍。下列为小张提供的服务中属于社区康复内容的是(　　)。
A. 市政府为小张办理残疾人免费公交乘车卡
B. 特殊教育学校免费接收小张学习文化知识
C. 职业技术学校免费为小张提供职业培训
D. 居委会安排小张在他居住的社区做保洁工作

23. 小红是位聋哑人，结婚十多年来，家里的经济状况还可以，但一直忍受丈夫的家庭暴力。一次丈夫酗酒后把她打得鼻青脸肿，小红越想越觉得这样的生活没希望，趁丈夫熟睡后，将丈夫杀死并投案自首。针对该个案，关于法律援助的说法，正确的是(　　)。
A. 若小红没有委托辩护律师，应当获得法律援助
B. 若小红没有委托辩护律师，不能获得法律援助
C. 若小红没有提出申请，不能获得法律援助
D. 小红家庭经济不困难，不能获得法律援助

24. 某单位为了支持残疾人就业，将本单位部分保洁工作交由社区残疾人承担，但残疾人在工作时，遭到其他员工的歧视，有人经常让残疾人替他们完成本应自己完成的工作，这些残疾人敢怒不敢言。针对这种情况，社会工作者宜采取的做法是(　　)。

密 封 线 内 不 要 答 题

A. 为承担保洁工作的残疾人进行技能培训
B. 评估这些残疾人身心方面的适应性，疏导他们的情绪，以便做好工作
C. 在员工中开展残疾人权益宣教工作，消除对残疾员工的歧视
D. 探访残疾人，了解他们在生活中存在的困难并帮助他们解决

25. 社会工作者相信可以运用专业的方法和技巧帮助矫正对象改变其与社会生活不相适应的思想观念、生活态度、行为方式等，达到恢复其社会功能、回归社会的目标。这主要体现了矫正社会工作(　　)的基本看法。
A. 接纳　B. 可塑性　C. 个别化　D. 尊重

26. 矫正对象小张经社会工作者小王推荐，参加由某职业学校为失业青年举办的为期两年的教育培训，两个月后，小王在随访时了解到，学校老师认为小张表现不错，但小张觉得同学们用异样眼光看自己，他感到焦虑、紧张、很不开心，开始不愿参加培训。按照认知理论，小王针对小张的情况宜采取的做法是(　　)。
A. 赠送小张喜欢的游戏币，鼓励他继续培训
B. 对小张进行“冥想”放松训练，缓解他的焦虑情绪
C. 帮助小张更改看待同学们的态度，努力学习，赢得尊重
D. 无条件关怀小张，增加随访的次数

27. 矫正对象小李，30岁，易冲动。矫正社会工作者小王与小李建立了良好的专业关系，在小王的帮助下，小李脾气改善不少。一天，小王在路上目睹小李的妻子与其他男性举止亲密。此时，小王合适的的做法是(　　)。
A. 与小李的妻子沟通，希望她能改变自己的行为
B. 与小李进行交流，对其可能产生的情绪冲动进行预防训练
C. 尊重小李的知情权，把所见到的情况告知小李
D. 遵循保密原则，不采取任何行动

28. 社区矫正对象小李告诉社会工作者，自己从小到大被家长、老师认为是个没出息的人，他也觉得自己就这样了，以后的日子过一天算一天。小李的这种情况可以应用(　　)来解释。
A. 行为主义理论　B. 认知理论
C. 标签理论　D. 社会学习理论

29. 小军因吸毒被强制戒毒结束后，矫正社会工作者小张跟进了小军的个案。接案时小张了解到小军为非婚生子女，母亲改嫁后一直无人管他，小张对小军的需要进行了评估。此时，小军最需要满足的是(　　)要求。
A. 生理脱毒　B. 基本生活保障
C. 就业　D. 法制教育

30. 社会工作者小王发现矫正对象小芳情绪不稳定，常常前言不搭后语，幻想有人要害她，躲在家里不敢出门。小芳的丈夫因在外地工作，不常回家。小王察觉到小芳的精神状况有异常后，首先要做的工作是(　　)。
A. 运用理性情绪疗法开展治疗，改善小芳的情绪问题
B. 转介给社区精神科医生，由医生做出评估
C. 送小芳到丈夫工作地，由其丈夫照顾
D. 向小芳所在社区的司法所工作人员报告小芳目前情况

31. 为了加快培养现代建设人才，国家财政部等五部门自2011年开始实施自主就业退役士兵教育资助政策。这项政策满足的是退役士兵(　　)的需要。
A. 适应角色转变　B. 获取社会承认
C. 赢得社会尊重　D. 提高就业能力

32. 光荣院居住的大多是无儿无女、无亲无故的孤老优抚对象。前些天，与老曾一起住了二十多年的老曲过世了，老曾十分悲伤，情绪低落，不愿见人，社会工作者组织院友坐在一起，表达对老曾的理解，分享对生命的感悟，相约互相鼓励扶持走完生命历程。社会工作者组织的小组是(　　)。
A. 教育小组　B. 成长小组
C. 治疗小组　D. 支持小组

33. 社会工作者组织某军休所老干部成立了志愿服务队，为他们牵线搭桥服务社会。老干部中有的在中小学担任校外辅导工作，有的为社区的环境绿化提供设计方案，干得津津有味，乐在其中。社会工作者协助军休干部实现了(　　)的功能。
A. 老有所养　B. 老有所乐　C. 老有所为　D. 老有所学

34. 近来为吸引大学生入伍，北京、上海等大城市相继出台了一系列鼓励的政策，比如非京籍、沪籍大学生士兵复学后完成学业且被当地用人单位接收的，可办理京、沪落户手续。这项政策属于(　　)措施。
A. 优待　B. 抚恤　C. 教育　D. 就业

35. 某光荣院的荣养伤残军人大多年事已高，活动不便，很少外出，他们觉得每天有吃有喝就行了。针对这种情况，社会工作者准备运用动机激发小组活动来提高他们的主动性，提升生活质量。下列小组活动内容中最适宜的是(　　)。
A. 让小组成员听熟悉的音乐
B. 请护理人员开设老人健康教育讲座
C. 请小组成员讨论提出绿化光荣院的方案
D. 让小组成员观看最新的娱乐电影

36. 在专项救助社会工作中，社会工作者能够介入的工作是(　　)。
A. 制定教育救助的政策
B. 为贫困患者报销医疗费用
C. 帮助贫困家庭了解住房救助政策
D. 为受灾群众提供基本的生活保障

37. 社会工作者动员社会爱心人士以志愿者身份与贫困家庭的青少年结对子，作为青少年的“成长向导”，分享创业经验，提供实习机会。社会工作者上述工作最主要的功能是(　　)。
A. 改善社区环境　B. 发展社会网络
C. 促进能力建设　D. 增加社会资产

38. 某城市流浪儿童救助中心有一些暂时无法回归家庭的儿童。为了给这些儿童创造家庭环境，使其熟悉家庭生产规范，以便将来顺利回归家庭和社会，社会工作者可以采用(　　)。
A. 收养家庭　B. 原生家庭
C. 类家庭　D. 重组家庭

39. 老张今年50岁，一年前因公司裁员失业在家。老张妻子患慢性病，几年前从单位病退。近期，老张儿子考上职校，需交纳一大笔学费。为了让儿子上学，老张妻子打算放弃治疗。根据国家政策，社会工作者可以协助老张家申请的专项社会救助是(　　)。
A. 最低生活保障和医疗救助　　B. 失业救助和医疗救助
C. 教育救助和医疗救助　　D. 失业救助和最低生活保障

40. 小丽是小学一年级新生，入学一个多月后每天放学回家都说自己肚子疼。小丽妈妈带她到医院检查后没有找到任何病因，于是向社会工作者小秦求助，小秦计划依据生态系统理论探索小丽的家庭与学校之间的互动关系，这是小丽生长环境的(　　)系统。
A. 微观　　B. 中观　　C. 外部　　D. 宏观

41. 小赵因丈夫经常在酗酒后殴打她向社会工作者小张求助。小张与小赵夫妇多次会谈后发现，小赵有一个刚满周岁的儿子，但她与丈夫的沟通处于相互指责、相互抱怨的不良循环中。小张计划让夫妻双方看到丈夫的恶习与他们之间的沟通方式密切相关，并设法打破这样的沟通方式。小张的做法依据的是(　　)理论。
A. 家庭系统　　B. 生态系统
C. 家庭抗逆力　　D. 家庭生命周期

42. 张女士因遇到许多家庭问题向社会工作者小李求助，她说，公婆不喜欢她，丈夫赌博不管孩子，上初中的儿子既叛逆成绩又差，家庭收入不高，住房紧张，她简直不知道怎样活下去。小李打算采用家庭干预的聚焦技巧对张女士提问，合适的问法为(　　)。
A. “听起来你遇到了许多不开心的事，是吗?”
B. “你真的觉得不知道怎么活下去了吗?”
C. “在你刚才说的这些问题里，对你最重要的是什么?”
D. “你希望我帮你一起分析和解决这些问题，是吗?”

43. 小王夫妻两均来自单亲家庭，他们非常渴望拥有一个完美和谐的家，说话做事总是小心翼翼，怕伤害到对方。但自孩子出生后，妻子把大部分时间和精力放在孩子身上，小王觉得受了冷落，开始抱怨指责妻子；妻子认为丈夫不理解她的辛苦，久而久之，他们见了面就争吵。针对小王夫妻的情况，社会工作者设计了婚姻辅导活动，该活动的主要目的应为(　　)。
A. 鼓励小王夫妻扮演对方的角色，理解彼此的需要
B. 鼓励小王夫妻讲述早年单亲家庭经历，缓解他们内心的压力
C. 指导小王夫妻了解自己行为背后的担心，调整他们对早年经历的认知
D. 协助小王夫妻反思自己性格存在的不足，改善他们对父母身份的认识

44. 小明妈妈因小明上课不遵守纪律而向社会工作者小秦寻求帮助，以下的对话：
小明妈妈：“我家小明真是太笨了，成绩一直是年级最差，上课不好好听讲，常常变着法和老师捣乱，我真不知道怎么办才好!”
小秦：“听了您的介绍，我感觉，小明没有把聪明用在学习上，如果小明把聪明用在学习上，您说一说他的学习会有什么不同?”
在上述提问中，小秦采用的家庭干预技巧是(　　)。

A. 观察　　B. 对质　　C. 再标签　　D. 例子使用

45. 学校社会工作者小周鉴于目前一些青少年存在被过度保护、容易受挫折等问题计划开展一次小组工作，该工作主要围绕抗逆力构成要素展开，即外部因素、内在优势因素以及(　　)因素。
A. 保护　　B. 生理　　C. 效能　　D. 风险

46. 关于在学校开展个案工作的说法，正确的是(　　)。
A. 学校个案工作也就是学校的德育工作
B. 心理咨询可以替代学校个案工作
C. 学校个案工作适用对象不包括家长
D. 学校个案工作以学生为主要对象

47. 某中学的社会工作者小赵在督导的指导下开展学生小组辅导活动。小赵下列做法中，体现“学生为主，社会工作者推动”思路的是(　　)。
A. 让学生讨论并建立辅导的目标
B. 更多地向学生讲解做人的道理
C. 社会工作者在小组辅导讨论过程中成为讨论的中心
D. 采取评比、排名方式激励学生参与活动

48. 某学校社会工作者准备开办学习兴趣提升小组，为避免学生形成“参加小组都是差生”的印象，决定公开招募小组成员，共有30人报名，大大超出12组员的限定范围，社会工作者在对组员的筛选中宜采用的方法是(　　)。
A. 逐一谈话以确定学生意愿，劝退参与小组相对动机不强的学生
B. 让复位学生提交月考成绩，选取排名最后的12名学生
C. 向成绩较好的学生解释本次小组的目的和不录取的理由
D. 采取随机筛选的办法，抽签选取12名组员

49. 某社区开展了为期一年的预防艾滋病健康教育活动。活动结束后，评估人员从不同层面对活动进行了评估。下列内容中，属于过程评估的是(　　)。
A. 艾滋病基本知识的知晓率
B. 相关人群对该活动的满意度
C. 该活动对其他社区产生的影响
D. 健康教育培训内容和培训方式的适当性

50. 某村被列入当地城中村改造计划，当地政府将该村改造计划讨论稿在村中公示向村民及驻村单位征求意见，以便修订改造计划。这种做法属于居民社区参与形式中的(　　)。
A. 协商　　B. 咨询
C. 共同行动　　D. 社区自治

51. 长期照顾患病老人的家庭成员身心疲惫。社会工作者与这些家庭的邻居们联系，每周末由邻居帮忙照顾老人，让老人的家庭照顾者放松休息。上述做法中，社会工作者运用的工作是(　　)。
A. 建立社会互助网络　　B. 推动居民社区参与
C. 建立邻居协助网络　　D. 推动社区发展

52. 一年前A社区成立了青年人环保小组，相邻B社区成立了老年人合唱小组，社会

密封线内不要答题

工作者计划运用资源共享方式开展社区工作。下列活动中最直接体现资源共享理念的是(　　)。

A. 动员环保小组成员开展捡拾白色垃圾活动
B. 联合环保小组、合唱小组共同发起“我为社区献力量”主题活动
C. 利用合唱小组的活动室，由环保小组外聘专家为居民讲解环保知识
D. 动员合唱小组为本社区居民进行表演

53. 社会工作者小李在分析社区老年人需求之后，开展了针对老年人的社区服务活动。下列工作中，属于服务执行过程中的工作是(　　)。

A. 了解老年人喜爱的文体活动类型
B. 为服务活动制定合理目标
C. 及时表彰鼓励表现突出的志愿者
D. 开展老年人对服务活动的满意度调查

54. 某社区服务机构为该社区残障人士及其特困家庭提供服务。下列工作中属于时间进度管理方法的是(　　)。

A. 计算该活动中政府拨款和社会捐赠资金总额
B. 3 个月内教会 30 名智障人士手工制作肥皂技能
C. 提供联系方式以便服务对象能随时找到社会工作者
D. 通过张贴光荣榜等形式表彰优秀志愿者

55. 某机构于春节前在 A 社区托儿所开办了日间托老所。3 个月来很少有人入住。在评估项目时，居民们反映托老所收费太贵，还不如住在家里舒服。根据居民反映的意见，该项目在策划过程中存在的主要问题是(　　)。

A. 开办时间不合理　　B. 服务内容不明确
C. 服务地方不舒适　　D. 服务与需求不匹配

56. 医务社会工作是在健康照顾体系内实施的社会工作。属于狭义的医务社会工作内容的是(　　)。

A. 在社区推动医疗保健与社会福利的整合
B. 在医疗保健机构开展心理—社会服务
C. 为促进公众健康开发社会资源
D. 为预防疾病开展全民健康教育

57. 小张因患精神分裂症住进精神病院，经过两年的治疗后，医生建议小张出院进行社区康复，并将小张转介给精神病院的社会工作者小马。此时，小马应优先考虑(　　)。

A. 在小张居住的社区，开展精神卫生知识普及
B. 介绍小张成为社区志愿者，为社区孤老服务
C. 为小张联系社区精神康复机构，衔接治疗和康复服务
D. 为小张联系就业单位，帮助其进行职业康复

58. 针对目前白血病多发和社会对白血病缺乏了解的状况，儿童医院的社会工作者走进附近的社区和学校，开展有关白血病知识的讲座和宣传，社会工作者的这项服务属于医院社会工作中的(　　)。

A. 家庭照顾　　B. 日间照顾

C. 外展服务　　D. 倡导工作

59. 老张的妻子遭遇车祸不幸去世。老张一时无法接受妻子已去世的事实，整日不吃不喝，不言不语。在这种情况下，社会工作者适宜的做法是(　　)。

A. 鼓励老张继续工作，保持以前的工作习惯
B. 协助老张渲泄悲伤情绪，并准备好处理其失控的情绪
C. 转移老张的注意力，建议他外出散心
D. 鼓励老张参加社区活动，结交新朋友

60. 社会工作者在预防和控制传染病传播的工作中，可承担的工作是(　　)。

A. 倡导健康生活方式　　B. 管理传染病的传播源
C. 切断传染病的传播途径　　D. 为易感人群实施预防接种

得　分	评卷人

二、多项选择题(共 20 题，每题 2 分。每题的备选项中，有 2 个或 2 个以上符合题意，至少有 1 个错项。错选，本题不得分；少选，所选的每个选项得 0.5 分)

61. 社会工作者在与服务对象商定了服务目标之后，就需要拟定行动计划，该行动计划内容应包括(　　)。

A. 确定目标的先后顺序　　B. 讨论目标的可行性
C. 把目标转化为可测量的指标　　D. 选择介入的系统
E. 选择介入的行动

62. 张女士的儿子小希有轻度智障，到了入学年龄但没有学校愿意接收，张女士向社会工作者小王求助，小王向张女士了解情况后，找专家请教有关智障的知识。在基本确认小希可以适应普通学校生活后，小王又将小希转介给心理专家做进一步测试，对小希的学习能力做更全面的评估。上述小王收集服务对象资料的方法有(　　)。

A. 咨询　　B. 询问
C. 心理评估　　D. 观察
E. 利用已有资料

63. 社会工作者在帮助一对要离婚的夫妇时，在其工作记录中描述了如下情况：“夫妇俩有一 5 岁的儿子，患有自闭症，孩子到了上幼儿园的年龄但找不到愿意接收他的幼儿园，为照顾孩子，妻子放弃了工作。几年来，妻子为照顾孩子心力交瘁，抱怨丈夫不关心自己，夫妻俩为此不断争吵，导致要离婚。”上述记录包含了(　　)。

A. 服务对象的情况、问题与需要
B. 孩子的病症和持续时间
C. 问题发生过程
D. 服务对象的处境
E. 自闭症儿童群体存在的问题

64. 当儿童由于父母死亡、疾病、吸毒、入狱、离家出走等原因不能得到父母照顾时，需要替代性服务。属于儿童替代性服务的有(　　)。

A. 亲属照顾　　B. 福利机构照顾
C. 家庭寄养　　D. 收养
E. 托儿所照顾

65. 某社区属老旧小区，社区居民中下岗工人多，经济收入低，社区内青少年初中毕业辍学在家或读职业中专的比较多，他们经常出没网吧或游戏厅。社会工作者走访了几个青少年家庭，发现亲子冲突较多，不少家庭担心孩子学历低，将来找不到好工作，整天无所事事，也可能会被某些不怀好意的人带坏走上犯罪的道路。针对这一现状，社会工作者适合开展的服务有(　　)。
A. 开展改善亲子关系的教育活动
B. 组织提升青少年社会交往能力的交友小组
C. 开展提升青少年职业意识和技能的职业交流
D. 组织减少青少年偏差行为的小组
E. 建立预防青少年犯罪的社区网络

66. 为了推进性别平等，某机构在农村地区开展推动基层妇女参选参政项目。下列工作中，运用了妇女赋权方法的有(　　)。
A. 选拔有能力的妇女骨干并对她们进行社会性别与参政培训
B. 对女性候选人进行演讲技巧训练
C. 让妇联干部游说上级党委安排妇女骨干任村支书
D. 支持新任女村官开展公益活动，提升她们在村里的威信和影响
E. 培训相关党政部门的工作人员，支持妇女参选参政

67. 某纺织企业的社会工作者针对女职工多的特点，为满足女职工的生殖健康需要，可以开展的活动包括(　　)。
A. 设置哺乳室方便女工给孩子喂奶
B. 为怀孕女工调整工作岗位、减轻劳动强度、保证工资待遇
C. 开展以“优生优育”为主题的知识竞赛活动
D. 在全厂开展“男女平等”的基本国策的讲座
E. 在企业的统计报表中实行分性别统计

68. 张女士婚后与丈夫十分恩爱，但随着女儿的出生，有重男轻女思想的婆婆就闹着让儿子与张女士离婚，张女士与婆婆多次解释也无效果，最后与丈夫离了婚，独自抚养女儿。最近张女士回想此事，常常感到自责和无助，向社会工作者小刘求助。下列小刘的做法中体现了性别视角的有(　　)。
A. 帮助张女士反思自己的性格和行为中存在的不足并加以改正
B. 肯定张女士之前为维护婚姻所做的努力
C. 告诉张女士生男生女并不是她的错，不必过分自责
D. 表达自己对张女士独自承担家庭责任所付出努力的钦佩
E. 介绍张女士参加单亲妈妈支持小组，学习照顾女儿的技巧

69. 社区康复是残疾人康复的重要方法。下列属于社区康复的活动是(　　)。
A. 做好社区的计划免疫工作
B. 为社区公共厕所加装扶手和防滑垫
C. 为有需求的残疾人提供法律援助

D. 建立社区康复中心针对不同人进行康复训练
E. 利用“全国助残日”在社区开展为残疾人服务的活动

70. 某街道在残疾人服务领域探索建立残疾人社会支持系统，以帮助他们解决自身问题，减轻压力，维护身心健康。下列做法有助于发挥残疾人社会支持系统功能的有(　　)。
A. 请康复训练员指导家庭帮助残疾人进行康复训练
B. 在社区活动中心增设无障碍通道
C. 组建残志愿者队伍，定期上门探访残疾人
D. 聘用专职社会工作者对社区残疾人事务进行统筹和协调
E. 为残疾人家庭进行无障碍设施改造

71. 下列工作中，属于监禁场所内矫正社会工作内容的有(　　)。
A. 预防服务对象间犯罪观念的“交叉感染”
B. 协助服务对象戒除不健康的生活习惯
C. 协助服务对象适应监禁场所的生活
D. 协助服务对象制定作息制度及监督措施
E. 帮助服务对象恢复重建其社会功能

72. 对既往军旅生涯的不舍和留恋，对当下处境的不满和无奈，是部分军休干部的心理特征。社会工作者计划运用人生回顾方法来帮助这些军休干部，目的在于协助他们(　　)。
A. 寻找往事的意义
B. 回避过往的局限
C. 忘却生活中不好的一面
D. 构建当下生命的意义
E. 实现自身整合

73. 小申今年 28 岁，服役期间因公致一级伤残，入住荣誉军人康复医院后，家人未曾探视。不久情绪低落，拒绝康复治疗。社会工作者老张查房时意外发现小申枕头下藏有大量安眠药。此时，老张应采取的介入行动包括(　　)。
A. 家庭探访　　B. 悲伤辅导
C. 危机干预　　D. 安置服务
E. 尊重自决

74. 老张服刑 10 年期满后被释放回家，目前与父母同住。因家庭生活困难申请低保。收到老张申请后，社会工作者对老张的生活状况进行了评估，其评估的内容应包括(　　)。
A. 老张的收入及财产状况　　B. 老张的性格脾气
C. 老张重新犯罪的可能性　　D. 老张的健康状况
E. 老张同住家庭成员的收入及财产状况

75. 某社会工作机构在基金会资助下参与地震灾后重建，如果机构打算全方位、多层次介入灾后重建，其服务计划适宜的内容包括(　　)。
A. 征集受灾群众关于社区重建的规划建议
B. 参与灾害风险分析

密　封　线　内　不　要　答　题

密 封 线 内 不 要 答 题

C. 通过小组活动重建邻里关系
D. 通过职业培训促进受灾群众的再就业
E. 帮助政府紧急转移和安置灾民

76. 智障人士服务机构社会工作者小李，与智障人士家庭建立了积极的信任关系。她经常向这些家庭的成员讲授相关知识，指导他们掌握相关技能，并提供多种信息增加他们的应对能力。在以上服务中，小李承担了(　　)角色。
A. 支持者　　B. 教育者　　C. 倡导者　　D. 使能者
E. 资源调动者

77. 小明给学校社会工作者小王写了一封求助信："我最近很苦恼，妈妈经常动不动就骂我，今天还打了我，我很伤心。我希望你帮助我，让妈妈变得温柔一点。"小王找小明妈妈交谈，小明妈妈说了自己的苦恼："我就是脾气不好，我也知道不该打骂，可一遇事就控制不住自己。"下列小王的做法中，能够直接改善小明母子之间沟通方式的有(　　)。
A. 提示小明妈妈在孩子做出适当行为时给予鼓励
B. 澄清小明妈妈沟通中存在的问题
C. 提升小明的自我情绪控制能力
D. 帮助小明妈妈学习更有效的亲子互动
E. 帮助小明觉察母亲的矛盾情绪

78. 最近某校不少初二同学听说，只有少数学生能考上高中，大部分学生只能上职业学校。他们认为职业学校风气不正，学不到东西，因而对未来陷入迷茫和担忧之中。社会工作者采用小组辅导让学生对学业发展和职业规划有较理性的认识。下列做法中，适宜作为该小组计划内容的有(　　)。
A. 帮助学生找出"理想我"与"现实我"的差距
B. 帮助学生认识到实现生涯目标应具备的能力
C. 帮助学生学习利用社会资源
D. 帮助学生掌握合适的学习方法
E. 帮助学生家长缓解经济压力

79. 社会工作者在分析社区需求时，要区分四种需求的类型：感觉性的需求、表达性的需求、规范性的需求和比较性的需求，下列表述中，属于感觉性需求的有(　　)。
A. 残疾人反映说"我们需要有一个康复训练室"
B. 老年人反映说"我们希望有一个老年人健身活动中心"
C. 社区建设专家说"社区需要一个健康教育中心"
D. 所有的居民反映"我们社区卫生室的医疗水平和设施都不如其他社区"
E. 卫生部门的人说"社区卫生服务要硬件、软件两手抓"

80. 急诊室收治了一名从高处跌落而昏迷不醒的5岁男孩，在询问病史时，男孩的母亲语无伦次，护士发现男孩身上有多处旧伤，便请来了社会工作者。社会工作者走访了男孩的父母、亲戚、邻居、居委会和幼儿园，社会工作者此举的目的是(　　)。
A. 诊断男孩的受伤程度

B. 预估男孩的治疗结果
C. 评估男孩环境中的风险因素
D. 了解男孩成长经历
E. 了解男孩的家庭环境

答案及详解

一、单项选择题(共60题，每题1分。每题的备选项中，只有1个最符合题意)

1. A 【考点】服务对象的类型

【解析】服务对象可分为现有服务对象与潜在服务对象。那些尚未使用或接受社会工作者协助和资源帮助，但未来可能需要服务资源和协助的服务对象，即是潜在服务对象。题中，小明是潜在的服务对象。

2. B 【考点】间接介入

【解析】间接介入是指以个人、家庭、小组、组织和社区以至更大的社会系统为关注对象，由社会工作者代表服务对象采取行动，通过介入服务对象以外的其他系统间接帮助他们。题中，让老师给小红介绍学习伙伴属于间接介入。

3. D 【考点】会谈的主要任务

【解析】社会工作者要注意，服务对象自己对问题的看法是界定问题时最重要的起点。因此，在使用沟通技巧与服务对象会谈时，服务对象关心的问题、他们的困惑即是界定问题的入手点。从询问服务对象对自己问题的看法开始来界定问题，其道理在于，服务对象对自己问题的看法可以让社会工作者了解服务对象希望改变的是什么。题中，社会工作者这样做是为了界定问题。

4. C 【考点】介入的含义

【解析】介入是社会工作助人过程中的一个重要阶段，是社会工作者和服务对象采取行动，按照服务协议落实社会工作计划的目标，帮助服务对象改变，解决预估中确认的问题，从而实现助人计划的重要环节。介入行动应围绕着介入目标进行。题中，小强学习成绩不好的原因是小强的学习态度不认真。所以，社会工作者要帮助小强克服不认真的态度。

5. C 【考点】行为或学习理论认为儿童的学习模式

【解析】行为或学习理论认为儿童的学习模式有三种：①古典制约的学习模式，涉及儿童的外部刺激与反应之间的关联；②操作制约的学习模式，是指在适当的反应出现时给予奖励的一种学习和行为反应方式；③观察学习的学习模式，儿童以观察的方式进行学习，并与制约的学习模式相互增加与互补。题中，儿童形成了水果——洗手的刺激关联，属于古典制约模式。

6. A 【考点】社会工作者的特殊角色

【解析】社会工作者在专业活动中，担当着多种角色。如服务提供者、支持者、教育者、中间人、调控者等。支持性服务是指通过提高儿童所处环境(通常是指其家庭)的功能，强化照料者的能力，以促进儿童的发展。对特殊儿童的服务中，支持性服务的重点是充分运用环境自身的力量，通过环境培育的方法来促进儿童发展。题中，“通过环境培育的方法来促进儿童发展”符合支持者的角色。

7. A 【考点】对受虐儿童的社会工作介入方法

【解析】对受虐儿童的辅导是儿童社会工作介入的第一步，它优先考虑的是儿童的安全，进而协助儿童沟通及表达他们的感觉。除此之外，社会工作者还须与家庭、

学校、医院、司法部门、公安部门、儿童和青少年保护机构以及社区有关力量或社会资源密切配合起来，对受虐儿童予以积极的介入。题中，该儿童的情况属于儿童疏忽，小李首先应考虑儿童的安全，立即向公安机关报告。

8. C 【考点】选择介入行动的原则

【解析】瞄准服务目标是选择介入行动的原则之一。介入行动应围绕着介入目标进行。题中，小王产生焦虑的原因是认为救助保护中心不管他了，这是小王曾经被遗弃而产生的内心阴影造成的。所以社会工作者介入的重点应是帮助小强处理曾被遗弃的内心冲突。

9. A 【考点】补充性儿童福利服务

【解析】补充性儿童福利服务的对象是父母亲职能力不足的儿童及其家庭，内容主要包括：①为经济困难家庭连接资源，为儿童提供经济补助；②为时间和精力不足的父母提供托育服务；③为新生儿及其父母提供健康育儿资讯和技能培训服务。这类服务的目的是通过弥补父母亲职能力的不足，改善父母的亲职状况，以满足儿童成长的需要。题中，女孩拥有养母的照料，只是因为养母的技能有限，收入不高，造成无力照顾智力发育迟缓的女孩。所以，社会工作者应该向其养母提供经济、康复等方面的帮助。

10. D 【考点】青少年的特点

【解析】除了生理、心理等方面外，文化角度是青少年研究的重要视角。根据文化角度，对青少年行为及其特点的分类有：正直青年、问题青年、文化叛逆青年、政治偏激青年。其中，政治偏激青年好打抱不平，认同并采取激进的行动，以追求某些理想或社会取向。题中，这些学生好打抱不平，但在社团活动中喜欢涂粉底、粘假睫毛，并把妆后照片放在校园橱窗及微博上，属于政治偏激青年。

11. A 【考点】发展性的青少年社会工作的主要内容

【解析】发展性的青少年社会工作的主要内容包括：①提供青少年闲暇场所；②举办并设计各种活动，使青少年学习并建立正确的人生目标、做事负责任的态度、领导及创造能力；③提供国内外时事信息的服务，使青少年了解世界发展的趋势，并明确自己所应扮演的角色；④提供青少年发展中的生理、心理、情绪、行为、人际交往、社会适应等各方面的知识性辅导服务，增进人际关系、法律常识、性教育、生理保健的知识与能力；⑤提供就业信息及就业辅导服务，以拓展青少年的就业能力等。题中，社会工作者在开展青少年服务时应坚持发展性视角。

12. A 【考点】个人需求取向

【解析】个人需求取向，主要是指服务方案的设计是回应服务对象的需要，因此在整个服务方案的策划过程中，社会工作者是发起者和推动者的作用，通过与服务对象建立关系，然后发动服务对象挖掘自己的需求，社会工作者和服务对象应共同收集各类服务信息，并在对各类信息进行分析的基础上形成符合服务对象需要的各类服务方案。在该类活动策划工作中，服务对象需求的自我发现、自我挖掘和改变是第一位的，服务对象是整个活动方案策划的主体，服务对象在整个策划过程中的参与所获得的收获，大于最终活动方案的形成。个人需求为本取向的活动策划，是服务对象自主意识提升和能力增强的过程。题中，小王最适宜的做法是邀请这些学生到社区活动中心，让他们讨论具体的活动计划。

密封线内不要答题

13. B 【考点】家庭社会工作

【解析】家庭社会工作是指运用社会工作的专业理论和方法帮助家庭解决面临的困难，发挥家庭的社会功能，以满足所有家庭成员的发展和情感需要的专业服务活动。家庭社会工作视家庭为一个整体，服务要顾及家庭中每一个成员的需求。问题解决的过程包括对整体家庭及各家庭成员两者的需要预估、介入及评估等。题中，父母前后的态度反差是小彬无法接受的，体现了父母管教方式上存在问题。社会工作者要从小彬的家庭成员间的互动关系入手开展服务活动，帮助小彬父母反思他们管教孩子的方式，进而改善不合理的管教方式。

14. B 【考点】老年人的认知和情绪问题

【解析】抑郁症、痴呆症、谵妄和焦虑症是老年人最常见的四个认知和情绪问题。抑郁症主要影响老年人的情绪和情感。痴呆症影响老年人的认知和智力功能。谵妄类似痴呆症，但它发病突然，并且有生理方面的原因，这些生理方面的问题往往都可以逆转。焦虑症的典型特点是过度忧虑，有非理性的恐惧，并抱怨身体不适，但一般来说老年人可能只具有焦虑行为，而并非焦虑症。

15. B 【考点】虐待、疏于照顾老人

【解析】虐待老人是指恶意对待老人，在身体、情感或心理及经济方面对老人采取非人道的做法。疏于照顾老人包括主动以及被动地让老人得不到所需要的照顾，导致老人的身体、情绪或心理方面的健康衰退。题中，王奶奶因为子女工作忙而缺乏照顾，所以社会工作者应该关注和预防王奶奶被疏于照顾或被虐待。

16. B 【考点】老年人身体健康方面的服务

【解析】健康促进服务是指为老年人提供与治疗、康复、预防疾病等方面有关的服务，主要内容包括有关慢性病的健康教育推广活动、处理酗酒和滥用药物问题、协助进行压力管理、锻炼身体方案、设计防范老年人在家中的受伤的措施、提供精神健康服务、推广预防性服务、提供跟年龄有关的疾病的信息、提供有关社会服务和后续性健康服务的咨询等。

17. B 【考点】性别需求分析

【解析】摩塞把妇女的需求分为：①实用性社会性别需求，是指在社会生活中，妇女就其社会承认的角色而确定的需要，如妇女需要食物、健康、就业等，实用性需要的满足依旧延续传统的分工模式和角色；②战略性社会性别需求，是指挑战和改变由妇女在社会中的从属地位而产生的需要，这类需要涉及社会的分工模式、权利等，满足这类需求可以协助妇女取得更多的平等权利，改变现存的社会分工模式和角色，挑战妇女的从属地位。题中，该村的做法满足了妇女的实用性社会性别需求。

18. D 【考点】性别分工的社会化

【解析】传统的、定型的社会性别观念规定了男人和女人的不同的发展路径，而且男性优越于女性的性别定型认识阻碍了妇女的发展。因此，打破传统的社会性别定型认识，重新反思和认识社会性别，这对妇女的发展、男女平等的实现都具有重要意义。

19. B 【考点】妇女贫困问题

【解析】针对妇女的贫困状况，一方面需要政府的各项政策和措施的支持，以加大扶贫的力度；另一方面需要妇联和民间组织运用小额贷款和农村综合发展等形式减低妇女的贫困状况。这些措施不仅增加了妇女的收入，改善了妇女的经济状况，而且从妇女的能力入手，增强妇女抵御市场风险的能力，提高妇女的综合素质。根据题中妇女的贫困状况，社会工作者应该采取的方法是帮助贫困妇女学习致富技术。

20. A 【考点】针对妇女暴力的干预原则

【解析】针对妇女暴力的干预原则包括：①接纳受害妇女描述的问题，而不是责怪受害者；②尊重受害妇女的人格独立，提升她们的自信心；③关注受害妇女的安全；④与受害妇女建立信任、真诚的专业关系。题中，社会工作者首先应该送吴女士就医并确保其安全。

21. D 【考点】三级预防的含义

【解析】三级预防是指防治残疾后出现残障，通过实施康复功能训练、假肢矫形器及辅助功能用品用具、康复咨询、支持性医疗及护理、必要的矫形替代性及补偿性手术等措施。题中，使用运动治疗方法减轻残疾属于第三级预防。AB 两项属于一级预防；C 项属于二级预防。

22. D 【考点】社区康复的内容

【解析】社区康复是指依托于城乡社区，充分利用各种社区资源(包括政府、企业、社会组织、专业社会工作者、社区居民、残疾人及其家庭等)，在医疗、职业、教育和社会等康复领域为残疾人提供方便、经济、有效和可行的“全面康复”服务，促进残疾人在社会生活和家庭生活中重塑自我，积极参与社区公共事务，建构“亲和性”的残疾人社区文化。题中，属于社区康复内容的是居委会安排小张在他居住的社区做保洁工作。

23. A 【考点】法律援助的特殊条件

【解析】法律援助的特殊条件主要是根据《刑事诉讼法》第三十四条，针对刑事案件规定的。从残疾人角度来说，盲、聋、哑三种残疾人成为刑事被告人或犯罪嫌疑人，自己没有委托辩护律师的，应当获得法律援助，而其他残疾人则是可以获得法律援助。题中，若小红没有委托辩护律师，应当获得法律援助。

24. C 【考点】残疾人的社会康复措施

【解析】《残疾人保障法》规定，国家和社会应逐步创造良好的环境，改善残疾人参与社会生活的条件。大力提倡和实现人道主义精神，消除社会上对残疾人的歧视和偏见，激励残疾人的自强、自立精神，建立一种和谐的社会生活环境。题中，社会工作者宜采取的做法是在员工中开展残疾人权益宣教工作，消除对残疾员工的歧视。

25. B 【考点】矫正社会工作的基本价值理念——可塑性

【解析】在矫正社会工作领域中，可塑性是基本的价值理念之一。社会工作者对人的一个基本看法就是：相信每一个人在一定条件下都是可以改变的，即相信人具有可塑性。在这样的信念指引下，社会工作者相信可以运用专业的方法和技巧，帮助受助对象改变与社会生活不相适应的思想观念、生活态度、行为方式等，达到恢复其社会功能、重新成为正常社会成员的目标。

26. C 【考点】认知理论

【解析】认知理论是以认知心理学为基础形成和发展起来的一种社会工作理论。它着力于改变人的行为，但它把关注的焦点放在促使人的行为的内心世界上。与心理分析理论不同，它认为人的行为主要是受制于理性思考，而不是潜意识中的本能。它认为，人的不良行为主要产生于认知上的错误或理性思维能力的缺乏，社会工作者的主要任务就是要帮助其获得对世界的正确认知或完善理性思考的能力，从而使行为能得到正确的、理性的引导。题中，针对小张的情况，小王应帮助小张更改看待同学们的态度，努力学习，赢得尊重。

27. B 【考点】理性情绪治疗模式在矫正社会工作领域的应用

【解析】社会工作的方法在矫正社会工作领域有非常广阔的应用空间，其中之一是致力于改善矫正对象偏差心理和行为的社会工作方法，这里面包括理性情绪治疗模式。理性情绪治疗模式对人的心理失调机制进行了深入分析。题中，矫正对象小李有易冲动的特点，所以社会工作者小王合适的做法应当是与小李进行交流，对其可能出现的情绪冲动进行预防训练。

28. C 【考点】标签理论

【解析】标签理论认为，一个被认为是“有问题的人”，是与周围环境中的社会成员对他及其行为的定义过程或标定过程密切相关的。社会工作的一个重要任务就是“去标签”，即通过一种重新定义或标定的过程来使那些原来被认为或自认为“有问题的人”恢复为“正常人”。题中，小李被家长、老师贴上“没出息的人”的标签，可以应用标签理论来解释。

29. B 【考点】矫正对象的需要

【解析】矫正对象的需要包括：①基本生存条件的保障需要；②教育、就业权益的保障需要；③正常家庭生活的需要；④再社会化的服务需要。题中，小军戒毒成功后，最先需要解决的是生活压力，也就是基本生存条件的保障，所以小军最需要满足的是基本生活保障的需要。

30. A 【考点】理性情绪治疗模式

【解析】理性情绪治疗模式指出，服务对象的认知、情绪和行为的反应受到服务对象的信念系统的影响。如果服务对象用一些非理性的信念看待引发事件，这种非理性信念就会促使服务对象情绪和行为上出现困扰。题中，社会工作者察觉到小芳的精神状况有异常后，应该对她进行理清情绪治疗，改善她的情绪问题。

31. D 【考点】复员退伍军人就业权益保障的需要

【解析】就复员退伍军人就业权益保障的需要而言，当前复员退伍军人的需要主要集中在就业方面。随着与复员退伍军人安置密切相关的各项改革逐步深入，政府可控安置复员退伍军人就业的空间越来越小、渠道越来越窄，造成了复员退伍军人待分配时间越来越长、在岗时间越来越短、安置后的上岗率越来越低、上岗后的福利待遇保障越来越难。题中，实施的自主就业退役士兵教育赞助政策满足的是退役士兵提高就业能力的需要。

32. D 【考点】支持小组的工作

【解析】支持小组用来帮助服务对象在富于支持性的小组环境中度过生活转变带来的惊涛骇浪，诸如突发伤残、确诊患了慢性病或者变换居住的地方、身边院友的离世。服务对象可以学会把负面的感受表达出来，同时建立新的应对技巧，处理由生活转变带来的一些新的挑战。社会工作者的主要角色是通过鼓励成员间建立纽带，给他们提供支持，促进他们互助。题中，社会工作者组织的小组是支持小组。

33. C 【考点】军休社会工作的服务内容

【解析】协助军休干部发挥自身综合优势，力所能及发挥余热，实现“老有所教”“老有所为”，是社会工作者对军休社会工作在接收安置后的服务内容之一。题中，社会工作者协助军休干部实现了“老有所为”的功能。

34. A 【考点】优抚安置工作中的优待

【解析】优待是指国家、社会对优抚对象在政治上、经济上给予优先优厚待遇的制度。优抚安置工作中的优待是指对现役军人、残疾军人以及复员军人、退伍军人、烈士遗属、因公牺牲军人遗属、病故军人遗属、现役军人家属等对象，在经济、政治、社会等方面给予物质照顾和优先优惠待遇，主要包括发放优待金，以及在医疗、交通、参观游览、教育、住房等方面给予优待。题中的政策属于优待措施。

35. C 【考点】专门小组的类型和方法——动机激发小组

【解析】动机激发小组瞄准的是仍然有良好的辨识能力，但是却对现在和将来的事情失去了兴趣的服务对象。通过刺激他们的感官，帮助他们建立社会关系，在现有能力的基础上学习新技能，如此，可以使服务对象焕发活力，重新加入到主流生活中。题中，最适宜的活动是请小组成员讨论提出绿化光荣院的方案。

36. C 【考点】专项救助社会工作

【解析】A 项，社会工作者只能参与制定教育救助的政策；B 项，社会工作者可以帮助患者通过社会保险机构报销相应的医疗费用；C 项，社会工作者要帮助贫困家庭熟悉当地住房救助政策和申请程序，并与必要的机构进行协调，使服务范围内符合条件的贫困家庭都能获得住房救助；D 项，灾害救助不属于专项救助社会工作的内容。

37. B 【考点】发展社会网络

【解析】发展社会网络是指社会工作者除了给予政策范围内的积极救助外，还要帮助救助对象拓展社会交往，修复或者建立各类社会关系，比如邻里、朋友、亲戚的关系等，使得救助对象能获得一些物质和感情的支持。社会工作者还需要联系一些专业组织、志愿者组织等，尽量为救助对象提供更多的服务、资源和信息等。题中，社会工作者动员爱心人士以帮助贫困家庭的青少年，分享创业经验，提供实习机会，体现了发展社会网络的功能。

38. C 【考点】流浪儿童的救助方式

【解析】救助站是对流浪儿童的临时性救助，为儿童回归家庭和社会创造机会和条件，是为儿童成长着想的长久之计。在回归过程中，社会工作者可以采用类家庭或家庭寄养等方式，为流浪儿童创造家庭环境，使他们更快学会人际交往，熟悉家庭规范。

39. C 【考点】专项社会救助

【解析】专项社会救助主要是为了解决困难家庭的特定问题，并针对这一问题进行的救助，是对基本生活救助的重要补充。专项社会救助主要包括：①教育救助；

密封线内不要答题

②医疗救助；③住房救助；④司法救助。这些项目具有重叠性，即某些群体或者某类家庭有可能享受到几类救助。题中，社会工作者可以协助老张家申请的专项社会救助是教育救助和医疗救助。

40. B 【考点】生态系统理论的假设

【解析】生态系统理论假设，影响个人发展的环境可分为四个系统：微观系统、中观系统、外部系统及宏观系统。其中，中观系统是个体积极参与的两个或多个微观系统之间的互动关系。例如，对儿童来说，家庭和学校关系就是非常重要的中观系统，儿童在家庭生活与学校生活之间的顺利转换，是儿童健康成长过程中不可忽视的方面。题中，小秦计划依据生态系统理论探索小丽的家庭与学校之间的互动关系，这是小丽生长环境的中观系统。

41. A 【考点】家庭系统理论

【解析】家庭系统理论是家庭社会工作中运用最广、最受欢迎的理论，它已成为很多家庭社会工作服务模式的理论基础，为家庭社会工作评估和干预家庭功能提供了基本的理论逻辑框架。家庭系统理论认为，家庭成员的问题是由整个家庭不良的沟通交流方式导致的。所有的家庭都是一个社会系统，家庭成员之间相互依赖、相互影响。题中，小张的做法依据的是家庭系统理论。

42. C 【考点】聚焦技巧

【解析】聚焦技巧是指社会工作者帮助受助家庭成员收窄注意的焦点，将受助家庭成员的注意力集中在需要解决的问题上，以便对问题做出深入的探索，保证服务介入活动的效率。题中，合适的问法应为C项，分析张女士最需要解决的问题。

43. A 【考点】婚姻辅导

【解析】婚姻辅导是以夫妻为主要服务对象，以夫妻双方个人的身心素养的成长为基础，促进其对两性关系和家庭关系的经营能力，最终实现个人身心健康成长、两性关系改善和家庭关系改善的目标。这里的婚姻辅导是为有儿童的夫妻开展的，针对的是对儿童成长产生了影响的婚姻问题，目的是为儿童成长创造有利条件。

44. C 【考点】再标签技巧

【解析】再标签技巧是指社会工作者帮助受助家庭成员从更为积极的角度界定问题，改变受助家庭成员以往的消极态度和认识，从而促使受助家庭成员产生新的、积极的行为。题中，小秦采用的家庭干预技巧是再标签。

45. C 【考点】抗逆力的构成要素

【解析】从构成要素上看，抗逆力由外部支持因素、内在优势因素以及效能因素三部分组成。

46. D 【考点】学校个案工作

【解析】学校社会工作的主要服务对象是学生，影响学生的社会生态系统包括家庭、朋辈群体、学校、社区等。个案管理不仅要考虑到学生在学校的处境和遇到的问题，还要考虑学生的家庭和所在社区的问题。

47. A 【考点】团体辅导方法的理念与原则

【解析】团体辅导时教师承担穿针引线的角色，把活动的主角让给学生，通过激活青少年渴望成长的强烈愿望营造团体辅导的动力。活动思路为“你该成长——我

要成长”，“学习别人——探索自我”，“成为别人——塑造自己”，“由外而内——由内而外”。A项体现了“学生为主，社会工作者推动”思路。

48. A 【考点】组员甄选的方法

【解析】组员甄选时，对有意愿参加团体辅导的学生可以进行个别会谈，了解学生个体的需求和目标，从而进行双向选择。选择的原则是：①要看学生是否在这个规划的团体辅导中有需求，学生个人的目标与团体辅导的目的是否一致；②要考虑学生的个人条件，根据团体辅导的性质和目的，对学生的年龄、性别、同辈关系，甚至性格、民族、健康状况等进行考虑。A项为社会工作者在对组员的筛选中宜采用的方法。

49. D 【考点】社区服务(活动)方案过程评估

【解析】社区服务(活动)方案过程评估一般只能采取定性评估法，重点是总结方案设计情况，以及方案筹备、进行和结束等阶段的基本情况。D项属于过程评估。

50. B 【考点】推动社区参与的层次和形式

【解析】社区参与包括告知、咨询、协商、共同行动、社区自治等形式。“咨询”比“告知”上升了一个层次。有关部门除了告诉基层社区、重要利益关系人和相关组织将要进行社区建设或改造的规划和信息，并进一步征求他们的意见，同时也会在规划修订过程中考虑他们提出的意见。题中，当地政府的做法属于咨询。

51. C 【考点】社区支持网络中邻居协助网络的具体做法

【解析】邻居协助网络的具体做法是：社会工作者通过举办各种活动召集和推动邻居了解服务对象，强化邻里和服务对象之间的联系，发展互助性支持，有效减低正规服务的烙印效果。题中，社会工作者运用的工作是建立邻居协助网络。

52. B 【考点】资源共享

【解析】资源共享是指相邻社区都有资源，但资源的种类不同，为了改善社区的环境和促进社区的发展，相邻的社区通过共同合作的方式，各自获得自己的利益或达到自己的目的。在这个过程中，包含了几个重要的要素，如参与资源共享的社区至少有两个、彼此之间都有资源可以共享、彼此有合作的协议、资源共享的目标明确等。B项最直接体现资源共享理念。

53. C 【考点】社区社会工作的阶段

【解析】社区社会工作分为社区分析、社区服务(活动)方案策划、社区服务(活动)方案执行和社区服务方案评估四个阶段。其中，士气激励和提升属于社区服务(活动)方案执行阶段，是对提供服务和开展活动的专业社会工作者和志愿者的激励和士气提升，具体方法是通过口头表扬、墙报表扬等形式。C项为士气激励和提升；A项属于社区分析；B项属于社区服务方案策划；D项属于社区服务方案评估。

54. B 【考点】时间进度管理

【解析】时间进度管理，首先是整个服务(活动)安排的期限管理，如在一周内完成或在一个月内完成；其次是服务(活动)各个阶段的进展时间管理；最后是服务(活动)进行环节的时间管理，如志愿精神培训要求45分钟完成，其中热身游戏要求3分钟完成等。B项符合时间进度管理方法。

55. D 【考点】服务(活动)策划过程

【解析】服务（活动）策划过程中的第一步是确认社区需求。可以通过规范性需求、比较性需求、表达性需求和感觉性需要来界定社区需求。题中，该项目策划过程中存在的主要问题就是服务与需求不匹配。

56. C 【考点】狭义的医务社会工作内容

【解析】狭义的医务社会工作是指在医疗保健机构中围绕疾病的诊断、治疗与康复过程所展开的社会工作专业服务，其内容主要包括协助病人及其家属解决与疾病相关的情绪问题、获取更多的资源以及对医疗过程的适应等。C项符合狭义的医务社会工作的内容。

57. C 【考点】精神健康社会工作的主要方法

【解析】对于经过医院治疗可以出院的患者，医务社会工作者需要制订患者出院后的康复计划，帮助患者联系社区精神康复机构，使服务相衔接，以实现帮助患者维护健康、恢复社会功能的目标，并且为患者回归社会做准备。题中，小马应优先考虑为小张联系社区精神康复机构，衔接治疗和康复服务。

58. C 【考点】外展服务

【解析】外展服务是指医务社会工作者扩展医院的有关服务，走进社区开展活动，如肿瘤科的社会工作者到学校开展教育性活动，帮助学校理解患肿瘤学生的需求，从而改善学校的管理。社会工作者也可以为烧伤儿童、癌症儿童在医院外组织夏令营等休闲活动，协助他们增进同辈的交往，提高其社会适应能力。题中，社会工作者的这项服务属于医院社会工作中的外展服务。

【说明】根据最新版考试教材，社会工作机构或者社会工作者要积极开展外展服务，对于生活陷入困境，无力改变自身状态的人员要给予及时的帮助。如对于生活无着的流浪、乞讨人员，要了解其需求，并及时提供临时的食宿、衣物、疾病治疗等，或者协助他们返回原籍。外展服务是社会救助社会工作的重要内容，一般包括街头救助和全天候救助两种。街头救助是指借助救助巡逻车和救助亭对街头的流浪、乞讨人员实施救助。

59. B 【考点】临终关怀的工作方法

【解析】亲人的过世会给患者的家属造成巨大的打击，医务社会工作者不仅需要关注临终患者本身，同时还需要帮助临终患者的家属疏导悲伤的情绪。临终患者离去后，家属的身心健康需要关照。医务社会工作者可以针对临终患者家属的情况开展悲伤辅导。悲伤的个别辅导在不同的阶段有不同的工作重点。在麻木僵化期，应该保护悲伤者，提供实际协助，允许并且接受情感的爆发，鼓励参与悲痛仪式。题中，社会工作者适宜的做法是协助老张宣泄悲伤情绪，并准备好处理其失控的情绪。

【说明】根据最新版考试教材，临终关怀服务主要内容之一是提供丧亲后续服务。尽管照顾濒临死亡的亲人不容易，但是处理亲人离去后的哀伤也需要得到社会的支持和专业的协助。

60. A 【考点】传染性疾病的预防和控制

【解析】根据传染性疾病的传播特点，社会工作者可以协助医疗服务人员对传染性疾病进行预防和控制，包括传染源管理、切断传播途径、保护易感人群等。具体包括：①协助管理传染源，对隔离人员进行心理疏导；②切断传播途径，倡导健

康生活方式；③保护易感人群，协助进行预防接种。其中，切断传染病的传播途径是协助医疗服务人员进行的，社会工作者主要承担的工作是倡导健康的生活方式，培养良好的卫生习惯。

二、多项选择题（共20题，每题2分，每题的备选项中，有2个或2个以上符合题意，至少有1个错项，错选，本题不得分；少选，所选的每个选项得0.5分）

61. ACDE 【考点】服务计划的内容

【解析】服务计划由以下几部分内容构成：①目的及目标。制定社会工作介入目标时，可分为长期目标和短期目标，分阶段完成，最后达到改变的总目的。②关注的问题和对象。③介入的方法和介入行动。介入可以采用个人辅导、小组活动、社区介入、网络建构和政策倡导等多种方法；而介入行动则可以是危机干预、物质支持、心理辅导等多种行动。

62. AB 【考点】收集资料的方法和途径

【解析】收集资料的方法和途径有：①询问。直接向服务对象询问，通过面对面的会谈去收集资料，可以为决定介入与干预的方法提供依据。②咨询。为获得服务对象的准确资料，社会工作者也常向其他专业人士咨询，以求对服务对象的问题有全面、正确、科学的认识。③观察。通过实地观察，可以增加社会工作者对服务对象及其社会环境的了解，增加对问题的实感，使所收集的资料更准确。④利用已有资料。这主要是利用机构的服务对象的档案资料、工作报告、调查报告及政府机构所提供的有关问题与政策的资料。⑤问卷调查。让服务对象填写问卷以获取相关问题的客观资料，以及服务对象对问题的主观看法以获取服务对象的资料。题中，小王向张女士了解情况，是通过面对面的会谈去收集资料，属于询问；小王找专家请教有关智障的知识，基本确认小希可以适应普通学校生活，属于咨询，所以，小王收集服务对象资料用到了询问和咨询的两种方法。

63. ACD 【考点】预估的基本步骤与过程

【解析】预估的基本步骤与过程之一是探究服务对象的情况、问题与需要，包括：①描述服务对象的问题与需要；②描述问题是如何发生的、问题发生的原因是什么、问题与需要的发展状况等；③描述服务对象的处境及生活于其中的社会系统的情况；④探究服务对象不能解决问题的原因；⑤描述服务对象的生命历程及发展阶段；⑥描述并鉴定服务对象的资源状况。题中的记录包含了服务对象的情况、问题与需要，问题发生过程，服务对象的处境。

64. BCD 【考点】替代性儿童福利服务

【解析】替代性儿童福利服务的对象是亲职不当和亲职缺失的儿童，内容主要包括家庭收养、家庭寄养和机构养育或教养。这类服务的目的是通过替代儿童的父母履行亲职职责，使儿童回归家庭环境，健康成长。

65. ACDE 【考点】社区层面社会工作方法的运用

【解析】社会工作者针对社区内处于失业状态的青少年群体，开展整合社区资源，促进青少年就业的服务计划。通过整合政策资源、信息资源，建立社区内不同组织和群体间的沟通交流机制，使得社区成员间的资讯分享以及知识、技能学习和价值观的培育成为现实，创造和重新整合了社区成员间的关系，使新的或潜在的资源得以运用。A项，社会工作者走访了几个青少年家庭，发现亲子冲突较多，

密封线内不要答题

因此需要开展改善亲子关系的教育活动；C 项，社区青少年辍学在家、学历低、没有工作、无所事事，需要提升这些青少年的职业意识和技能水平；D 项，社区青少年流连网吧或游戏厅，属于行为偏差，需要纠正；E 项，要建立预防犯罪的社区网络，防患于未然。

66. ABD 【考点】妇女赋权的干预目标及方法

【解析】赋权是指使一个人感觉有一种自我控制的能力，尊重自己、充满自信，并且相信自己有能力改变现状的过程。赋权的干预目标包括：①意识提升，树立关于妇女状况、歧视以及权利和机会的意识，并且把它作为迈向两性平等的第一步，一旦建立妇女的集体意识，就会产生群体身份认同和人多力量大的感觉；②增强能力、发展技能，尤其是计划、决策、组织、管理、开展活动以及与周围他人和机构打交道等方面的能力；③参与并扩展在家庭、社区和社会方面的支配和决策的力量；④行动，采取具体的行为获得两性间的平等。妇女赋权的主要方式包括：①透明化；②鼓励和肯定；③权力分析；④意识觉醒；⑤倡导政策改变。ABD 三项均运用了妇女赋权的方法。

67. AB 【考点】妇女生殖健康的需要

【解析】生殖健康的需要是妇女的需要之一，由于妇女有着特殊的生理特点——“四期”，妇女的健康和安全不仅关系到妇女自身的生存和发展，而且也影响到子孙后代以及整个家庭和社会的总体健康水平。AB 两项属于该纺织企业针对妇女生殖健康的需要可以开展的活动。

68. BCDE 【考点】性别视角的妇女社会工作方法

【解析】性别视角的妇女社会工作方法有：①建立平等的协作关系；②协助妇女重新界定问题，提升意识；③挖掘自身潜能，连接周围资源，解决面对的问题；④协助相同处境的妇女建立支持小组。BCDE 四项体现了性别视角。

69. ABDE 【考点】残疾人社区康复的主要内容

【解析】残疾人社区康复的主要内容包括：①开展残疾预防工作，残疾预防是指在发生伤残之前预防其发生或发生后减轻其功能障碍程度；②开展康复评定和建档工作；③开展具体的康复服务。AB 两项属于开展残疾的预防；DE 两项属于开展具体的康复服务；C 项为维护残疾人合法权益的工作方法。

70. ACD 【考点】残疾人社会工作的特点之一——充分利用社会支持网络

【解析】充分利用社会支持网络是残疾人社会工作的特点之一。利用社会支持网络开展工作，是社会工作的重要思想方法。对残疾人来说，这个问题十分必要，十分突出。因为残疾人存在的困难与其他弱势群体不同，他们的困难除了经济、教育、就业和生活中的住房、医疗、交通等问题外，经常困扰他们的是身体行动不便或听力、语言、视力障碍造成的社会交往不利。所以，残疾人特别需要社会各界主动地给予帮助，尤其是城市社区服务网络和农村初级卫生保健网络对他们的支持。在社会支持网络中，家庭、亲友与邻里、民间非营利组织、城市社区服务体系、农村新型合作医疗体系以及政府和志愿者都是重要的组成部分。BE 两项分别改造社区和家庭的设施，这些只是“无障碍环境”，不能说是“社会支持系统”。

71. ABCE 【考点】监禁场所中的社会工作

【解析】监禁场所中的社会工作包括：①协助服刑对象适应监禁场所生活，包括帮

助对象熟悉监狱环境、协助服务对象戒除不健康的生活习惯、协助服务对象解决生活困难、预防服务对象间犯罪观念和行为的交叉感染；②为服务对象提供专业咨询服务；③帮助服务对象加强与社会的联系。D 项应为，向服务对象讲解监狱的作息制度和监管措施。

72. ADE 【考点】逆序回顾干预方式

【解析】采用逆序回顾干预方式进行人生整合：①引导服务对象珍惜现在生活的重要性，包括欣赏时间的珍贵，以及真实地活在离开部队后的当下，“学习享受活着”；②引导服务对象找到往事的意义，重温旧时欢乐时光，肯定人生中积极经历，以曾经的军旅生涯经历来建构生命的价值；③引导服务对象直面自己的局限，坦然放下、接受生活中好的一面和不好的一面，接受自己独特的人生；④引导服务对象重新激活疏离的人际关系，寻求与自己、与他人的和解；⑤引导服务对象“拓展个人爱和同情的圈子”，力所能及地关怀他人、服务社会。

73. AC 【考点】优抚医院服务对象的需要

【解析】优抚医院服务对象的需要主要包括：①治疗康复需要；②基本生存需要；③家庭生活需要；④社会交往需要；⑤社会尊重需要。A 项，属于满足其家庭生活需要；C 项，小申可能有自杀念头，社会工作者应该进行危机介入；B 项，悲伤辅导是针对烈属的工作；D 项，小申住在荣誉军人康复院，不需要再进行安置服务；E 项，任何时候社会工作者都应该将服务对象的生命放在重要位置，尊重自决应该排在生命安全之后。

74. AE 【考点】社会救助基本程序

【解析】城乡低保是一种收入补充型救助制度，凡共同生活的家庭成员人均收入低于当地居民最低生活保障标准的，均有权利从政府获得直接的现金帮助，使之家庭人均收入达到当地低保标准。题中，老张是否能获得低保，社会工作者应评估 AE 两项涉及的内容。

75. ACD 【考点】灾后社区重建的内容

【解析】灾后社区重建的内容主要有三项：①开展社区人居环境重建。评估社区房屋、公共设施、生命线工程的重建需求；组织受灾群众参与恢复重建活动，征集受灾群众意见，向地方政府提出社区重建规划建议；协助地方政府监督管理重建工程建设进展。②恢复社会生活秩序。协助重建社区管理组织系统，以及社区的医疗、教学、文化娱乐、基本生活物资供给等社会服务系统；组织策划专题活动，重建邻里关系；参与社会救助活动，安排困难群众基本生活。③复苏社区的经济秩序。帮助受灾企业开展恢复重建，恢复生产和经营活动，组织策划专题活动；引导社会投资，通过职业培训，促进居民就业。

76. BD 【考点】家庭社会工作者在介入阶段主要承担的角色

【解析】家庭社会工作者在介入阶段主要承担支持者、教育者、咨询者、使能者和资源的调动者等不同角色。其中，教育者的角色要求社会工作者把受助家庭成员面临的困难视为某些生活知识和技能的不足，而不是受助家庭成员自身的缺陷，并且向受助家庭成员讲授有关的知识和提供必要的技能训练；使能者是指社会工作者为受助家庭成员提供相关服务机构的服务信息，帮助受助家庭成员了解和使用相关机构的服务，增强受助家庭成员运用资源解决问题的能力。题中，“她经

常向这些家庭的成员讲授相关知识，指导他们掌握相关技能”体现了教育者角色；“她向这些家庭的成员提供多种信息”体现了使能者角色。

77. ABD 【考点】改善亲子关系的服务

【解析】针对亲子关系问题，家庭行为学习要求社会工作者首先与服务对象父母亲建立良好的合作关系，鼓励父母在孩子做出适当行为时给予奖励，对于孩子做出不当的行为则给予惩罚，帮助父母亲指导孩子学习新的行为；同时明确父母亲和孩子沟通交流中的具体问题，把问题变成可以观察、测量的行为表现；然后设计和尝试新的沟通行为，测试新的沟通行为带来的效果，并且根据行为的效果坚持或者调整新的行为。这样就能帮助父母亲学习更有效的方式与孩子互动，增进父母亲与孩子之间的沟通交流。题中，针对小明的心理困境和形成原因，社会工作者可以采取 ABD 三项直接改善小明母子关系的沟通方式。

78. ABCD 【考点】学业发展与生涯规划的需要

【解析】学业发展与生涯规划是学校社会工作的一个重要内容。通过生涯规划与决策环节，协助学生初步确立自己的生涯目标，找出“理想我”与“现实我”之间的差距，进一步找到在此阶段需要自我培养、自我加强、自我改进的方面，为顺利实现生涯目标做好准备。具体包括：①明确生涯目标；②注重能力培养；③结合学习生活；④提高学习方法。

79. AB 【考点】社区需求的类型

【解析】社区需求主要包括以下四种类型：①感觉性需求，指社区居民或服务对象感受到或意识到，并用言语表述出来的需要；②表达性需求，指社区居民或服务对象把自身的感觉通过行动表达出来的需要，例如申请服务、排队等候服务等；③规范性需求，指由专家学者、专业人士、政府行政官员评估而决定的需求；④比较性需求，指社区居民或服务对象将所得到的服务与其他类似社区进行比较，而认为有所差别的需要。AB 两项属于感觉性需求；CE 两项属于规范性需求；D 项属于比较性需求。

80. CDE 【考点】家庭暴力的干预

【解析】家庭暴力的干预是针对家庭中的暴力现象而开展的服务活动，通常涉及妇女、儿童权益的保护。其中，受虐儿童是指被其父母、近亲或任何对该儿童权利有责任者，或与儿童居住于同一住所的任何人，采取一些行为而遭受伤害甚至死亡的儿童。题中，5 岁男孩身上有多处旧伤，很可能是家庭暴力所致，所以社会工作者应首先确认该男孩是否属于受虐儿童。

密 封 线 内 不 要 答 题

准考证号：________ 姓名：________

2011 年度全国社会工作者职业水平考试试卷
（助理社会工作师）社会工作实务（初级）

（考试时间 120 分钟 满分 100 分）

题 号	一	二	总 分	统分人签字
得 分				

得 分	评卷人

一、单项选择题（共 60 题，每题 1 分。每题的备选项中，只有 1 个最符合题意）

1. 8 岁的小玲在一次火灾中受了伤，之后常因做噩梦而哭醒，对母亲格外依恋，小玲的母亲来社会工作站求助，但社会工作站中没有擅长儿童创伤辅导的工作者，对该社会工作站来说，最恰当的做法是（　　）。
A. 鼓励小玲参加成长小组　　B. 安排志愿者陪伴小玲
C. 让小玲参加社区活动　　D. 将小玲转介到其他服务机构

2. 当社会工作者的服务达到预定目标，或者当服务对象认为已达到足够的改变而要求终止服务关系时，社会工作者和服务对象双方可依据工作协议进入（　　）阶段。
A. 计划　　B. 评估　　C. 研究　　D. 结案

3. 张奶奶的儿子外出打工，儿媳与她常闹矛盾，前天又因管教孩子婆媳俩发生了冲突。儿媳一气之下回了娘家，张奶奶请社会工作者“管管儿媳”，为了有效帮助张奶奶一家，社会工作者请张爷爷和张奶奶详细讲述事情原委，还请邻居介绍张奶奶家的情况，在本案例中，社会工作者收集服务对象资料的方法是（　　）。
A. 家访　　B. 咨询　　C. 问卷　　D. 询问

4. 为了帮助大庆戒毒，社会工作者与大庆制定服务计划目标时，再次谈到了他目前的生活处境和问题，如：没有工作，家庭关系紧张，缺乏亲戚朋友的帮助等，社会工作者这样做是为了（　　）。
A. 商讨对策　　B. 确定问题与需要
C. 评估方案　　D. 研究问题与需要

5. 儿童喜欢游戏，他们在游戏中可以获得快乐，学会与人相处，游戏主要满足了儿童的（　　）需要。
A. 生存　　B. 自我保护　　C. 身心成长　　D. 生命安全

6. 社会工作者小赵在外展服务中发现一名被父母遗弃的 4 岁残疾儿童，小赵把他送到儿童福利院。小赵提供的是（　　）服务。
A. 支持性　　B. 保护性　　C. 补充性　　D. 替代性

7. 某县妇联在各村建立了留守儿童中心，为留守儿童提供多元服务，其中一项内容是帮助留守儿童每月与在外地打工的父母通话两次，加强他们之间的亲子联系。这项服务设计是依据儿童的（　　）心理特点。
A. 发展性　　B. 依恋性　　C. 可塑性　　D. 模仿性

8. 小羽自幼跟爷爷、奶奶生活，备受宠爱，是个十分调皮和任性的孩子。上小学时，小羽才回到父母身边，和父母比较生疏，学习表现不佳，时常被父亲呵斥。小羽为此变得非常焦虑，上课注意力不集中，有时作业也完成不了。老师也反映小羽在学校不爱说话，课间活动时常常一个人躲在角落里。母亲十分着急，求助社会工作者，社会工作者在和小羽初次面谈后，想借助一些量表来了解小羽面临的问题，下列评估量表中，较为适用的是（　　）。
A. 儿童行为量表　　B. 社会期望量表
C. 儿童智力量表　　D. 儿童多动症量表

9. 儿童教育学的多元智能理论认为，儿童有时会在某一两个方面表现突出，而在其他方面落后于其他人。因此，学校教育必须留意不同学生的不同智能表现，即使他们未能在某些方面达到一般水平，也不要责罚他们。依据这一理论，社会工作者在为儿童提供专业服务时，应采用（　　）的工作取向。
A. 儿童为中心　　B. 需求为本　　C. 优势视角　　D. 问题为本

10. 小玲，12 岁，父亲性格粗暴，母亲对她期望值较高，只要小玲考试成绩不好，父母便会不由分说地责骂。小玲变得越来越沉默，胆小怕事，她悄悄对社会工作者说：“我也想考好，可不知该怎么做。”根据上述情况，社会工作者首先应采取的做法是（　　）。
A. 协助小玲增强改变自己的动机　　B. 协助父母了解小玲的想法
C. 协助父母与学校老师取得联系　　D. 协助小玲理解父母的想法

11. 社会工作者在对小学三年级学生小军进行个案辅导时，发现小军身上有多处淤青，并且步态不正常，此时，社会工作者首先应该做的是（　　）。
A. 向公安机关或儿童权益保护机构报告　　B. 立即通知小军的监护人到场
C. 辨别小军是否有受到虐待的危险　　D. 继续按计划进行个案辅导

12. 青少年阶段是个体从不成熟转变至成熟的关键时期，在这个阶段，青少年在人际交往中表现出的显著特征是增加与（　　）的交流。
A. 父母　　B. 同辈群体　　C. 老师　　D. 兄弟姐妹

13. 青少年社会工作者小秦最近组织了一次提升青少年抗逆力的活动，该活动的目标是发现青少年中潜在的高危人群，并帮助他们正确认识自己的生活环境及自身的潜能，增强应对困境的能力，该活动起到的预防性作用是（　　）。
A. 为青少年提供安全保护
B. 为青少年提供心理辅导
C. 发现和控制阻碍青少年功能发挥的潜在因素
D. 为青少年提供职业生涯规划服务

14. 社区青少年小强喜欢网络游戏，最近经常出入网吧，上课时间精神不集中。小强的父母非常担心，寻求社会工作者的帮助。下列社会工作者的做法中，容易给小强造成负面影响的是（　　）。

A. 让小强参加青少年戒除网瘾训练营
B. 与小强约定每天上网的时间
C. 和父母商量安排小强参加其他培训课程
D. 安排小强参与社区志愿服务

15. 某养老院为生活能够半自理的老人提供服务，最近聘用了小艾担任专职社会工作者。下列工作中，属于小艾专业服务内容的是(　　)。
A. 为老人做身体健康检查　　B. 考核护理部门员工的工作绩效
C. 为入院老人保管财物　　D. 评估入院老人的心理—社会状况

16. 84岁的赵先生中风后身体行动不便，与社会工作者见面时，他说自己常常感到很烦躁。有一天，赵先生跟社会工作者见面时却突然表现的很平静，并说自己这些日子给别人添了很多麻烦，非常过意不去，表示今后再也用不着麻烦别人了。此时，社会工作者需要注意，赵先生这种反常的表现可能间接表明他(　　)的想法。
A. 想尽快康复　　B. 想改变自己对患病的态度
C. 厌世　　D. 想换个地方生活

17. 73岁的李先生丧偶快一年了，他告诉社会工作者，自己常常情绪低落，睡眠不好，对什么事都没有兴趣，觉得活着没什么意义，并且这种情况已经持续了一段时间，针对李先生目前的情况，社会工作者应当重点评估李先生是否患有(　　)。
A. 焦虑症　　B. 痴呆症　　C. 谵妄　　D. 抑郁症

18. 李老，1933年生，1950年入伍，次年参加抗美援朝，作战期间多次荣立二等功，1990年退役，2000年被移交安置到地方的干部休养所。从部队到地方李老有着深深地失落感和"被抛弃感"，心里的"结"很难打开，随着年岁日高，李老连门也不愿意出。最近因战负伤的左腿越来越不听使唤。躺在床上的李老唯一的乐趣就是每天翻看泛黄的军营相册，擦拭尘封的一枚枚军功章。休养所的社会工作者在引导李老进行人生回顾时，最适宜的做法是(　　)。
A. 引导李老淡忘过去的经历，关注现实生活
B. 引导李老寻找往事的意义，珍惜当下生活
C. 引导李老回忆创伤的经历，给予心理治疗
D. 引导李老享受昔日的辉煌，忘却现实病痛

19. 某社区开展了一系列评选表彰活动。从妇女社会工作的角度来看，属于打破传统和定型的社会性别观念的活动是(　　)。
A. 评选表彰"好丈夫"　　B. 评选表彰"贤内助"
C. 评选表彰孝敬公婆的"好儿媳"　　D. 评选表彰尊老敬老的"十大孝子"

20. 在妇女社会工作中，"妇女为本"的实践原则是指(　　)。
A. 家庭利益与妇女个体的利益处于同等重要的地位
B. 尊重女性独立地位的同时，强调妇女所应承担的家庭角色
C. 从性别视角出发，指导女性在家庭生活中自我增能
D. 尊重妇女作为独立个体的情感和需要，不忽视妇女的利益

21. 某服务机构的社会工作者在流动人口集中的社区开展工作，他们为打工妇女展开妇女戏剧小组活动。下列做法中，体现赋权理念的是(　　)。
A. 社会工作者根据自己的生活经验编写剧本
B. 社会工作者自己为打工妇女进行戏剧表演
C. 社会工作者邀请专业演员表演打工妇女的生活
D. 社会工作者与打工妇女共同编写剧本

22. 某社会组织在调研的基础上，会同妇联有关部门，向世博会组委员会提出了《关于增加世博园区女性卫生间数量的建议》，最终促成上海世博会园区内男女卫生设施之比为1: 2.5。该社会组织采用的是(　　)。
A. 妇女赋权的方法　　B. 倡导的方法
C. 社区教育的方法　　D. 优势视角的方法

23. 残疾人社会工作是社会工作者运用专业理论与方法，帮助残疾人补偿自身缺陷，重新回归社会生活的专业服务，关于这种专业服务的内容，下列说法中正确的是(　　)。
A. 改变社会的陈规陋习　　B. 维护残疾人的合法权益
C. 转变残疾人对社会的偏见　　D. 冲破传统的社会阻力

24. 小华18岁，患有自闭症，即将从特殊教育学校毕业，学校社会工作者将小华转介给社区社会工作者小王，为帮助小华适应社会生活，小王接案后，首先应该提供的服务是(　　)。
A. 利用社区资源协助小华进行持续康复训练
B. 联系其他学校为小华提供文化知识教育
C. 帮助小华寻找普通工作岗位
D. 告诫邻居注意相关的安全事项

25. 张老师患病后留下偏瘫的后遗症，经住院康复治疗，身体有所恢复，在出院前，他请社会工作者小李帮助进行居室无障碍改造。此时，小李首先应该做的事情是(　　)。
A. 认真征求医护人员的意见　　B. 与工程技术人员进行协商
C. 到张老师家进行实地勘察　　D. 听取社区和邻居的意见

26. 职业评估是残疾人职业康复中的一个重要环节，下列关于职业评估的说法中正确的是(　　)。
A. 职业评估能帮助残疾人选择职业和增进职业效率
B. 职业评估能综合考察残疾人特殊情况与就业的相关问题
C. 职业评估能评定残疾人的作业水平和适应就业的可能性
D. 职业评估能运用科学的研究方法和技术，系统地评价社会工作的介入结果

27. 某企业聘用了一些残疾人，为帮助这些残疾职工进行社区康复，该企业采用了一系列措施。下列做法中，有助于促进残疾人社区康复的是(　　)
A. 修建无障碍措施　　B. 开设职工子弟幼儿园
C. 为残疾职工送牛奶　　D. 开通残疾职工专线班车

28. 在社区矫正工作中，社会工作者通过综合治理改善矫正对象的生活环境，并通过社区教育形成有利于矫正对象改过自新的社会氛围。这些做法是(　　)在矫正社会工作中的运用。

密封线内不要答题

A. 社区工作方法　　　　B. 社会工作行政方法
C. 个案工作方法　　　　D. 小组工作方法

29. 20岁的小红是一名大学生，因盗窃电脑被判有期徒刑1年，缓期2年执行。社会工作者在与小红第一次谈话时，小红说“我的东西也经常被人拿走，我的电脑也被偷了，我也没报过案。为什么我拿别人东西就被抓，我太冤了……”。经过预估，社会工作者制定了帮教小红的计划，目标是教导小红正确认识自己盗窃行为的性质与危害，学会换位思考，改正自己的错误行为。这一帮教计划依据的是(　　)。
A. 系统理论　　　　B. 行为主义理论
C. 认知理论　　　　D. 精神分析理论

30. 为促进社区服刑人员更好地融入社会，社会工作者小张开展了以“调整心态，积极就业”为主题的小组活动，在小组第4节活动开始前，组员们听说一名社区服刑人员因再次犯罪被抓，议论纷纷。组员中，有人表现得很焦虑，有人无动于衷，有人认为这是个人行为，与其他人无关。此时社会工作者最宜采用的做法是(　　)。
A. 继续按原定小组计划开展活动
B. 在本次小组活动中增加对待犯罪行为的讨论
C. 取消本次小组活动，转用个案方式逐一沟通
D. 组织一次公益劳动以淡化该事件造成的心理冲击

31. 老张服刑15年后获假释回到社会，成为社会工作者小李的服务对象。小李接案后，首先陪老张参观社区，向其介绍了社区的变化及社区资源，如就业形势、低保政策、社会保障事务办理地点等。在随后的集中教育活动中，小李还为老张等假释人员安排了参观城市规划展、讨论新闻时事、学习市民公约，学习人际交往沟通技巧等活动。本案例中，小李设计的服务是针对老张的(　　)需要。
A. 职业发展　　B. 再社会化　　C. 基本生存　　D. 继续教育

32. 某市安置办的社会工作者根据国家优抚安置政策，在市政府支持下组织召开了有发展与改革委员会、人力资源与社会保障局等部门和相关企业参加的就业协调工作会议，为本年度大部分复员退伍军人顺利找到了工作。此案例中，社会工作者主要运用的方法是(　　)。
A. 社区策划　　　　B. 社会工作研究
C. 社会政策　　　　D. 社会工作行政

33. 复员退伍军人安置工作关系到国防建设、经济建设和社会稳定，是社会保障的重要组成部分，当前，复员退伍军人的需要主要反映在(　　)方面。
A. 基本生活保障　　B. 社会尊重　　C. 就业权益保障　　D. 婚姻家庭

34. 社会工作者组织光荣院退伍老战士到中小学担任校外辅导员，该活动满足了优抚安置服务对象(　　)的需要。
A. 心理支持　　B. 社会支持　　C. 情绪支持　　D. 社会参与

35. 小王在某光荣院工作，长期服务伤残的优抚安置对象，工作任务繁重，还经常因不被服务对象理解感到担忧。小王越来越压抑和倦怠。与小王有类似情况的工作人员在光荣院还有很多，为缓解他们压力，社会工作者最宜采用的做法是(　　)。
A. 开展支持小组　　　　B. 消除社会隔离
C. 提供物质支持　　　　D. 增进社会融合

36. 从军队师职干部变为民政部门的服务对象，老张有一种深深地失落感，常常怀念在部队的时光，难以适应到地方的休养生活。面对这种状况，社会工作者首先应采取的介入策略是(　　)。
A. 组织军休干部参与志愿服务
B. 协调社会力量为军休干部服务
C. 积极做好军休干部的情绪疏导工作
D. 认真落实军休干部的政治待遇和生活待遇

37. 基本生活救助是我国社会救助体系的重要组成部分，其目的是帮助城乡贫困的个人、家庭和群体缓解他们的贫困状况，下列问题中，属于基本生活救助范围的是(　　)。
A. 儿童的教育问题　　　　B. 家庭的住房问题
C. 五保户的供养问题　　　D. 农民的就医问题

38. 在灾区的过渡板房区里，居民互不相识，加上拥挤的空间，使得居民情绪烦躁，邻里关系紧张。社会工作者针对这种状况，组织召开居民会议，一起分析问题，协商解决办法，并将会议的决议在社区内公布。社区秩序得到了一定的改善。本案例中，社会工作者下一阶段的工作重点是(　　)。
A. 帮助建立社区互助网络　　B. 分析灾害风险
C. 发放应急生活物资　　　　D. 制定紧急转移方案

39. 某地突发地质灾害，给当地居民的生命和财产造成一定损失，社会工作者跟随紧急救援小组在第一时间到达灾区。此时，社会工作者首先需要做的工作是(　　)。
A. 转移安置受灾群众　　　　B. 制订紧急转移工作方案
C. 开展救援需求评估　　　　D. 帮助搭建临时避难所

40. 家庭在不同的时期有不同的任务和要求，上述观点是(　　)理论的核心要点。
A. 家庭系统　　B. 生态系统　　C. 家庭生命周期　　D. 家庭结构

41. 小李夫妻感情不错，但时常为孩子的教育问题发生争吵，丈夫认为妻子溺爱孩子，而妻子认为丈夫对孩子的要求过分严厉。针对小李夫妻的上述情况，社会工作者可以展开的改善夫妻关系的服务是(　　)。
A. 协助夫妻沟通并就孩子的教育达成共识
B. 帮助夫妻解决与孩子沟通中的问题
C. 指导夫妻奖励孩子适当的行为
D. 提高夫妻指导孩子学习的能力

42. 和乐家工作室是面向社区提供专业家庭服务的非营利机构，其工作目标是通过开展各种家庭能力建设的活动促进家庭和谐。下列社会工作服务项目中，围绕家庭能力建设的是(　　)。
A. “同在蓝天下”社区儿童绘画比赛
B. “手拉手”社区志愿者帮困结对活动

C. “与你同行”青少年同辈户外拓展活动

D. “亲密之旅”夫妻关系辅导

43. 服务对象，女，37 岁，有一 15 岁的男孩，三年前与丈夫离了婚，目前独自带孩子。下列结构图中正确反映该家庭情况的是(　　)。

A.
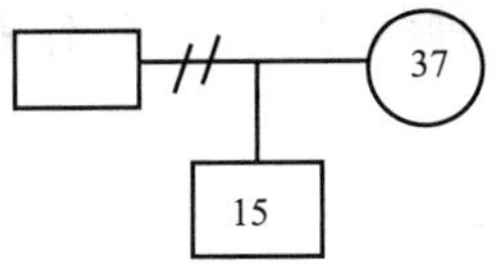

B.
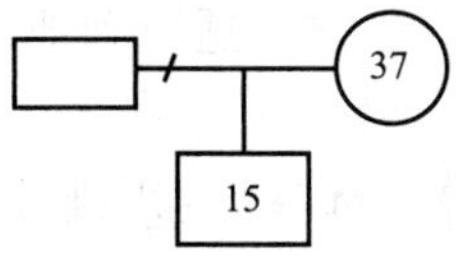

C.
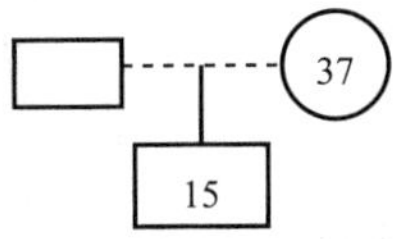

D.
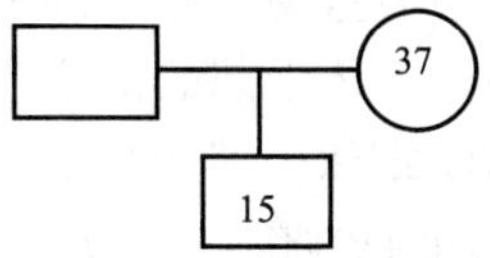

44. 小丽今年 18 岁，生活在单亲家庭，她不喜欢母亲整日唠唠叨叨，事无巨细什么都管，特别反感母亲经常偷看她的手机和上网聊天的记录。母女俩常常因此而争吵，有时候陷入冷战。小丽的母亲很无奈，求助社会工作者。社会工作者在与小丽面谈中，引导小丽从另一个角度看待母亲对她的管束行为，慢慢地使小丽意识到母亲的爱，改变了小丽以往消极对抗的态度。本案例中，社会工作者运用的专业技巧是(　　)。

A. 聚焦　　B. 类比　　C. 普遍化　　D. 再标签

45. 社会工作者会见了一对夫妇和他们 11 岁的孩子。孩子在学校不敢与人交往，觉得自已太笨，别人不喜欢他。社会工作者在交谈中发现，夫妻俩平时很少与孩子沟通。丈夫认为妻子文化程度低，对妻子的想法常常不屑一顾，而妻子为此感到愤怒。每当夫妻争吵时，孩子总在一旁流泪。社会工作者依据结构式家庭治疗原理，评估了这个家庭的主要问题并提出了介入策略。其中最适当的分析是(　　)。

A. 家庭亲子系统出现问题，需加强父母和孩子的沟通

B. 夫妻互动出现问题，需加强夫妻的沟通与互动

C. 夫妻系统出现问题，需阻隔孩子进入夫妻次系统

D. 孩子出现偏差行为，需指导父母调整教育方式

46. 小坚的父母多年前下岗，母亲做钟点工维持家用，父亲体弱多病，还常常借酒消愁，抱怨命运不公，认为孩子不争气，成绩不好又不用功，打骂也不起作用。学校社会工作者了解小坚的家庭情况后，与其父母进行了面谈，与他们分享了有些家长在逆境中教育孩子的成才的经验，如父母的无私关爱，对孩子积极合理地期望鼓励和适当的规范等，都可以帮助孩子的健康成长。本案例中，社会工作者对家长的指导是运用了抗逆力理论中强调的(　　)因素的重要作用。

A. 内在优势　　B. 自身适应　　C. 自身效能　　D. 外部支持

47. 初中生小建父母离异后与父亲一起生活，父亲因经商需要经常出差，无暇照顾和管教小建。孤僻的小建经常放学后与同学流连网吧，有时甚至旷课。为帮助小建，社会工作者拜访了小建所在社区的居委会，安排小建在父亲出差时到社区小饭桌吃饭，并到社区活动中心参加活动。本案例中，社会工作者是通过(　　)来帮助服务对象的。

A. 运用社区资源　　B. 联结学校和社区资源

C. 开展外展服务　　D. 联结家庭、学校和社区资源

48. 学校社会工作者小孙通过海报等方式招募团体辅导活动的成员，共有 25 名学生报名。为了解这些学生的需求与目标，确定团体辅导活动的成员，小孙应首先采用的双向选择的方法是(　　)。

A. 个别会谈　　B. 老师推荐　　C. 问卷调查　　D. 现场观察

49. 小芳的成绩一直在班里是名列前茅，升入初二以来，成绩却直线下降，原来开朗的她现在每天上课无精打采，情绪低落，下课后也是独来独往，有时甚至不来上课。社会工作者初步预估后发现，小芳似有轻度抑郁症状。家访中社会工作者还了解到，一年前小芳父母离婚，母亲将小芳交给年迈的外婆照顾，自己去了外地工作。社会工作者与班主任沟通了小芳的情况，决定由班主任负责关照小芳在学校中的学习和生活，放学后安排同学陪小芳回家，一起做作业，现在的小芳又有了笑容，学习成绩也提高了。本案例中，社会工作者运用了(　　)的方法增强小芳的抗逆力。

A. 教授生活技能　　B. 提供关怀与支持

C. 提出高期望　　D. 提供机会促进参与

50. 社区需求分析是社区社会工作服务过程中的重要环节，下列说法中，正确的是(　　)。

A. 社区需求分析是对服务的项目、种类、规模、适当性方面进行的分析

B. 社区需求分析是对活动方案的内容、方法、时间的合理性进行的分析

C. 社区需求分析是对社区居民的感受性、表达性，比较性、规范性要求进行的分析

D. 社区需求分析是对社区的个人、家庭、邻里各方面状态进行的分析

51. 某社区老年人比例高，独居高龄老人较多，这些老人对环境的适应力下降，生活自理能力不足，因此，对他们进行社区照顾十分必要。下列社会工作服务中，属于社区照顾的是(　　)。

A. 倡导尊重老人的社会风尚，促进社区和谐

B. 联系社会各界，调动资源，满足老人生活需要

C. 培养老人骨干分子，带动社区老人参与社区事务

D. 整合社区资源，兴建大型养老机构以满足养老需要

52. 某市政府规划部门，合同 S 街道办事处就“城中村”改造后的空置土地用途征求居民意见，他们利用“社区规划公众参与平台”积极与社区居民互动交流，研讨土地使用和规划问题，最后决定在这块土地上建设社区便民综合服务中心，安排老年人活动站，书报阅览室、健身房等项目，并建设一个停车场。从社区参与的层次和形式看，上述工作方法属于(　　)。

A. 咨询　　B. 协商　　C. 共同行动　　D. 社区自治

53. 针对社区失业人员较多而再就业困难的现状，社会工作者计划开展社区就业培训的活动。在培训项目策划过程中，社会工作者首先要做的工作是(　　)。

A. 确认失业人员的培训需求　　B. 制定培训活动进度表

C. 了解失业人员的特征　　D. 订立培训活动目标

54. 某社区社会工作者在“三・八妇女节”开展了面向社区妇女的专场招聘会，有 380

名妇女赶赴招聘会现场，其中203名妇女在当天与企业达成了就业意向。从促进社会就业来看，社会工作者的工作属于(　　)。

A. 开发就业岗位　　B. 开展就业服务
C. 落实就业优惠政策　　D. 提供就业场地

55. 小王是高三学生，因患白血病而入院接受治疗，医护人员向社会工作者反映小王情绪非常低落，脾气暴躁，不愿意配合治疗。社会工作者首先应该为小王提供的服务是(　　)。

A. 评估心理及社会状况　　B. 制定治疗计划
C. 进行家庭治疗　　D. 协调医患关系

56. 很多身患绝症的患者在医院里度过人生的最后阶段，作为医务社会工作者，他们的责任是让绝症患者"活到最后，活的最好"。医务社会工作者对此类服务对象最宜采用的做法是(　　)。

A. 使用尽可能好的药物，尽量延长患者的生命
B. 帮助患者尽早住进单间病房或重症监护室以便及时抢救
C. 帮助临终患者珍惜生命，告诉他们还有很多事情尚未完成
D. 运用放松技巧处理患者对健康问题的焦虑情绪

57. 李某因患精神分裂症在精神卫生中心住院一年，经医生诊断，李某已符合出院条件，精神卫生中心的医务社会工作者为李某定制了出院康复计划。下列服务中错误的做法是(　　)。

A. 协助其家庭康复，帮助其家庭恢复功能
B. 营造良好的康复环境，鼓励李某参加相关团体活动
C. 帮助李某联系康复机构，开展康复训练
D. 联系社区医院精神科医生，保证服务的延续性

58. 医院社会工作部张主任接到外科护士的求助电话，反映X床的病人和家属在医生办公室与主治医师发生争吵，家属认为病人手术后留有的后遗症是由于主治医师在手术过程中的过失造成的，属于医疗事故，要起诉医院；而主治医师则说手术过程很顺利，并无任何差错发生，双方各执己见，争吵不休，对此事件，张主任应首先采取的措施是(　　)。

A. 倾听双方的陈述，判断此事件是否属于医疗事故
B. 请双方清晰地表达各自的观点，促进双方有效沟通
C. 将病人家属劝离医生办公室，并将病人和家属转介给法律专家
D. 立即申请做医疗事故鉴定，待鉴定结果出来后再处理双方的争执

59. 某学校发生流行性传染病，为了控制传染病传播，公共卫生人员就地将患者隔离治疗，在配合医疗人员并开展阻断和预防疾病流行的工作中，社会工作者最主要的任务是(　　)。

A. 集中处理患者的废弃物，以免通过垃圾传播疾病
B. 对患者的排泄物进行消毒，防止病毒的污染和传播
C. 检查仪器是否受到污染，保障食品的清洁与安全
D. 进行健康教育，宣传卫生和预防疾病的知识

60. 医务社会工作者在医疗机构中需要对服务对象进行诊断和评估，这项工作主要是

指(　　)。

A. 社会工作者与医生一起对病人的疾病和需要进行评估
B. 社会工作者与家属一起对病人的疾病和需要进行评估
C. 社会工作者与病人及家属一起对病人的心理社会状况进行评估
D. 社会工作者与病人及家属一起对病人的疾病和需要进行评估

得　分	评卷人

二、多项选择题(共20题，每题2分。每题的备选项中，有2个或2个以上符合题意，至少有1个错项。错选，本题不得分；少选，所选的每个选项得0.5分)

61. "惠新儿童中心"是一家专门服务脑瘫儿童的民办机构，中心的社会工作者发现，大多数脑瘫儿童的家庭存在以下问题：难以支付孩子的康复训练费用，缺乏独立生活能力的训练，脑瘫儿童的教育资源短缺，长期的照顾工作使这些儿童的父母身心疲惫，部分父母有不同程度的抑郁症状等。为帮助脑瘫儿童及其家庭，社会工作者宜采取的介入措施有(　　)。

A. 倡导和发掘社会资源帮助脑瘫儿童及其家长
B. 等待政府出台相关政策，从根本上解决脑瘫儿童群体的困难
C. 建立脑瘫儿童家长的支持网络
D. 通过辅导提升脑瘫儿童父母应对问题的技巧
E. 协调教育和医疗康复部门，使脑瘫儿童得到应有的教育

62. 沙盘游戏是儿童社会工作者的一种具体辅导方法，下列关于沙盘游戏的说法正确的包括(　　)。

A. 沙盘游戏最重要的设置是"童心"
B. 沙盘游戏有助于儿童自由的表达内心的感受
C. 在儿童操作沙盘的过程中，社会工作者要与儿童保持充分的语言交流
D. 社会工作者要让孩子明白可以选择任何模具来做任何形式的创造
E. 沙盘游戏治疗需要有一定的主题

63. 小莹，12岁，患唇腭裂，性格内向，自卑。小莹父母想给小莹做手术，但手术周期长，费用高，给他们带来很大的经济和心理压力。为了帮助小莹，社会工作者可以提供的服务有(　　)。

A. 保护性服务　　B. 替代性服务　　C. 支持性服务　　D. 家庭服务
E. 个案辅导

64. 某社区位于城乡结合部，环境条件差，服务措施不齐全，青少年课余时经常出入附近网吧或在街头闲逛。针对上述情况，社会工作者可以开展的发展性青少年服务包括(　　)。

A. 增设青少年闲暇场所　　B. 开展青少年安全教育
C. 举办青少年兴趣小组活动　　D. 举办青少年课余补习班
E. 联合社区加强对网吧的管理

65. 某机构为改善打工妹群体的生殖健康状况，针对打工妹开展了一系列服务活动。从妇女社会工作角度来看，社会工作者可以展开的活动包括(　　)。

A. 为提高打工妹健康意识，开展生殖健康教育活动
B. 为保障打工妹健康定期组织体检并进行宫颈癌、乳腺癌筛查
C. 为有需要的姐妹募捐，公布宫颈、乳腺癌筛查结果
D. 为打工妹提供健康咨询，开通“悄悄话”热线
E. 向打工妹发放预防艾滋病的宣传手册

66. 某机构为实现“建立零家庭暴力社区”的目标，实施了干预项目。下列做法中对受暴妇女有帮助的有(　　)。
A. 开设妇女心理及法律咨询热线
B. 建立受暴妇女支持小组
C. 联系媒体专访受暴妇女
D. 联合公、检、法、司、医院等，倡导综合干预
E. 帮助受暴妇女寻找自身原因

67. 小敏认为老公负责养家，照顾孩子是自己的责任。每当宝宝稍有不适，小敏就紧张，加上产后身体不适和睡眠不足，心情烦躁，向社会工作者求助。社会工作者接案后，开展的干预活动中体现了“妇女为本”理念的有(　　)。
A. 鼓励小敏多关注自己的需要
B. 鼓励小敏参加产后妈妈支持性小组
C. 推荐小敏参加“如何成为一个好母亲”的讲座
D. 与小敏探讨她关于“照顾孩子是母亲的责任”的观念形成的社会因素
E. 建议小敏让丈夫承担部分照顾孩子的责任

68. 80岁的王老伯在入住福利院后遇到了不少麻烦，他好几次走错房间，引起其他老人的投诉，但是在参加兴趣小组活动时，他却能将诸葛亮的《前出师表》倒背如流。护理员对此很不理解，向社会工作者咨询。下列对王伯伯的表现的解释中，正确的有(　　)。
A. 因为年纪大了，所以王老伯的循环系统已经老化
B. 虽然年纪大了，但王老伯对以前的知识可能还牢牢记得
C. 因为年纪大了，王老伯在新环境里的认知能力下降
D. 虽然年纪大了，但王老伯的自我表现欲仍然强烈
E. 因为年纪大了，王老伯的社会角色不再变化

69. 矫正社会工作是运用社会工作的理论、知识、方法和技术为罪犯及其家人提出相关的服务，使其消除犯罪心理，改正行为模式，适应社会生活的一种相关的服务活动。根据这样的定义，针对罪犯个人的矫正社会工作还包括(　　)。
A. 惩戒　　B. 补救　　C. 服务　　D. 替代
E. 监管

70. 15岁的小亮，因抢劫罪被判缓刑2年。矫正社会工作者了解到，小亮6岁时父母离异，随母亲生活。由于其父亲拒绝承担抚养责任，导致家庭经济拮据。小亮上中学后染上网瘾，母亲为此经常打骂他，母子关系紧张，一次与母亲爆发激烈冲突后，离家出走泡在网吧，后因无钱上网实施抢劫犯罪。针对小亮及其母亲的上述情况，适合为他们开展的社会工作服务有(　　)。
A. 生活保障服务　　B. 法律授权服务

C. 就业培训服务　　D. 改善亲子关系服务
E. 认知及行为矫正服务

71. 某省第一军休所安置了来自不同地区的40名军休干部，他们政治觉悟高，并且有技术专长。离退休后有些人感到“无所事事”，有些人还封闭自己。鉴于此，军休所的社会工作者组织军休干部成立了志愿服务队，他们有的担任中小学大队辅导员，有的成为社区环境监督员。通过服务，军休干部们结交了新朋友，感到生活充实了。本案例中，社会工作的主要作用是协助退休干部(　　)。
A. 倡导和挖掘社会资源　　B. 实现社会角色转变
C. 维护自身合法权益　　D. 增强人际关系
E. 发挥自身优势服务社会

72. 针对贫困流动儿童的失学问题，某社会工作服务机构在调查研究的基础上启动了“流动儿童助学计划”，组织社会爱心人士与失学儿童结成帮扶对子；组织受助儿童成立互助小组，培养他们团结协作的能力；并就贫困流动儿童失学问题写成调查报告，呼吁将义务教育中免除学杂费的政策惠及流动儿童。在本案例中，该机构采用的工作手法包括(　　)。
A. 个案工作　　B. 项目策划
C. 社会工作研究　　D. 小组工作
E. 分层分类救助

73. 小红大学毕业后在外地找到一份收入不错的工作。小红的父母发现一直生活在身边的女儿离开后，家庭生活一下子变了样。根据家庭生命周期理论，小红父母目前需要重点面对的任务是(　　)。
A. 为子女独立生活做准备
B. 重新调整夫妻角色
C. 学习把子女作为成人对待
D. 促进子女独立自主
E. 适应不以子女为中心的角色要求

74. 小徐两年前到某大城市打工，经人介绍嫁给了城郊结合部家庭比较宽裕的刘某。刘某一天到晚游手好闲，很少回家，不管家务。两人为此经常争吵，因为小徐是外地人，婆婆整天数落她，还在孩子面前说她没文化、吃闲饭、没修养。小徐觉得委屈，自己没本地户口，又找不到合适工作，远离故乡，没有朋友，常偷偷躲起来哭，经居委会介绍，小徐知道公益社会工作服务社为外来媳妇提供专业服务，于是向社会工作者倾诉苦恼。针对小徐的问题，下列社会工作服务中比较适合小徐需要的有(　　)。
A. 调适和改善夫妻关系
B. 调适和改善婆媳关系
C. 拓展社交圈子
D. 提供临时庇护服务
E. 解决户口问题

75. 抗逆力理论认为，个体自身如果具备一定的保护性因素，当他面对生活逆境时，会直接产生(　　)的能力。

密　封　线　内　不　要　答　题

A. 自我平衡　　B. 社会连接　　C. 生活管理　　D. 自我实现
E. 抗逆力启动

76. 大强和妻子八年前来到城市打工，将女儿留在农村老家由爷爷、奶奶照顾。一年前，夫妇俩将12岁的女儿接来同住，因他们忙于工作，很少与女儿沟通。最近半年，大强发现女儿数次逃学，学习成绩不好。为此他狠狠打过女儿，却没用，妻子总是埋怨他，认为学校教学质量不好，让他设法转学。大强认为转学不是问题所在，为此夫妻经常吵架。面对这个家庭中出现的问题，社会工作者适当的介入策略包括(　　)。
A. 帮助女儿融入家庭，发展良好的亲子互动关系
B. 重新调整夫妻角色，形成夫妻的角色分工和规则
C. 增进夫妻之间的沟通，提高他的们管教孩子的技巧
D. 协助大强夫妇和学校老师沟通，希望老师给孩子更多的关心
E. 联系志愿者，帮助孩子提高学习成绩

77. 某老旧小区里居住的大多是老人和外来务工人员，双方很少来往，关系冷漠。社会工作者组织外来务工青年成立“爱心志愿服务小组”，利用空闲时间照顾社区空巢老人。一段时间后，不仅空巢老人的生活质量得到改善，而且外来务工人员对社区的认同感也大为提高，社区关系日益融洽。本案例中，社会工作者主要采取的社区社会工作方法包括(　　)。
A. 资源整合　　B. 资源共享
C. 资源流通　　D. 建立邻居协助网络
E. 建立志愿者联系网络

78. 某社区持续多年开展“社区文化大舞台”活动，为扩大活动成效，社会工作者计划对该活动进行评估。在评估中，社会工作者应做的工作包括(　　)。
A. 举办活动发布会，邀请媒体广泛宣传活动
B. 组织座谈会，听取居民对活动的意见
C. 设立光荣榜表彰积极参与活动的居民
D. 设计问卷，收集居民对活动的评价
E. 通过访谈，了解居民参加活动的感受

79. 小李在某社区精神疾病康复日托中心开展社会工作服务，通过探讨和观察，小李发现精神疾病患者的家属对患者理解不够，无法提供有效照顾。为此，家属对患者的病情反复感到无能为力，备感压力。为此，小李计划为患者家属提供专业服务，其服务内容应包括(　　)。
A. 为家属提供心理辅导，缓解他们的焦虑和困扰
B. 举办各类有关精神疾病知识的讲座，改善家属对精神疾病的认同
C. 帮助家属掌握有关精神病患者的照顾和护理技巧
D. 组织团体康乐活动，提高家属的的社会适应能力
E. 建立患者家属之间的互助网络，促进彼此间的支持

80. 精神病患者老王经多年住院治疗后出院，社会工作者小李去老王家探访时，家属抱怨说，老王回家后常常与家人发生矛盾，导致家庭关系紧张。这时，小李宜对老王家庭提供的辅导和支持性服务包括(　　)。

A. 介绍老王家属参加家庭互助小组
B. 为老王全家开办家庭支持小组
C. 向老王家属介绍照顾精神病患者的知识
D. 联系医生为老王家属讲授精神疾病的知识
E. 联系家庭治疗师对老王家庭进行辅导

答案及详解

一、单项选择题(共60题，每题1分。每题的备选项中，只有1个最符合题意)

1. D **【考点】**面谈的主要任务

【解析】在接触和初步面谈后，双方要决定下一步需要采取的步骤。决定有以下几种可能：①终结服务；②转介其他服务，让服务对象接受其他专业系统的服务；③进入下一个助人阶段。题中，社会工作机构中缺乏擅长儿童创伤辅导的工作人员，所以应将小玲转介到其他服务机构。

2. D **【考点】**结案阶段

【解析】当社会工作者已经成功地达到了预定目的，或者当服务对象认为已经达到足够的改变而要求终止工作关系，或者服务对象与社会工作者由于某种原因而不能继续服务时，社会工作的过程就结束了。此时就进入社会工作的最后一个环节即结案阶段。

3. D **【考点】**收集资料的方法和途径

【解析】收集资料的方法和途径有询问、咨询、观察、利用已有资料和问卷调查。其中，就询问而言，直接向服务对象询问，通过面对面的会谈去收集资料，可以为决定介入与干预的方法提供依据。除了向服务对象本人询问外，还可向与服务对象有关的系统查询。如从家庭成员、服务对象的工作单位与服务对象关系密切的同事及朋友那里获得有关服务对象的资料。题中，社会工作者请张奶奶和张爷爷讲述事情原委，还请邻居介绍张奶奶的情况，所采用的收集资料的方法是询问。

4. B **【考点】**制订服务计划时目标设定的程序

【解析】制订服务计划时需要首先设定目标，目标设定的程序和工作主要包括：①确定服务对象的需要和问题；②向服务对象解释设定目标的目的；③共同选择适当的目标；④目标陈述要明白易懂，重在促进服务对象的成长；⑤目标要可测量、具有操作性和现实性；⑥与服务对象讨论目标的可行性和可能的利弊；⑦确定目标并决定目标的先后次序。题中，社会工作者为了帮助大庆，再次谈到了他目前的生活处境等问题，这种做法是为了确定问题与需要。

5. C **【考点】**儿童的发展需要

【解析】儿童的发展需要又称儿童的成长需要，是指儿童为了身心发展，需要获得的关爱、教育和引导。它主要包括：①获得良好的家庭生活，得到父母的爱和适当管教，与父母建立良好的亲子关系；②拥有受教育的机会，有良好的教育和学习环境，满足其探索和认知世界的求知欲；③获得足够的休闲和娱乐，有适合儿童且安全的娱乐场所，为儿童形成良好的娱乐休闲态度、方式和行为提供教导和培养。题中，儿童玩游戏是为了身心健康发展。主要满足了儿童的发展需要，能够促进其身心成长。

6. D **【考点】**替代性儿童福利服务

【解析】替代性服务是通过改变儿童生存环境的方法对儿童进行保护，如对极度危险家庭监护权的剥夺，流浪儿童的救助，孤儿弃儿的机构养育等。其服务的对象

是亲职不当和亲职缺失的儿童，内容主要包括家庭收养、家庭寄养和机构养育或教养。这类服务的目的是通过替代儿童的父母履行亲职职责，使儿童回归家庭环境，健康成长。题中，小赵将被父母遗弃的残疾儿童送到福利院，提供的是替代性服务。

7. B **【考点】**儿童的心理特点——依恋性

【解析】儿童的依恋性体现为：儿童对其抚养者的依恋，不仅基于情感上的需要，同时也是生存需要的自然反应。题中，社会工作者让留守儿童与其父母通电话交流感情，满足了留守儿童对其抚养者依恋的需求。

8. A **【考点】**儿童行为量表

【解析】儿童行为量表用于测查4～16岁儿童的社会能力和行为问题，由家长根据孩子半年内的情况作出分级评定。该表所测查的社会能力主要包含儿童的体育运动能力、社会交往情况和在校学习状况。行为问题包括的因子范围较广，有抑郁、交往不良、强迫倾向、社会交往退缩、多动等。该量表主要用于儿童社会工作中对儿童社交能力和行为问题的筛查。题中，行为量表适用于了解小羽面临的问题。

9. C **【考点】**多元智能理论

【解析】多元智能理论由美国哈佛大学教育研究院的心理发展学家霍华德·加德纳在1983年提出。根据加德纳的理论，学校在发展学生各方面智能的同时，必须留意每一个学生只会在某一两方面的智能特别突出；而当学生未能在其他方面追上进度时，不要让学生因此而受到责罚。这从教育学的角度为社会工作者对儿童采用优势视角的工作取向提供了强有力的理论证明。

10. B **【考点】**亲职教育

【解析】亲职教育是向儿童的父母和家庭传播科学育儿理念，并为他们提供具体的科学育儿实践指导和日常育儿问题咨询。具体内容包括：①科学育儿的理念：儿童权利和现代儿童观；②科学育儿的知识：儿童生理、心理人格和社会行为发展的知识；③科学育儿的技能：观察的技能、沟通的技能、引导的技能等。题中，小玲与其父母缺乏交流而导致了一系列的问题，所以社会工作者应该首先让其父母和小玲学会沟通的技巧。

11. C **【考点】**对受虐儿童的社会工作介入方法

【解析】对受虐儿童的辅导是儿童社会工作介入的第一步，它优先考虑的是儿童的安全，进而协助儿童沟通及表达他们的感觉。除此之外，社会工作者还须与家庭、学校、医院、司法部门、公安部门、儿童和青少年保护机构以及社区有关力量或社会资源密切配合起来，对受虐儿童予以积极的介入。题中，小军的身上有多处淤青，并且步态不正常，这种情况下，社会工作者应该首先辨别小军是否有受到虐待的危险，以保护小军。

12. B **【考点】**青少年的需要及问题

【解析】青少年是由儿童世界转向成人世界的过渡期，是个体从不成熟转变至成熟的发展阶段，在这个阶段中连接着不成熟与成熟的两个自我阶段，因此也是人生发展直线上的一个蜕变、转折、转型或转换期。在这一阶段，青少年的人际关系由父母转至同辈，青少年与同伴发展适当人际关系能增加对同辈及成人的亲密度。

13. C **【考点】**预防性的青少年社会工作

密 封 线 内 不 要 答 题

【解析】预防性的青少年社会工作是指通过社会工作的各类服务，对一些潜在的、阻碍社会功能有效发挥的条件和情境进行早期发现和控制。题中，青少年社会工作者组织的活动能够帮助青少年正确认识自己的生活环境和自身的潜能，增强他们应对困境的能力。

14. A 【考点】青少年社会工作的主要内容

【解析】治疗性的青少年社会工作主要包括：①提供就学或生活补助，以帮助有困难家庭的青少年正常成长；②提供被忽略或虐待的青少年的保护服务；③提供安全保护、收容服务及不适合家庭居住的青少年安置服务；④提供在身体、情绪、精神等方面功能失调，以及社会人际适应不良等方面的治疗性服务；⑤提供犯罪青少年及过失青少年的矫正服务，尤其注重社区层面的服务；②提供发展性、治疗性和预防性的青少年社会工作只是一个相对的概念，在实际工作中，三者是很难完全分离的。题中，小强染上网瘾，社会工作者应该提供发展性、治疗性和预防性的矫正服务。如果直接让小强参加戒除网瘾的活动，势必让小强感到反感。

15. D 【考点】老年社会工作的主要内容

【解析】老年社会工作的主要内容包括身体健康方面的服务、处理认知与情绪问题、处理精神问题等。其中，后面两项属于专业社会工作服务的内容。题中，各选项都属于老年社会工作的内容，但是属于专业社会工作服务的是评估老人的心理—社会状况。

16. C 【考点】评估老人的自杀倾向

【解析】社会工作者需要意识到与老人自杀有关的风险因素，并通过直接的、间接的和行为上的线索加以评估。其中，间接线索可能有："我会很久都不在这儿"，或者"我已经厌倦了这一切"。有时老人会借用一些问题看所爱的人的反应，诸如："没了我你会过得好些"，或者"这些日子我太麻烦人了"。这些话是直接要求肯定他们的生命有价值，他们对某人来说很重要。尽管家人和专业人员可能觉得这样的话让人恼怒，但是这是老人在绝望地呼救，不可以视而不见。题中，社会工作者需要注意，赵先生这种反常的表现可能间接表明他厌世的想法。

17. D 【考点】老年人的认知和情绪问题

【解析】抑郁症、痴呆症、谵妄和焦虑症是老年人最常见的四个认知和情绪问题。抑郁症主要影响老年人的情绪和情感，如果不能及时得到治疗，就有可能导致老年人尝试自杀，以求解脱因长期悲哀和感到毫无价值带给自己的痛苦。题中，李先生的情绪低落，对什么事情都没有兴趣，觉得生活没有意义，是抑郁症的表现。

18. B 【考点】老年社会工作的主要内容

【解析】老年社会工作者会处理老年人的一些认知和情绪方面的问题。在有些个案中，社会工作者帮助老年人消除产生情绪问题的因素。而在另外一些情况下，社会工作者要致力于改变老年人的认知，帮助老年人适应他无法改变的情形。题中，社会工作者通过引导李老寻找往事的意义，达到珍惜当下生活的效果。

19. D 【考点】社会性别的含义

【解析】社会性别是指在一个特定社会中形成的有关男性和女性的群体特征、角色、活动及责任等的观念。传统的、定型的社会性别观念规定了男人和女人的不同的发展路径，而且男性优越于女性的性别定型认识阻碍了妇女的发展。因此，

打破传统的社会性别定型认识，重新反思和认识社会性别，这对妇女的发展、男女平等的实现都具有重要意义。D项，打破了传统和定型的社会性别观念。

20. D 【考点】"妇女为本"的实践原则

【解析】"妇女为本"的实践原则要求尊重妇女作为独立的人的需要和情感，不把她们仅仅视为家庭角色的扮演者，强调不能为了所谓的家庭利益而忽视或者牺牲妇女的利益。

21. D 【考点】赋权理念

【解析】赋权(增能)是指一个人感觉有一种自我控制的能力，尊重自己、充满自信，并且相信自己有能力改变现状的过程。妇女赋权的目的是通过社会工作者和妇女之间的共同合作，让妇女有能力认识到自身的真实处境，引发她们对形成这种境况的社会因素进行思考，寻找解决的途径，并且通过采取具体的行动来改善处境。D项，社会工作者和妇女之间共同合作编写剧本，体现了赋权理念。

22. B 【考点】倡导

【解析】倡导是指为了确保社会公正，站在服务对象或者受助团体的立场上，直接从事代表、捍卫、支持受助个人或者团体的利益的活动过程。倡导的目的是改变政策、法律和制度。从微观上而言，倡导是为了要满足服务对象的需求；从宏观上来说，倡导是采取游说、政策建议和运用传媒等方式进行政策建议。题中，该社会组织采用的是倡导的方法。

23. B 【考点】残疾人社会工作的主要内容

【解析】残疾人社会工作的主要内容包含两大方面：①努力维护残疾人的合法权益；②积极改善残疾人的生活质量等。

24. A 【考点】社区康复

【解析】社区康复是指依托于城乡社区，充分利用各种社区资源(包括政府、企业、社会组织、专业社会工作者、社区居民、残疾人及其家庭等)，在医疗、职业、教育和社会等康复领域为残疾人提供方便、经济、有效和可行的"全面康复"服务，促进残疾人在社会生活和家庭生活中重塑自我，积极参与社区公共事务，建构"亲和性"的残疾人社区文化。题中，小王接案后，首先应该提供的服务是利用社区资源协助小华进行持续康复训练。

25. C 【考点】残疾人家庭环境改造

【解析】在开展残疾人家庭无障碍环境设计与改造工作中，社会工作者应做到：①要学习有关知识，了解市场情况；②要尊重残疾人案主的自决，实事求是地解决问题；③要与有关部门充分协商，取得支持；④要强调因地制宜和因陋就简的原则，根据案主的需求具体处理。当残疾人案主请求对家庭居室进行无障碍环境改造的时候，社会工作者在接案后应立即开展工作，一方面要深入家庭进行实际勘察，认真听取案主的意见；另一方面要和工程技术人员联系，与案主共同制订改造方案。

26. C 【考点】职业评估

【解析】职业评估又称职业评定，是职业康复措施的第二个环节，也就是个案工作的预估。其目的是为了评定残疾人的作业水平和适应职业的可能性。职业评定是一个综合的过程，涉及身体、心理和职业适应性三个方两，包括对残疾者的兴

趣、个性、气质、价值观、态度、身体能力、耐力、学习和工作的适应性等的评定。

27. A 【考点】残疾人社区康复的内容

【解析】残疾人社区康复的内容包括：①开展残疾预防工作；②开展康复评定和建档工作；③开展具体的全面康复服务。A 项属于开展残疾预防工作的措施。

28. A 【考点】社区工作方法在社会矫正中的运用

【解析】社区工作是以社区为对象的社会工作介入手法。在社区矫正工作领域，运用社区工作方法，应该注意以下几个方面的问题：①进行综合治理，以改善矫正对象的生活环境；②开展社区教育，培育社区居民接纳、尊重矫正对象的意识和习惯；③挖掘社区志愿力量，共同参与社区矫正工作。题中的做法体现的是社区工作的方法在矫正社会工作中的运用。

29. C 【考点】认知理论

【解析】认知理论认为，人的不良行为主要产生于认知上的错误或理性思维能力的缺乏，社会工作者的主要任务是要帮助服务对象获得对世界的正确认知或完善理性思考的能力，从而使行为能得到正确的、理性的引导。题中，社会工作者教导小红认识盗窃行为的性质和危害，改正自己的错误行为，依据的是认知理论。

30. B 【考点】非理性信念的检查技巧

【解析】非理性信念的检查技巧，即对服务对象情绪、行为困扰背后的非理性信念进行探寻和识别的具体方法。它主要包括：①反映感受，让服务对象具体描述自己的情绪、行为以及各种感受，从而识别出背后的非理性信念；②角色扮演，让服务对象扮演特定的角色，重新体会当时场境中的情绪和行为，了解情绪和行为背后的非理性信念；③冒险，让服务对象从事自己所担心害怕的事，从而使情绪、行为背后的非理性信念呈现出来；④识别，根据非理性信念的抽象、普遍和绝对等不符合实际的具体特征分析、了解服务对象情绪、行为背后的非理性信念。B 项，社会工作者增加对犯罪行为讨论的做法，可以让服务对象认识到自己的非理性信念。

31. B 【考点】矫正对象的需要之一——再社会化的服务需要

【解析】再社会化的服务需要是矫正对象的需要之一。矫正社会工作通过矫正计划措施的实施，促进服务对象恢复和重建其严重缺失的社会功能，成为社会正常成员。社会工作者要在专业价值观指导下，运用社会工作的理论、知识、方法和技术，为服务对象及其家人，在审判、监禁、社区矫正、刑释或强制戒毒期间，提供思想教育、心理辅导、行为纠正、信息咨询、就业培训、生活照顾以及社会环境改善等方面的服务，使罪犯消除犯罪心理结构，修正行为模式，适应社会生活。题中，老张服刑 15 年后获假释回到社会，社会工作者小李首先要为他提供再社会化的服务，如帮助他学习社会知识、进行就业培训等。

32. D 【考点】复员退伍军人安置社会工作

【解析】复员退伍军人安置社会工作涉及面广，新老问题交织、具有复杂性和多面性，社会工作者所承担的责任往往超出了其权力范围和可以利用的资源范围，难以改变现状。因此，复员退伍军人安置社会工作主要是在贯彻落实政策的同时，充分发挥社会工作行政的作用，积极获取社会资源，协助服务对象发挥社会功

能、增强自我能力、实现角色转变、从容应对新的工作和生活环境。

33. C 【考点】复员退伍军人安置社会工作服务对象的需要

【解析】复员退伍军人安置社会工作的服务对象主要包括退出现役的义务兵、复员士官、转业士官、复员干部以及伤病残初级士官和义务兵。他们的需要主要包括：①就业权益保障的需要，当前复员退伍军人的需要聚焦在就业方面；②社会再适应的心理调适需要。

34. D 【考点】光荣院社会工作服务对象的需要

【解析】光荣院社会工作服务对象的需要主要包括：①健康维护的需要；②婚姻家庭的需要；③社会参与的需要；④社会尊重的需要。其中，社会参与的需要是指孤老优抚对象非常渴望与他人交往，渴望获得亲情与温暖，渴望发挥自己的作用。题中，组织光荣院退伍老战士到中学担任校外辅导员，满足了他们社会参与的需要。

35. A 【考点】支持小组

【解析】支持小组的主要目标是协助成员应对充满压力的生活事件，并恢复原有的应对能力。在支持小组中，最重要的是小组成员的关系建构、互相交流和互相支持。常见的支持小组有为失恋的职工、单亲母亲、患某类疾病职工组成的支持小组，为尚不能适应新环境的新人职工、岗位调整或下岗失业职工组成的支持小组，为处于职业倦怠中的职工组成的支持小组等。题中，小王以及光荣院其他一些工作人员对工作越来越压抑和厌倦，社会工作者应该开展支持小组，为他们缓解工作压力。BD 两项是针对社会歧视方面的；C 项是针对物质方面的，都没有围绕情绪或压力开展工作。

36. C 【考点】军休社会工作的内容

【解析】军休社会工作的内容主要包括：①积极引导军休干部进行平民化角色转换，做好心理补偿和精神慰藉，帮助适应移交安置后的新生活，发展新的人际关系，树立积极健康的休养观，推进融入社区和社会，提高幸福指数。②协助有关部门落实军休干部的政治待遇和生活待遇，依法维护军休干部的合法权益，在政策规定范围内实现军休干部利益最大化，实现"老有所养"等等。题中，老张感到失落，时常怀念部队的美好时光，针对这种情况，社会工作者应该首先帮助老张实现角色转换，做好情绪疏导工作。

37. C 【考点】基本生活救助的范围

【解析】基本生活救助是社会救助的核心内容，主要解决贫困个人与家庭的吃穿温饱等基本生存问题。目前基本生活救助主要有两个救助项目：①城乡低保；②农村五保供养。

38. A 【考点】社区灾后恢复重建

【解析】在遭受重大灾害后，社区原有的社会秩序会遭到部分或者全部的破坏。帮助居民建立社区互助网络，恢复社会生活秩序是社区灾后恢复重建的重要方面。题中，通过居民一起分析问题、商讨解决办法使社会秩序得到一定程度的恢复，应该在此基础上进一步建立社会互助网络，在相互支持中缓解消极情绪，进一步恢复社会生活秩序。

39. A 【考点】受灾人员救助中的服务内容

密封线内不要答题

【解析】自然灾害发生后，政府灾害救助应急机构应当根据情况紧急程度，疏散、转移和安置受灾人员，并及时为受灾人员提供必要的食品、饮用水、衣被、取暖、临时住所、医疗防疫等应急救助。社会工作专业机构和专业人员应当积极参与疏散、转移和安置等工作，并随时开展针对受灾人员的危机干预工作。

40. C 【考点】家庭生命周期理论

【解析】家庭也像人一样有一个成长、发展的自然变化过程，这是家庭生命周期理论的核心观点。家庭生命周期理论强调，家庭成员的互动交流关系以及需要会随着家庭的发展在不同阶段呈现出不同的特征，每一个家庭发展阶段都有不同的任务和要求需要家庭成员去面对，让家庭成员感受到一定的压力。

41. A 【考点】家庭社会工作的主要内容——改善夫妻关系的服务

【解析】改善夫妻关系的服务是家庭社会工作的主要内容之一。如果家庭社会工作的服务焦点集中在家庭夫妻关系的改善上，这样的服务就属于改善夫妻关系的服务。题中，小李夫妻因为缺乏沟通，在孩子的教育问题上经常争吵，所以社会工作者需要帮助小李夫妻互相沟通，并就孩子的教育问题达成共识。

42. D 【考点】家庭社会工作的主要内容

【解析】家庭社会工作实务的内容涉及很广。以家庭社会工作的服务焦点和目标作为划分的标准，对家庭社会工作的基本内容进行分类，主要包括两大类：改善亲子关系的服务和改善夫妻关系的服务。题中，“亲密之旅”夫妻关系辅导属于改善夫妻关系的服务。

43. A 【考点】家庭结构图

【解析】在家庭结构图中，□表示男性，○表示女性，——表示婚姻关系，—//—表示离婚关系，—/—表示分居关系，------表示同居关系。家庭结构图的绘制应遵循三项基本的原则：①长辈在上，晚辈在下；②同辈关系中，年长的在左，年幼的在右；③夫妻关系中，男的在左，女的在右。

44. D 【考点】再标签技巧

【解析】再标签技巧是指社会工作者帮助受助家庭成员从更为积极的角度界定问题，改变受助家庭成员以往的消极态度和认识，从而促使受助家庭成员产生新的、积极的行为。题中，社会工作者运用再标签技巧，帮助小丽理解其母亲的行为，从而改变了小丽之前的消极对抗态度。

45. C 【考点】家庭社会工作的基本内容

【解析】以家庭社会工作的服务焦点和目标作为划分的标准，家庭社会工作实务的基本内容主要可分为两大类：改善亲子关系的服务和改善夫妻关系的服务。题中，丈夫因为文化程度与妻子争吵，夫妻很少跟孩子沟通，主要是夫妻关系出现问题进而影响了亲子关系。

46. C 【考点】抗逆力的构成要素

【解析】抗逆力是指克服不利环境的能力，纵使每日在复杂的环境下面对一连串的挑战，仍能实际地作出有建设性的生活抉择等。从构成要素上看，抗逆力由外部支持因素、内在优势因素以及效能因素三部分组成。其中，效能因素包括人际技巧、解决问题能力、情绪管理及目标订定等。人际技巧是指适应不同文化的灵活性、同理心、幽默感及沟通能力；解决问题能力是指懂得运用资源及寻求帮助的能力；情绪管理是指能察觉自己的情绪并正面表达出来；目标订定是指了解自己的目标，并具备订定计划的能力，从而达到自己的目标。题中，社会工作者帮助小坚父母改善教育孩子的做法，体现了效能因素的作用。

47. A 【考点】改善亲子关系的服务活动

【解析】在改善亲子关系的服务活动方面，常见的有家庭生活教育、有关家庭的主题活动以及家长学校等服务。这些家庭服务活动以预防和发展为主，目的是为了改善家庭成员之间的沟通交流，增进家庭成员之间的感情联系，促进社区的和谐。题中，社会工作者通过与小建所在的居委会沟通，安排小建参加社区活动，主要是运用社区资源，增进家庭成员之间的感情联系，进而促进社区的和谐。

48. A 【考点】组员甄选的原则

【解析】组员甄选时，对有意愿参加团体辅导的学生可以进行个别会谈，了解学生个体的需求和目标，从而进行双向选择。选择的原则：①要看学生是否在这个规划的团体辅导中有需求，学生个人的目标与团体辅导的目的是否一致；②要考虑学生的个人条件，根据团体辅导的性质和目的，对学生的年龄、性别、同辈关系，甚至性格、民族、健康状况等进行考虑。

49. B 【考点】抗逆力形成的关键因素——关怀与支持

【解析】关怀与支持是抗逆力形成的关键因素，缺少关怀的人几乎不可能克服逆境。关怀不只是亲人才能提供，老师、邻居、社会工作者、同辈伙伴，甚至宠物都可以提供。具体做法是：关注每位学生，迅速记住每位学生的名字，倾听学生诉求，多用鼓励性话语，确认学生的积极力量，组织激励性活动，当学生处于困境时及时提供帮助。题中，班主任关照小芳在学校的学习、同学陪伴她一块做作业都使小芳得到了关怀与支持，从而增强了她的抗逆力。

50. C 【考点】社区需求分析的类型

【解析】社区需求分析较为常用的方法是布雷德绍1972年提出的四种需要的类型：①感觉性需求，指社区居民或服务对象感受到或意识到，并用言语表述出来的需要；②表达性需求，指社区居民或服务对象把自身的感觉通过行动表达出来的需要；③规范性需求，指由专家学者、专业人士、政府行政官员评估而决定的需要；④比较性需求，指社区居民或服务对象将所得到的服务与其他类似社区进行比较，而认为有所差别的需求。

51. B 【考点】社区照顾的内涵

【解析】社区照顾是指整合全部社会资源，运用正规照顾和非正规照顾网络，为需要照顾人士在家庭或者社区中提供全面照顾，促成其过正常人的生活。一般而言，照顾基本可以从四个不同层面进行界定：①行动照顾——起居饮食的照顾、打扫居所、代为购物等；②物质支援——提供衣物家具和现金、提供食物等；③心理支持——问候、安慰、辅导等；④整体关怀——留意生活环境、发动周围资源以支援等。老年人社区照顾的服务需满足老年人的生活需要，通常包括：咨询与转介、志愿者服务、代际融合、老年教育、老年休闲娱乐、老年就业、收入保障、营养与餐饮、健康照顾与生活安康、心理健康、出行、住房、个案管理、居家照顾、照顾人支持等。

52. B 【考点】社区参与的层次和形式——协商

【解析】协商是指社区进行建设和改造时，邀请受此影响的社区居民一起了解和讨论计划内容，推动居民成为决策过程中的一份子。不过，虽然居民被邀请参加了决策过程，但社区建设或改造的最初设计者通常会设定讨论议题的范围，限定其他参与者的决策权。题中，关于"城中村"改造后的土地利用问题，街道办事处征求居民意见，让居民参与决策过程，属于协商的工作方法。

53. A 【考点】开展社区就业培训

【解析】社区社会工作者应配合街道劳动就业服务机构，开展就业培训工作，提高社区下岗职工和失业人员的就业能力。就业培训工作主要有两方面：①结合社区就业实际需求，努力开发适应社区就业岗位需要的再就业培训项目和培训课程，采取实用有效的培训方式方法，为下岗职工和失业人员在社区就业创造有利条件；②开展创业培训，培养一批创办社区就业实体的带头人，以培训促进创业，以创业带动就业。题中，社会工作者应该首先确认失业人员的培训需求。

54. B 【考点】我国社区就业服务的内容

【解析】我国社区就业服务的内容包括以下几个方面：①开发社区就业岗位，鼓励多种形式就业；②宣传和执行落实再就业优惠政策；③开展社区就业服务和就业培训。题中，开展招聘会属于社区就业服务的一部分。

55. A 【考点】医务社会工作的内容

【解析】医务社会工作的内容可以根据不同的标准来划分，从需要的主体出发，可以把医务社会工作分为从医院角度的社会工作、患者角度社会工作以及医患关系角度的社会工作。其中，从患者的角度看，医务社会工作包括以下内容：①对患者进行心理社会评估和干预；②提供危机介入；③疏导患者和家属的情绪；④帮助患者申请公共援助；⑤为绝症患者提供临终关怀。题中，小王情绪低落，脾气暴躁，不愿意配合治疗。社会工作者首先应该为他提供心理评估和社会状况评估的服务。

56. D 【考点】临终关怀服务

【解析】临终关怀服务主要包括：①辅助医疗专业人员为老人(控制)减轻疼痛和症状的服务，包括音乐治疗、艺术治疗、宠物治疗、戏剧治疗等。按摩和做运动也常用来缓解临终者及其家庭照顾人身体上承受的压力。②协助老人及其家人解决医疗费用方面的问题。③提供丧亲后续服务。尽管照顾濒临死亡的亲人不容易，但是处理亲人离去后的哀伤也需要得到社会的支持和专业的协助。

57. D 【考点】精神卫生领域社会工作主要内容

【解析】针对社区精神康复而言，社会工作服务主要包括：①普及精神健康知识；②开展精神疾病患者康复训练；③社区资源连接；④提供咨询；⑤开展转介工作。题中，D项不属于社区精神康复的工作方法。

58. B 【考点】从医患关系的角度看医院社会工作的内容

【解析】从医患关系的角度看，医院社会工作的内容主要包括：①以调解者的身份处理医患关系；②搭建医生与患者之间沟通的桥梁。解决医患关系首先需要通过建立医院社会工作制度设立专门的医务社会工作岗位和职务，让社会工作专业人员从事与患者沟通交流、心理辅导、健康教育等工作，建立和谐的医患关系。

59. D 【考点】传染性疾病的预防和控制

【解析】根据传染性疾病的传播特点，社会工作者可以协助医疗服务人员对传染性疾病进行预防和控制，包括传染源管理、切断传播途径、保护易感人群等。在突发性公共卫生事件的处理中，同样需要关注这三个环节，以确保公众的安全，远离传染病。题中，某学校发生流行性传染病，社会工作者主要的任务就是对其进行预防和控制。

60. A 【考点】医务社会工作的功能

【解析】医务社会工作的功能包括：①诊断与评估；②咨询与辅导；③寻求与整合资源；④政策和服务倡导；⑤多专业协调与合作。其中，诊断与评估是指对病人及其家庭的问题与需要进行诊断，制订解决问题的计划，筛选高危群体，评估疾病对病人的职业、日常生活以及情绪的影响等。

二、多项选择题(共20题，每题2分，每题的备选项中，有2个或2个以上符合题意，至少有1个错项，错选，本题不得分；少选，所选的每个选项得0.5分)

61. ACDE 【考点】儿童福利

【解析】儿童福利是指以促进儿童身心健全发展与正常生活为目的的各种努力事业。儿童社会工作是根据儿童的生理、心理特点和成长、发展的需要，以社会工作专业的价值观为指导，以科学的理论为基础，充分运用社会工作的专业方法和技巧对儿童开展的助人服务活动。题中，B项不属于社会工作者应该采取的介入措施。

62. ABD 【考点】沙盘游戏治疗

【解析】强调创造过程本身的自发性和自主性是沙盘游戏疗法的基本特点，充分利用非言语交流和象征性意义是沙盘游戏疗法的本质特征。沙盘游戏治疗的过程和步骤包括：首先，对儿童介绍沙盘游戏的沙和水的使用，介绍各种模具的类别和摆放位置，然后治疗师帮助来访者以一种自发游戏的心态来创造沙盘世界以及自由地表达内在的感受，即"童心"的唤起。接下来，儿童开始摆放沙盘世界，此时所奉行的是"非言语的治疗"原则。

63. CE 【考点】儿童社会工作的类型

【解析】儿童社会工作的目的是保障儿童得到适当的养育、照料和教育，并保护他们免遭伤害，安全成长。其类型可分为：①支持性儿童福利服务，这类服务的对象是全体儿童及其家庭，尤其是家庭监护状况良好的家庭。其内容主要包括为儿童及其家庭提供的个别化咨询辅导，为儿童提供休闲娱乐服务，为准妈妈提供咨询以及协助办理新生儿户籍登记服务。②补充性儿童福利服务，这类服务的对象是父母亲职能力不足的儿童及其家庭，内容主要包括为经济困难家庭连接资源，为儿童提供经济补助；为时间和精力不足的父母提供托育服务；为新生儿及其父母提供健康育儿资讯和技能培训服务。③替代性儿童福利服务，这类服务的对象是亲职不当和亲职缺失的儿童，内容主要包括家庭收养、家庭寄养和机构养育或教养。④儿童保护服务，这类服务的对象是遭受到人为伤害，包括虐待、忽视、剥削和暴力伤害的儿童及其家庭，内容主要包括伤害预防和伤害应对服务。题中，针对小莹的情况，社会工作者可以对其进行支持性服务和个案辅导。

64. ABC 【考点】发展性青少年社会工作的主要内容

【解析】发展性的青少年社会工作主要包括以下内容：①提供青少年闲暇场所；

密封线内不要答题

②举办并设计各种活动，使青少年学习并建立正确的人生目标、养成做事负责任的态度、培养领导及创造的能力；③提供国内外时事信息的服务，使青少年了解世界发展的趋势，并明确自己应扮演的角色；④提供青少年发展中的生理、心理、情绪、行为、人际交往、社会适应等各方面的知识性辅导服务，增进人际关系、法律常识、性教育、生理保健的知识与能力；⑤提供就业信息及就业辅导服务，以拓展青少年的就业能力等。

65. ABDE 【考点】妇女生殖健康的干预策略

【解析】妇女生殖健康的干预是一项系统工程，涉及生物医学、社会文化、社会医疗体制等方面的工作，因此解决该问题也要多部门合作，综合治理，其主要服务策略如下：①健全具有社会性别敏感性的妇女生殖健康的政策；②建立“以社区为基础，以妇女为中心”服务策略；③建立妇女定期生殖健康检查的制度。C 项的做法会影响到打工妹的心理状况，增加她们的压力。

66. ABD 【考点】针对妇女暴力的干预策略

【解析】针对妇女暴力的干预策略包括：①促进相关立法以及完善相关法律。向有关机构及其领导者、决策者进行倡导、宣传、培训，开展国际间以及政府和非政府组织间的合作等。②开展反对妇女暴力的综合干预行动，建立公检法司、城市、农村、医院、妇联、民间组织等综合行动计划，倡导立法综合干预模式。③建立受暴妇女支持小组。鼓励小组成员主动参与反暴工作，唤醒社会的理解和关注。④为受暴妇女提供各种形式的服务。例如，为妇女提供心理辅导、法律咨询等热线，对受到性骚扰、性暴力、性侵害的妇女进行心理上的帮助，并且提供个案辅导。题中，C 项，直接暴露了她们的隐私；E 项，受到暴力的主要原因不在于妇女自身，而在于她们的丈夫。

67. ABE 【考点】“妇女为本”的实践原则

【解析】“妇女为本”的实践原则要求尊重妇女作为独立的人的需要和情感，不把她们仅仅视为家庭角色的扮演者，强调不能为了所谓的家庭利益而忽视或者牺牲妇女的利益。妇女为本，并不是说只考虑家庭中妇女的利益，而是将妇女放到一个特定的文化处境中。如在中国，妇女非常重视家庭的利益，因此在处理具体问题的过程中，应尽量做到家庭整体利益和妇女利益两者兼顾。C 项，小敏并非不是一个好母亲，只是她面对目前的生活状况时，没有很好地适应；D 项，“照顾孩子是母亲的责任”违背了妇女为本的理念。

68. BC 【考点】老年人的特点

【解析】老年人处于人生的最后一个阶段，老化是其最显著的特点，表现在三个方面：①生理的老化；②心理的老化；③社会角度变化。其中，心理学意义上的老化是指老年人个人的感官过程的变化。包括知觉、智力、解决问题、理解过程、学习及再学习过程、内驱力以及情绪等方面能力的降低，并由此而产生的反应迟缓现象。老年人的智力分为两种：①结晶智力，主要是以前的知识和经验积累；②液态智力，主要是靠感觉、运动的功能以及适应的能力。老年人一般是结晶智力较高，而液态智力较低。BC 两项体现了老年人心理老化的特点。

69. CE 【考点】矫正社会工作针对罪犯的功能与作用

【解析】根据个人与社会二因素的犯罪原因理论，矫正社会工作的功能与作用应该

从个人和社会两个角度入手进行分析。矫正社会工作针对罪犯的功能主要包括：①监管功能；②矫正功能；③服务功能。

70. ACDE 【考点】针对不同问题与需要的社会工作服务

【解析】A 项，由于小亮和母亲是单亲家庭且生活拮据，应为其提供生活保障服务；C 项，小亮父母离异，母亲经济拮据，所以应为其母亲提供就业培训服务；D 项，小亮和其母亲关系紧张，所以应为其提供改善亲子关系的服务；E 项，小亮实施抢劫犯罪，所以应为其提供认知及行为矫正服务。

71. ABDE 【考点】军休社会工作的内容

【解析】军休社会工作的内容主要包括：①积极引导军休干部进行平民化角色转换，做好心理补偿和精神慰藉，帮助适应移交安置后的新生活；②协助有关部门落实军休干部的政治待遇和生活待遇，依法维护军休干部的合法权益；③协助策划、组织形式多样的文体活动，积极培育自发性文体组织，丰富精神文化生活，实现“老有所乐”；④协助做好军休干部医疗保障工作，实现“老有所医”；⑤协助推进军休社区建设，整合社区资源，拓展服务内容，拓宽服务领域，推进服务管理社会化，便捷军休干部居家生活；⑥协助军休干部发挥自身综合优势，力所能及发挥余热，实现“老有所教”“老有所为”；⑦做好高危军休干部的临终关怀工作，引导正确面对生命的终点；⑧培训工作人员，促进专业服务的发展和服务质量的提高，协助做好工作人员的情绪疏导和压力释放工作；⑨推动志愿服务，训练、组织、督导志愿者；⑩协助促进社会政策的良性改变。

72. CD 【考点】社会救助社会工作的主要方法

【解析】社会救助可运用的主要专业工作方法有个案工作、小组工作、社区工作以及社会工作行政、社会工作研究等。题中，“组织受助儿童成立互助小组”体现了小组工作的做法；“就贫困流动儿童失学问题写成调查报告”体现了社会工作研究的做法。

【说明】根据最新版考试教材，社会救助社会工作的主要方法是在社会救助的过程中，运用社会工作专业方法和技巧，从服务对象的需求评估入手，开展危机干预和心理疏导，并通过个案与团体工作，帮助救助对象复建社会关系，恢复社会功能。同时积极参与社区重建和社区发展工作。

73. ABCE 【考点】家庭生命周期理论

【解析】家庭生命周期理论强调，家庭成员的互动交流关系以及需要会随着家庭的发展在不同阶段呈现出不同的特征，每一家庭发展阶段都有不同的任务和要求需要家庭成员去面对，让家庭成员感受到一定的压力。题中，小红父母需要面对的任务有：①子女独立家庭阶段：a. 为子女独立生活做准备；b. 接纳和增强子女追求自立的要求。②家庭调整阶段：a. 重新调整夫妻的角色；b. 学习把子女作为成人对待。③中年夫妇家庭阶段：适应不以子女为中心的新角色要求。D 项，促进子女独立自主是学龄子女家庭阶段任务。

74. ABCE 【考点】我国开展的家庭服务的内容

【解析】AB 两项，小徐夫妻关系和婆媳关系不和，应该为其提供改善夫妻关系和婆媳关系的服务；C 项，小徐是外地人，远离故乡，没有朋友，所以社会工作者应该帮助其拓展社交圈子；D 项，是针对家暴提供的服务；E 项，小徐因为是外

地人，没有本地户口，找不到合适工作，所以社会工作者应该帮助其解决户口问题。

75. AE 【考点】抗逆力理论

【解析】抗逆力理论认为，如果个体自身或其环境中具有适配的、得力的、恰当的保护因素，直接就可以产生两种能力：①自我平衡能力，保证个体在压力和逆境面前维持舒适，平稳重构；②抗逆力的启动，调整自我，应对压力，重构生命，获得良性发展。

76. ABC 【考点】家庭社会工作的基本内容

【解析】以家庭社会工作的服务焦点和目标作为划分的标准，对家庭社会工作实务的基本内容进行分类，它主要包括两大类：①改善亲子关系的服务。它是以父母亲和子女关系的改善为服务焦点，并且以增进亲子之间的沟通交流和家庭社会功能为目标而开展的各项社会工作专业服务活动。②改善夫妻关系的服务。如果家庭社会工作服务活动的焦点集中在家庭夫妻关系的改善上，这样的服务活动就属于改善夫妻关系的服务。

77. CD 【考点】社区社会工作的主要方法

【解析】社区社会工作的主要方法有：①资源连接。社区资源连接的方式有资源整合、资源共享、资源流通。其中，资源流通是指在社区服务过程中，社区社会工作者根据资源的不同特征，配置资源，采取组织、培训、咨询、合作等不同方法进行弹性使用，以保障资源能够被有效地协调和使用，发挥资源的最大效率。②推动居民参与。③建立社区支持网络。社区支援网络建立的策略主要有：个人网络、志愿者联系网络、互助网络、邻里协助网络。题中，小区居民大多是老人和外来务工人员，外来务工青年成立“爱心志愿服务小组”与空巢老人是邻里关系，因此社会工作者主要采取的社区社会工作方法包括建立邻居协助网络和建立志愿者联系网络。

78. BDE 【考点】社区服务(活动)方案成效评估的方法

【解析】社区服务(活动)方案成效评估的方法有两种：①采取定量的方法，即通过事先设计的问卷，采用问卷调查法，收集社区居民和服务对象参与服务(活动)后的满意度；②采用定性的方法，即通过深度访谈、观察、文件档案整理分析来评价社区服务(活动)方案的成效。

79. ABCE 【考点】精神健康社会工作的主要内容

【解析】精神健康社会工作的主要内容包括：①精神疾病患者资料的收集和分析；②精神疾病患者的心理治疗；③精神康复患者的回归社会；④精神疾病患者家人的心理辅导；⑤心理卫生的计划和宣传；⑥社区心理卫生的推广。题中，精神疾病患者的家属对患者理解不够，无法提供有效照顾，家属对患者的病情反复感到无能为力，备感压力。针对这种情况，社会工作者应主要对患者家属提供一些关于家人与精神病患者之间沟通的知识，以增强家人对其精神病患者的理解与支持。

80. ABCE 【考点】针对精神病患者家属的工作方法

【解析】针对精神病患者家属的工作方法包括减轻精神疾病患者家属照顾患者的压力和对精神疾病患者家属给予辅导和支持。其中，对精神疾病患者家属给予辅导和支持包括以下几个方面：①心理教育，是指医务社会工作者联系一些专家和权威人士向患者家属提供正确照顾精神疾病患者的有关知识和方法；②家庭治疗，指医务社会工作者可以帮助精神疾病患者联系家庭治疗师，通过治疗师的辅导和治疗消除或者减轻家庭成员与精神病患者之间的冲突；③家庭探访与家庭辅导，指医务社会工作者可以和社区护士一起探访在家中康复的精神疾病患者；④家庭支持小组；⑤家庭互助小组。D项的做法会伤害到老王，让他以为自己还患有精神病。

密 封 线 内 不 要 答 题

准考证号：________ 姓名：________

2010年度全国社会工作者职业水平考试试卷
(助理社会工作师)社会工作实务(初级)

(考试时间120分钟 满分100分)

题 号	一	二	总 分	统分人签字
得 分				

得 分	评卷人

一、单项选择题(共60题，每题1分。每题的备选项中，只有1个最符合题意)

1. “接案”是社会工作者与潜在服务对象开始接触，了解其需要，帮助其逐渐成为服务对象并(　　)社会工作服务的过程。
A. 协商　B. 熟悉　C. 参与　D. 接受

2. “决定介入策略”这一步骤处于社会工作实务通用过程的(　　)阶段。
A. 接案　B. 预估　C. 计划　D. 介入

3. 社会工作者在制定服务计划时所需关注的对象是(　　)。
A. 要改变的人际关系　B. 要改变的问题
C. 要改变的人和系统　D. 要改变的社会环境

4. 小希患有轻度自闭症，是社会工作者大志的服务对象。小希今年6岁，应该上学了，但其所在社区的小学不肯接收。为了帮助小希能够就近入读该小学，大志特别拜访了J医院的临床专家，向他请教有关自闭症的病理和相关知识，征询他对于小希就学的意见。在得知小希的身心状况基本可以适应普通学校的学习生活后，大志又请了一位临床心理学家为小希做进一步测试，对小希的情况有了全面了解，并将各领域专家的意见告知该小学。同时大志就小希的入学问题与校方进行了沟通。本案例中，大志采用的方法是(　　)。
A. 心理辅导　B. 转介　C. 心理评估　D. 个案管理

5. 社会工作者小陈一年来一直在协助C社区的居民就搬迁安置和补偿标准与开发商进行谈判。在小陈的协助下，社区居民组成了维权小组，他们参与了社区重建规划的修改，社区居民的归属感得到了增强。此时，小陈因工作调动结束了在C社区的工作。在结束与C社区的工作关系前，小陈需要做的工作之一是(　　)。
A. 肯定社区居民的能力，增强其信心
B. 告诉社区居民自己与他们不再有关系
C. 向居民承诺随叫随到，减轻居民的忧虑
D. 悄悄离开，免得社区居民伤心

6. 小明是小学四年级级学生，一向品学兼优，近来，老师发现小明不仅学习成绩下降，而且变得沉默寡言，身上还常常青一块，于是把小明的情况告诉了社会工作者。社会工作者了解到，小明父亲去年失业，最近母亲又与父亲离了婚。父亲经常借酒浇愁，醉酒就打骂小明。社会工作者在与小明的面谈中发现，小明害怕回家后再遭父亲打骂，已向同学借了钱，查好了南下广州的列车时刻表，则社会工作者应该(　　)。
A. 辅导小明提高与父亲沟通的技巧，降低被打的风险
B. 向小明的同学和邻居了解情况，对虐待事实进行确认
C. 与小明沟通，告诉他不要着急，以后会帮他处理这个问题
D. 缓解小明的焦虑，并联系儿童保护中心提供庇护

7. 新蕾社会工作服务中心主要从事儿童服务。该中心的社会工作者近期在社区开展了“预防儿童性侵害”和“0～3岁儿童的早期教养”等活动。在上述专业活动中，社会工作者可以担当很多角色，其中特殊的角色是(　　)。
A. 支持者　B. 教育者　C. 服务者　D. 保护者

8. 儿童的心理成长与其所处的环境有密切关联。社会工作者对儿童所处的抚养环境和社会环境的积极介入，是基于儿童的(　　)。
A. 探索性　B. 模仿性　C. 可塑性　D. 依恋性

9. “留守儿童之家”的社会工作者发现留守儿童的问题存在共性，表现为：父母忙于工作很少与孩子联系，留守儿童缺乏家庭教育，自我保护意识淡薄，容易成为坏人的侵害对象。鉴于此，社会工作者写了《留守儿童的问题与需要》、《增加留守儿童服务机构，增设留守儿童自我保护教育课程》的两份提案，通过H省的人大代表提交到省人民代表大会上。在上述活动中，社会工作者采用了(　　)服务。
A. 支持性　B. 保护性　C. 补充性　D. 替代性

10. 社会工作者在对小学三年级学生小军开展的个案辅导中发现，小军手臂及面部有多处瘀青，并且步态不正常，此时，社会工作者首先应该(　　)。
A. 向公安机关或儿童权益保护机构报告　B. 立即通知小军的监护人到场
C. 辨别小军是否有受到虐待的危险　D. 继续按计划进行个案辅导

11. 儿童由于年龄小，许多困惑或遭受的创伤很难用语言表达出来。社会工作者常采用绘画、布娃娃游戏等方式帮助他们说出游戏人物的感受及想法，协助他们表达感觉和想法。这种游戏治疗方式的特点是(　　)。
A. 社会工作者用口头提示的方式帮助儿童表达想法
B. 关注游戏过程的自发性
C. 注重游戏过程的象征性意义
D. 强调非语言的交流

12. 根据艾德沃特(Atwater)对青少年特征的描述，青少年期处于生理心理不断成长、个人的心态及社会关系不断发生变化的过程中。这个时期的青少年开始关注与(　　)的人际交往。
A. 家庭成员　B. 社会成员　C. 同辈　D. 成年人

13. 社会工作者张莉对某社区的青少年群体进行了调研和分析，发现有一些青少年整天游手好闲，对生活没有明确的目标，特别是对就业形势缺乏了解，对职业生涯

缺少规划，为此，张莉设计了一个“职业生涯规划”小组，招募到11名社区青少年参加。通过两个多月的小组活动，这批青少年的态度和行为有了改变，自信心明显增强，家长和邻居也给予充分肯定，且每个人都制定了详细的个人职业发展规划，并开始付诸实施。张莉在上述小组活动中扮演的角色是(　　)。

A. 协助者　　B. 咨询者　　C. 鼓励者　　D. 领导者

14. 预防性青少年社会工作是指通过社会工作的各类服务，对一些潜在的、阻碍社会功能有效发挥的条件和情境进行早期发现和控制。下列各项社会工作服务中，属于预防性青少年社会工作内容的是(　　)。

A. 提供就业信息和就业指导服务，以拓展青少年的就业能力

B. 倡导有效的青少年服务，促进青少年政策的发展

C. 提供安全保护、收容服务及不适合在家庭居住的青少年的安置服务

D. 设计并举办各种活动，帮助青少年建立正确的人生目标

15. 社会工作者小李在地处城乡结合部的某社区开展实地调查时发现，该社区周边环境差，公共服务设施不足，社区的青少年空闲时经常出入附近的网吧，为此，社会工作者小李开展了一系列服务，如组织青少年兴趣小组、加强学校与家庭的沟通交流等。社会工作者在提供上述服务的过程中，遵循了青少年社会工作的(　　)原则。

A. 尊重青少年的价值与尊严

B. 接纳与关爱青少年

C. 注重青少年的个别需求

D. 协助青少年具备适应社会变化不断成长的能力

16. 父母离婚后，阿伟跟随父亲生活，受家庭变故的影响，阿伟性格内向，缺乏自信，也不善与人交往；而父亲整日喝酒打麻将，对阿伟很少关心，每当阿伟犯错时，常常对其棍棒相加。进入初中后，阿伟的学习成绩每况愈下，又因他迷恋网络游戏，逃学逃课，受到老师的严厉批评。从此以后，阿伟不再去上学，整天上网聊天、玩游戏，几乎不与任何人来往。针对阿伟的情况，社会工作者在设计服务方案时，宜采用的取向是(　　)。

A. 社会需求　　B. 个人需求　　C. 交友需求　　D. 家庭需求

17. 提高老人的照顾质量是养老机构的工作目标，不同的照顾模式有不同的工作目标和重点。“园艺模式”的工作重点是(　　)。

A. 创造良好的居住环境　　B. 提供合理膳食

C. 提供医疗服务　　D. 满足老人的社会和情感需要

18. 68岁的独居老人张伯伯是社区摄影的骨干，今年元旦拍摄时不慎摔倒，造成骨折。经过一段时间治疗，医生说张伯伯可以出院了，但至少得休养一个月才可以慢慢行走。张伯伯听了很着急，因为要错过春节民风民俗的拍摄时机。社会工作者了解情况后，一方面安抚张伯伯的情绪，另一方面联系社区医院协助其康复训练。同时，社会工作者还联系社区服务机构为张伯伯提供居家和送餐服务，并发动社区老年志愿者轮流上门陪其聊天，上述社会工作服务属于(　　)。

A. 个体康复　　B. 社区照顾　　C. 健康服务　　D. 长期照顾

19. 某社区老年服务中心新近推出了“温馨夕阳”服务项目，主要是为社区独居、残疾

和困难老人提供送餐、洗衣和家居清洁等服务。该项目提供的是(　　)服务。

A. 生活保障　　B. 健康健全　　C. 居家养老　　D. 日托照料

20. 社会工作者李珊珊要为其所负责的社区内的低龄老年人设计一个服务项目，运用艺术治疗方法为老年人开展有益身心的治疗性服务。在活动的设计上，她应选择(　　)。

A. 有趣味性的活动　　B. 具有启发性的活动

C. 有一定竞争性的活动　　D. 有益于老人健康的简单活动

21. 王婆婆与小儿子夫妇共同生活。因工作繁忙且经常出差，小儿子夫妇俩便请了保姆帮忙照料老人。社会工作者前去探访，发现王婆婆的房间十分零乱，散发出难闻的味道。王婆婆在床上，嘴唇干裂，床头柜上摆放着好几瓶药，床边还放着尿盆，她反复地说：“活着真受罪”。保姆说，王婆婆几周前因洗澡不慎滑倒，造成骨折，一周前出院回家静养。上述情况表明，王婆婆目前生活存在的风险因素是(　　)。

A. 身体虐待　　B. 情感虐待　　C. 他人疏于照顾　　D. 自我忽视

22. 社会性别关系的微观基础是(　　)。

A. 生产发展领域中的性别关系　　B. 社会领域中妇女角色的扮演

C. 社会性别中男女两性的差异　　D. 家庭领域中的性别关系

23. 在目前的现实生活中，女性常以家庭为中心，男性则以工作和社会活动为中心，形成了“男主外女主内”的分工模式。这主要是由(　　)造成的。

A. 男女两性的合理分工　　B. 男女两性各取所长的分工

C. 社会性别影响下的两性分工　　D. 生理性别基础上的两性分工

24. 某纺织厂根据女职工多的实际情况，出台了相关措施：设置哺乳室，方便女工给孩子喂奶；调整怀孕女工工作岗位，减轻劳动强度，保证工资待遇；由工会出面慰问哺乳期女工。这些措施满足了妇女(　　)的需要。

A. 自我发展　　B. 特殊保护　　C. 自我实现　　D. 性别公正

25. 某社区公益组织承接了妇联委托的反家庭暴力项目，为受暴妇女提供社会工作专业服务。在与服务对象建立信任的基础上，社会工作者正确的做法是(　　)。

A. 将受暴妇女问题个人化

B. 分析受暴妇女行为与暴力重复的因果关系

C. 接纳受暴妇女描述的问题而不是责怪她们

D. 协助受暴妇女在家庭和个体角色间取得平衡

26. (　　)的目的是通过社会工作者和妇女之间的共同合作，让妇女有能力认识到自身的真实处境，引发她们对形成这种境况的社会因素进行思考，寻找解决的途径，并且通过采取具体的行动来改善处境。

A. 妇女自决　　B. 妇女赋权　　C. 妇女干预　　D. 性别视角

27. 2008年，小李在某城市建筑工地劳动时，不慎从脚手架上失足摔落致残，他向社会工作者求助以维护自身的合法权益。此时，社会工作者首先应该(　　)。

A. 要求建筑工地负责人给予适当赔偿

B. 协助小李和相关部门处理好工伤的认定问题

C. 要求小李的家属前来协助介入

密　封　线　内　不　要　答　题

密 封 线 内 不 要 答 题

D. 按照医疗机构的诊断证明进行预估

28. 老王，腿部残疾，行走不便，从日常生活开销到照料都靠家人帮助，很少与外界接触。在照顾老王的过程中，家人感到缺乏社区的理解与帮助。针对老王遇到的困难，社会工作者可提供的综合性服务是(　　)。

A. 赠送轮椅和支具　　B. 协助家庭改造起居环境
C. 开展残疾人文化娱乐活动　　D. 建立社区支持网络

29. 根据《社区矫正对象考核奖惩暂行办法》，社区社会工作站在学习和研究基础上为矫正对象开展了“当新人、做好事，多加分”的宣传服务活动，同时还要求社会工作者在服务开展过程中注意收集活动反馈信息，总结经验，以促进社区矫正制度的不断完善。上述工作采用的是(　　)方法。

A. 社区社会工作　　B. 社会工作行政
C. 社区综合治理　　D. 社会工作研究

30. 社区矫正对象阿兰在监狱服刑8年后获假释回到社区，她对周围环境感到很陌生，常常觉得周围居民对她指指点点，内心十分自卑。一天，她到街道申请办理劳动手册，工作人员说她的申诉材料不全不予办理，她觉得工作人员是刁难她，于是大吵一场，并当场撕毁了申请材料。事后社会工作者对阿兰开展了个案辅导，帮助阿兰意识到冲突事件反映出她较低的自我评价。经过多次面谈，阿兰逐渐调整了自我认识，能理性地处理事情了。本案例中，社会工作者进行的个案辅导是以(　　)理论为基础的。

A. 优势视角　　B. 标签　　C. 心理分析　　D. 认知

31. 小强数月前因与人发生冲突，造成对方重伤致残而被拘押和起诉，成为社会工作者大刚的服务对象。在小强案件的审理过程中，作为社会工作者的职责之一，大刚应向法庭提交犯罪嫌疑人的(　　)。

A. 法庭审判方案　　B. 个案会谈笔录
C. 背景调查报告　　D. 犯罪事实记录

32. 社区矫正对象徐某因故意伤害罪被判缓刑3年。他从小生长在离异家庭，奶奶将他一手抚养长大，百般宠爱，徐某逐渐成了一个事事以自我为中心，行为偏执、冲动、任性的“小霸王”。矫正初期，无论社会工作者怎样努力，徐某总是沉默不语，消极抵触。但社会工作者并没有放弃，从生活琐事开始，真心实意地关心徐某，渐渐地，徐某开始对工作者产生了信任。本案例中，社会工作者坚守了(　　)的社会工作价值理念。

A. 接纳　　B. 保密　　C. 个别化　　D. 非评判

33. 阿丽新婚不久，因挪用公款被判缓刑，失去了奋斗多年获得的财务主管职位，成为矫正对象，她痛苦万分，情绪低落，沉默寡言，闭门不出。社会工作者在对阿丽的辅导中，不仅帮助她重新认识自己，还为她收集了很多就业信息。阿丽调整了心态，终于又找到了一份工作，开始了新生活。本案例中，社会工作者的专业服务主要满足了矫正对象(　　)的需要。

A. 基本生存　　B. 教育保护　　C. 家庭生活　　D. 再社会化

34. 小林今年21岁，职校汽车修配专业毕业，父母离异后，跟奶奶一起生活，他很重义气，结交了一些社会上的朋友，平时常出入娱乐场所，曾有吸食毒品的不良记录。今年年初，小林因犯抢劫罪被判有期徒刑3年缓刑3年，社会工作者多次与小林面谈辅导，逐渐建立了良好的专业关系，经过反复讨论和协商，社会工作者与小林共同制订了个案管理服务计划，在社会工作者的监督、管理和帮教下，小林的生活方式有了较大改变，还和朋友一起开办了一间汽车修理铺。本案例中，社会工作者主要是通过(　　)的方法，较好地提供了个案服务。

A. 有重点、分步骤地制订矫正工作计划
B. 协调多部门、多机构提供整合性服务
C. 发掘矫正对象潜能和参与问题解决
D. 发展特殊教育和职业技能培训

35. 部分复员退伍军人在新安置的工作岗位上感到社会再适应的压力，存在焦虑、愤怒、抑郁等情绪。针对这种情况，社会工作者首先应为他们提供的服务是(　　)。

A. 联系相关部门，协商安置措施　　B. 整合社会资源，开发就业岗位
C. 搭建信息平台，开展就业指导　　D. 进行心理辅导，协助社会适应

36. 社会工作者小高在走访中发现，一些军休干部从指挥千军万马的将军到褪下军装的平民，很难适应社会角色的转变，情绪低落。经过认真筹划，小高为军休干部开办了一个“有为老年”主题小组，帮助组员分享离休生活的感受，并倡导组织了“夕阳红”志愿服务队。在担任校外辅导员、奥运志愿者的过程中，军休干部们重新找到了生活的意义。在小高开展的服务中，特别关注了(　　)要素对军休干部的意义。

A. 物质　　B. 组织　　C. 精神　　D. 服务

37. 曾多次荣立一等功的战斗英雄汪某，因公负伤造成高位截瘫。现在只能终日躺在荣誉军人康复医院的病床上，情绪日渐低落，行为退缩，“生命无意义感”越来越严重。为协助汪某找到当下生命的意义，下列工作方法中，最有效的是(　　)。

A. 疏导汪某的消极情绪　　B. 矫正汪某的退缩行为
C. 以过去的经历来建构其生命的意义　　D. 为汪某提供医疗照顾

38. 张先生因伤残而退伍，被安排到残联工作。他工作非常认真负责，但每当遇到困难时就会发脾气，认为身体的残疾是自己做不好工作的原因。社会工作者小欣还了解到，张先生伤残退伍后，内心非常焦虑，认为这辈子完了，因此他工作中不愿与同事交流，生活中独来独往。鉴于张先生目前的状况，小欣首先应解决其(　　)问题。

A. 身体康复　　B. 非理性信念　　C. 沟通技巧　　D. 工作技能

39. 基本生活救助是社会救助的核心内容。下列社会工作服务中，不属于基本生活救助的内容是(　　)。

A. 协助申请最低生活保障金
B. 挖掘就业资源，提供就业机会
C. 参与社会救助政策的制定、实施与评估
D. 协助救助对象加入城镇企业职工基本养老保险

40. 某社会工作者鼓励救助对象参与社区活动，为社区的发展献计献策，并在救助对象中发现和培养了骨干来关心和帮助其他救助对象。社会工作者这种做法产生的

作用是(　　)。

A. 改善救助对象的生活环境　　B. 发展壮大社区志愿者队伍

C. 提高社区居民的参与率　　D. 促进救助对象的能力建设

41. 某社会工作服务队，在震后的一个临时板房社区开展救助服务，他们根据居民的需要和特点，引导青年人成立了“手拉手服务队”，在社区开展志愿服务。另外，他们还组织居民开展了“缘来一家人”的系列社区活动，使新社区的邻里关系有了较大改善，社区面容大为好转。在此过程中，社会工作者以社区为基础推动的救助措施属于(　　)。

A. 制定灾区救助政策　　B. 建立社区支持网络

C. 整合驻区单位资源　　D. 发挥社区社会组织的力量

42. 小磊在过 13 岁生日时，因和朋友玩得太高兴而整夜未归。为此，他与父母爆发了严重冲突，从寄宿学校逃到省城，在车站一带露宿了一个多月，并结交了一些不良青少年。社会工作者发现小磊后，将他送回家。在救助社会工作中，小磊属于(　　)类型的服务对象。

A. 受虐儿童　　B. 问题儿童　　C. 特困儿童　　D. 流浪儿童

43. 在某社区，社会工作者针对低保家庭的孩子开展了一系列小组活动，小组活动结束时，有的孩子对社会工作者表现出强烈的依赖，对分离显得十分伤感和失落。面对这种情况，社会工作者首先需要(　　)。

A. 找另一位社会工作者替换自己

B. 尽快结束工作，避免孩子们的负面情绪相互影响

C. 确立一个新的主题活动，转移其注意力

D. 及时处理孩子们的情绪问题

44. 张先生是成功的企业管理者，妻子是中学教师，家庭生活其乐融融。独生女儿乖巧聪明，学习成绩优良，去年高中毕业，以优秀成绩被国外某大学录取，张先生和妻子都非常高兴，但女儿离开后，妻子便开始不安，担忧女儿是否习惯异国他乡的生活，面对空落落的家愈感寂寞，常常流泪，还时常与丈夫争吵，在家庭辅导中，社会工作者帮助张先生夫妇学习适应女儿离开后的生活，并调整各自的家庭角色，本案例中，社会工作者是以(　　)理论为基础开展家庭辅导的。

A. 生态系统　　B. 家庭系统　　C. 家庭生命周期　　D. 家庭结构

45. 家庭结构图是社会工作者在家庭评估中经常运用的重要工具，它用图形方式来显示家庭的内在结构，家庭成员之间的关系，以及(　　)。

A. 家庭内部的压力　　B. 家庭内部的资源

C. 家庭的重大事件　　D. 家庭与环境的界限

46. 老李半年前把孩子从农村转到城里读小学，为了能支付孩子的学习和养家费用，老李白天在建筑工地工作，晚上给工地看大门，非常辛苦，时常因家庭琐事与孩子争吵。最近老师反映，孩子在学校不遵守课堂纪律，随地吐痰，老李批评了他，他还与老李顶嘴，这令老李既生气又伤心，无奈之下，求助了社会工作者。针对老李家的情况，为了改变孩子的行为，社会工作者宜开展(　　)。

A. 家庭行为学习　　B. 家庭心理健康教育

C. 家庭支持　　D. 家庭情绪管理

47. 3 年前父亲因病去世后，小丽与母亲相依为命。小丽学习很认真，但学习成绩一直不是很好，小丽的母亲花了很多时间辅导小丽，仍不见效果，母女俩都很着急，便向社会工作者求助。社会工作者小丁与小丽及其母亲一起分析情况，讨论提高小丽学习成绩的可行方法，小丁让小丽的母亲看到，小丽虽然在学习新知识时，领会和理解较慢，可是她一旦理解后就能很好地掌握，以此来增强母亲对小丽学习的信心。社会工作者进一步指出，母亲也应培养小丽独立思考和自主学习的能力，在小丁的服务中，突出体现了家庭社会工作中的(　　)原则。

A. 家庭处境　　B. 帮助家庭成员增能

C. 家庭个别化　　D. 满足家庭成员需要

48. 小华今年 12 岁，从小体弱多病，父母非常关注他的饮食，对他百般呵护，不但接送他上学，陪他做功课，晚上还给他洗脚。在学校，小华常因打扫卫生等事与同学发生摩擦，同学嫌他做事“笨”，都不愿与他分在一组做值日，因此小华提出不想去上学了。上述情况，社会工作者应帮助小华(　　)。

A. 培养学习习惯　　B. 改善人际关系

C. 培养独立能力　　D. 改善健康状况

49. 小峰的爸爸因为打架伤人而被判刑入狱，母亲离家出走，把小峰扔给了仅靠微薄的退休金生活且年老体弱的爷爷奶奶，班主任张老师发现小峰最近常闷闷不乐，神情恍惚，希望学校社会工作者小朱给予帮助。当小朱第一时间第一次与小峰见面时，针对此类服务对象的特性，他应采取的恰当表达是(　　)。

A. “张老师让你来找我，以后每个星期五下午我在这里等你”

B. “张老师让你来找我，我很想听听你自己的想法。”

C. “张老师让你来找我，你自己觉得有没有问题?”

D. “张老师让你来找我，让我们现在开始讨论你的问题吧。”

50. 处于青春期的小亮最近学习遇到困难，常常不能控制自己的暴躁情绪，不是摔东西就是与父母吵架，有时甚至离家出走，整天泡在网吧。社会工作者与小亮面谈后，共同确定了帮助小亮的工作目标，即学习情绪管理方法并改善学习状况。社会工作者对小亮进行情绪管理辅导的起点是(　　)。

A. 学会认识和辨别情绪　　B. 规避情绪暴躁的负面影响

C. 学习正确控制情绪方法　　D. 防止情绪暴躁造成的后果

51. 社会工作者小张为了鼓励居民参与社区活动，对居民参与态度和参与能力进行了调查，提出下列观点，其中错误的是(　　)。

A. 居民参与社区活动需要时间和经费的保证

B. 居民参与社区活动需要具备参与知识和技巧

C. 居民参与社区活动主要受环境因素的影响

D. 居民愿意参加与自身利益相关的社区活动

52. 某社区社会工作者在寒假期间，筹划开展了“七彩假日”活动，组织青少年参加“社区公益课堂”、“社会实践快乐成长”、“迎新年才艺展示”等一系列丰富多彩的活动，有 12 名孩子在争当“文明小使者”、“环保小卫士”活动中被评为“社区七彩之星”。从社区教育的角度看，上述活动属于(　　)。

A. 公民教育　　B. 健康教育　　C. 补偿式教育　　D. 控制式教育

密封线内不要答题

53. 某社区根据政府“居家养老”政策的要求，策划“老人饭桌”项目，为社区内老人提供送餐服务。在服务项目策划中期，社会工作者应做的工作是(　　)。
A. 了解服务对象需求　　B. 征求社区居民的意见
C. 评估工作人员的素质和能力　　D. 设计服务项目的评估方法
54. 某小区不少居民反映社区中缺少无障碍通道设施，造成坐轮椅的老年人和残疾人出入困难。为了解社区居民的需求，社会工作者召开居民代表座谈会。居民代表们在座谈会上反映：除了缺少无障碍通道，社区还存在其他问题，如路灯时常坏了未能及时修理；垃圾箱太破，垃圾常常倒得满地，影响环境卫生；社区内道路地面坑洼，时常积水影响居民外出。代表们反映出的是居民的(　　)。
A. 表达性需求　B. 感觉性需求　C. 比较性需求　D. 规范性需求
55. 乐园社区有一些外来务工人员，主要从事社区服务业，社会工作者设计了小组活动，将他们与社区中的其他居民组织在一起帮助他们建立联系。这种社区工作方法主要侧重于(　　)。
A. 居民参与的增强　　B. 社区管理的改进
C. 互助网络的建立　　D. 生活环境的改善
56. 医务社会工作是医疗卫生服务系统的有机组成部分。下列社会工作服务中，不属于医务社会工作内容的是(　　)。
A. 对患者进行心理社会评估　　B. 医疗事故进行鉴定
C. 对患者和家属进行情绪疏导　　D. 绝症患者提供临终关怀
57. 9岁的小芹患上了影响正常呼吸的的神经炎症，严重时需要呼吸机帮助呼吸，目前入住医院的重症监护室，在一段时间内父母不能探望。医护人员反映，小芹以为父母不要她了，不配合治疗。父母向社会工作者求助，下列做法中，对小芹来说最合适的是(　　)。
A. 购买礼物送给她　　B. 转达父母对她的问候
C. 请父母写信给她　　D. 请父母参加，支持小芹
58. 从互动主义学派来看，医患的接触会因目标和利益的分歧而引发相互之间的冲突。下列关于医患关系的说法，正确的是(　　)。
A. 医患关系的矛盾都是可以避免的
B. 化解医患矛盾的核心是医患之间的有效沟通
C. 医务社会工作者扮演专家的角色更利于处理医患关系
D. 解决医患关系首先需要提高医务社会工作者的业务能力
59. 医务工作者小杨为即将出院的丁奶奶制订出院计划，小杨首先要做的工作是(　　)。
A. 为丁奶奶做全面的评估　　B. 为丁奶奶制订营养辅助服务方案
C. 协助丁奶奶与医疗保险公司沟通　　D. 为丁奶奶制订出院后的医疗方案
60. 某小区有几位精神疾病患者，病情多次反复，照料他们的家属感到精力交瘁。医务社会工作者小李通过走访了解到，家属们普遍感觉到自身照顾患者的能力和技巧不足，希望获得帮助。小李将他们组织起来，开展小组活动，一同分享体会学习照料技巧，建立相互支持。这类小组属于(　　)。
A. 心理教育小组　　B. 家庭治疗小组
C. 家庭支持小组　　D. 家庭互助小组

得　分	评卷人

二、多项选择题(共20题，每题2分。每题的备选项中，有2个或2个以上符合题意，至少有1个错项。错选，本题不得分；少选，所选的每个选项得0.5分)

61. 两年前，张先生离婚后与儿子一起生活，他心灰意冷，多次拒绝朋友为其介绍女友。忙于生意的他很少有时间与上初二的儿子在一起，父子俩偶尔在一起时，他总是教训儿子，儿子却不买账。为帮助张先生重树自信，改善与儿子的关系，社会工作者为张先生进行了辅导。在结案会谈中，张先生表达了对能否处理好与儿子的关系以及重建新生活的担忧，社会工作者回应道：“两个月来您一直在努力，而且已取得了非常大的进步，我真为您高兴。儿子现在开始愿意与您交流了，交往的新女友与您儿子的关系也不错。继续坚持下去，相信您有能力面对生活中的困难和问题。需要时，您还可以来找我。”社会工作者这样做的目的在于(　　)。
A. 通过指明和强调张先生的进步来增强其自信
B. 通过指明和强调张先生仍存在的问题督促他改变
C. 鼓励张先生保持在助人过程中取得的进步
D. 鼓励张先生保持与女友的关系
E. 鼓励张先生自己独立解决问题
62. 玲玲今年12岁，3年前随父母来到城里，父母忙于打工维持生计，基本上无暇照料玲玲及其妹妹的生活与学习。某日，玲玲在租借的房屋内做功课，受到邻居的性侵害和威胁，玲玲变得惊恐不安，不肯出门，母亲发现后向社会工作者求助。针对玲玲的情况，社会工作者进行辅导的主题应包括(　　)。
A. 了解受害经历，安抚稳定情绪
B. 协助进行身体检查、取证与治疗
C. 联系相关部门，协同保护服务对象
D. 制裁施暴者，宣传教育群众
E. 定期进行心理辅导，建立社会支持系统
63. 小强半年前跟随父母从农村来到城市读书。由于城乡学习条件的差距，小强很难适应新的学习环境，面临很大的学习压力，性格变得越来越沉默，不愿与同学交往，还时常受到老师的批评。社会工作者小刘评估了小强的情况后，决定对小强除了进行个案辅导之外，同时在宏观层面开展相关服务。小刘可以开展的宏观服务包括(　　)。
A. 心理辅导　B. 课业辅导　C. 法规倡导　D. 政策研究
E. 家庭辅导
64. 临终关怀服务中，社会工作者常用音乐、讲故事等方法来帮助临终老人家庭照顾者。这种方法可以发挥的作用包括(　　)。
A. 为老人缓解疼痛　　B. 为老人提供社会支持
C. 为家庭照顾者缓解承担责任　　D. 为老人缓解心理压力
E. 为老人实现最后的心愿

65. 性别视角的妇女社会工作的主要特点有(　　)。
A. 关注妇女的多样性　　B. 尊重和倾听妇女的声音和经验
C. 理解和接纳妇女的现实处境　　D. “个人的即社会的”
E. 注重本土妇女工作经验的总结和提炼

66. 李娟，初二学生，学习成绩在班里属于中等水平。一直以来父母对她管教都非常严厉，但是教育手段非常单一，每每李娟考试成绩不好，父母只会打骂，造成现在李娟对父母敬而远之，内心既脆弱也孤单。最近她认识了没有稳定工作的小张，并逐渐喜欢上他，于是李娟开始逃课跟小张约会，经常不完成作业，有时甚至彻夜不回家。父母对她加强了管束，而李娟却起了离家出走的念头，打算和小张到另外一个城市一起生活。父母对此很无奈，只能向社会工作者求助。针对李娟的情况，社会工作者可以采取的介人策略有(　　)。
A. 批评李娟的想法和做法
B. 与李娟的父母沟通，建议他们改变教育方式，同时倾听李娟的内心想法
C. 与李娟的男友交流，建议其男友劝说李娟端正自己的学习态度
D. 对李娟进行心理疏导，使其明白现阶段对于她来说，学习是最重要的
E. 与李娟的老师、同学进行沟通，使他们在平时的生活和学习中多跟李娟交流、沟通，使李娟感到集体的温暖

67. 社会工作者张丽主要从事青少年社会工作，则她针对青少年的改变及发展性需要，可以开展的各类小组有(　　)。
A. 娱乐小组　　B. 教育小组　　C. 服务小组　　D. 自助小组
E. 交朋友小组

68. 小沈是一名负责优抚安置工作的社会工作者，机构要求他前去移交一名军休干部，那么他的工作应包括(　　)。
A. 审定安置计划　　B. 落实住房建构经费
C. 负责住房保障　　D. 办理移交手续
E. 安置家属

69. 李然今年15岁，父亲由于实施入室盗窃被拘押，而母亲没有固定工作，整天不说话。李然暂时由爷爷、奶奶照顾，但爷爷、奶奶本来身体就不好。老师发现他最近课堂上经常走神，班主任求助学校社会工作者小范。作为学校社会工作者，小范要考虑从(　　)方面入手。
A. 开发李然的潜能
B. 情感支持
C. 发展支持系统
D. 运用社会资源协助家长解决子女照顾问题，缓解经济问题
E. 学校社会工作者可以和学生的老师、家长以及同学多方联系，请求他们的协助，来帮忙共同解决小范的问题

70. 社会工作者小王接待的来访案主因为家庭暴力苦不堪言，小王在与其进行一对一面谈时有可能用到的技巧有(　　)。
A. 试探　　B. 沟通　　C. 倾听　　D. 接纳
E. 主动介绍自己

71. 某社区有很多正在读小学的孩子，他们都是外来务工人员子女，平时父母的工作较忙，没有太多时间来关心和照顾他们。据民工子弟学校的老师反映，有一部分孩子的学习成绩越来越差，平时不注意听讲，回到家后就聚在一起玩，也不能按时完成作业。学校社会工作者小刘了解情况后，可以开展的介入工作包括(　　)。
A. 家庭工作　　B. 政策倡导　　C. 行政工作　　D. 个案工作
E. 小组工作

72. 在社区残疾人工作中，社区康复的根本指导原则包括(　　)。
A. 因地制宜的原则　　B. 因陋就简的原则
C. 因势利导的原则　　D. 社会化的工作原则
E. 康复对象及其家庭积极参与的原则

73. 社会康复是残疾人社会工作的主要方法，针对残疾人的社会康复方案主要有(　　)。
A. 考虑残疾人康复后应有的基本医疗设施
B. 家庭照顾方案的实施
C. 提高残疾人的就业能力
D. 提供职业培训和特殊教育的机会与条件
E. 开展一切必要的和可能的社会服务项目

74. 矫正社会工作对非监禁罪犯实施监管可以达到(　　)等目的。
A. 通过定期汇报的规定对犯罪行为做一定补偿
B. 通过监管预防其再犯罪
C. 重新融入社会
D. 通过不可随意离开居住地的规定对犯罪行为做一定补偿
E. 家庭关系调适

75. 为矫正对象提供的基本生存条件主要有(　　)。
A. 最低生活保障　B. 卫生医疗待遇　C. 有效就业　　D. 住房条件
E. 经济收入

76. 家庭生活教育属于改善亲子关系的服务活动，它可以(　　)。
A. 提高困难家庭应对生活困境的能力
B. 促进家庭成员之间的人际关系的协调
C. 维护家庭的稳定与和谐
D. 提高家庭成员的生活质量
E. 增强家庭的社会功能

77. 赵涛是一名初二的学生，一个月前因为父亲工作调动全家搬迁至另一个城市，同时将他转入现在就读的中学。由于到了一个全新的环境，周围没有一个熟悉的朋友，赵涛很不适应。经常会逃课去网吧玩游戏，气愤的父亲为此动手打了他，对于父亲的管教他不但不听，反而变本加厉，无奈的父亲只能求助于社会工作者小芹。在小芹的做法中，没有运用家庭层面社会工作方法的是(　　)。
A. 对赵涛进行心理辅导，帮其戒除网瘾
B. 鼓励赵涛参加青少年自我认知小组，增强他对自己的肯定

密封线内不要答题

密封线内不要答题

C. 鼓励赵涛多参加班级的集体活动，加强他与同学的沟通
D. 与赵涛的老师进行沟通，请老师帮助赵涛
E. 改善赵涛与父亲的沟通方式，让赵涛的父亲学习正确处理家庭冲突的方法

78. 小安读小学三年级，父亲在狱中服刑，母亲没有什么文化，靠打零工挣一些家用，母亲微薄的收入难以支付小安继续读书的费用。学校社会工作者小梁了解情况后，可以从(　　)等方面为小安提供帮助。
A. 挖掘社会资源　B. 情感支持　C. 开发学生潜能　D. 学校宣传
E. 发展支持系统

79. 陶非是一名高三的学生，因为临近高考，使他感觉心理压力很大，对于父母关心的询问会很烦躁，而每次学校测验的成绩也让他情绪很不稳定。对于陶非的这种情况，社会工作者叶林对他进行情绪管理的辅导，可以使陶非(　　)。
A. 提高学习成绩　B. 能够辨别情绪
C. 懂得掌控情绪　D. 正确处理情绪
E. 增强心理承受能力

80. 对于长期慢性病患者的家庭医疗，医务社会工作者可以采取的正确做法是(　　)。
A. 制订出院计划　B. 拟订服务的具体计划
C. 拓展有效的转介程序　D. 给予家庭照顾者必要的关怀和支持
E. 评估长期慢性病患者及其家庭的需求

答案及详解

一、单项选择题(共 60 题，每题 1 分。每题的备选项中，只有 1 个最符合题意)

1. D　**【考点】**接案的含义

【解析】接案是社会工作助人活动的开端，是社会工作者与潜在服务对象开始接触，了解其需要，帮助其逐渐成为服务对象并接受社会工作服务的过程，也是社会工作者与潜在的服务对象通过沟通达成共同解决问题初步协议的整个助人过程的开始。

2. B　**【考点】**预估的基本步骤与过程

【解析】预估的基本步骤与过程为：①探究服务对象的情况、问题与需要；②分析服务对象的资料并做出预估摘要。其中，分析资料和做摘要的步骤如下：①对服务对象的问题与需要做出解释；②列出解决问题的目标及先后次序；③决定介入的策略；④撰写预估摘要。

3. C　**【考点】**社会工作者在制订服务计划时关注的对象

【解析】计划是一个理性思考及作决定的过程。计划不仅要详细说明介入目标，而且要列明介入工作所关注的问题和对象。其中，社会工作者制订服务计划时所关注的对象是指介入行动要改变的人和系统，包括家庭、群体、组织和社区，它是整个介入工作的核心焦点。

4. D　**【考点】**个案管理

【解析】个案管理又称照顾管理或服务管理，是指专业人员为一个或一群服务对象协调整合一切助益性活动的一种程序。这种程序使得来自相同或不同福利及相关机构中的各个工作人员能彼此沟通协调，以专业的团队合作方式提供服务对象所需之服务，并扩大服务的效果。题中，大志为帮助小希能够顺利入学，先后征求了临床专家和心理学家等专家的意见，并与学校进行沟通，采用的是个案管理的方法。

5. A　**【考点】**社区工作结案阶段社会工作者的任务

【解析】安排结案时，社会工作者应鼓励服务对象自己独立解决问题，并肯定他们有能力这样做。但服务对象可能会怀疑自己是否能够将学习到的东西用于应对其他问题，此时社会工作者要努力使服务对象相信他们有这个能力，并通过表达这种信息来支持服务对象的努力，以强化他们的信心。

6. D　**【考点】**对受虐儿童的社会工作介入方法

【解析】对受虐儿童的辅导是儿童社会工作介入的第一步，它优先考虑的是儿童的安全，进而协助儿童沟通及表达他们的感觉。除此之外，社会工作者还须与家庭、学校、医院、司法部门、公安部门、儿童和青少年保护机构以及社区有关力量或社会资源密切配合起来，对受虐儿童予以积极的介入。题中，小明经常遭到父亲的打骂，并想要离家出走，在这种情况下，缓解其焦虑，并联系儿童保护中心提供庇护，是社会工作者应该做的。

7. D　**【考点】**社会工作者的特殊角色

【解析】社会工作者在专业活动中，担当着多种角色。如服务提供者、支持者、教育者、中间人、调控者等。在儿童社会工作实务中，社会工作者还有一个特殊的角色：保护者。社会工作者要从保护社会的未来的角度，运用自身的专业知识和掌握的资讯，联络有关部门共同抵制侵害儿童权益的事件，无论这种侵害是来自于家庭外部，还是直接来自于儿童的抚养人。

8. C 【考点】儿童的心理特点

【解析】可塑性是指儿童的心理成长，很大程度上取决于其所处的环境，包括社会环境和抚养环境。因此，对这些环境中的要素进行调整，将在一定程度上影响儿童的心理成长。

9. C 【考点】儿童社会工作的类型

【解析】儿童社会工作的类型主要包括：①支持性儿童福利服务；②补充性儿童福利服务；③替代性儿童福利服务；④儿童保护服务。其中，补充性儿童福利服务的对象是父母亲职能力不足的儿童及其家庭，内容主要包括：①为经济困难家庭连接资源，为儿童提供经济补助；②为时间和精力不足的父母提供托育服务；③为新生儿及其父母提供健康育儿资讯和技能培训服务。这类服务的目的是通过弥补父母亲职能力的不足，改善父母的亲职状况，以满足儿童成长的需要。题中，社会工作者针对留守儿童存在的问题，写了两份提案，采用了补充性儿童福利服务。

10. C 【考点】对受虐儿童的社会工作介入方法

【解析】对受虐儿童的辅导是儿童社会工作介入的第一步，它优先考虑的是儿童的安全，进而协助儿童沟通及表达他们的感觉。题中，社会工作者在开展个案辅导中发现小军的面部及手臂有多处淤青，应首先确认小军是否遭到了身体虐待，如体罚、责打，以保障小军的基本生存与发展。

11. C 【考点】儿童辅导的游戏治疗模式

【解析】由于儿童年龄较小，许多困惑或遭受的伤害难以用语言表述出来和表达清楚。针对儿童的身心特点和年龄特点，可以运用游戏治疗模式进行儿童辅导。游戏治疗包括：①想象互动游戏治疗，如画图、捏黏土、讲故事。②沙盘游戏治疗。其中，沙盘游戏疗法的基本特点是强调创造过程本身的自发性和自主性；其本质特征是充分利用非言语交流和象征性意义；其基本原则在于，它最大限度地给人们以想象的自由，允许人们精心构造和发展自己头脑中任意驰骋的各种主题。题中，绘画、布娃娃游戏属于想象互动游戏治疗，其特点是注意游戏过程的象征性意义，通过游戏了解孩子的感受和想法。

12. C 【考点】青少年时期身心社会和文化方面的状态

【解析】青少年是由儿童世界转向成人世界的过渡期，是个体从不成熟转变至成熟的发展阶段，在这个阶段中连接着不成熟与成熟的两个自我阶段，因此也是人生发展直线上的一个蜕变、转折、转型或转换期。根据艾德沃特对青少年时期身心状态的描述，在人际层面，青少年开始由父母转至同辈，增加对同辈及成人的亲密度，因此会开始关注与同辈的交往。

13. D 【考点】群体层面社会工作方法的应用

【解析】社会化小组的目的是改变组员的态度和行为使其更易被社会接受、发展基本的社会技巧、增强自信心、为将来制定发展规划等。该类小组领袖常常由社会工作者担任，他们要有较强的运用小组的技巧和知识来促进个人成长和转变。题中，张莉所设计的“职业生涯规划”小组属于社会化小组的类型，同时其为社会工作者，因而，张莉扮演的角色是领导者。

14. B 【考点】预防性青少年社会工作的主要内容

【解析】预防性青少年社会工作主要内容包括：①改善青少年家庭生活环境，为青少年家庭提供服务，提供青少年父母亲职教育机会，以增进父母教导青少年的技巧；②改善青少年学校生活环境，加强学校对不适应学业之学生的学业辅导、技艺训练、发展补充性课程及相应活动；③改善青少年社区生活环境，加强社区各组织在青少年社会工作中的合作，整合各类社区资源，为青少年发展提供良好的社会支持；④探索建立学校、家庭、社区良性互动的青少年社会工作服务模式；⑤倡导有效的青少年服务和发展政策等。AD两项属于发展性青少年社会工作；C项属于治疗性青少年社会工作。

15. D 【考点】青少年社会工作的服务原则

【解析】青少年是一个充满活力的群体，青少年社会工作必须遵循以下原则，才能使专业服务产生效果：①尊重青少年的价值与尊严；②接纳与关爱青少年；③注重青少年的个别需求；④协助青少年具备适应社会变化不断成长的能力。题中，小李开展了如组织青少年兴趣小组、加强学校与家庭的沟通交流等一系列服务，遵循了协助青少年具备适应社会变化不断成长的能力的原则。

16. B 【考点】青少年社会工作服务计划设计的类型

【解析】青少年社会工作服务的计划设计分为社会问题取向和个人需求取向两种类型。其中，个人需求取向，主要是指服务方案的设计是回应服务对象的需要，因此在整个服务方案的策划过程中，社会工作者是发起者和推动者的作用，通过与服务对象建立关系，然后发动服务对象挖掘自己的需求，社会工作者和服务对象应共同收集各类服务信息，并在对各类信息进行分析的基础上形成符合服务对象需要的各类服务方案。题中，阿伟性格内向，几乎不与任何人来往，社会工作者要采用个人需求取向，引导阿伟挖掘自身需求，帮助阿伟摆脱当前困境。

17. D 【考点】“园艺模式”的工作重点

【解析】“园艺模式”的首要任务是满足老人未得到满足的需要，开发老人的能量和未得以实现的能力。它所提供的照顾是以人为本的，重点是老人的社会和情感要求。

18. B 【考点】老年人社区照顾的服务内容

【解析】老年人社区照顾的服务内容通常包括：咨询与转介、志愿者服务、代际融合、老年教育、老年休闲娱乐、老年就业、收入保障、营养与餐饮、健康照顾与生活安康、心理健康、出行、住房、个案管理、居家照顾、照顾人支持等。题中，社会工作者联系社区医院协助张伯伯康复训练，并联系社区服务机构为张伯伯提供居家和送餐服务，属于社区照顾的服务内容。

19. A 【考点】老年社会工作的社会支持网络

【解析】在老年社会工作的社会支持网络中，正式支持涉及贫困救助、生活照料、危机干预、老年人权益保障等多方面的内容。它依据的是老年社会保障、老年福

密封线内不要答题

密封线内不要答题

利与服务、老年卫生、老年文化教育和体育、老年人权益保障以及老龄产业等多方面内容的法律法规和政策。它为老人提供了基本的生活保障，特别是为老年人中的特殊困难群体提供了基本保障。题中，为老人提供送餐、洗衣和家居清洁等服务属于生活保障服务。

20. D 【考点】老年人的特点

【解析】老年人处于人生的最后一个年龄阶段，老化是其最显著的特点，开展老年社区工作时，要根据老人的特点设计活动方案，老年人的生理、心理、社会角色等方面的老化是该群体的主要特点。主要表现在：①生理老化，如在视觉、听觉、味觉、嗅觉、触觉等方面都会出现老化现象；②心理老化，即老年人个人的感官变化的过程，包括知觉、智力、解决问题、理解过程、学习及再学习过程、内驱力以及情绪等方面能力的降低，并由此而产生的反应迟缓现象；③社会角色变化，角色理论认为当个体经历老化过程所带来的变化时，他们会丧失象征中年的社会角色和社会关系。题中，在给社区老人设计活动方案时，应该选择有益于老人健康的简单活动，不要过于复杂，不宜具有激烈的竞争性，以便促进老年人的积极参与。

21. C 【考点】他人疏于照顾问题

【解析】他人疏于照顾是指主动或被动地未尽责满足老人身心健康的需要，包括未能充分满足老人在饮食、住所、穿衣、医疗照顾、身体保护等方面的需求。主要表现有：尽管安排了照顾老人的相关服务，但老人的个人卫生差、褥疮没有得到护理治疗、水分摄取不足或营养不良，以及缺乏适当的看管，老人的居住条件不安全或不卫生，导致老人的身体、情绪或心理方面的健康衰退。题中，虽然安排了专人去照顾王婆婆，但她的个人卫生差、缺乏适当的看管，居住的条件不安全、不卫生，可知其目前生活存在的风险因素是他人疏于照顾。

22. D 【考点】社会性别关系的微观基础

【解析】社会性别是指在一个特定社会中形成的对有关男性和女性的群体特征、角色、活动及责任等的观念。社会性别是由后天社会建构而成，在个人的社会化中以及社会制度中得到传递和巩固，它是一种社会关系，同时也是一种权力关系。家庭领域的性别关系既是社会性别关系的微观基础，也是社会性别关系的具体体现。

23. C 【考点】社会性别

【解析】社会性别是在人们的社会化过程中形成的，通过接受教育，男性和女性分别学习如何按照社会关于不同性别的要求和观念来规范自己的行为，以符合社会对有关男人和女人角色的定型。社会性别社会化的过程深深影响了女孩和男孩以及女人和男人的行为、态度和技能。传统的、定型的社会性别观念规定了男人和女人的不同的发展路径，而且男性优越于女性的性别定型认识阻碍了妇女的发展。因此，打破传统的社会性别定型认识，重新反思和认识社会性别，这对妇女的发展、男女平等的实现都具有深远的含义。

24. B 【考点】妇女生殖健康的需要

【解析】我国目前已基本形成了以《宪法》为依据，以《妇女权益保障法》为主体，包括《劳动法》《女职工劳动保护规定》《女职工禁忌劳动范围的规定》《关于女职工

生育待遇若干问题的通知》等法律法规在内的关于女性工作权利的法律保障体系，妇女“四期”特殊保护的需要得到法律保障。题中，出台的各项措施涉及到妇女的孕期、哺乳期，这是妇女独特的生理特征，是对妇女特殊的保护和照顾，满足了妇女特殊保护的需要。

25. C 【考点】针对妇女暴力的干预原则

【解析】针对妇女暴力的干预原则有：①接纳受害妇女描述的问题而不是责怪受害者；②尊重受害妇女的人格独立，提升她们的自信心；③关注受害妇女的安全；④与受害妇女建立信任、真诚的专业关系。

26. B 【考点】妇女赋权

【解析】妇女赋权是指使妇女个人感觉有一种自我控制的能力，尊重自己、充满自信，并且相信自己有能力改变现状的过程。其目的是通过社会工作者和妇女之间的共同合作，让妇女有能力认识到自身的真实处境，引发她们对形成这种境况的社会因素进行思考，寻找解决的途径，并且通过采取具体的行动来改善处境。即让妇女学会掌握生活空间，发展各种有利的动力，包括自我意识觉察（个人层次）、互助合作开拓资源与机会（人际层次）、摆脱或者改变受压迫的环境（环境层次）。

27. B 【考点】残疾人的政策咨询工作

【解析】意外伤害赔偿问题是残疾人的法律政策咨询中比较突出的问题之一。因各种意外伤害致残的人数与日俱增，伤残者中农民进城打工者占有很大比例。社会工作者在开展这类特殊服务时，首先要处理好工伤的认定问题，同时要适当进行转介服务，协助有关的调查工作。题中，社会工作者首先应该协助小李和相关部门处理好工伤认定问题。

28. D 【考点】社区康复模式

【解析】残疾人由于自身的特殊性，单靠自己的力量很难维持和恢复自身正常的生活，再加上社会转型和体制变革的冲击，使得他们在社会竞争中处于劣势，进一步加剧了残疾人的身心伤害，妨碍了残疾人享受社会权利与履行社会职责的能力。残疾人作为特殊的弱势群体，更需要广泛的社会支持，健全的社会支持网络对于残疾人身心功能的康复、正常生活的建立、自立能力的提升以及正常社会活动的参与，甚至自我价值的实现具有重要意义。D项，题中，“家人感到缺乏社区的理解和帮助”，所以应该帮助其建立社区支持网络。

29. B 【考点】社会工作行政在社区矫正中的运用

【解析】社会工作行政又称社会行政，是将社会政策变为社会服务的活动。从宏观上讲，既要将社区矫正的政策法规变成具体的针对矫正对象的社会服务，又要将服务经验上升到理论层面以影响政策法规的修订。题中，社区社会工作者既将社区矫正的政策法规变成具体的矫正对象的社会服务，又将服务经验上升到理论层面以影响政策法规的修订，采用了社会工作行政的方法。

30. D 【考点】认知理论

【解析】认知理论把关注的焦点放在促使人的行为的内心世界上，认为人的不良行为主要产生于认知上的错误或理性思维能力的缺乏，社会工作者的主要任务就是要帮助其获得对世界的正确认知或完善理性思考的能力，从而使行为能得到正确

的、理性的引导。题中，社会工作者帮助阿兰意识到冲突事件反映出她较低的自我评价，帮助阿兰逐渐调整了自我认识，这是以认知理论为基础的。

31. C 【考点】司法判决前的社会工作

【解析】矫正社会工作者在案件审理过程中的主要工作职责是通过与服务对象及其家属和周围社区的接触了解，写出一份有关服务对象背景的调查报告，提交法庭做审判参考。

32. A 【考点】矫正社会工作的基本价值理念

【解析】社会工作最基本的信念就是相信每一个人都有与生俱来的价值和尊严，而这种价值和尊严带给每一个人不可剥夺的社会权利。因此，社会工作者对待受助者的基本态度应该是接纳而非批判。社会工作者应该将受助者本身连同他过去的犯罪事实接受下来，然后才能以客观的体谅的心态，在平等的安全的气氛中与受助者深入讨论问题，选择解决问题的办法。题中，正是因为社会工作者坚守了接纳的价值理念，才使得徐某逐渐改变了态度，对社会工作者产生了信任。

33. D 【考点】再社会化的服务需要

【解析】矫正社会工作通过矫正计划措施的实施，促进服务对象恢复和重建其严重缺失的社会功能，成为社会正常的成员。社会工作者要在专业价值观指引下，运用社会工作的理论、知识和方法、技术，为服务对象及其家人，在审判、监禁、社区矫正、刑释或强制戒毒期间，提供思想教育、心理辅导、行为纠正、信息咨询、就业培训、生活照顾以及社会环境改善等方面的服务，使罪犯消除犯罪心理结构，修正行为模式，适应社会生活。题中，阿丽成为矫正对象后，痛苦万分，情绪低落，在社会工作者的帮助下，她重新认识了自己，调整了心态，找到了新工作，开始了新生活，满足了其再社会化的需要。

34. C 【考点】矫正对象的潜能发掘和自己解决问题

【解析】个案工作方法在社区矫正中的运用需要注意的问题之一是要着眼于服务对象的潜能发掘和自己解决问题，切忌包办代替。矫正工作计划的目标是帮助服务对象恢复或重建通过正常途径获得社会资源的意识与能力。题中，社会工作者和小林经过反复讨论和协商，共同制订了服务计划，使生活方式有了较大改变，采用了发掘矫正对象潜能和参与问题解决的方法。

35. D 【考点】复员退伍军人安置社会工作的内容

【解析】复员退伍军人安置社会工作主要是在贯彻落实政策的同时，充分发挥社会工作行政的作用，积极获取社会资源，协助服务对象发挥社会功能、增强自我能力、实现角色转变、从容应对新的工作和生活环境。题中，针对部分复原退伍军人存在压力的情况，社会工作者需运用认知行为理论的视角帮助服务对象识别导致情绪不适和问题行为的有缺陷的思维模式，推进适应角色转变，提高其适应社会的能力。

36. C 【考点】优抚安置社会工作的内容

【解析】精神要素是优抚安置社会工作服务对象面临的主要心理和社会挑战。按照费希尔在观察和描述精神对于老人的重要性时总结的五个共同主题，社会工作者在为优抚安置对象提供社会工作服务时，要注意：①引导服务对象珍惜现在生活的重要性，包括欣赏时间的珍贵，以及真实地活在离开部队后的当下，“学习享受活着”；②引导服务对象找到往事的意义，重温旧时欢乐时光，肯定人生中积极经历，以曾经的军旅生涯经历来建构生命的价值；③引导服务对象直面自己的局限，坦然放下、接受生活中好的一面和不好的一面，接受自己独特的人生；④重新激活疏离的人际关系，寻求与自己、与他人的和解；⑤引导服务对象“拓展个人爱和同情的圈子”，力所能及地关怀他人、服务社会。题中，社会工作者小高开展的服务中，特别关注了精神要素对军休干部的意义。

37. C 【考点】光荣院社会工作的介入策略

【解析】光荣院社会工作的一个介入策略是人生回顾，它包含了引导服务对象找到往事的意义，重温旧时欢乐时光，肯定人生中积极经历，以曾经的军旅生涯经历来建构生命的价值。题中，汪某高位截瘫后，情绪低落，“生命无意义感”越来越严重，这种情况下，社会工作者要引导其找到往事的意义，以过去的经历来建构其生命的价值。

38. B 【考点】优抚安置社会工作中，认知和情绪问题的处理方法

【解析】优抚安置社会工作服务对象的身份阶层在社会转型中产生了前所未有的分化。由现职到离职、由军队到地方、由军人到老百姓，尤其是由健全人到残疾退役军人，在实现角色模式转换的过程中，由于对新旧角色认识不清、理解不一，往往造成心理失衡、角色失调、行为失范。对个人身份地位的敏感、焦虑、紧张、失落与无奈是优抚安置社会工作服务对象比较普遍的心态特征。运用认知行为理论的视角可以帮助服务对象识别导致情绪不适和问题行为的有缺陷的思维模式，推进适应角色转变。题中，张先生出现问题是由于他内心焦虑，认为自己一辈子完了的非理性认识造成的，因此社会工作者小欣首先应让其明白，不是他遭遇的事件而是个人的非理性信念造成了其情绪和行为上的困扰。

39. D 【考点】基本生活救助的主要内容

【解析】目前基本生活救助主要内容包括两个方面：①参与社会救助政策的制定、实施与评估；②以社区为基础推动生活救助各项政策的实施。主要包括：a. 提供物质帮助，以及一些服务支援，比如最低生活保障的申请、家庭调查、低保对象的日常管理等；b. 提供就业机会，为贫困家庭的发展和贫困个人的能力展示创造条件，使有劳动能力的低保对象逐步减少并脱离对社会救助的依赖。D 项，城镇企业职工基本养老保险属于社会保险。

40. D 【考点】社会工作者的主要任务——促进能力建设

【解析】社会工作者拓展救助对象参与社区发展的渠道，培养救助对象的社区参与意识，促进他们参与社区活动，并且协助他们为社区发展提出积极有效的建议。社会工作者还要积极发现和培养救助对象的骨干和精英人物，使贫困群体能自我教育、自我发展和自我管理。题中，社会工作者的做法促进了救助对象的能力建设。

41. B 【考点】受灾人员救助中的服务内容

【解析】自然灾害发生后，受灾地区的社会结构和社会功能受到严重破坏。家庭破碎、邻里失踪、社区被毁、村庄消失，正常的生活秩序和社会交往完全被打乱，社会生活突然陷入无序混乱状态。社会工作机构和专业人员要积极运用社会工作的专业方法，通过团体工作以及社区发展的方式为受灾人员重建和修复社会关

密封线内不要答题

系，加强社会支持系统的力量。题中，社会工作者帮助救助对象建立和发展社会支持网络，拓展社会资本，以增强其应对贫困处境的能力。

42. D 【考点】流浪儿童的特点

【解析】流浪儿童是指年龄在 18 岁以下，脱离家庭或其他监护人，在外游荡超过 24 小时且无可靠生存保障并最终陷入困境的人。题中，小磊只有 13 岁，且离家出走，并在车站一带露宿一个多月，符合流浪儿童的特征。

43. D 【考点】结案阶段的主要任务

【解析】服务对象与社会工作者的工作过程是一个互相交往、不断加深彼此了解的过程，在工作结束的时候，社会工作者的一个主要任务是审慎处理服务对象因结案带来的与分离有关的感受和情绪，做结案记录并写成结案报告。题中，小组活动结束时，有的孩子出现了一些情绪问题，在这种情况下，社会工作者首先需要及时处理孩子们的情绪问题。

44. C 【考点】家庭生命周期理论

【解析】家庭生命周期理论强调，家庭成员的互动交流关系以及需要会随着家庭的发展在不同阶段呈现出不同的特征，每一个家庭发展阶段都有不同的任务和要求需要家庭成员去面对，让家庭成员感受到一定的压力。因此，在家庭发展比较脆弱的阶段就容易出现问题，如家庭增添了第一个孩子，或者孩子开始上学等，都会让家庭成员面临新的任务。题中，女儿出国读书后，其家庭的发展阶段出现了变化，而张先生和妻子没有及时地调整各自角色，社会工作者在家庭辅导中，帮助他们认识到家庭发展阶段的变化，逐渐适应女儿离开后的生活，正是以家庭生命周期理论为基础的。

45. C 【考点】家庭结构图

【解析】在家庭评估中，社会工作者经常运用家庭结构图作为评估的工具。家庭结构图是用图形方式来表示家庭的结构、家庭成员之间的关系以及家庭的一些重要事件等，它帮助社会工作者迅速、形象地了解和掌握受助家庭成员的结构、家庭成员关系以及其他一些家庭情况。

46. A 【考点】家庭行为学习

【解析】家庭行为学习是根据行为学习理论的原理，对家庭中的年轻子女在成长过程中遇到的行为问题进行干预的服务。题中，孩子从农村转到城里读书，需要及时调整，以适应新的环境。

47. B 【考点】家庭成员增能原则的假设

【解析】家庭成员增能原则假设，每个家庭成员都有自己解决困难的能力，帮助家庭成员克服困难的有效方式是增强他们克服困难的能力。家庭成员增能原则要求社会工作者在帮助家庭成员解决问题过程中，鼓励家庭成员积极参与问题的解决过程，增强家庭成员自身的能力，提高家庭成员的自信心和独立性。题中，社会工作者的做法是通过鼓励家庭成员积极进行问题的解决，增加家庭成员克服困难的能力和信心，体现了帮助家庭成员增能的原则。

48. C 【考点】家庭成员增能原则

【解析】家庭成员增能原则要求社会工作者在帮助家庭成员解决问题过程中，鼓励家庭成员积极参与问题的解决过程，增强家庭成员自身的能力，提高家庭成员的

自信心和独立性。题中，由于小华父母对他百般呵护，导致小华动手能力差，与同学发生摩擦，因此社会工作者应帮助小华培养独立性，改善其与同学之间的关系。

49. A 【考点】接触阶段，社会工作者的主要任务

【解析】接触阶段是社会工作者与受助家庭成员初次见面，评估受助家庭成员需求，并与受助家庭成员建立初步的信任合作关系的阶段。其主要任务包括与受助家庭约定初次会谈的时间和安排、为初次会谈作准备以及安排第一次会谈等。在家庭社会工作初次会谈中，社会工作者首先要与受助家庭成员建立基本的信任关系。BCD 三项均会引起受助者小峰的警惕和排斥，不利于开展工作。

50. A 【考点】学校社会工作的主要内容

【解析】在协助学生满足其情绪觉察、情绪表达和情绪控制需要方面，学校社会工作的主要内容包括：①指导学生学习有关情绪的基本概念；②培养学生分辨个人情绪的能力；③提高学生辨识别人感受和情绪的能力；④引导学生认识情绪问题的形成及其影响；⑤引导学生以正面想法去面对负面情绪。题中，社会工作者首先要做的是帮助小亮学会认识和辨别情绪，只有学会认识和辨别情绪，社会工作者对小亮的管理辅导才能收到良好的效果。

51. C 【考点】影响社区居民参与的因素

【解析】社区居民是否积极参与社区事务，主要受三个因素的影响：①对参与价值的肯定，关键在于这些事务与居民的切身利益是否有密切关系，如果参与对其生活质量改善不大，他们就不会参与；②参与意愿，使社区居民肯定参与的价值，但仍要看其是否愿意或有动机参与其中，并身体力行；③参与能力，可能受时间和金钱、知识与技巧两个主要因素的影响。C 项，居民参与意愿受参与者的主观因素控制，有时候也会受客观环境因素的影响，但并不是主要因素。

52. A 【考点】公民教育

【解析】公民教育的目标是为了让公民能够面对当今日益多样化，甚至不断发生互相冲突的社会，充分做好准备在未来能够有效参与社会、经济、政治的生活。这方面社区教育的重点对象是青少年，期望他们能够通过社区平台了解、接纳社会现象和问题，为解决社会问题做好准备。公民教育也是我国社区教育重点内容，主要强调要以社区为依托，以全体社区成员尤其是社区青少年为对象，以提高全民素质和培养“四有”新人为宗旨。题中，该社区社会工作者筹划的活动属于公民教育。

53. C 【考点】社区服务(活动)方案策划

【解析】社区服务(活动)策划是一个理性的过程，分为三个时期：①在策划之初，对社区问题和需求进行了科学地评估，并广泛征求了社区居民或服务对象的意见；②在策划中期，充分考虑资源状况，估计工作人员素质和能力，订立服务(活动)目标，规划服务内容、服务流程和人员分工；③在策划后期，要确定服务(活动)的成效评估方法。

54. B 【考点】社区需求的类型

【解析】社区需求分析较为常用的方法是布雷德绍提出的四种需要的类型：①感觉性需求，是指社区居民或服务对象感受到或意识到，并用言语表述出来的需要；

②表达性需求，是指社区居民或服务对象把自身的感觉通过行动表达出来的需要，例如申请服务、排队等候服务等；③规范性需求，是指由专家学者、专业人士、政府行政官员评估而决定的需求；④比较性需求，是指社区居民或服务对象将所得到的服务与其他类似社区进行比较，而认为有所差别的需要。题中，居民代表们所反映的问题都是他们在实际生活中遇到的、感受到的，反映出的是居民的感觉性需求。

55. C 【考点】互助网络

【解析】互助网络是把面对相同问题或具有相似兴趣或能力的人聚合在一起，帮助他们建立联系，促进他们互相帮助和互相支援。题中，社会工作者设计小组活动，将外来务工人员与社区中的其他居民组织在一起，帮助他们建立联系，这种方法侧重于互助网络的建立。

56. B 【考点】医务社会工作内容

【解析】医务社会工作主要包括医院、公共卫生和精神健康三个领域的社会工作内容。医院社会工作主要从医院、病人和医患关系三个方面来展开社会工作的内容；公共卫生社会工作主要从预防、保健、宣传和控制疾病的出现和蔓延的角度开展服务；精神健康社会工作的主要内容包括收集与患者发病相关的社会资料，对患者的咨询辅导，直至治疗等过程的服务。ACD三项均是医务社会工作中医院社会工作的内容。

【说明】根据最新版考试教材，医务社会工作的主要内容包括公共卫生领域社会工作、疾病治疗领域社会工作、精神卫生领域社会工作、人口与计划生育社会工作。

57. D 【考点】医院社会工作的主要内容

【解析】调节病人心理，配合医院治疗是医院社会工作的主要内容之一。在整个医疗过程中，医务社会工作者需要运用专业知识调节病人的心理，疏导病人的各种负面情绪，调整病人的不良心理状态和行为，对病人进行心理护理。做好心理护理有利于病人疾病的治疗和康复。ABC三项虽然能体现出小芹父母对小芹的爱和关心，但其属于间接的方式。最适合的做法是让小芹父母直接参与小芹的治疗过程，这样更能让小芹感受到父母的爱和关心。

58. B 【考点】从医患关系的角度看医院社会工作者的内容

【解析】A项，任何医患关系中都存在不同程度的目标冲突，因此医患关系的矛盾是无可避免的。C项，尽管医务社会工作者是医疗团队的一员，但其专业价值的要求决定了医务社会工作者需要为患者服务，在医患关系的处理上要充分考虑患者的需求和利益。因此，由医务社会工作者扮演调解者的角色处理医患关系，这样的安排会更加恰当，更能够保证患者利益。D项，解决医患关系首先需要通过建立医院社会工作制度设立专门的医务社会工作岗位和职务，让医务社会工作专业人员从事与患者沟通交流、心理辅导、健康教育等工作，建立和谐的医患关系。

59. D 【考点】出院计划的主要内容

【解析】在经过医院治疗可以出院之前，社会工作者需要帮助患者制订出院的计划，解决出院安置的问题。出院计划的主要内容包括两个方面：①患者出院后，明确哪些医院或者就近诊所可以为患者提供继续治疗；②患者出院后，帮助家属了解如何照顾好患者，解决家庭护理中的问题。

60. C 【考点】对精神疾病患者家属给予辅导和支持

【解析】家庭支持小组由不同的患者家属组成，在医务社会工作者的带领下，各组员分享照顾精神疾病患者的各种苦和乐，学习照顾的方法，建立相互之间的支持。针对具有相似的病症的特征，医务社会工作者可以采用小组工作的方法对患者及其家属开展专业服务活动，疏导患者和家属的情绪，帮助他们建立必要的社会支持网络，积极应对疾病的困扰。题中，医务社会工作者将患者家属组织起来，开展小组活动，一同分享体会学习照料技巧，建立相互支持的社会关系，这类小组属于家庭支持小组。

二、多项选择题(共20题，每题2分，每题的备选项中，有2个或2个以上符合题意，至少有1个错项，错选，本题不得分；少选，所选的每个选项得0.5分)

61. ACE 【考点】结案阶段的主要任务

【解析】结案时需要巩固服务对象已有的改变，确保服务对象在社会工作者助人过程中获得的经验能够巩固下来并用于日常生活中。社会工作者要通过指明和强调服务对象自己取得的成绩来努力增进他们的自信。社会工作者应鼓励服务对象自己独立解决问题，并肯定他们有能力这样做。题中，社会工作者的目的在于通过指明和强调张先生的进步来增强其自信、鼓励张先生保持在助人过程中取得的进步、鼓励张先生自己独立解决问题。

62. ABCE 【考点】对受虐儿童的社会工作介入方法

【解析】对受虐儿童的辅导是儿童社会工作介入的第一步，它优先考虑的是儿童的安全，进而协助儿童沟通及表达他们的感觉。除此之外，社会工作者还须与家庭、学校、医院、司法部门、公安部门、儿童和青少年保护机构以及社区有关力量或社会资源密切配合起来，对受虐儿童予以积极的介入。如警察的介入方式——逮捕施虐者对降减儿童暴力的发生率有显著影响；医院能够提供受虐儿童在生理上遭受伤害的医学诊断。在介入保护儿童权益的同时，还要对儿童的隐私予以特别的保护。D项的做法不恰当，可能会侵犯到儿童的隐私。

63. CDE 【考点】儿童社会工作的范围

【解析】儿童社会工作的范围广阔，可以将其内容分为宏观和微观两个层面。其中宏观层面的儿童社会工作主要包括：①参与有关各项保障和维护儿童基本权益的政策和法律的制定与完善，并配合其宣传和实施；②参与保障并推动适合儿童需要的教育事业的发展和完善，监督儿童受教育权的实现；③参与保障并推动儿童卫生保健事业的发展和完善；④参与保障社会面向儿童的信息和资讯提供，并努力使其符合社会整体对儿童的期望目标；⑤积极地整合各方面资源，推动儿童的观点表达和对社会事业的参与。题中，对小强的辅导还需要家庭的帮助以及社会政策层面的介入帮助和法律的强制性要求。

64. ACD 【考点】临终关怀服务

【解析】在向临终病人提供照顾时，病人及其家人是主要的照顾对象。临终者及其家人有生理、心理、社会和精神方面的全面需要。情感和社会支持不仅在丧亲的过程中十分重要，而且在家人失去所爱的人之后尽力重新组织自己的生活时也十分重要。音乐治疗、艺术治疗等方式常用来控制疼痛和症状，缓解临终者及其家庭照顾人身体上承受的压力及心理压力。

密封线内不要答题

65. ABCE 【考点】性别的视角下的妇女社会工作的主要特点

【解析】妇女社会工作是针对妇女的生理和心理特点，回应妇女的需要和解决其问题。从性别的视角看，妇女社会工作的主要特点包括：①关注妇女的多样性。妇女不是一个整齐统一的整体，呈现出多样性的特征。②关注妇女的声音和经验。尊重和倾听妇女的声音和经验是妇女社会工作的起点。③理解和接纳妇女的现实处境。④强调"个人的即政治的"。强调个人问题与整个社会环境之间的关系。⑤注重本土妇女工作经验的总结和提炼。

66. BCDE 【考点】选择介入行动的原则

【解析】社会工作的介入行动要根据变化了的情况随时调整，其原则包括：①以人为本、服务对象自决；②个别化；③考虑服务对象的发展阶段和他们的特点；④与服务对象相互依赖；⑤瞄准服务目标；⑥考虑经济效益。题中，社会工作者不仅应该与李娟本人及其父母进行沟通，彼此倾听对方的想法，还应该与其男朋友及学校老师、同学进行沟通，但是不应该直接批评李娟的想法和做法。

67. ABDE 【考点】青少年社会工作服务中的小组工作

【解析】小组工作是青少年社会工作服务的主要工作方法，也十分受青少年的欢迎和喜欢，对于实现青少年的改变有十分重要的专业成效。在青少年社会工作服务中，社会工作者可以针对青少年的改变及发展性需要，开展各类小组工作，如娱乐小组、游戏技巧小组、教育小组、任务小组、问题解决和决策小组、焦点小组、自助小组、社会化小组、治疗小组、交朋友小组等。

68. ABCD 【考点】优抚安置社会工作的特殊性

【解析】优抚安置社会工作的特殊性主要表现在服务对象身份特殊、服务对象需求多样、服务保障环节复杂。移交一名军休干部，需要经过审定安置计划、落实住房建构经费、负责住房保障、办理移交手续等十几个环节；接收安置后，需要落实政治待遇、医疗保障等几十项服务管理内容。

69. ABCD 【考点】满足家庭生活困境学生特殊需求的学校社会工作

【解析】学校社会工作者在面对处于家庭生活困境的学生时，应从以下方面入手：①情感支持；②发展支持系统；③运用社会资源；④开发学生潜能。

70. BCE 【考点】会谈的技巧

【解析】为使接案面谈顺利进行，社会工作者需要掌握娴熟的会谈技巧，包括以下三个方面：①主动介绍自己；②沟通；③倾听。

71. ABDE 【考点】介入的方法和介入行动

【解析】介入方法可以采用个人辅导、小组活动、社区介入、网络建构和政策倡导等多种方法；而介入行动可以是危机干预、物质支持、心理辅导等多种行动。社会工作者可以将存在同样问题的孩子组成小组，如果问题特别突出，可以采取个案介入。同时，也需要与孩子的父母进行沟通，还可以提供外来务工子女的相关政策建议。

72. ABC 【考点】社区康复的根本指导原则

【解析】在实际开展残疾人工作中，各类专业人员要坚持以下原则：①社会化的工作原则；②低成本、广覆盖的原则；③因地制宜的原则；④因陋就简的原则；⑤因势利导的原则；⑥康复对象及其家庭积极参与的原则。在上述各项原则中，

因地制宜、因陋就简和因势利导是最基本的原则，简称为"三因原则"，是社区康复的根本指导原则。

73. ABDE 【考点】社会康复的内容

【解析】社会康复是指从社会的角度，采取各种有效措施为残疾人创造一种适合其生存、创造、发展和实现自身价值的环境，并使残疾人享受与健全人同等的权利，达到全面参与社会生活的目的。具体而言，针对残疾人的社会康复方案包括五个方面的内容：①协助康复医师正确地诊断、有效地医治，以维持残疾人康复后的健康状况和自我照顾能力；②要考虑残疾人康复后应有的基本医疗设施并进行转介服务，包括地方性医疗单位，残疾老年人、残疾儿童的疗养所及福利机构的设施；③家庭照顾方案的实施，康复社会工作者要与康复医师、护士等定期到残疾人家庭探访，提供康复指导；④要与有关机构协调，开展一切必要的和可能的社会服务项目，促使残疾人有效利用医疗设施，同时补充医疗服务的不足；⑤提供社会工作的其他专业服务，包括合法权益的维护及提供职业培训和特殊教育的机会与条件，切实解决残疾人社会适应问题，满足他们的社会福利需求，帮助他们重新参与社会生活。

74. ABD 【考点】矫正社会工作对非监禁罪犯实施监管的功能

【解析】在一些国家或地区的立法和司法实践中，矫正社会工作者被法律授予依法对非监禁罪犯实施监管的职责。对非监禁罪犯实施监管的功能有：①通过限制一定程度自由的办法(如定期汇报、不可随意离开居住地等规定)对犯罪行为作一定补偿；②通过监管预防其再犯罪。

75. ABDE 【考点】矫正对象的基本生存条件的保障需要

【解析】矫正对象面临困难重重的生活压力，为其提供基本生存条件，既是基本人权的体现，也是对其实施矫正计划措施的前提。基本生存条件包括：①维持基本生活所需的经济收入或低保救助；②维持基本生活所需的住房条件；③维持身体健康的卫生医疗待遇等。

76. BDE 【考点】家庭生活教育

【解析】家庭生活教育是一种通过讲座、宣传、知识竞赛和娱乐活动等方式增进家庭成员的生活常识，改善家庭成员的沟通交流的服务活动，其目的包括：①促进家庭成员关系的协调；②增强家庭的社会功能；③提高家庭成员的生活质量。

77. ABCD 【考点】家庭社会工作的基本含义

【解析】家庭社会工作关注整个家庭成员的需要，以整个家庭作为服务关注的焦点。对于整个家庭的理解有两种基本的看法：①把家庭作为一个整体视为服务活动开展的对象，服务过程中应注意每个家庭成员的需求。②把家庭作为服务活动开展的场景或者活动单位。家庭层面社会工作的介入包括对整体家庭及各个家庭成员两者的需要预估、介入和评估等。A项是个人层面；B项是小组层面；C项是个人层面；D项，赵涛的老师不属于赵涛的家庭成员，属于社会支持层面；E项，从赵涛和其父亲两方面着手，属于家庭层面社会工作方法的运用。

78. ABCE 【考点】满足部分学生特殊需求的学校社会工作

【解析】学校社会工作者在面对家庭生活困境学生时，应从以下方面入手：①情感支持。学校社会工作者可以通过个案会谈给予情绪支持，通过适当的情感介入与

情感支持，帮助学生表达心声，宣泄情绪。②发展支持系统。学校社会工作者可以采用小组工作方法，把相似家庭背景的孩子组成互助或成长小组，让他们互相支持、互相学习，共同探讨解决问题的方法。③运用社会资源。运用社会资源协助家长解决子女照顾问题，缓解经济压力。④开发学生潜能。学校社会工作者帮助学生以积极的心态看待自己，发现自己的优势。

79. BCD 【考点】增强学生情绪控制和表达能力的内容

【解析】在协助学生满足其情绪觉察、情绪表达和情绪控制需要方面，学校社会工作的主要内容包括：①指导学生学习有关情绪的基本概念，使学生明白情绪是我们对身边的人和事所产生的感受；②培养学生分辨个人情绪的能力，认识不同的情绪表达方法，透过分享和体会恰当表达个人情绪；③提高学生辨识别人感受和情绪的能力，引导学生以同理心去理解别人的情绪，明白与人相处时互相谅解的重要性；④引导学生认识情绪问题的形成及其影响，探讨情绪与生理反应的互动关系，了解情绪问题的本质；⑤引导学生以正面想法去面对负面情绪，学习以“转换想法”技巧去排除负面感觉和情绪。

80. BCDE 【考点】对长期慢性病人的家庭医疗

【解析】对长期慢性病患者的家庭医疗，具体做法是：①评估长期慢性病患者及其家庭的需求，明确需要开展的服务活动；②拟订服务的具体计划，包括患者生理指标的维护、家庭护理人员的培训和医务人员的定期查访等；③寻求社会资源，拓展有效的转介程序，减轻医生和患者的负担；④给予家庭照顾者必要的关怀和支持。A 项由在医院内的医院社会工作者所提供，属于医院范围内，而不属于家庭医疗范围内。

密 封 线 内 不 要 答 题

准考证号：__________ 姓名：__________

2009年度全国社会工作者职业水平考试试卷
（助理社会工作师）社会工作实务（初级）

（考试时间120分钟　满分100分）

题　号	一	二	总　分	统分人签字
得　分				

得　分	评卷人

一、单项选择题（共60题，每题1分。每题的备选项中，只有1个最符合题意）

1. 对于立一等功的烈士、因公牺牲军人、病故军人，其遗属在应当享受的一次性抚恤金的基础上，增发（　　）。
   A. 10%　　B. 30%　　C. 25%　　D. 15%
2. 在对生活境遇不良的儿童实施救助的过程中，（　　）服务的目的在于防止儿童被虐待、忽视及剥削，并加强家庭的功能。
   A. 支持性　　B. 保护性　　C. 补充性　　D. 替代性
3. 社会工作者改善救助对象的劳动就业环境属于贫困救助中（　　）层面上的社会工作。
   A. 个人适应　　B. 社会结构调整
   C. 个人改善　　D. 社会结构规范
4. 社会工作者重点了解救助对象无力、无助、无望的心情，并给予辅导和增能，使他们能够有信心掌握自己的命运和未来，也能有效阻隔贫穷文化代际相传，这属于（　　）。
   A. 就业辅导和职业训练中的短期策略
   B. 就业辅导和职业训练服务的宣传策略
   C. 就业辅导和职业训练中的长期策略
   D. 就业辅导和职业训练之前的增能策略
5. 在贫困救助中，下列属于社会工作者在个人改善层面上的社会工作的是（　　）。
   A. 提高最低工资标准
   B. 消除劳动力市场的就业歧视，推进救助对象劳动就业保障性政策的制定和执行
   C. 推动服务对象的就业和经济自主，提升救助对象的人力资本
   D. 倡导救助对象通过劳动就业解决自身困难
6. 家庭生命周期理论最早由汉森和（　　）提出。
   A. 米尔斯　　B. 帕森斯　　C. 希尔　　D. 汉密尔顿

7. 按照杜瓦尔的家庭生命周期理论，如果一个家庭有生活不能自理的残障子女，那么这个家庭始终处于（　　）。
   A. 育儿期　　B. 学龄前期　　C. 学龄期　　D. 青少年期
8. 在我国开展社区社会工作的组织机构，不包括下列选项中的（　　）。
   A. 街道办事处　　B. 社区委员会
   C. 社区学校　　D. 社区服务中心
9. 在现阶段的我国城市社区中，社区社会工作人员队伍主要是指（　　）。
   A. 专职社区工作者、社会工作者、社区居民
   B. 专职社区工作者、社会工作者、社区志愿者
   C. 专职社区工作者、社区居民、社区志愿者
   D. 社区居民、社会工作者、社区志愿者
10. 在某少年宫工作的社会工作者小刘，为一些存在亲子冲突的家庭设立了亲子平行沟通小组。表1所列的小组活动计划中，与父母组的“分析聆听的障碍”活动相对的应该是子女组的（　　）活动。

表1

父母组	子女组
订立目标、相互认识	订立目标、相互认识
分析聆听的障碍	
跨组交流	跨组交流
情绪控制	回应批评的技巧
处理冲突的方法	处理冲突的方法
跨组练习	跨组练习
分析总结	分析总结

   A. 学习做个好孩子　　B. 建立同辈群体支持
   C. 学习同理的表达　　D. 学习表达的技巧
11. 为了促进青少年与家长之间的沟通，社会工作者小王为社区内青少年的父母开办了亲子辅导小组，让家长学习亲子沟通技巧，同时建立家长间的互助关系。该小组工作属于（　　）青少年服务。
   A. 发展性　　B. 预防性　　C. 治疗性　　D. 补救性
12. 社区少年小琴半年前参加了所在街道的东方社区信息苑活动，这是由市委宣传部等多部门联合推出的集电子政务、数字电影欣赏、数字图书阅览、远程医疗服务等功能于一体的综合信息服务项目。青少年社会工作者与信息苑建立起了相互合作的网络关系，为像小琴一样的社区青少年提供了包括就业培训、就业技能辅导等多方面的服务。这个案例体现了（　　）。
   A. 社会工作行政在青少年社会工作中的运用
   B. 社会工作研究在青少年社会工作中的运用
   C. 社区层面社会工作方法的运用
   D. 群体层面社会工作方法的运用
13. 卫玲出生后，因为父母工作忙，把她送到乡下，由爷爷、奶奶照顾。爷爷、奶奶

一直希望有个孙子，就把卫玲当男孩养。8岁时，卫玲回到父母身边。母亲开始没有在意，但在卫玲13岁进入初中后，母亲发现了问题，开始刻意地改变卫玲的行为，母女间常为此出现冲突。学校里的同学也对卫玲不一样的装束和行为表示不理解，有时甚至取笑她。卫玲为此感到非常沮丧，主动来见社会工作者。社会工作者评估卫玲的问题后，准备介入的主要角度应该是帮助卫玲(　　)。

A. 加强自我同一性　　B. 接纳自己身体和容貌

C. 改变人际间的冲突　　D. 建立个体的价值体系

14. 王大爷生活不能完全自理，一直由儿子小王照顾。最近，王大爷经常责骂儿子照顾不周，小王很苦恼。社会工作者安慰小王，并和他一起分析老年人的心理特点，使他更好地理解了王大爷。此案例中，社会工作者的工作属于老年社会工作中的(　　)服务。

A. 身体健康　　B. 处理认知与情绪问题

C. 精神健康　　D. 维护社会支持网络

15. 张老伯因中风住院，经过一段时间治疗，病情好转，正在恢复之中。张老伯希望能出院回家，并继续进行康复治疗和训练。为了让他出院后既能得到很好的照顾，又能继续康复治疗，社会工作者小王与张老伯的家属、社区的相关机构联系后，为他出院后的照顾做了以下安排：张老伯住在家中，每天上午由家属送他去社区康复中心进行康复治疗和训练；下午由康复中心的工作人员送他去社区日间照顾中心；傍晚再由日间照顾中心工作的邻居顺便送他回家。小王为张老伯所做的照顾计划属于(　　)。

A. 社区照顾　　B. 邻里照顾　　C. 机构照顾　　D. 家庭照顾

16. 军人小兵为救落水儿童献出了自己的生命，此时离他复员还有不到一个月的时间。小兵父母年事已高且只有小兵一个孩子，“白发人送黑发人”使他们悲痛欲绝。小兵的父亲一病不起，母亲神情恍惚，觉得生活失去了希望，几次试图自杀。这时，社会工作者应为这个家庭首先提供(　　)服务。

A. 精神支持　　B. 经济援助　　C. 危机干预　　D. 心理辅导

17. 社会工作者小平为社区内的低龄老年人设计了一个服务项目，运用艺术治疗方法为老年人开展有益身心的治疗性服务。在活动的设计上，小平应选择(　　)。

A. 带有创意的表达性活动　　B. 有较复杂工艺的活动

C. 有益于老人健康的简单活动　　D. 带有竞争性的活动

18. 社会工作者小东的第一个个案辅导对象是王奶奶。王奶奶儿孙都在国外，每年仅回国看望她一次，她因此感到自己被儿孙抛弃，心中闷闷不乐，觉得生活没意思。在辅导过程中，小东常常带着水果去看望王奶奶，给了王奶奶极大的精神慰藉，并在不知不觉中把王奶奶当做自己的亲奶奶看待。小东目前的状况可能是出现了(　　)。

A. 透支现象　　B. 耗竭现象　　C. 移情现象　　D. 反移情现象

19. 女性常被认为是“温柔、贤淑、细心”的，这是由(　　)。

A. 女性生理特点所致　　B. 女性心理特点所致

C. 女性社会角色所致　　D. 社会文化构建所致

20. 妇女社会工作是为妇女在自我成长过程中，在参与政治、经济、社会、文化和家

庭生活过程中遇到的群体或个体问题而开展的服务工作。下列不属于妇女社会工作目标的是(　　)。

A. 将性别意识纳入决策主流

B. 以女权主义指导妇女发展

C. 建立健全维护妇女权益的法律体系

D. 解决妇女遇到的现实问题

21. 张女士婚后经常遭受丈夫的暴力，她的丈夫常常因为一点小事就对其拳脚相加，张女士遭受到的暴力越来越频繁，也越来越严重。一次张女士带着满身伤痕到社会工作服务站求助，指着脖子上的勒痕说她丈夫企图用绳子勒死她，她拼命挣脱才跑了出来。这时社会工作者正确的处理方式是(　　)。

A. 请律师找她丈夫商谈离婚事宜

B. 应张女士的要求，将她安置到庇护场所

C. 劝说她不要激怒丈夫，先回家再说

D. 与她一起找她丈夫理论

22. 王女士的丈夫有婚外情，常不回家，但又不想离婚。王女士十分痛苦，前来求助。社会工作者合适的处理方式是(　　)。

A. 感受王女士的痛苦，陪同她一起哭泣

B. 告知现代社会婚外情现象很普遍，不用太担心

C. 讲某妇女离婚后生活更幸福的故事，引导王女士向她学习

D. 倾听王女士诉说痛苦感觉，给予情感支持

23. 赵女士在某国有企业工作了近二十年，近期由于企业效益不佳，她被分流下岗，家庭收入急剧减少，赵女士情绪很低落。为帮助赵女士振作精神，社会工作者采取了优势视角的工作策略。社会工作者的下列回应属于优势视角的是(　　)。

A. 我们生活中随时都会遇到困难和挫折，想开点

B. 现在下岗的人很多，你下岗是暂时的，别着急，总会找到工作的

C. 其实你没有做到未雨绸缪，如果早点准备，提高自己能力，你可能不会下岗

D. 下岗给你带来困难，但也可能是机会，依你的能力和长处，会有更好的发展

24. 因心理、生理或组织构造及功能方面的丧失和异常，不同类型的残疾人具有不同特点。比如，肢体残疾人出行要依靠他人协助，或需要使用轮椅。该情况表明肢体残疾人(　　)。

A. 对于外部世界的知觉范围受到严重限制

B. 与他人沟通交流的渠道受到限制，能力严重受损

C. 自理生活和参与社会活动存在较大障碍

D. 思维和行为方式与常人之间有很大差异

25. 与个案工作和小组工作相比，社区工作方法更注重从较为宏观的层面评估残疾人的需求，使其有更好的康复和发展机会。运用社区工作方法为残疾人提供服务以达到(　　)的目的。

A. 探求个人和家庭整体需求　　B. 倡导残疾人社会正常化

C. 为残疾人群体提供情绪支持　　D. 帮助残疾人建立互助小组

26. 某社区贫困家庭有位10岁脑瘫儿童，父母双双下岗，家境贫困，无钱支付高昂的

密 封 线 内 不 要 答 题

康复医疗费，也无力送孩子读书，长期封闭的生活环境造成孩子性格孤僻、内向，存在较严重的心理问题。社会工作者小刘经过需求评估，认为(　　)需要不是该残疾儿童当前的主要需要。

A. 医疗康复　　B. 基本生存

C. 接受教育　　D. 价值实现

27. 社会工作者小张将社区10位智障儿童组成一个互助支持小组，加强家长的支持体系建设，使家长之间建立友谊、互助支持、充分发掘自身资源。为整合并充分利用这些资源，小张以下介入策略不恰当的是(　　)。

A. 让组员分担彼此无助的心情，产生共鸣

B. 带领组员向政府请愿以争取更多的资源

C. 帮助组员发现自身及他人的优势与能力

D. 协助调剂剩余物资，建立互助平台

28. 社会工作者小李为社区内的企业家开办小组活动，希望通过宣传残疾人权益保障法、展示残疾人的各种能力，消除企业家长期形成的“残疾人无能”的观念，达到促进残疾人就业的目标。上述案例中，小李运用的帮助残疾人的措施属于(　　)的范畴。

A. 医疗康复　　B. 教育康复

C. 职业康复　　D. 社会康复

29. 为促进矫正对象恢复和重建其严重缺失的社会功能，矫正社会工作者通过介入行动，主要应满足矫正对象(　　)的需要。

A. 基本生活保障　　B. 教育权益保障

C. 就业培训　　D. 再社会化

30. 通过与服务对象及其家属和周围社区的接触了解，写出一份有关服务对象背景的调查报告，提交法院做参考，这是矫正社会工作者在服务对象(　　)的主要工作职责。

A. 司法判决前　　B. 监禁场所中

C. 社区矫正中　　D. 服刑期满后

31. 王明今年四十出头，正义感很强，好打抱不平。在一次见义勇为中，王明行为过当，致犯罪嫌疑人重伤，被判有期徒刑三年，缓刑三年，是社会工作者老李的服务对象。王明对自己被判刑非常困惑，情绪低落。面对王明的困惑，作为社会工作者，恰当的做法是(　　)。

A. 劝他在缓刑期间少管闲事，好好反省自己

B. 肯定他见义勇为的行为，使其能够肯定自己

C. 对他的问题不做正面回应，防止他情绪波动

D. 指出他冲动好斗的性格特征，让他反思自己的行为

32. 25岁的小伟，从职校退学后一直在酒吧工作，因受客人中吸毒人员的影响而染上毒瘾。小伟父母知道后十分着急，手足无措，向社会工作者求助。社会工作者第一次上门时，小伟正在家中自行戒毒，大热天裹着棉被仍然打哆嗦。此时社会工作者为了与小伟建立专业关系，合适的做法是(　　)。

A. 告诉小伟生理脱毒可能出现的感觉以及戒毒的相关资源

B. 与小伟谈论其兴趣爱好以转移他的注意力

C. 与小伟共同回顾其成长经历以找出成瘾原因

D. 了解小伟心中对父母的看法以强化家庭支持

33. 38岁的王某因盗窃罪被判服刑五年。王某入狱后，妻子与他离婚。最近王某假释出狱，成为社区矫正的对象。王某出狱后发现前妻已卖掉原先的住房，带着儿子回了娘家，前妻拒绝王某与儿子见面。王某只能与年迈多病的母亲住在一起，生活十分窘迫。在找工作屡遭失败后，王某对社区矫正的监管措施产生了抵触情绪。根据有重点、分步骤地制订矫正工作计划的原则，社会工作者当前首要的介入行动目标应是(　　)。

A. 宣讲社会矫正的意义，使王某提高认识，服从监管

B. 安排王某参加就业培训，实现成功就业

C. 协助王某获得城市最低生活保障以维持基本生活

D. 做王某前妻和儿子的工作，建立其父子联系

34. 优抚工作中的抚恤是指国家和社会对残疾军人、烈士遗属、因公牺牲军人遗属等抚恤对象按照(　　)给予的抚恤金优待。

A. 当地规定的标准　　B. 当地最低生活保障标准

C. 国家规定的标准　　D. 国家规定的最低生活保障标准

35. 伤残军人张某因意外致残退伍，当地民政部门根据他的身体状况安排他到残联工作。张某工作十分认真，但常常发脾气，领导收到很多人对他的投诉，因而建议他求助社会工作者。社会工作者了解到，由于残疾，张某内心非常自卑，一次恋爱失败后再不愿尝试新恋情。针对张某目前的问题，社会工作者采取(　　)方法来帮助他比较合适。

A. 社会行政　　B. 社区工作

C. 小组工作　　D. 个案辅导

36. N市第一军休所安置了40名军队离退休老干部，他们原先大多属于同一部队，有专业技术和特长，大部分身体健康，有从事力所能及工作的愿望。于是，军休所的社会工作者组织了老干部志愿工作队，并为老干部服务社会牵线搭桥。老干部中有的受聘担任中小学少先队大队辅导员，有的作为专家顾问为社区的环境建设出谋划策。在上述案例中，社会工作者的工作具有(　　)的功能。

A. 发挥军休干部才干，促进其社会实践参与

B. 利用社会资源，拓展安置渠道

C. 发挥军休干部专长，增加个人收入

D. 利用社会资源，展示军休干部风采

37. 对于有问题的家庭，从系统论的角度看，家庭社会工作的核心目标是(　　)。

A. 给家庭提供经济援助　　B. 给家庭提供情绪疏导

C. 帮助家庭恢复其社会功能　　D. 帮助家庭协调家庭关系

38. 小丽的丈夫在企业改制中下岗了，没有一技之长的他找工作很难，每天借酒浇愁。小丽好面子，常常骂丈夫无能，而丈夫则对她拳打脚踢。后来，小丽干脆不理丈夫，有什么事让儿子通知丈夫，在外面不顺心就拿儿子出气。该家庭结构属于(　　)。

A. 倒三角　　B. 三角缠　　C. 越俎代庖　　D. 纠缠与疏离

39. 社区治安有很多内容，其中，通过对社区内的市场、繁华场所和学校门前秩序的维护和管理，营造良好的社区生活与工作环境，这属于(　　)。
A. 治安防范　　B. 事故预防
C. 社区矫正　　D. 维持秩序

40. 现阶段我国社区教育的内容有很多，其中对居民进行居室布置、家庭关系及家庭沟通、生活理财等与家庭生活有关的教育属于(　　)教育。
A. 社会公德　　B. 家庭生活
C. 生命健康　　D. 文化科学

41. 老杨第一次跟着老乡来到城里的建筑工地打工，由于包工头携款逃走，老杨没有拿工资并已身无分文，于是来到救助站寻求帮助。此时社会工作人员从专业角度提供的合适帮助应是(　　)。
A. 帮助他一起分析面临的情况
B. 对他进行专业的心理辅导，劝他接受事实
C. 自己为他买返乡车票，把他送回家
D. 按照他提供的线索，追寻包工头为他讨还工资

42. 在中国城市的区、街、居等社区范围内，在社会工作的价值观和理论知识指导下，运用社会工作的方法和技巧，为全体社区成员尤其是特殊困难群体提供专业服务。这里指的是(　　)。
A. 社会救助社会工作　　B. 家庭社会工作
C. 学校社会工作　　D. 社区社会工作

43. 每一个社区成员都有自己的价值、尊严、需要和权利，都值得并需要被尊重和关怀；每一个社区成员都有成长向上的能力和动力，需要得到认可和激发；建设和谐社会是每一个社区成员的责任和义务，每一个社区成员都有为建设和谐社会作贡献的愿望。这里指的是社区工作价值观中的(　　)。
A. 关于人的价值理念　　B. 关于社会的价值理念
C. 关于工作的价值理念　　D. 关于社区的价值理念

44. 社会服务根据提供机制的正式程度，可以划分为三类：第一类是非正式的服务，第二类是准正式的服务，第三类是正式的服务。以下属于正式服务的是(　　)。
A. 社区和企业之间的相互服务
B. 政府为民政对象提供的服务，政府为社区提供的服务
C. 居民个人为社区提供的服务，人际间的相互服务等
D. 社区为居民提供的服务

45. 作为社会保障体系的一项重要内容，(　　)是一种新型的社会救助制度。从操作角度看，也是目前和今后基层社区社会救助工作的最基本任务。
A. 社区居民保险制度　　B. 社区居民福利制度
C. 一老一小医疗保险　　D. 社区居民救济制度

46. 运用社会工作的理论和方法，对社区范围内的违法犯罪人员及刑满释放人员提供专业服务，实现矫正其思想和行为，防止再违法犯罪的目标。以上这句话是针对社区治安的(　　)内容而言的。

A. 法制教育　　B. 人民调解　　C. 社区矫正　　D. 维持秩序

47. 社会工作者晶晶在一家家庭暴力庇护所工作。在为受虐妇女服务过程中，她发现这些服务对象常受传统观念的束缚，忍气吞声，委曲求全，有的甚至认为被打是自己的错。因此，晶晶认为在目前可提供的诸多服务中，较为紧迫又适合的服务是(　　)。
A. 建立家庭内支持系统　　B. 增强社会支持网络
C. 学习自我保护方法　　D. 加强自我认知辅导

48. 小李是一名学校社会工作者，最近打算为有行为问题的学生提供小组工作服务。班主任老师问小李什么叫"行为问题"，她向班主任老师解释道：学生的行为问题是指在其成长过程中经常表现出来的与社会化要求和社会行为规范不相符合的不利于个体健康成长的(　　)。
A. 外显行为　　B. 失常行为
C. 内隐行为　　D. 超常行为

49. 小莹是一个从农村来到城市的初二学生，因方言问题，上课不敢举手发言，同时因自己成绩和同学有差距，认为自己很笨，很害怕与老师、同学交流。作为社会工作者，针对小莹的情况开展辅导介入的重点应放在(　　)。
A. 人际沟通能力培养　　B. 朋辈交往能力的提升
C. 自信心方面的训练和提高　　D. 情绪调节方面的辅导

50. 学校社会工作者小林最近听到他所服务的学校班主任王老师多次反映，说她的班里有个叫大勇的学生近来举动很反常，要么一个人闷闷不乐，要么就很容易对同学发脾气，她希望小林能给大勇辅导。小林在给大勇做辅导时，首先应(　　)。
A. 进行需要评估　　B. 建立专业关系
C. 进行问题评估　　D. 拟订服务计划

51. 从社区教育的基本目标看，社区教育包括控制式社区教育、解放式社区教育和(　　)。
A. 文化式社区教育　　B. 环保式社区教育
C. 补偿式社区教育　　D. 伦理式社区教育

52. 社会工作者在社区中举办了一项"爱护社区，爱护地球"的活动，鼓励居民节约能源，减少生活垃圾，内容包括绘画比赛、标语创作比赛等。这类活动属于(　　)。
A. 社会公德教育　　B. 文化科学教育
C. 家庭生活教育　　D. 生命健康教育

53. 近年来，生活小区内养狗的居民越来越多，其中部分居民遛狗时不系绳子，草地上随处可见狗粪，引发了一些社区居民间的矛盾。社会工作者为帮助社区居民采取的介入行动中，不适当的做法是(　　)。
A. 进行社区探访，了解养狗引起的问题
B. 与居民沟通，疏导他们的不满情绪
C. 制定宠物粪便污染环境罚款制度
D. 组织居民共同商讨，制定养狗行为准则

54. 社会工作者小林服务的社区经常发生邻里纠纷，影响人际和谐。小林运用社会工

密封线内不要答题

密封线内不要答题

作的专业方法加强社区居民沟通，调解邻里纠纷，帮助居民创造和谐的社区人际环境。在下列方法中，与该目标的达成无直接关联的是(　　)。

A. 组织居民间的互助交流活动，增进相互了解
B. 经常走访居民家庭，了解居民需求
C. 及时调解、处理邻里纠纷，避免冲突升级
D. 处理邻里冲突以后，进一步进行跟踪服务

55. 某社区地处城乡结合部，有大量外来人口租住在社区内。一段时期以来，社区内居民财物被盗事件不断发生，社区治安成为社区居民反映强烈的问题，有些当地居民甚至提出不允许外来人口在社区内居住，社区居民间相互不信任的气氛弥漫在社区内。为此，社会工作者小何深入到社区居民中，通过社区居委会召开居民大会，经居民讨论成立了由本地和外来居民共同组成的治安巡逻队。此案例中，社会工作者所做的工作达到的效果是(　　)。

A. 促进社区居民团结互助，加强社区治安防范
B. 通过调解社区居民纠纷，促进邻里和睦
C. 通过矫正社区居民错误想法，防止违法犯罪行为
D. 借助制定规章制度，维护社区秩序

56. 在医务社会工作中，社会工作者要为因疾病而面临危机处境中的病人及其家属进行危机干预。在危机干预时，要强调介入的(　　)。

A. 服务性　　B. 预防性　　C. 及时性　　D. 长效性

57. 社会工作者在医疗机构中通常以团队的形式开展工作。医务社会工作中的团队合作是指(　　)。

A. 社会工作者之间的合作
B. 社会工作者与院内其他专业人员的合作
C. 社会工作者与社区的合作
D. 社会工作者与患者家属的合作

58. 某医院的社会工作者小申接到病人家属的求助，希望她参与处理一起病人与医院的医疗纠纷。此时小申的立场应当是(　　)。

A. 站在病人的立场，协助处理纠纷
B. 站在医院的立场，协助处理纠纷
C. 代表医政管理部门，协调双方纠纷
D. 站在第三方的立场，协助处理纠纷

59. W市暴发传染性肝炎，大批病人被感染并住进隔离病房。为遏制肝炎进一步扩散，该市某社区负责公共卫生事务的社会工作者首先应(　　)。

A. 在社区公布病患的名单　　B. 开展防治肝炎的科普知识宣传
C. 对病患进行个案干预　　D. 将病患组织起来开展小组活动

60. 小丁患有较严重的肾病，犯病时需要住院做透析，近来小丁病情不稳定经常入院治疗。小丁的父母以前也因为照顾小丁和医疗费等问题经常争吵，最近两人要么互不理睬，要么开口就吵架，甚至还提到了离婚。小丁非常害怕，晚上睡不着觉，于是向医院的社会工作者老李求助。老李接案后为小丁的家庭提供服务。综合考虑，老李此时介入的主要目标应是(　　)。

A. 了解家庭的沟通状况，促进家庭的沟通
B. 讨论小丁的病情及家庭的压力，协助家庭适应
C. 了解小丁父母的夫妻关系，进行夫妻辅导
D. 对小丁的家庭进行全面评估，继而进行家庭治疗

得　分	评卷人

二、多项选择题(共20题，每题2分。每题的备选项中，有2个或2个以上符合题意，至少有1个错项。错选，本题不得分；少选，所选的每个选项得0.5分)

61. 接案是社会工作助人过程的第一步，主要工作和步骤包括(　　)。

A. 了解服务对象求助的原因
B. 选择帮助服务对象的方法
C. 弄清服务对象求助的过程
D. 初步评估服务对象的问题
E. 与服务对象订立初步协议

62. 学校社会工作者小于发现她所服务的学校中有许多父母长期在外省打工的“留守儿童”，因而设计了促进“留守儿童”健康成长的服务计划。根据“考虑服务对象的发展阶段和特点”的原则，小于选择的介入行动应包括(　　)。

A. 促进学校、家庭关注“留守儿童”的三餐饮食营养
B. 通过沟通技巧训练以提高“留守儿童”人际交往能力
C. 鼓励并组织“留守儿童”参加勤工俭学活动以增强自立能力
D. 组织“留守儿童”与其父母亲子互助活动以维护亲情
E. 为“留守儿童”的生活照顾者开办有关儿童生理、心理知识讲座

63. 小沈是一位刚刚加入服务机构的社会工作者，他针对有网瘾问题的小学生草拟了一份主题为“做祖国建设的合格接班人”的服务计划。内容包括：历史名人是怎样成才的；学生的主要人生任务是什么；祖国需要怎样的建设者；生活中你最敬佩谁等。活动的形式包括讲座、参观、游戏、同学互动、亲子互动等。机构督导在肯定小沈计划优点的同时，指导小沈按照服务计划制定的原则对服务计划进行修改完善，督导有针对性地提出的修改原则包括(　　)。

A. 计划要有服务对象的参与
B. 计划要与工作的总目的相符合
C. 计划要考虑经济效益
D. 计划要详细、具体和可操作
E. 计划要随情况的变化而及时调整

64. 儿童社会工作具有促进儿童发展的功能，但它并不是直接为儿童提供生活照料和进行知识传授，它需要运作专业手法，达到(　　)的功能。

A. 协助行为偏差儿童的矫治
B. 减少儿童对父母的依附性
C. 推动有关儿童的政策立法
D. 增强儿童未来的经济独立性

E. 促进儿童全面发展

65. 小明今年9岁，写字常漏笔画，笔顺又经常出错，左右颠倒，学业成绩不佳。应家长要求，社会工作者安排他人读社区中心的课外辅导班。有一天，辅导班的李老师向社会工作者提出将小明调离辅导班的要求，原因是小明上课不专心，经常不交作业，还常在课堂上睡觉。社会工作者此时适当的做法是(　　)。

A. 与小明家长联络，请家长留意小明的学习情况

B. 为小明配备电脑作为他学习的辅助工具

C. 向李老师建议设立奖赏制度

D. 将小明调离辅导班并安排个人辅导

E. 了解小明阅读和书写困难的原因

66. 除了心理发展视角外，也可以从文化视角对青少年进行研究。从文化视角来看，文化叛逆青少年行为的特点主要有(　　)。

A. 追求独特　B. 惹是生非　C. 不甘平凡　D. 标新立异

E. 不守纪律

67. 小强的父母工作和收入不稳定，也没有社会保障。因家庭经济窘迫，小强没有完成初中学业就去工作了。工作中，包工队负责人欺负他年纪小，常常克扣他的工资。这种经历使他对生活缺乏信心，人际沟通不太理想，对工作缺乏积极性，不能持续就业，总觉得自己低人一等。负面的自我评价，使他变得胆怯，没有勇气接触外面的世界。为帮助小强，社会工作者为小强及其他有相似背景的青少年设计了一套生活辅导计划。该计划初期的介入策略包括(　　)。

A. 创造就业机会，让这批青少年实现就业

B. 培养个人兴趣技能，发掘内在潜力

C. 进行历奇辅导训练，提升生活动力

D. 提供就业信息，帮助联系就业单位

E. 协助重返校园，接受正规教育，增加竞争力

68. 老年社会工作的目的之一是消除社会对老年人的歧视。以下表述中，不正确的老年观有(　　)。

A. 随着年龄的增长老年人的生理器官在老化

B. 随着年龄的增长老年人的思维能力在下降

C. 随着年龄的增长老年人的角色在变化

D. 随着年龄的增长老年人的工作能力在丧失

E. 随着年龄的增长老年人的经验在增加

69. 社会服务机构收到高奶奶的居家养老服务申请，机构督导志刚和新来的社会工作者小丁前往高奶奶家为其做预估。他们来到高奶奶家时，看到屋里十分热闹，亲戚朋友正在为高爷爷过生日。志刚和小丁恭喜高爷爷的寿辰，又与高奶奶另约了预估时间后，便与高奶奶道别。离开高奶奶家后，志刚告诉小丁，在为老年人做预估时，应考虑(　　)。

A. 经济效益　B. 物理环境

C. 老人的收入水平　D. 预估的最佳时机

E. 保密问题

70. 妇女社会工作主要是以妇女为服务对象的社会工作，其工作内容涉及面很广。以下针对全体女性人口的妇女社会工作有(　　)。

A. 开办婚姻家庭小组　B. 增加妇女维权意识

C. 建立“打工妹之家”　D. 对家庭暴力受虐者进行救助

E. 倡导开展女性健康普查

71. 15岁的小红在距家3公里的镇中学读初三，一次回家的路上，被一男青年性侵犯。事发后，小红几次欲寻短见，于是家人向社会工作者求助。这时社会工作者应该(　　)。

A. 处理小红在此事后的负面情绪

B. 让小红描述被侵犯的细节以帮助取证

C. 对小红进行全面评估并做危险性判断

D. 向媒体披露争取社会同情与支持

E. 征得小红同意争取法律援助

72. 残疾人社会工作者应该充分了解残疾人群体的社会处境，了解残疾人群体的生活经历，消除残疾人参与社会生活的环境和政策障碍。这体现了残疾人社会工作的(　　)。

A. 潜能视角　B. 社会因素视角

C. 抗逆力视角　D. 优势视角

E. 历史文化视角

73. 社会康复主要是从社会的角度，采取各种有效措施，为残疾人创造一种适合其生存发展的良好环境。下列属于社会康复的是(　　)。

A. 帮助残疾人获得教育机会　B. 鼓励残疾人参与社会政治生活

C. 消除社会歧视，促进社会公平　D. 促进无障碍设施建设

E. 引导残疾人从事适当的职业

74. 小曹是地处城乡结合部街道的一名社区矫正工作者，他负责帮教的社区矫正对象大多是青少年。小曹了解到，当地社区人员混杂，黄、赌、毒现象严重，社会风气低下，是造成青少年犯罪的重要原因，需要运用多种方法开展社区矫正工作。在小曹开展的工作中，属于间接社会工作方法的有(　　)。

A. 组织以“抵制诱惑，增强抗逆力”为主题的小组活动

B. 以矫正对象为个案进行犯罪社会成因及对策的研究

C. 倡导政府进行综合治理，改善社区环境

D. 针对重点对象，运用家庭结构理论和方法进行帮教

E. 挖掘社区志愿力量，共同参与社区矫正工作

75. 吸毒无业人员老杜患有急性传染病且独居于老城区的胡同社区中，生活困难、无钱就医，求助于所在社区的社会工作者。虽然按国家政策他符合最低生活保障救助人员，但街道办事处认为吸毒人员不能享有低保救助，因此不给老杜办理申请手续。社会工作者担心，老杜若无钱及时就医，传染病会危及周围邻居。在这种情况下，社会工作者可以采取的方法包括(　　)。

A. 尊重街道的决定，安抚老杜情绪

B. 积极寻找其他社会救助资源以帮助老杜

密封线内不要答题

C. 支持老杜以政策为依据自己去街道争取低保权利
D. 向上级有关部门反映情况，请他们督促街道办事处执行最低生活保障政策
E. 支持街道办事处的决定

76. 家庭生活教育是我国家庭社会工作的重要内容，是一种具有预防和发展功能的社会教育，家庭生活教育的主要目标是提升家庭生活质量，加强家庭现代化建设。社会工作者在社区中开展家庭生活教育方面的工作，主要包括(　　)。
A. 调解婚姻矛盾　　B. 家庭发展规划
C. 家庭生活管理　　D. 化解婆媳冲突
E. 亲子关系辅导

77. 小柔，女，14 岁，父亲在她 6 岁的时候出国读书，到她 10 岁时回国。在这四年里，小柔一直与母亲生活，母亲将所有的精力都放在小柔身上，对她倍加呵护。父亲回来后，小柔因与母亲一起睡惯了，不肯单独睡，母亲也就依了小柔，每晚母女同睡。父亲看不惯母亲如此宠爱小柔，夫妻俩时常发生争吵，小柔对此非常忧虑。前年，小柔被诊断为厌食症，一家人非常着急，父母也不再争吵了，父母带小柔去过多家医院，但小柔的病总不见好，医生建议小柔父母在为小柔治病的同时求助社会工作者。经过对小柔生病前的家庭情况的了解，社会工作者发现，小柔的病可能与(　　)有关。
A. 父女关系疏离
B. 家庭成员过度保护
C. 家庭成员对小柔的病过于关注
D. 家庭解决冲突的能力不足
E. 父母与孩子的界限不清

78. 学校社会工作者小亮来到所服务的学校后，政教处主任给了他一份被老师认为有“问题”的学生名单。小亮在为这些学生建立档案时，以下问题应该归入学生行为问题的有(　　)。
A. 学习适应障碍　　B. 同学关系紧张
C. 违反校规　　D. 品德不良
E. 非理性信念

79. 小琴是一名高二学生，以前成绩一直在班级里名列前茅，但自从上学期期末考试考得不理想以后，一直闷闷不乐，情绪非常低落，最近厌学的情绪非常严重，越来越不喜欢学校。针对小琴的问题，作为一名学校社会工作者为她制定的个案工作目标包括(　　)。
A. 改变小琴过分看重分数的想法
B. 培养良好的学习习惯和学习方法
C. 改善与父母的亲子关系
D. 改善与老师的师生关系
E. 确立正确的学习目标和学习动机

80. 随着医疗模式的转变，医疗机构对社会工作者的需要日益显现，医务社会工作在医疗机构中的作用包括(　　)。
A. 为病人提供情绪支持和心理辅导
B. 为医务人员提供情绪支持和心理辅导
C. 为医疗机构寻找需要的资金和药物
D. 为患者寻找需要的服务资源
E. 将医疗资源与社区资源相连接

答案及详解

一、单项选择题(共60题，每题1分。每题的备选项中，只有1个最符合题意)

1. C 【考点】抚恤金的增发

【解析】获得荣誉称号或者立功的烈士、因公牺牲军人、病故军人，其遗属在应当享受的一次性抚恤金的基础上，由县级民政部门按照下列比例增发一次性抚恤金：①获得中央军事委员会授予荣誉称号的，增发35%；②获得军队军区级单位授予荣誉称号的，增发30%；③立一等功的，增发25%；④立二等功的，增发15%；⑤立三等功的，增发5%。

2. B 【考点】保护性服务

【解析】保护性服务是指通过介入外部监督或者强制等方式，防止儿童被虐待、忽视和剥削。其目的是为了减少侵害发生的可能，或者制止已经发生的侵害。如少儿失学、家庭暴力、儿童处于危险性环境等。可以通过对责任者的宣传教育，建议相关机构介入，以至于寻求司法途径等进行介入。其核心焦点是在确保儿童权益的基础上，尽量保持其生存环境的稳定性。

3. B 【考点】社会救助工作

【解析】针对贫困救助，主要包括四个层面：个人适应、个人改善、社会结构调整和社会结构规范。每个层面针对不同的群体都有不同的内容，在社会结构调整层面上的社会工作主要包括：①参与贫困救助制度的设计、修订与实施；②改善救助对象劳动就业的环境。

4. D 【考点】社会救助社会工作的理论基础——增能理论

【解析】社会救助的服务对象大多是社会弱势群体，没有权力，缺少资源，充满无力感。增能理论有助于社会工作者更有效地实施社会救助。增能理论认为，每位服务对象都拥有自己的权力，但是可能自身没有意识到，或者没有行使的机会。社会工作者需要创造机会，提升服务对象的意识，赋予其自我改变贫困状况的权力。

5. C 【考点】个人改善层面上的社会工作

【解析】ABD三项都属于社会结构调整层面的社会工作。

6. C 【考点】家庭生命周期理论

【解析】家庭生命周期理论开始于20世纪30年代，最早由汉森和希尔提出。家庭生命周期理论强调，家庭成员的互动交流关系以及需要会随着家庭的发展在不同阶段呈现出不同的特征，每一家庭发展阶段都有不同的任务和要求需要家庭成员去面对，让家庭成员感受到一定的压力。

7. A 【考点】杜瓦尔的家庭生命周期理论

【解析】杜瓦尔认为，家庭生命周期包括八个相互连接的阶段，分别是新婚期、育儿期、学龄前期、学龄期、青少年时期、空巢期、中年父母期和老年家庭成员期。每个时期都有特定的任务。其中，在育儿期(从第一个子女出生到该子女2岁半)，家庭的任务在于适应新生子女的诞生、成长，发展一个可以满足的双亲、新生儿

的家。题中，一个家庭有一个不能独立的残障子女，始终需要父母的养育照顾，无论这个家庭处于什么状态，家庭需要完成的任务都是要适应这个残障子女的成长，发展一个可以满足残障孩子需求的家，这一任务与育儿期的任务相同，因此这个家庭将会一直处于育儿期。

8. C 【考点】我国开展社区社会工作的组织机构

【解析】社会工作的组织机构即社会工作的主体，是指社会工作服务的提供方，即策划、组织实施社会工作服务方案的社会组织，在发达国家及我国港台地区，社会工作组织机构通常是社会上的非营利组织。在我国内地，与社区社会工作相关的组织机构主要有街道办事处、社区居委会及新近设立的社区服务中心站。这些组织结构因为性质不同，有不同的任务，工作对象和人员构成。

9. B 【考点】社区社会工作人员队伍的构成

【解析】现阶段社区社会工作人员队伍主要由三部分构成，即专职社区工作者、社会工作者和社区志愿者。

10. D 【考点】亲子关系

【解析】良好地表达有利于父母与孩子之间的沟通，改善亲子关系。题中，与父母组的“分析聆听的障碍”活动相对的应该是子女组的“学习表达的技巧”活动。

11. B 【考点】预防性的青少年社会工作

【解析】预防性的青少年社会工作是指通过社会工作的各类服务，对一些潜在的，阻碍社会功能有效发挥的条件和情境进行早期发现和控制。其主要内容包括：①改善青少年家庭生活环境，为青少年家庭提供服务，提供青少年父母亲职教育机会，以增进父母教导青少年的技巧；②改善青少年学校生活环境，加强学校对不适应学业的学生的学业辅导、技艺训练，发展补充性课程及相应活动；③改善青少年社区生活环境，加强社区各组织在青少年社会工作中的合作，整合各类社区资源，为青少年发展提供良好的社会支持；④探索建立学校、家庭、社区良性互动的青少年社会工作服务模式；⑤倡导有效的青少年服务和发展政策等。

12. C 【考点】社区社会工作

【解析】社区工作是以社区为对象的社会工作介入手法。它通过组织社区成员参与集体行动去界定社区需要，合力解决社区问题，改善生活环境及生活质量；在参与的过程中，让社区成员建立对社区的归属感，培养自助、互助与自决的精神，加强他们在社区参与及影响决策方面的能力和意识，发挥其潜能，以构建更加公平、公正、民主及和谐的社会。

13. B 【考点】青少年的需要

【解析】青少年的需要是一个复杂多元的概念。从发展的角度，可以把青少年个体发展性需要作以下概括：①接纳自己的身体与容貌，表现符合社会所规范的性别角色需求；②个体与同伴发展适当的人际关系；③追求个体之情绪独立自主，少依附父母及他人；④自食其力，寻求经济独立；⑤为未来的生涯作准备；⑥发展符合社会期望的认知技能和概念；⑦努力表现负责任的行为，追求理想和抱负；⑧为未来的婚姻和家庭作准备；⑨建立个体之价值体系，符合现实世界的需求。题中，社会工作者准备介入的主要角度应是帮助卫玲接纳自己的身体和容貌。

14. B 【考点】老年社会工作

密封线内不要答题

【解析】老年社会工作者会处理老年人的一些认知和情绪方面的问题，帮助老年人消除产生情绪问题的因素。而在另外一些情况下，社会工作者要致力于改变老年人的认知，帮助老年人适应他无法改变的情形。

15. A 【考点】老年人社区照顾

【解析】社区照顾正在由服务导向型向需求导向型转变，即不是由机构根据自己的观点来决定提供什么样的服务，而是基于服务对象的需求来提供服务。提供优质的社区照顾需要了解本社区老年人的基本需求，包括群体性的需求和个体性的需求，基于对这些需求的了解再制订相应的服务方案，落实服务方案并追踪和评估服务的结果。老年社区照顾服务体系的内容通常包括：咨询与转介、志愿者服务、代际融合、老年教育、老年休闲娱乐、老年就业、收入保障、营养与餐饮、健康照顾与生活安康、心理健康、出行、住房、个案管理、居家照顾、照顾人支持等。

16. D 【考点】烈士褒扬社会工作的内容

【解析】烈士褒扬社会工作主要是运用社会工作的专业知识，协助烈属做好悲伤辅导和心理疏导；倡导完善相关政策，协调落实相关待遇，舒缓相关矛盾纠纷；策划有针对性的社会宣传，扩大社会影响。题中，社会工作者应为小兵家庭首先提供心理辅导服务。

17. C 【考点】老年人的特点

【解析】老年人处于人生的最后一个阶段，老化是其最显著的特点，主要表现在三个方面：①生理老化。如在视觉、听觉、味觉、嗅觉、触觉等方面都会出现老化现象。②心理老化。心理学意义上的老化是指老年人个人的感官变化的过程。包括知觉、智力、解决问题、理解过程、学习及再学习过程、内驱力以及情绪等方面能力的降低，并由此而产生的反应迟缓现象。③社会角色变化。角色理论认为当个体经历老化过程所带来的变化时，他们会丧失象征中年的社会角色和社会关系。题中，在为社区老人设计活动方案时，应该选择有益于老人健康的简单活动。

18. D 【考点】反移情现象

【解析】老年人工作会面临许多老年人的人生问题，如疾病、伤残、死亡等，社会工作者会不由自主地想到自己的晚年，对处理这些问题感到焦虑、沉重。而个人以往与老年人打交道的经历，特别是跟家中老年人的交往也可能会导致对老年服务对象抱有特殊的感情，出现反移情。这可能会表现为对老年人特别不好，缺乏耐心和关怀，也可能表现为对老年人过度保护，想要“拯救”老人。社会工作者对此要特别注意。题中，社会工作者小东目前可能出现了反移情。

19. C 【考点】女性社会角色

【解析】女性社会工作者认为女性的特质是由社会塑造的，是后天形成的，而不是先天的。

20. B 【考点】妇女社会工作的目标

【解析】妇女社会工作目标包括：①直接目标：缓解压力和宣泄情绪；重塑自信，提升对自我的认识；解决妇女的实际困难和需要。②中间目标：协助妇女重新界定妇女问题，认识到“个人的即政治的”；提升性别意识，促进自省、自信和自我认同；建立妇女的支持小组，减少成员的孤独感。③最终目标：重新建构权力关系；建立妇女网络与网络之间的连接；倡导和建立全社会的性别公正和公平的意识和制度。B项，社会工作强调的男女平等，既不是以男权主义为指导的，也不是以女权主义为指导的，而是以尊重平等为指导的。

21. B 【考点】妇女社会工作的工作方法

【解析】很多妇女问题的产生与身边资源的匮乏有紧密关系。因此，增加妇女的资源是妇女社会工作的重要工作方法。一位受到家庭暴力伤害的妇女，可能不知道有哪些资源以及采取什么途径可以帮助她。如果社会工作者发现，她的问题不仅涉及主动开口谈及家庭暴力，而且也需要积极寻找资源给她及时帮助。例如，她要离婚但很贫穷，社会工作者就要为她联络法律援助；如果她想离开暴力的家庭，社会工作者就要联系庇护所；如果妇女还带着孩子，社会工作者就要妥善安置孩子，提供暂时的住宿，并且在此期间积极寻找法律等方面的帮助。题中，对于遭受婚姻家庭暴力的张女士，社会工作者应该首先关注其安全，尊重她的要求，将她安置到庇护场所。

22. D 【考点】妇女社会工作的主要特点之一——关求注妇女的声音和经验

【解析】长期以来，在父权文化(如“男尊女卑”“男强女弱”)的影响下，妇女的声音和经验常常遭受轻视或者忽视，而尊重和倾听妇女的声音和经验是妇女社会工作的起点。题中，社会工作者应倾听王女士诉说痛苦感觉，并给予她情感支持。

23. D 【考点】优势视角

【解析】优势视角对于社会工作实践的指导意义是巨大的。从社会救助对象所经历的贫困、苦难以及所处的弱势地位出发，发掘他们自身的优势和潜能，是帮助他们摆脱贫困的新的途径。能力是优势视角的一个重要概念，存在于个人、家庭和群体以及社区的各个层面。社会救助社会工作的目的就是帮助服务对象发现自身优势，增进自身能力。

24. C 【考点】残疾人的特点

【解析】改善和提高残疾人的生活质量，为他们提供适用的用品用具十分重要。在康复医疗机构和社区康复工作中，社会工作都包括为残疾人配置适用的用品用具。这项工作必须与康复工程技术人员互相配合。残疾人所用的用品用具，因残疾的类型不同而有较大的区别。肢体残疾者需要轮椅、假肢、支助具、矫形器和较多的卫生用品，因为他们自理生活和参与社会活动存在较大障碍。

25. C 【考点】社区康复方法

【解析】社区康复是在城乡社区水平基础上，积极调动和协调社区内有关部门和人员，包括残疾人及其家属，充分开发和利用社区资源，在医疗、教育、职业和社会等方面，为残疾人及其他康复对象提供有效、可行、经济的全面康复服务。在社区资源的组织、动员方面，重要的是将有利于残疾人生存和发展的自然资源、社会资源结合起来，营造富于支持性的社会环境，共同支持残疾人的康复。因此，运用社区工作方法的主要目的在于利用社会资源为残疾人群体提供情绪支持。

26. D 【考点】残疾儿童的需要

【解析】生存是所有生物体的共同需要，是人的最基本的需要。同时接受教育是儿童的权利，残疾人也普遍有接受教育的要求，尤其是残疾儿童的教育越早越好。此外，医疗康复也是残疾儿童的需要。

27. B 【考点】儿童小组工作

【解析】儿童小组工作是指一种通过小组过程及小组社会工作者的协助，使小组中的儿童能够获得小组经验、产生行为改变和恢复正常功能，以及与他人和周围环境达成有效的调适，最终促进个人及小组发展的专业服务活动。在儿童小组工作中，为了整合和发挥小组资源，通常会采用相互分享、相互支持、建立平等的空间环境的措施。B项，带领组员向政府请愿以争取更多的资源属于谋取更多权益而非整合和利用现有资源，这也不符合互助支持小组的性质。

28. D 【考点】残疾人的社会康复方案

【解析】社会康复是从社会的角度，采取各种有效措施为残疾人创造一种适合其生存、创造、发展和实现自身价值的环境，并使残疾人享受与健全人同等的权利，达到全面参与社会生活的目的。具体而言，针对残疾人的社会康复方案包括：①协助康复医师正确地诊断、有效地医治，以维持残疾人康复后的健康状况和自我照顾能力；②要考虑残疾人康复后应有的基本医疗设施并进行转介服务，包括地方性的医疗单位，残疾老年人、残疾儿童的疗养及福利机构的设施；③家庭照顾方案的实施，康复社会工作者要与康复医师、护士等定期到残疾人家庭探访，提供康复指导；④要与有关机构协调，开展一切必要的和可能的社会服务项目，促使残疾人有效利用医疗设施，同时补充医疗服务的不足；⑤提供社会工作的其他专业服务，包括合法权益的维护及提供职业培训和特殊教育的机会与条件，切实解决残疾人社会适应问题，满足他们的社会福利需求，帮助他们重新参与社会生活。题中，社会工作者通过各种活动来消除企业家长期形成的残疾人无能的观念，为残疾人就业创造好的社会环境的措施属于社会康复的范畴。

29. D 【考点】矫正对象的需要

【解析】矫正对象的需要包括：①基本生存条件的保障需要；②教育、就业权益的保障需要；③正常家庭生活的需要；④再社会化的服务需要。其中，再社会化的需要是社会工作者通过矫正计划措施的实施，促进服务对象恢复和重建其严重缺失的社会功能，成为社会正常的成员。

30. A 【考点】司法判决前针对犯罪嫌疑人的社会工作介入

【解析】矫正社会工作者在案件审理过程中的主要工作职责是通过与服务对象及其家属和周围社区的接触了解，写出一份有关服务对象背景的调查报告，提交法庭作审判参考。这属于司法判决前针对犯罪嫌疑人的社会工作介入。

31. B 【考点】优势视角

【解析】优势视角是与问题视角相对应的理论视角。在矫正工作领域，传统的观念是将矫正对象看做是“有问题”的一群人。从这一视角出发，工作的着重点就放在对矫正对象的严格监管和强制性的教育上，目的是防范问题的再发生。而优势视角理论却相信，每一个人都有“优点”，都有向健康方向发展的潜能，即便是曾经违法犯罪的矫正对象也如此。优势视角下的矫正社会工作是一种策略性的弱化服务对象的问题，是更多的关注服务对象的优势和潜能的社会工作实践的理论视角。从这一视角出发，社会工作者更多地将精力放在发现、发挥和发展矫正对象的“优势”方面。题中，老李应该运用优势视角的方法为王明提供服务，肯定他见义勇为的行为，使其能够肯定自己。

32. C 【考点】矫正社会工作的主要方法

【解析】在个案工作中，接案面谈的一个主要任务是寻找服务对象问题出现的生理、心理、精神等各方面原因，然后通过这些因素帮助服务对象来解决问题。题中，社会工作者，应该先与小伟探讨自身成瘾的原因，进而开展接下来的介入活动，故最合适的做法是通过回忆成长经历并找出成瘾原因。

33. A 【考点】个案工作方法在社区矫正中的运用

【解析】社区矫正是一个长期的工作过程，矫正社会工作者需要协助服务对象解决许多复杂和艰难的问题，必须引导服务对象共同参与，有重点、分步骤地制订矫正工作计划，逐步实现矫正工作的最终目标。题中，王某面临的问题是：①妻子卖掉房子、拒绝他见儿子；②母亲年迈多病；③求职失败；④生活困难；⑤对社区矫正的监管产生了抵触情绪。社区矫正社会工作者应该引导王某一起分析，什么是当前最迫切需要解决的问题。最后确定首要介入行动的目标，是宣传社区矫正制度的意义及措施安排，使王某提高认识，服从监管；按照社区矫正制度要求，定时定点汇报思想和生活动向，参加社区公益劳动；尽快寻找合适工作，取得适当经济收入。

34. C 【考点】抚恤

【解析】抚恤一般是指国家对因公伤残人员、因公死亡以及病故人员家属所采取的一种物质抚慰形式。我国优抚工作中的抚恤是指对残疾军人、烈士遗属、因公牺牲军人遗属，按照国家规定的标准给予的抚恤金优待，分为死亡抚恤和残疾抚恤两类。

【说明】根据最新版考试教材，抚恤是指国家对因公伤残人员、因公死亡以及病故人员家属所采取的一种物质抚慰形式。优抚安置工作中的抚恤是指对现役军人、残疾军人、烈士遗属、因公牺牲军人遗属、病故军人遗属、复员军人、带病回乡退伍军人等优抚对象给予的精神抚慰和物质照顾待遇，主要包括死亡抚恤和残疾抚恤两类。

35. D 【考点】个案介入

【解析】个案介入旨在增强服务对象的自我能力，以应对新工作和新生活的压力。社会工作者主要担当同行者的角色，陪同服务对象走出困境，走过职业转向的特殊时期。介入方法主要包括：始终以尊重、关注和接纳的方式与服务对象进行沟通，适时予以安慰、鼓励和承认，同时要在现实的基础上表达出对服务对象的信心、肯定和赞许，疏导情绪，使服务对象消除焦虑，减少内疚，化解不满，增强自信，以从容、积极的心态应对新工作和新生活。

36. A 【考点】军休社会工作的内容

【解析】军休社会工作的内容之一是协助军休干部发挥自身综合优势，力所能及发挥余热，实现“老有所教”“老有所为”。

37. C 【考点】家庭系统理论

【解析】家庭社会工作是指运用社会工作的专业理论和方法帮助家庭解决面临的困难，发挥家庭的社会功能，以满足所有家庭成员的发展和情感需要的专业服务活动。家庭系统理论的主要观点有：①家庭成员的问题是由整个家庭不良的沟通交流方式导致的；②家庭所面临的危机既是机会，也是挑战；③因“问题”而导致的

密封线内不要答题

家庭功能失调能够得到有效解决。以上三点都反映为帮助家庭恢复其社会功能。

38. B 【考点】米纽秦总结的病态家庭结构的基本方式

【解析】米纽秦具体总结了病态家庭结构的基本方式，包括纠缠与疏离、联合对抗、三角缠和倒三角等。家庭成员之间通过第三方实现相互沟通交流，这样就把第三方带入两人的互动关系中，这种现象称为三角缠。题中，描述了家庭中妻子、丈夫、儿子之间的消极互动的纠结关系，其家庭结构属于三角缠。

39. D 【考点】社区治安的内容

【解析】社区治安主要包括法制教育、人民调解、治安防范、社区矫正、维持秩序和事故预防等诸多内容。题中，“通过对社区内的市场、繁华场所和学校门前秩序的维护和管理，营造良好的社区生活与工作环境”属于维持秩序。

【说明】根据最新版考试教材，社区治安的主要内容包括：①宣传教育工作；②协助公安机关开展工作；③协助有关部门加强对外来人口的服务与管理；④向政府及公安机关反映社区治安动态，提出对社区治安管理工作的意见、要求和建议。

40. B 【考点】家庭生活教育的内容

【解析】家庭生活教育是一种通过讲座、宣传、知识竞赛和娱乐活动等方式增进家庭成员的生活常识，改善家庭成员的沟通交流的服务活动，其目的是促进家庭成员关系的协调，增强家庭的社会功能，提高家庭成员的生活质量。通常是运用讲座、展览、小组及宣传活动，灌输家庭沟通和人际相处的态度和方法。这些宣传和教育活动应能够有效地吸引那些面临家庭解体或正在经历各种困难的家庭参加。

41. D 【考点】社会救助工作

【解析】题中，社会工作者应该为老杨提供法律上的援助，并且可以通过一系列措施帮助老杨获得自己的合法权益。他可以按照老杨提供的线索，追寻包工头讨回工资。

42. D 【考点】社区社会工作的含义

【解析】社区社会工作是社会工作的一个实务领域，即社会工作者针对某一个目标社区，一方面运用各种专业方法，如个案工作、小组工作、社区工作、社会工作行政、社会工作研究等提供多元化服务，提高居民社会意识，协助居民运用社区资源，解决社区问题；另一方面，社会工作者还协助社区居民建立友善的邻里关系，鼓励互相照顾和关怀，满足社区需求，实现社区和谐。

43. A 【考点】社区工作价值观的内容

【解析】社区社会工作的价值观具有多个层次，包括个人、工作、社区、社会等。在关于个人的价值理念中，主要包括个人的权利、义务、价值等内容。

44. B 【考点】社区服务的类型

【解析】根据服务提供机制的正式程度，可以把社区服务分成三类：①非正式的服务，包括居民个人为社区提供的服务，人际间的相互服务等；②准正式的服务，包括社区和企业之间的相互服务，社区为居民提供的服务；③正式的服务，包括政府为民政对象提供的服务，政府为社区居民提供的服务。

45. A 【考点】社会救助社会工作

【解析】社会保障体系是指社会保障各个有机构成部分系统的相互联系、相辅相成的总体。作为社会保障体系的一项重要内容，社区居民保险制度是一种新型的社会救助制度。从操作角度看，也是目前和今后基层社区社会救助工作的最基本任务。

46. A 【考点】社区治安

【解析】法律政策的宣传是社区治安的内容之一，包括通过各种形式讲解宪法、刑法、民法、交通法规、消防条例、劳动法、未成年人保护法等法律法规，以及现阶段与治安有关的党和政府的方针政策等，目标是帮助社区居民增强法制意识。

47. D 【考点】针对妇女的暴力的干预原则

【解析】题中，受虐妇女普遍对自我认识产生了偏差，这时社会工作者需要做的是加强对她们的自我认知能力的辅导。

48. A 【考点】学生的行为问题的含义

【解析】学生的行为问题是指在其成长发展过程中经常表现出来的与社会化要求和社会行为规范不相符合的不利于个体健康成长的外显行为。一般指那些影响学生身心健康，阻碍学生社会适应，给学校家庭以及社会带来麻烦的行为。

49. C 【考点】人际关系困境的解决措施

【解析】人际关系困境是指那些渴望与人沟通、得到别人理解却因为种种原因难以实现的一种状态。对那些遭遇严重人际关系困境的学生，社会工作者可以对他们采用个案工作的方法，通过多次咨询和辅导，了解他们问题产生的原因，并和他们一起研究此问题的解决方法。题中，小莹是因为不够自信而造成人际关系困境，因此，学校社会工作者应该对其进行自信方面的训练和提高。

50. D 【考点】拟订服务计划

【解析】预估所带来的对服务对象需要与问题的认识和判断是成功帮助服务对象的基础，但要实现帮助服务对象的愿望则需要制订科学、周密的工作计划来指导介入行动。计划的目的是为了给社会工作者提供一个满足服务对象需要、帮助他们解决问题的方向。题中，小林在给大勇做辅导时应首先拟订服务计划。

51. C 【考点】社区教育的内容

【解析】从社区教育的基本目标看，社区教育的内容主要包括：①补偿式教育，即通过社区教育课程及其有系统的活动补偿社区居民没有接受的正规教育的知识空间；②控制式教育，即通过一些宣传教育的活动，重点控制不守公德和秩序的行为，这种社区教育是以阻止性为主，通常不是树立正面的模范去宣传理想公民所应有的态度和表现；③发展式教育，这种社区教育着重于人的全面发展，重点挖掘居民在知识、行为、态度和价值观念等方面的个人潜能和积极性，协助居民体察社会，发现政策、制度的不完善，并聚集个人和集体力量，改善社会，创造平等和谐的社会。

52. B 【考点】社区教育的内容

【解析】从国家、社会和居民需求来看，社区教育的内容的主要包括：①文化科学教育；②社会公德教育；③家庭生活教育；④生命健康教育；⑤民主思想教育；⑥时事政治教育。在社区活动中，社区工作者举办的“爱护社区、爱护地球”主要通过绘画比赛、标语创作让居民意识到环境保护的科学知识，属于科学文化教育。

53. C 【考点】社区社会工作的主要方法

【解析】社会工作者没有权力帮助社区居民制定宠物粪便污染环境罚款制度。

54. B 【考点】社区社会工作的基本目标

【解析】改善社区关系，提升社区意识是社区社会工作的目标之一。社会工作认为社区关系主要有两种表现形式：对外关系和对内关系。其中，对内关系一方面是指社区内部各组织之间的关系，另一方面是指居民和居民之间的各种关系，包括邻里关系、本地人和外来人口的关系、代际关系、同辈关系等，社会工作者致力于推动社区居民之间的交流、沟通、协商与合作，促进社区居民之间的互惠、互助，培养相互关怀的社区美德，促进社区归属感的建立。

55. A 【考点】社区治安

【解析】社区治安一般是指一定地域内社会治安问题的治理，是社区管理职能部门在自己所辖区域内所进行的社会治安行政管理活动。社区治安的概念强调的是要通过社区组织和犯罪预防计划，通过警察和社区居民的共同努力，采取政治、经济、行政、法律等多种治理手段，防止和减少社区内违法犯罪和一般治安问题的发生构建稳定、和谐的社区环境。

56. C 【考点】危机干预

【解析】危机是一种在个人稳定的情绪状态被打乱时所产生的急性的情绪混乱，这种情绪状态会导致个人一般因应能力的崩溃。对于因灾难意外事件导致的身心损伤者，或遭受暴力创伤者，危机将引起失落感。急诊室社会工作者要积极介入医疗过程，辨识服务对象的失落感及个人的压力生活事件，及时进行干预。危机干预的目的在于缓解最急迫性的问题，包括因病理因素或社会因素所引发的困境。

57. B 【考点】医务社会工作中的团队合作

【解析】医务社会工作者是医疗卫生服务系统中的一员，他(她)秉承社会工作的理念，在医疗卫生系统中开展社会工作服务，与医疗卫生系统的服务融为一体。医务社会工作者在医疗团队中连接各方资源，以服务对象为中心进行专业服务。医务社会工作中的团队合作是指社会工作者与医疗团队合作，为患者提供服务，并就心理社会议题培训其他医疗专业人员，这一团队通常包括医师、药师、护理人员、社会工作者、物理治疗师、语言治疗师和营养师等，通过不同专业知识、技巧优势的综合与发挥，最终达到服务的目的。

58. D 【考点】医务社会工作者承担的角色

【解析】医务社会工作者在医患关系调节中承担着调节者的角色。尽管医务社会工作者是医疗团队的一员，但其专业价值的要求决定了医务社会工作者需要为患者服务，在医患关系的处理上要充分考虑患者的需求和利益。因此，由医务社会工作者扮演调解者的角色处理医患关系，这样的安排会更加恰当，更能够保证患者利益。题中，小申应该站在第三方的立场，以调解者的角色，协助处理纠纷。

59. B 【考点】公共卫生

【解析】公共卫生面临的一个重要问题是对传染病的防控。医务社会工作者可以协助医护人员及时发现、登记并且报告发现的传染病病例和疑似病例，参与现场疫点处理。此外，医务社会工作者还可以开展传染病防治知识的宣传和咨询服务，配合专业公共卫生机构，对非住院传染病患者进行治疗管理。

60. D 【考点】医务社会工作的介入

【解析】题中，小丁的家庭不仅仅面临着医务社会工作的介入，还需要针对小丁父母的沟通以及关系进行介入。根据住院患者社会工作的工作流程解决，首先需要对小丁的家庭进行一次全面的评估，这样才能进行有效地介入，进行家庭治疗。

二、多项选择题(共20题，每题2分，每题的备选项中，有2个或2个以上符合题意，至少有1个错项，错选，本题不得分；少选，所选的每个选项得0.5分)

61. ACDE 【考点】接案的工作与步骤

【解析】社会工作接案阶段的主要工作和步骤包括：①了解服务对象的求助原因和求助过程；②初步评估服务对象的问题；③决定是否接案；④订立初步协议。

62. ABDE 【考点】社会工作的介入行动

【解析】社会工作的介入行动理论上说应根据预估阶段对服务对象需要与问题的认定进行事先的计划，但很多时候也要根据变化了的情况随时调整，考虑服务对象的发展阶段和他们的特点是应遵循的原则之一。对于个人，介入行动应集中在协助其完成相关阶段的生命任务上；对于家庭或者群体，介入行动则要考虑与家庭和群体发展的特殊阶段相关连的特殊任务。例如，年幼的“留守儿童”最需要的是生活照顾，满足他们营养和健康的需要，发展其与人相处的社会能力，以及接受学前教育等。题中，留守儿童最需要的是生活照顾，满足他们营养和健康的需要，发展与人相处的社会能力。参加勤工俭学活动增强自立能力不属于留守儿童成长阶段的主要需要。

63. ABD 【考点】社会工作者制订服务计划的原则

【解析】社会工作者制订服务计划的原则有：①要有服务对象的参与；②要尊重服务对象的意愿；③详细和具体；④要与工作的总目的、宗旨相符合。

64. AE 【考点】儿童社会工作的功能

【解析】儿童社会工作的内容很多，但是其功能归结起来主要包括两方面：①对行为偏差儿童的矫治；②促进儿童的全面发展。社会工作既包括宏观层面的社会政策立法的不断完善，也包括微观层面的各项服务措施。

65. ACE 【考点】学校社会工作对学业困境学生的服务

【解析】学校社会工作对学业困境学生的服务主要有：①个案帮助。对于一般原因引起的学业困境问题，可以采用个案工作的方法，以服务对象的学业进步为中心任务，通过学生的家长、老师、同学等收集资料，判断其问题形成的原因。②团体互助。对那些在学习障碍方面存在共性的学生，可以采取小组工作的方法，把面临同样问题的学生组成一个小组，彼此分享感受，达到互相鼓励、互相促进的效果。③与任课教师合作。对那些有学习障碍的学生，在充分了解他们的情况后，学校社会工作者可以代表其与学校老师商谈，建议采取个别化教学的方法，通过对他们降低学业要求、改变教学方式或补课等方式，协助其走出困境。④整合社会资源。对因家庭问题陷入学习困境的学生，学校社会工作者可与其家庭联系，请家人合作，以帮助学生营造一个良好的学习环境。题中，针对辅导老师提出的小明的学习情况，社会工作者应该首先需要了解小明产生各种偏差行为的原因，然后需要对此原因进行干预，这就要求一方面应该与小明的父母沟通，建立家庭的支持网络；另一方面可以通过各种制度促进和激发小明的学习。

66. ACD 【考点】青少年的特点

【解析】除了生理、心理等方面外，文化角度是青少年研究的重要视角。有学者将

密封线内不要答题

青少年文化分成四种类型，也可以作为对青少年行为及其特点的一种分类：①正直青年，指那些循规蹈矩的青少年，他们似乎不需要经历什么冲击或反叛行为便可过渡至成年期；②问题青年，指那些有越轨行为甚至犯罪倾向的青少年，他们不守纪律、爱游荡、性滥交、吸毒、惹是生非的行为被视为社会问题；③文化叛逆青年。这类青少年不甘平凡，喜欢标新立异，追求独特的文化或生活品位，建立自己的一套生活方式；④政治偏激青年，他们好打抱不平，认同并采取激进的行动，以追求某些理想或社会取向。

67. BC 【考点】青少年社会工作的介入策略

【解析】题中，小强的当前境况为：对人生的认识比较悲观、缺乏自我生活的动力、对自己没有信心。针对此状况，当务之急应是增加小强的自信，提升他对生活的兴趣。通过培养个人兴趣技能，发展其内在潜力，有利于小强增强自信，对自己的认知会逐渐乐观；通过进行历奇辅导训练，可以使得对生活失去信心和动力的小强重新找回生活动力。

68. DE 【考点】老年人的特点

【解析】老年人处于人生的最后一个阶段，老化是其最显著的特点，主要表现在三个方面：①生理老化。一般认为，当人的各种器官达到成熟期后，会逐渐丧失其功能，这种逐渐丧失功能的现象就是老化。从生物学意义上讲，老年除了代表生理年龄的增长，也喻示人体各功能器观渐渐失去自我新陈代谢的功能。②心理老化。心理学意义上的老化是指老年人个人的感官过程的变化。包括知觉、智力、解决问题、理解过程、学习及再学习过程、内驱力以及情绪等方面能力的降低，并由此而产生的反应迟缓现象。③社会角色变化。角色理论认为当个体经历老化过程所带来的变化时，他们会丧失象征中年的社会角色和社会关系。

69. ABCE 【考点】老年个案工作的特点

【解析】为老年人做预估时，不仅要考虑一般预估因素，如经济效益、保密问题等，还要特别注意老人身体、心理、社会方面的功能状况。老人的身心状况常常是老人能否参与介入行动的晴雨表。身体上的限制也是下一步制订介入计划时所要考虑的重要因素，因为它会影响到老人的自由选择。综合性评估由于内容较多，比较耗费时间，在运用于老人群体的时候要作适当的调整。社会工作者可能要把预估分几次来做，或者中间让老人休息一下再接着进行。

70. ABE 【考点】妇女社会工作的主要内容

【解析】妇女社会工作的主要内容围绕满足妇女需要和协助解决问题，并促进发展三个方面：①解决妇女面临的实际困难；②维护妇女权益和关注妇女发展；③倡导和促进性别平等和公正的机制建设。CD 两项针对的是部分妇女群体，其中，C 项是针对"打工妹"的妇女社会工作，D 项针对的是"家庭暴力受虐者"。

71. ACE 【考点】针对妇女暴力的干预原则

【解析】在针对妇女暴力进行介入时，其干预原则包括：①接纳受害妇女描述的问题，而不是责怪受害者；②尊重受害妇女的人格独立，提升她们的自信心；③关注受害妇女的安全；④与受害妇女建立信任、真诚的专业关系。个人层面的干预策略主要是为受害妇女提供各种形式的服务。题中，小红受到了性侵犯，情绪十分差。此时的介入一方面需要安抚小红的情绪，另一方面还要通过提供法律援助

维护小红的权利，并且，针对小红有过的几次自寻短见的经历，应该对小红进行全面评估，并对其现处的环境和心理状态做出危险性判断。

72. BE 【考点】残疾人社会工作的视角

【解析】题中，残疾人社会工作者所了解的残疾人群体的社会处境、生活经历都属于社会层面的视角，关注的主要是对残疾人生活产生影响的各种社会因素和历史文化因素，所以，这些内容属于社会因素视角和历史文化视角。ACD 三项视角都属于个人层面。

73. ABCD 【考点】社会康复

【解析】开展社会康复工作的措施如下：①协助政府机构制定法律、法规和各种政策来保护残疾人的合法权益，使其享有同健全人一样的物质生活条件和文化成果；②保障残疾人生存的权利，使其在住房、食物、婚姻家庭方面得到公平的待遇，有适合其生存的必需条件；③为残疾人自身的发展提供帮助，使其有接受教育和培训的机会，提高其生活自理能力、就业能力和参与社会的能力；④消除家庭中、社区里和社会上的物理性障碍，使残疾人获得生活起居的方便，并享受社会公共设施服务；⑤大力提倡和实现人道主义精神，消除社会上对残疾人的歧视和偏见；⑥组织残疾人与健全人一起参加的社会文化、体育和娱乐活动，支持残疾人自己的社团活动；⑦帮助残疾人实现经济自立，或提高其经济自立能力，保障其在经济生活中不受歧视；⑧鼓励和促进残疾人参与社会的政治生活，保障其政治权利。

74. ACE 【考点】间接社会工作方法

【解析】题中，社区矫正工作者小曹发现当地社区社会环境复杂，存在着多种不安全、不和谐因素，对此，应该改善社区环境；针对在社区中进行矫正服务的对象，为了使他们避免社会环境的不利影响，对他们应该进行抵制教育；社区矫正工作的开展需要各种社会力量的加入，尤其是社会志愿力量的参与。

75. BCD 【考点】社会救助

【解析】社会工作者应该秉持社会工作的价值观以及人道主义精神对案例进行分析。社会救助体系中一项重要内容是基本生活救助，主要解决贫困个人与家庭的吃穿温饱等基本生存问题。符合其标准即可享受这些权利。题中，虽然老杜是一名吸毒人员，被取消获得补助的资格，但是，本着社会工作者的助人价值观、根据法律法规的规定，应该保障老杜应有的权利，并且基于老杜目前的潦倒现状，应该予以介入。

76. BCE 【考点】家庭生活教育

【解析】家庭生活教育是一种通过讲座、宣传、知识竞赛和娱乐活动等方式增进家庭成员的生活常识，改善家庭成员的沟通交流的服务活动，其目的是促进家庭成员关系的协调，增强家庭的社会功能，提高家庭成员的生活质量。

77. ABD 【考点】人与环境的关系

【解析】社会工作一直强调人与环境的关系，而在微观、中观、宏观的环境中，家庭的影响力无疑是最大的。令人担忧的是，不少青少年的家庭存在结构不完整、关系不平衡、互动不合理等问题。他们的家庭关系或者边界不清，父母过度保护；或者家庭关系疏离，父母不闻不问；或者家庭结构不完整。因此，家庭层面

的社会工作服务，是青少年社会工作的重要组成部分。

78. ABD 【考点】学生行为问题

【解析】学生行为问题是学校社会工作介入的重要方面。简单来说，学生行为问题可以归结为“社会—情绪—文化”适应有困难的学生。其主要内容包括：学习适应障碍、同学关系紧张、社会关系不和谐以及品德不良等。

79. ABE 【考点】学校社会工作

【解析】题中，小琴产生厌学情绪的原因在于对学习的理解不正确，把高的学习分数视为自己的目标和动力，歪曲了学习的本质。针对此种情况，应该着手介入的是小琴正确的学习目标、观念和动力的树立，以及培养其良好的学习习惯和方法。此案例与亲子关系、师生关系的关联程度不高，不在需要介入的范围之内。

80. ADE 【考点】医务社会工作的功能

【解析】医务社会工作的功能包括：①诊断与评估。对病人及其家庭的问题与需要进行诊断，制订解决问题的计划，筛选高危群体，评估疾病对病人的职业、日常生活以及情绪的影响等。②咨询与辅导。促进病人及其家庭在行为、态度、情绪和环境等方面的改变，包括社会适应方面的咨询、危机干预、心理辅导和社会资源方面的咨询。③寻求与整合资源。包括寻找病人所需要的资金、实物、服务资源等，协助病人完成申请的程序，并且利用媒体帮助病人获得必要的资源。④政策和服务倡导。促使医院内部在对病人服务的政策、措施、服务程序等方面有所改善，推动医院内相关组织的改善，包括组织架构、工作流程的修正，以符合病人和家属的最佳利益。⑤多专业协调与合作。与医院内部或者社区机构的工作人员联系，讨论病人及其家属如何采用有效的方法获得预防疾病、照顾病人等服务，也讨论病人的社会心理功能，包括个案研讨会等。

密封线内不要答题

密 封 线 内 不 要 答 题

准考证号：________ 姓名：________

全国社会工作者职业水平考试模拟试题(一)
(助理社会工作师)社会工作实务(初级)

(考试时间120分钟　满分100分)

题　号	一	二	总　分	统分人签字
得　分				

得　分	评卷人

一、单项选择题(共60题，每题1分，每题的备选项中，只有1个最符合题意)

1. 娟娟在升入高中后感觉压力特别大，无法适应高中生活。而她的父母也觉察到她与同龄孩子不同，对如何教育她感到很迷茫，不知如何处理她在性格、学习和成长方面的困惑。于是，娟娟在老师的介绍下接受了学校社会工作者的协助。对于学校社会工作者来说，娟娟的父母属于(　　)服务对象。
A. 潜在　　B. 现有　　C. 自愿型　　D. 非自愿型
2. 社会工作者小刘在为孤独症儿童提供服务时，经常向相关的专家咨询医学心理学知识，以获得对问题的科学认识，这种资料收集方法是(　　)。
A. 咨询　　B. 询问　　C. 观察　　D. 问卷调查
3. 近年来，一些国家的艾滋病患者人数逐年递增。不少艾滋病患者遭到亲人、朋友的抛弃，但并不是所有艾滋病患者的家庭都排斥他们，因此，社会工作者对不同的服务对象要遵循(　　)原则介入行动。
A. 个别化　　B. 特殊化
C. 人性化　　D. 服务对象自决
4. 在社会工作评估中，过程评估关心的重点是(　　)。
A. 工作完成的最终结果
B. 检视计划介入的理想结果
C. 是什么因素导致服务对象的改变
D. 工作中的各种步骤和程序怎样促成了最终的介入结果
5. 在社会工作结案期，当所有延长结案时间的努力都无效时，有些服务对象会表现得无精打采、失落而无助，对结束关系充满焦虑。这种负面反应属于(　　)。
A. 忧郁　　B. 焦虑　　C. 否认　　D. 倒退
6. 关于社会工作者与案主在结案阶段解除专业服务关系，下列描述正确的是(　　)。
A. 社会工作者与案主解除先前确定的专业服务关系后，不能存在其他关系
B. 社会工作者与案主下次见面时，社会工作者应主动询问案主的近况

C. 如果案主需要其他服务，社会工作者可以提供转介服务
D. 社会工作者与案主不能再有接触
7. 社会既要保护儿童，使他们获得健康成长，又要保护他们的合法权益不受侵害，因为儿童具有(　　)。
A. 生存的需要　　B. 学习的需要
C. 社会化的需要　　D. 受保护的需要
8. 13岁的梅梅，母亲因病去世3年了，父亲经常酗酒抽大麻。有一次，父亲在家里喝得醉醺醺的，并端着一杯白酒强行灌到梅梅口中，还嚷嚷着让女儿陪他一起吃喝玩乐。情急之中，梅梅跑出家门，打电话向警察和学校老师求助。警察带走了父亲，学校社会工作者也把梅梅带走送到集体宿舍居住一宿。后经社工多方协商，送梅梅到其姑父家中寄养3个月。该社工提供的服务属于(　　)儿童福利服务。
A. 保护性　　B. 替代性　　C. 补充性　　D. 支持性
9. (　　)指为根据家长需要提供的如何做好父母的指导和教育工作，一般可采用个别辅导、家长自助小组和亲子互动团体等方式进行。其目标是帮助父母提高亲职能力，做个好家长。
A. 亲职辅导　　B. 亲职教育
C. 家庭辅导　　D. 亲子关系辅导
10. 一对残疾人夫妇生了个孩子，由于家庭经济困难和身体残障照顾孩子能力有限，他们来到了社工机构来寻求社工的帮助。此时，社会工作者需要为他们提供(　　)服务。
A. 促进儿童成长健康　　B. 补充和改善经济状况
C. 救助和保护儿童　　D. 为其提供儿童健康成长的知识
11. 欢欢的父母整天迷恋于赌博，不务正业，对欢欢的学习和生活不闻不问。因此，欢欢从小由奶奶抚养，而奶奶对她又百依百顺。这样的家庭环境和教养方式导致了欢欢不喜欢学习，经常与不良青少年混在一起。面对欢欢这样的孩子，社会工作者提供服务应坚持(　　)的服务原则。
A. 严加管教　　B. 以人为本
C. 接纳与关爱青少年　　D. 注重青少年的个别需求
12. 儿童社会工作方法中，下列关于以家庭为中心的方法理解不正确的是(　　)。
A. 需要家庭全程参与服务过程
B. 针对儿童生活的家庭和社区开展的提升照顾儿童和保护儿童技能的实务方式
C. 改善儿童安全环境的一种社会工作专业实务方式
D. 这里的家庭指原生家庭
13. “守候花季”系列青春期性教育运用小组工作方法扩充青少年的性知识，引导形成正向的性态度，增强自我保护意识和责任意识。属于为青少年提供(　　)服务。
A. 心理疏导　　B. 习惯养成　　C. 临界预防　　D. 婚恋
14. 黎芳芳成绩一直很优秀，但让人疑惑的是她竟然连续复读初三三年，不是因为她发挥失常没有考上，而是在这三年里她每到考试前夕都会以各种借口提出弃考、休学。她的父母在她很小的时候就到广东打工，自从她上初三以来，母亲就再没外出打工。面对黎芳芳的这种情况，父母很是无奈，于是向社会工作者求助。社会工作者的下列做法属于个人层面社会工作方法的是(　　)。
A. 建议黎芳芳到相关心理机构进行治疗

B. 协助黎芳芳缓解考试压力，建立独立性人格，给予情绪上的支持
C. 安排黎芳芳参加青少年人际沟通技巧训练小组，学习沟通技巧
D. 与学校联系，增加黎芳芳自我展示的机会，并且鼓励黎芳芳与同学交往的行为

15. 社会工作者小东的第一个个案辅导对象是王奶奶。王奶奶儿孙都在国外，每年仅回国看望她一次，她因此感到自己被儿孙抛弃，心中闷闷不乐，觉得生活没意思。在辅导过程中，小东常常带着水果去看望王奶奶，给了王奶奶极大的精神慰藉，并在不知不觉中把王奶奶当做自己的亲奶奶看待。小东目前的状况可能是出现了(　　)。
A. 透支现象　B. 情感转移　C. 移情现象　D. 反移情现象

16. 高奶奶的老伴五年前去世，由于行动不便无人照顾，她只能搬来与儿子同住。但是这五年来，儿子和媳妇总把高奶奶锁在屋里，不允许她出门半步。在老年社会工作中，高奶奶儿子和媳妇的这种行为属于(　　)老人行为。
A. 虐待　B. 疏于照顾　C. 歧视　D. 忽视

17. 张大爷在老伴去世后与儿子儿媳一起生活。由于夫妇俩平时工作繁忙，无法照看老人，于是便请了保姆帮忙照料。某日社会工作者沈月前去探访，却发现张大爷的房间不仅凌乱，而且散发着刺鼻的馊味。张大爷躺在床上，床头放着几瓶药，床边放着尿盆，他反复地说：“这些日子我太麻烦人了。”保姆说，张大爷在两周前出门遛弯时不慎摔倒，造成骨折，上周出院后回家静养。上述情况表明，张大爷目前生活存在的风险因素是(　　)。
A. 身体虐待　B. 情感虐待　C. 他人疏于照顾　D. 自我忽视

18. 下列关于老年人年龄的说法中，正确的是(　　)。
A. 按照日历年龄来划分，我国政府多以65周岁以上的公民为老年人
B. 社会年龄很大程度上决定个人所扮演的社会角色，直接影响个人的自我概念和自我价值感
C. 生理年龄在很大程度上会决定了老年人的人格特点、情绪特点和处理问题的方式
D. 心理年龄是一个人日常功能发挥的最重要的影响因素，它在很大程度上决定了老年人的生活安排和生活方式

19. 妇女社会工作的起点是(　　)。
A. 实现男女平等　B. 提高妇女的社会地位
C. 理解和接纳妇女的现实处境　D. 尊重和倾听妇女的声音和经验

20. 下列各项不属于妇女社会工作中间目标的是(　　)。
A. 提升性别意识，促进自省、自信和自我认同
B. 建立妇女网络与网络之间的连接
C. 协助妇女重新界定妇女问题，认识到“个人的即政治的”
D. 建立妇女的支持小组，减少成员的孤独感

21. 目前我国很多地方尤其是农村地区，重男轻女的思想仍很严重，有些妇女因为没有生男孩导致其在家中没有地位。为了孩子，这些妇女对家人尤其是丈夫的虐待忍气吞声。在帮助这些妇女的过程中，社会工作者的下列做法不符合社会工作干预原则的是(　　)。
A. 关注这些妇女的安全
B. 责怪这些妇女的忍气吞声
C. 与这些受害妇女建立信任的专业关系

D. 尊重这些受害妇女的人格独立，提升她们的自信心

22. 单亲母亲小赵每逢周末既要做家政服务的钟点工，又要往返于自家和父母家接送孩子。社会工作者考虑到小赵的实际情况，说服大家将小组活动的时间改为每周平日的傍晚时分。上述事例中，最能体现社会工作者这一做法的原则是(　　)。
A. 兼顾妇女的实用性性别需求和战略性性别需求两种基本的需要
B. 小组活动的时间和场地一定要根据妇女的情况而定
C. 兼顾社会工作者和妇女的平等关系
D. 需要关注自己的情绪和感受，将自己的心放到小组中去

23. 残疾人工作方法的转型主要表现为残疾人社会工作方法和(　　)方面。
A. 增能方式　B. 理念传播　C. 介入模式　D. 观察视角

24. 我国目前对残疾的预防措施中，二级预防的内容是(　　)。
A. 预防致残性伤害和残疾的发生
B. 防止伤害后出现残疾
C. 通过各种康复功能训练方法改善功能，预防或减轻残疾
D. 预防性卫生咨询

25. 下列关于我国社区康复的文化背景的说法，错误的是(　　)。
A. 中国的社区结构在世界上有独特的稳定性和强大的内聚力，开展社区康复必须深刻了解我国的文化背景
B. 实际上，社区康复并非完全是“舶来品”，其中蕴涵着中国人民的智慧和创造
C. 目前，由于种种原因，在我国开展社区康复工作，还没有较好的基础
D. 中国社区的文化特点，决定了社区康复必须有自己的特色

26. 吴迪是社区里的一名残疾人社会工作者。她发现社区里的残疾人与他人几乎没有接触和交流，而在她看来残疾人很有必要融入社会。于是，她与同事筹备在社区建立一个专门为残疾人提供沟通交流机会的“互助合作站”，每周至少举行一次活动。吴迪采用的社会工作方法是(　　)。
A. 社区康复　B. 社会康复　C. 教育康复　D. 职业康复

27. 社会工作者在专业价值观的指引下，运用社会工作的理论、知识、方法和技术，为罪犯(或具有犯罪危险性的人员)及其家人，在审判、监禁、社区矫正或刑释期间，提供思想教育、心理辅导、行为纠正、信息咨询、就业培训、生活照顾以及社会环境改善等方面的服务，是为了满足矫正对象(　　)的需要。
A. 基本生存　B. 家庭生活　C. 教育保障　D. 再社会化

28. 郑峰，16岁，从小父母离异。某日，他携刀在市区某偏僻处对路人实施抢劫，劫得手机一部。案发不久，郑峰被捕。区法院少年庭就郑峰涉嫌抢劫一案开庭审理。社会工作者章老师出席庭审，在法庭事实调查结束后，她就郑峰的家庭环境、在社区的一贯表现以及在取保候审期间的悔改表现，做了全面的综合评定。法官结合章老师的评价，依法判处郑峰有期徒刑1年，缓刑1年。宣判后，法官与章老师一同跟郑峰交流，让他很受触动。法官说：“今天，你就直接跟章老师回到社区里，以后，章老师就是你的跟踪帮教老师了，她会随时给你帮助。如果心里感到烦躁、苦闷，可以随时给章老师打电话。”上述案例中，章老师为郑峰提供的服务是(　　)。
A. 青少年社会工作　B. 矫正社会工作

密封线内不要答题

密封线内不要答题

C. 社会救助社会工作　　D. 学校社会工作

29. 下列各项中，不属于社会工作者在监禁场所中所能提供的专业服务的是(　　)。
A. 协助服刑对象适应监禁场所生活
B. 为服务对象提供专业咨询服务
C. 为在监服刑人员提供生活辅导和医疗保健转介服务
D. 帮助服务对象加强与社会的联系

30. 林浩的父母在他很小的时候因车祸双双去世，林浩一直与奶奶一起生活。今年，林浩从某职业学校汽修专业毕业。林浩一直很重义气，只要他结交的朋友，不管他们有什么困难都竭力相帮。由于交友不慎，他接触了一些社会上的不良青年，开始吸毒、盗窃、抢劫。今年年初，林浩因犯抢劫罪被判有期徒刑三年，缓刑三年。社会工作者多次对林浩面谈辅导，逐渐建立了良好的专业关系，经过反复讨论和协商，社会工作者与林浩共同制订了个案管理服务计划。在社会工作者的监督、管理和帮教下，林浩的生活方式有了较大改变，还和朋友一起开办了一间汽车修理铺。本案例中，社会工作者提供个案所采用的方法主要是(　　)。
A. 有重点、分步骤地制订矫正工作计划
B. 协调多部门、多机构提供整合性的服务
C. 发掘矫正对象潜能和参与问题解决
D. 发展特殊教育和职业技能培训

31. 张涛是现役三级士官，在某次部队执行抢险任务中献出了年轻的生命，随后被追授为烈士。对此，社会工作者可以提供的优抚安置服务是(　　)。
A. 抚恤　　B. 安置　　C. 优待　　D. 优抚

32. 在优抚安置社会工作的分类中，下列属于老年社会工作范畴的是(　　)。
A. 优抚医院社会工作　　B. 光荣院社会工作
C. 烈士褒扬社会工作　　D. 军供社会工作

33. 复员退伍军人安置社会工作的服务对象不包括(　　)。
A. 义务兵　　B. 红军失散人员　　C. 退伍军人　　D. 复员军人

34. 从军队师职干部变为民政部门的服务对象，老张有一种深深地失落感，常常怀念在部队的时光，难以适应到地方的休养生活，面对这种状况，社会工作者首先应采取的介入策略是(　　)。
A. 推动志愿服务，训练、组织、督导志愿者
B. 协助做好军休干部医疗保障工作，实现“老有所医”
C. 积极引导军休干部进行平民化角色转换
D. 认真落实军休干部的政治待遇和生活待遇

35. 26 岁的小李被确定为一级伤残，近来有自杀倾向。社工小杜和小李经过自由地讨论后，共同确定问题清单，之后讨论问题细节，并按照优先顺序排列。小杜的这些做法，属于危机介入的(　　)阶段。
A. 开展评估　　B. 建立关系　　C. 聚焦问题　　D. 稳定情绪

36. 社会工作者崔林所负责的社区里有一个贫困家庭，夫妻双方都下岗了，两个孩子还在上学，家庭没有任何经济来源。此时崔林若以社会工作者的身份介入，则应该最先为这个家庭提供的服务是(　　)。
A. 协助这个家庭制定反贫困策略

B. 为这个家庭的成员做心理辅导
C. 协助这个家庭申请城市最低生活保障
D. 为这对夫妻提供就业指导培训的机会

37. 丽梅是一位单身母亲，寻了一份保洁员的工作，收入微薄；丽梅的儿子 13 岁时，因患重病丧失了劳动能力，丽梅自感生存和生活压力巨大，常常焦虑不已，才 35 岁就已经是满头白发了，坦言生活快要把自己逼疯了。此时，社会工作者需要做的是(　　)。
A. 调节家庭关系　　B. 促进社会融入
C. 提供心理支持　　D. 服务对象识别

38. 社会工作者小谢刚刚帮助小刘找到了一份工作，可是受自身能力和知识技能所限，以及社会资源缺乏，小刘在参与就业过程中遇到了很多挫折和挑战，不能及时就业也不完全符合自己的就业意愿。小谢便协助小刘认真分析就业形势和自身优势不足，调整认知和心态，以更加务实和乐观的心态积极就业。此时，社会工作者小谢的做法属于(　　)。
A. 转变就业观念　　B. 自我认知调整
C. 职业技能培训　　D. 连接就业资源

39. 社会工作者小朱负责一户贫困家庭的评估。这个家庭共有四口人，姥爷、姥姥、女儿、外孙。小朱在工作过程中，经常可以发现一些新的需要解决的问题，于是他一直关注和评估整个家庭的需求和问题，并及时调整工作方案，确保服务对象能够得到及时的帮助。小朱的做法，体现了评估具有(　　)的特点。
A. 保持连续性　　B. 救助对象的参与
C. 动态推进，全面了解　　D. 合理利用知识和经验

40. 社会工作者李某深入了解救助对象家庭的时候，他发现老人脸色憔悴，满脸愁容，说话的时候不停地叹气，摇头，很明显能感受到老人对于家庭生活困窘的无奈，便以此获取了评估的信息。这里，李某获得评估信息的具体方法属于(　　)。
A. 使用量表　　B. 直接询问
C. 家庭探访　　D. 观察身体语言

41. 姜女士是一名小学教师，丈夫陆先生是一家大型企业的高管，女儿陆萍乖巧伶俐，家庭生活非常和睦。但是自从女儿高中毕业考入国外某知名大学离开他们的生活之后，姜女士面对女儿的房间愈感寂寞，常常流泪，还时常与丈夫争吵。他们在无奈之下向社会工作者求助。在家庭辅导中，社会工作者帮助陆先生夫妇学习适应女儿离开后的生活，并调整自己的家庭角色。本案例中，社会工作者是以(　　)为基础开展家庭辅导的。
A. 家庭系统理论　　B. 生态系统理论
C. 家庭结构理论　　D. 家庭生命周期理论

42. 图 1 所示的家庭结构图所代表的意思是(　　)。

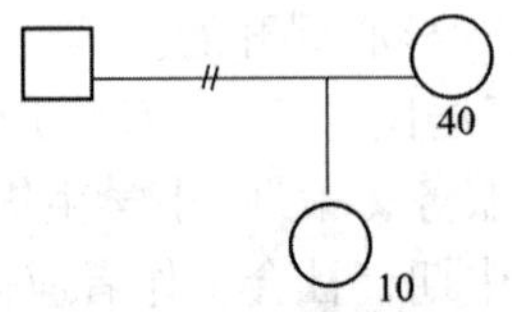

图 1　家庭结构图

A. 一个40岁的离婚女性带着一个10岁的女儿
B. 一个40岁的离婚女性带着一个10岁的儿子
C. 一个40岁的离婚男性带着一个10岁的儿子
D. 一个40岁的离婚男性带着一个10岁的女儿

43. 晓娜的父母在机构改革中下了岗，全家仅靠每个月的低保生活。晓娜在学校中不和同学攀比，学习也很认真，但成绩却不是很好，父母很着急，经常抽空辅导她，然而效果不佳。父母和晓娜都很无奈，只能向社会工作者王欣求助。王欣与晓娜的父母一起分析造成这种情况的原因，讨论提高晓娜学习成绩的方法。王欣让晓娜的父母看到，虽然晓娜在学习新知识时领会能力较差，但是她一旦理解就能很好地掌握，以此来增强父母对晓娜学习的信心。王欣进一步指出，父母应该培养晓娜独立思考和自主学习的能力。王欣的服务体现了家庭社会工作中的(　　)原则。
A. 家庭处境　　B. 家庭个别化
C. 帮助家庭成员增能　　D. 满足家庭成员需要

44. 学校社会工作的切入点及重要内容是重构(　　)的环境。
A. 所有学生　　B. 困境学生　　C. 学校制度　　D. 问题学生

45. 学校社会工作的服务对象不包括(　　)。
A. 学生　　B. 家长
C. 教师　　D. 行政主管部门

46. 对因一般原因引起学业困境的学生开展社会工作时，社会工作者可以采用(　　)方法，以案主的学业进步为中心任务，通过学生的家长、老师、同学等收集资料，判断其问题形成的原因。
A. 个案工作　　B. 小组工作
C. 资源整合　　D. 社会工作行政

47. 学校社会工作者进行个案管理的对象应是(　　)。
A. 一般学生　　B. 有暴力倾向的学生
C. 有学习困境的学生　　D. 处境不利的学生

48. 社会工作认为，社区关系主要有两种表现形式，一是对外关系，一是对内关系，关于这两种表现形式，下列说法错误的是(　　)。
A. 对外关系主要是社区与政府机构、辖区单位的互动关系
B. 对外关系的目的有争取资源，解决社区问题和满足社区需求
C. 对内关系包括社区内部各组织之间以及居民和居民之间的各种关系
D. 表达居民的意见和诉求是社区对内关系的诉求

49. 两个社区居委会通过自愿性的合作协议开展一门“居民教育”课程，一个社区出场地，一个社区找授课教师，形成一项完整的课程计划，这属于社区(　　)。
A. 资源节约　　B. 资源整合　　C. 资源优化　　D. 资源共享

50. 社区教育活动都是以(　　)为核心展开的。
A. 社会工作者　　B. 社区居民　　C. 工作　　D. 学习

51. 某社区为青少年提供福利性服务，策划“小学生饭桌”项目，为社区内小学生提供送餐服务。在服务项目策划中期，社会工作者应做的工作是(　　)。
A. 征求社区居民的意见　　B. 了解服务对象需求
C. 设计服务项目的评估方法　　D. 估计工作人员的素质和能力

52. 育溪小区不少居民反映社区中因排水管道老化，经常堵塞下水道，造成居民很多损失和困扰。为了解决社区居民的困难，社会工作者召开居民代表座谈会。居民代表们在座谈会上反映：除了经常堵塞下水道，社区还存在其他问题，如路灯时常坏了未能及时修理；垃圾收集不及时，常常倒得满地都是；社区内绿化少，刮风时灰尘很大，影响居民外出。代表们所反映的是居民的(　　)。
A. 比较性需求　　B. 规范性需求　　C. 表达性需求　　D. 感觉性需求

53. 希波克拉底说过“了解什么样的人得了病，比了解一个人得了什么病更重要”，这是指医务社会工作要(　　)。
A. 与医疗卫生体系相融合　　B. 以服务对象的健康为主导
C. 以疾病为中心　　D. 以病人为中心

54. 医务社会工作者对糖尿病患者长期照顾中的服务内容不包括(　　)。
A. 医疗适应　　B. 危机干预
C. 出院照顾　　D. 患者医疗认知

55. (　　)常常在社区紧急事件中运用。
A. 个案工作　　B. 小组工作　　C. 社区工作　　D. 项目管理

56. 郭女士自从被诊断患了乳腺癌之后，情绪一直很低落，对生活失去信心，家人的劝解也不听，社会工作者介入后，为了帮助王女士重拾对生活的信心，把王女士介绍到一个抗癌讨论小组，这个小组的成员都身患癌症，但是他们很坚强，敢于面对疾病和痛苦，他们每周都有集会，都会分享各种经验和心得，王女士也颇受感染和鼓舞，增加了面对病魔的信心，这种小组是(　　)。
A. 兴趣小组　　B. 成长小组　　C. 教育小组　　D. 支持小组

57. 下列关于企业社会工作的表述不正确的是(　　)。
A. 提供者是专业社会工作者
B. 主要策略是兼顾公共性、公益性与多方共赢的统一
C. 主要工作对象是企业
D. 目标是促进职工发展和福利目标实现

58. 关于我国对企业社会工作的需求，下列表述正确的是(　　)。
A. 职工人数不断减少，企业社会工作服务的对象减少
B. 弱资本强劳动，维护社会公平公正艰难
C. 职业压力慢慢降低，不需要为职工服务的社会工作
D. “80后、90后”新型劳动者群体，需要更加人性化的服务

59. 职工基于企业组织一员的身份而得到的，与职工个人的工作绩效无直接关系的是(　　)。
A. 职工福利　　B. 职工奖励　　C. 企业福利　　D. 企业奖励

60. 下列关于企业小组工作过程的排列正确的是(　　)。
A. 需求评估—确定目标—招募组员—制订小组计划
B. 确定目标—招募组员—需求评估—制订小组计划
C. 需求评估—招募组员—确定目标—制订小组计划
D. 招募组员—确定目标—需求评估—制订小组计划

密封线内不要答题

得 分	评卷人

二、多项选择题(共20题，每题2分，每题的备选项中，有2个或2个以上符合题意，至少有1个错项。错选，本题不得分，少选，所选的每个选项得0.5分)

61. 一般而言，社会工作实务通用过程的步骤包括(　　)。
A. 调研　　B. 介入　　C. 预估　　D. 结案
E. 计划

62. 社会工作跟进服务的实施方法包括(　　)。
A. 个别会面　　B. 电话跟进　　C. 小组跟进　　D. 集体会面
E. 跟进服务对象的社会支持网络

63. 以家庭为中心的方法有其使用于自身的实务原则，包括(　　)。
A. 在服务过程中，包括制订和落实服务计划，儿童的安全和健康永远是第一需要考虑的
B. 在服务过程中，儿童和家庭不应因为语言、宗教、发育迟缓等原因受到不同对待
C. 儿童社会工作者必须通过相关服务了解儿童需要和儿童及其家庭情况
D. 家庭寄养照料为了让儿童适应尽可能时间长
E. 凡有可能，家庭应获得服务以保持儿童在家庭中生活，避免发生亲子隔离创伤

64. 下列各项属于青少年发展性需要的是(　　)。
A. 为未来的生涯做准备　　B. 追求理想和抱负
C. 提高个人素质与修养　　D. 接纳自己的身体与容貌
E. 自食其力，寻求经济独立

65. 社会工作者在为老年人提供服务时可以采用小组工作的方法，但是下列情形中不宜采用此种方法的有(　　)。
A. 有精神疾病　　B. 老年人情绪低落
C. 有严重行为问题　　D. 患有器质性疾病，头脑混乱
E. 老年人身体状况不好，出行有实际困难

66. 硅谷社区是一个老旧社区。这个社区的特点是“三多”，即老人多、贫困家庭多、下岗失业居民多。社会工作者方瑜在这个社区开展工作，认识了前来申请低保的居民老范。方瑜经过了解和分析，认为老范符合申请低保的条件，于是帮助老范一家成功申请到低保。同时针对老范目前没有工作的情况，和老范一起分析自身条件和面临的就业压力，让其降低就业要求。通过努力，最终帮助老范找到了一份看守单位大门的工作，使其家庭经济状况有了一定好转。方瑜以老范为例，联系了和老范情况类似的家庭困难户定期举行小组活动，大家商量如何就业以及改变自己和家庭的生活状况。此外，方瑜还在社区的宣传栏里发布关于社区的就业信息和政策，鼓励居民积极关注社区活动。方瑜和街道办事处积极沟通，与邻近的一家物业公司协商，在社区的一块空地上划定了临时停车场，让这些下岗居民成为停车管理员。该案例中，社会工作者方瑜运用了社会工作的(　　)方法。
A. 个案工作　　B. 小组工作　　C. 社区工作　　D. 家庭工作
E. 外展服务

67. 妇女社会工作内容具体包括(　　)。

A. 妇女的婚姻和家庭工作　　B. 针对妇女贫困问题的工作
C. 推进社会性别平等的工作　　D. 针对伤害妇女行为的干预
E. 针对妇女的生理和心理特点开展的社会工作

68. 我国民政部、中国残联等十四个部门所颁布的社区残疾人工作的基本原则包括(　　)。
A. 坚持以政府为主导，社区为依托
B. 将社区残疾人工作纳入社区建设总体规划
C. 以社区居民委员会为核心、社区残疾人组织为纽带
D. 坚持有关部门密切配合，社会各界共同参与的社会化工作方式
E. 与有关部门充分协商，取得支持

69. 社会工作者周瑾采用社区工作方法开展矫正社会工作，则她在开展工作过程中应该注意的问题有(　　)。
A. 要善于协调多部门、多机构，提供整合性的服务
B. 要重视和善于与矫正对象建立良好的专业关系
C. 进行综合治理，以改善矫正对象的生活环境
D. 挖掘社区志愿力量，共同参与社区矫正工作
E. 开展社区教育，培育社区居民接纳、尊重矫正对象的意识和习惯

70. 优抚医院社会工作中，出院及跟进服务的内容包括(　　)。
A. 教导家庭照顾服务对象
B. 协助家庭与服务对象一起设计跟进及检讨方案
C. 运用家居照顾及社区康复护理或志愿者服务等
D. 协助服务对象及其家庭运用有关的社会资源
E. 与医护人员一起商讨病情，做好出院评估，订立离院计划，尤其要做好离院前的适应性方面的工作

71. 接收安置后，军休社会工作的内容之一在于协助促进社会政策的良性改变，推进实现(　　)。
A. 管理规范化　　B. 利益均等化　　C. 服务标准化　　D. 保障一体化
E. 人员精简化

72. 受灾人员救助的主要内容有(　　)。
A. 灾害预警　　B. 协助安置受灾人员
C. 社区重建与发展　　D. 减灾行动
E. 防灾准备措施

73. 关于家庭社会工作与家庭治疗的区别，下列说法错误的有(　　)。
A. 家庭治疗出现的时间要比家庭社会工作早
B. 与家庭治疗相比，家庭社会工作关注的焦点更为广泛
C. 家庭治疗更为强调“人在情境中”的服务理念
D. 家庭社会工作更多地在离开家庭日常生活场景的辅导室中进行
E. 家庭社会工作要求社会工作者与受助家庭建立良好的合作关系

74. 黄荣今年10岁，上小学五年级，其父母开了一家餐馆，生意红火，父母每天不仅要打理店里的生意，而且还要顾及黄荣的学习。自上学以来，黄荣平时就不爱读

书，而且上课经常走神、发呆，不认真听老师讲课，做作业时又磨磨蹭蹭。因此，老师多次找其父母谈话，让他们督促她的学习。为了让黄荣的学习能跟上其他同学的进度，其父母专门请了家教辅导她的学习，并且给她布置一些课外作业。这样，黄荣每天总有做不完的作业，她总是抱怨作业太多而没有玩的时间，对学习越来越反感；而父母看到黄荣这样也很着急，只能通过打骂的方式让她坐在书桌旁。因此，黄荣经常因为做作业的事情与爸爸、妈妈发生冲突，这让父母感到很无奈。妈妈说，不知道为什么黄荣这孩子就是不爱学习，除了这一点外，其他都不错，有时能够帮助他们做些家务，挺懂事的。如果你是社会工作者要介入这个案例，应该将服务介入计划总目标确定为(　　)。

A. 提高黄荣的学习兴趣　　B. 改善黄荣上课的行为表现
C. 增强黄荣完成家庭作业的能力　　D. 让黄荣学习如何独立完成家庭作业
E. 让黄荣的父母学习如何有效指导她完成作业

75. 针对人际关系困境的学生，学校社会工作者采用的方法有(　　)。
A. 团体促进方法　　B. 个案帮助方法
C. 社区资源整合　　D. 小组辅导方法
E. 能力提升与德育教育结合

76. 舟舟是一名高三的学生，因为临近高考，使他感觉心理压力很大，对于父母关心的询问会很烦躁，而每次学校测验的成绩也让他情绪很不稳定。对于舟舟的这种情况，社会工作者杨洋对他进行情绪管理的辅导，可以使舟舟(　　)。
A. 提高学习成绩　　B. 能够辨别情绪
C. 懂得掌控情绪　　D. 正确处理情绪
E. 增强心理承受能力

77. 下列各项属于社区内群体性问题分析角度的有(　　)。
A. 该人口群的共同属性是什么
B. 政府是否有相关政策扶持，内容如何
C. 人口分布和人口数量如何
D. 社区与外部是否有严重的冲突
E. 如果社区存在问题和冲突，当前是如何处置的

78. 社会工作者对慢性病患者进行依从治疗的咨询可以包括(　　)阶段。
A. 评估和界定依从治疗的问题　　B. 制定治疗方案
C. 进行心理评估　　D. 促进行为改变
E. 维持患者的依从

79. 认知行为疗法的步骤包括(　　)。
A. 事前风险预估　　B. 详细讲述问题行为
C. 收集数据　　D. 行为改变的强化
E. 防止故态复萌

80. 企业社会工作服务的主导属性有(　　)。
A. 服务性　　B. 公共性　　C. 公正性　　D. 公益性
E. 合作性

答案及详解

一、单项选择题(共60题，每题1分。每题的备选项中，只有1个最符合题意)

1. **【答案】**A

【解析】A项，潜在服务对象是指尚未使用或接受社会工作者协助和资源帮助，但未来可能需要服务资源和协助的服务对象；B项，现有服务对象是指主动求助和转介及外展而来的、已经使用社会工作者所提供的资源或正在接受社会工作者协助的服务对象；C项，自愿型服务对象是指认识到需要协助而自己主动向社会工作者求助的，以及由他人介绍而接触社会服务机构并愿意成为其服务对象的人；D项，非自愿型服务对象是指由政府、法院或其他有权力的部门或个人(包括父母、老师等)将需要协助的服务对象转介给社会工作的服务机构，以协助其解决问题的服务对象。题中，娟娟在老师的介绍下接受社会工作者的协助，她是社会工作者的实际服务对象。娟娟的父母因为对教育孩子感到非常迷茫，不知如何处理孩子在性格、学习和成长方面的困惑，同样也需要协助，因此，父母就是潜在服务对象。

2. **【答案】**A

【解析】社会工作者在接案阶段收集服务对象资料的方法和途径包括：询问、咨询、观察、利用已有资料和问卷调查。其中，咨询是指为获得服务对象的准确资料，社会工作者向其他专业人士咨询，以求对服务对象的问题有全面、正确、科学的认识。

3. **【答案】**A

【解析】社会工作的介入行动理论上说应根据预估阶段对服务对象需要与问题的认定进行事先的计划，但很多时候也要根据变化了的情况随时调整，其原则包括：①以人为本、服务对象自决；②个别化；③考虑服务对象的发展阶段和他们的特点；④与服务对象相互依赖；⑤瞄准服务目标；⑥考虑经济效益。其中，个别化原则是指针对服务对象系统的特殊性采取介入行动，才能有助于解决问题。题中，不是所有艾滋病患者的家庭都排斥他们，故对不同的服务对象，社会工作者要采取个别化的介入行动。

4. **【答案】**D

【解析】过程评估是对整个介入过程的监测评估，包括社会工作介入进行中的评估。它对工作过程的每一步骤、每一个阶段分别做出评估，关心的重点是工作中的各种步骤和程序怎样促成了最终的介入结果，方法是了解和描述介入活动的内容，回答服务过程中发生了什么以及为什么发生。过程评估提供有关服务过程的各种信息，包括工作目标、介入过程、介入行动和介入影响。

5. **【答案】**A

【解析】由于结案意味着社会工作专业关系的终止，意味着服务对象要回到各自的生活世界中，也意味着其后社会工作者与服务对象就要停止接触，不再有社会工作者的陪伴，因此终止关系可能给他们带来“分离焦虑”等感受，表现为对这种即将到来的结案产生负面反应，包括否认、倒退、依赖、抱怨、愤怒、讨价还价和

密封线内不要答题

忧郁。其中，忧郁表现为当所有延长结案时间的努力都无效时，有些服务对象会表现得无精打采、失落而无助，对结束专业关系充满焦虑。

6. 【答案】C

【解析】结案并不是说社会工作者绝对不再与服务对象接触，而是不再提供服务。如果服务对象还需要其他服务，社会工作者应给予转介。转介服务对象时，社会工作者需要与其他机构建立互联网络，了解转介条件，为服务对象做准备，妥善结案。

7. 【答案】D

【解析】儿童的受保护需要又称儿童的免遭伤害需要，是指儿童在其成长过程中，需要在身心两方面得到安全保障，不受到任何人为的伤害。这些人为的伤害主要包括对儿童的虐待、忽视和剥削。

8. 【答案】B

【解析】替代性儿童福利服务的对象是亲职不当和亲职缺失的儿童，内容主要包括家庭收养、家庭寄养和机构养育或教养。这类服务的目的是通过替代儿童的父母履行亲职职责，使儿童回归家庭环境，健康成长。题中，梅梅的处境具有重大危险因素，需要短暂解除她与父亲之间的亲子关系，剥夺其父亲的家庭监护权以确保安全。

9. 【答案】A

【解析】亲职辅导是指为根据家长需要提供的如何做好父母的指导和教育工作，一般可采用个别辅导、家长自助小组和亲子互动团体等方式进行。其目标是帮助父母提高亲职能力，做个好家长。亲职辅导的目的是解决亲职过程中出现的问题，对象是有亲职困难或障碍的父母。

10. 【答案】B

【解析】补充和改善经济状况包括：①连接现有政策资源。根据服务对象的具体情况，帮助连接政策资源，改善其家庭经济状况贫困的现状。这些政策包括孤儿生活保障政策、国家最低生活保障政策、残疾人补助、大病医疗救助、特殊困难救助、教育救助津贴等。②困境儿童父母就业援助。为困境儿童父母提供职业技能培训，并提供就业信息，为其就业提供帮扶，从而实现提高其就业的能力，改变其就业状况，改善家庭经济条件的目的。

11. 【答案】C

【解析】青少年偏差行为的产生很多是缘于家庭缺失。处于社会边缘的这些青少年也特别需要成人的关爱、接纳和理解。题中，面对欢欢这样的青少年，社会工作者要坚持接纳与关爱青少年的服务原则。

12. 【答案】D

【解析】以家庭为中心方法是指以儿童获得最佳照顾和保护为目标，针对儿童生活的家庭和社区开展的提升照顾儿童和保护儿童技能，改善社区儿童安全环境的社会工作专业实务方式。这里的家庭既包含儿童的原生家庭，也包含再婚、亲属、寄养和收养等不同形式的家庭。

13. 【答案】D

【解析】为青少年提供的婚恋服务是指引导青少年树立正确的婚恋观，帮助解决思想上、情绪上的困扰，为有需要的青少年组织开展婚恋交友活动。青春期的情感困惑，是青少年共同面临的问题。社会工作者通过开展“建立健康婚恋观”“青春期教育”“掌握交往技巧”等专题服务，协助青少年提升婚恋交往能力。

14. 【答案】B

【解析】微观层面的青少年社会会工作者是指个人层面的社会工作，即针对青少年个体需求而开展的个案辅导服务。题中，社会工作者帮助黎芳芳建立独立人格，给予情绪上的支持属于个人层面的社会工作方法的运用。

15. 【答案】D

【解析】老年社会工作会面临许多老年人的人生问题，如疾病、伤残、死亡等，社会工作者会不由自主地想到自己的晚年，对处理这些问题感到焦虑、沉重。而个人以往与老年人打交道的经历，特别是跟家中老年人的交往也可能会导致对老年服务对象抱有特殊的感情，出现反移情。这可能会表现为对老人特别不好，缺乏耐心和关怀，也有可能表现为对老人过度保护，想要“拯救”老人。社会工作者对此要特别注意。题中，小东目前的状况可能是出现了反移情。

16. 【答案】A

【解析】虐待老人是指恶意对待老人，在身体、情感或心理及经济方面对老人采取非人道的做法。题中，高奶奶的儿子和媳妇不允许其出门半步、限制其人身自由的行为是虐待老人的行为。

17. 【答案】C

【解析】他人疏于照顾是指主动或被动地未尽责满足老人身心健康的需要。包括未能充分满足老人在饮食、住所、穿衣、医疗照顾、身体保护等方面的需求。老人受到他人疏于照顾时的症状包括：尽管安排了照顾老人，但老人的个人卫生差、褥疮没有得到护理治疗、水分摄取不足或营养不良，以及缺乏适当的看管，老人的居住条件不安全或不卫生。题中，虽然安排了专人去照顾张大爷，但他的个人卫生差、缺乏适当的看管，居住的条件不安全、不卫生，其目前生活存在的风险因素是他人疏于照顾。

18. 【答案】B

【解析】A项，按照日历年龄划分，我国政府多以60周岁以上的公民为老年人。但是生理年龄、心理年龄和社会年龄都会对老年人的生活适应产生相应的影响。C项，生理年龄常常是一个人日常功能发挥的最重要的影响因素。它在很大程度上决定了老年人的生活安排和生活方式。D项，心理年龄在很大程度上决定了老年人的人格特点、情绪特点和处理问题的方式。

19. 【答案】D

【解析】长期以来，在父权文化（如“男尊女卑”、“男强女弱”）的影响下，妇女的声音和经验常常被忽视或者轻视，而尊重和倾听妇女的声音和经验是妇女社会工作的起点。

20. 【答案】B

【解析】妇女社会工作的中间目标包括：①协助妇女重新界定妇女问题，认识到“个人的即政治的”；②提升性别意识，促进自省、自信和自我认同；③建立妇女的支持小组，减少成员的孤独感。B项属于妇女社会工作者的最终目标。

21.【答案】B

【解析】针对妇女暴力的干预原则包括：①接纳受害妇女描述的问题而不是责怪受害者；②尊重受害妇女的人格独立，提升她们的自信心；③关注受害妇女的安全；④与受害妇女建立信任、真诚的专业关系。B项，责怪妇女的忍气吞声不符合社会工作针对妇女暴力干预原则。

22.【答案】B

【解析】针对农村妇女和流动人口群体以及一些特殊需要的妇女群体而开展的妇女小组，包括单亲母亲小组等，小组活动的时间和场地一定要根据妇女的情况而定，方便妇女的参加。因为单亲母亲通常在周末需要照顾家里的孩子，平时又要上班，开办小组时需要特别照顾到她们的实际需要。

23.【答案】C

【解析】残疾人工作方法的转型主要表现为残疾人社会工作方法和介入模式方面。在工作的理念上，残疾人社会工作正在实现由供养理论向回归社会理论的转变；在直接介入模式上，由单一的个案模式向综合服务模式转变。

24.【答案】B

【解析】残疾预防是指在发生伤残之前预防其发生或发生后减轻其功能障碍程度。我国初步建立了三级预防体系，具体包括：①一级预防，指预防致残性伤害和残疾的发生，通过实施免疫接种、围产期保健、预防性咨询、减少暴力、预防交通意外、加强公共场所安全、避免引发伤病的危险因素或危险源、指导健康的生活方式、提倡合理行为及精神卫生、安全防护照顾等措施；②二级预防，指防止伤害后出现残疾，通过实施残疾早期筛查、定期健康检查、控制危险因素、改变不良生活方式、预防并发症、早期医疗干预、早期康复治疗等措施；③三级预防，指防治残疾后出现残障，通过实施康复功能训练、假肢矫形器及辅助功能用品用具、康复咨询、支持性医疗及护理、必要的矫形替代性及补偿性手术等措施。

25.【答案】C

【解析】在20世纪60年代流行于广大农村的“赤脚医生”所做的工作，为缓解农村缺医少药的局面和初级卫生保健服务网络的建立，做出了不可磨灭的贡献；此后70年代中国各地城市开展的精神病人和弱智青少年的“工疗站”康复方法，也为许多大中城市的残疾人基层康复工作积累了十分宝贵的经验。所以，在我国开展社区康复工作，是有较好的基础的。

26.【答案】A

【解析】残疾人社区康复是依托于城乡社区，充分利用各种社区资源(包括政府、企业、社会组织、专业社会工作者、社区居民、残疾人及其家庭等)，在医疗、职业、教育和社会等康复领域为残疾人提供方便、经济、有效和可行的“全面康复”服务，促进残疾人在社会生活和家庭生活中重塑自我，积极参与社区公共事务，建构“亲和性”的残疾人社区文化，使残疾人得到能力的提升和发展。题中，吴迪采用的方法为社区康复模式。

27.【答案】D

【解析】再社会会化的服务需要是指矫正社会工作通过矫正计划措施的实施，促进服务对象恢复和重建其严重缺失的社会功能，成为社会正常的成员。社会工作者要在专业价值观的指引下，运用社会工作的理论、知识、方法和技术，为服务对象及其家人，在审判、监禁、社区矫正、刑释或强制戒毒期间，提供思想教育、心理辅导、行为纠正、信息咨询、就业培训、生活照顾以及社会环境改善等方面的服务，使罪犯消除犯罪心理结构，修正行为模式，适应社会生活。

28.【答案】B

【解析】矫正社会工作是指将社会工作实施于司法矫正体系中，是专业人员或志愿人士在社会工作专业价值观指引下，运用社会工作的理论、知识、方法和技术，为犯罪者或具有犯罪倾向的违法人员(如吸毒者)，在审判、监禁、社区矫正、刑释或强制戒毒期间，提供思想教育、心理辅导、行为纠正、信息咨询、就业培训、生活照顾以及社会环境改善等方面服务，使其消除违法犯罪心理结构，修正行为模式，适应社会生活的一种社会福利服务活动。

29.【答案】C

【解析】社会工作者为在监狱服刑人员提供的服务，主要是调动服务对象自身的潜能以及社会资源，引导服务对象向积极的方向转化，以达到改过自新、回归社会的目的。在监禁场所中，矫正社会工作者所能提供的专业服务主要包括：①协助服刑对象适应监禁场所生活；②为服务对象提供专业咨询服务；③帮助服务对象加强与社会的联系。

30.【答案】C

【解析】矫正对象是被判处不同刑罚的罪犯，由于“标签化”的自我认同，矫正对象一般比较自卑和消极，加之社会对罪犯的歧视和恐惧，服务对象通过正常途径获得社会资源的机会比较贫乏和困难。矫正社会工作者的工作目标之一是帮助服务对象获得应有的社会资源，以利于他们重新回归社会，成为正常的社会成员。但是，“帮助”获得并不是“包办代替”，矫正工作计划的目标是帮助服务对象恢复或重建通过正常途径获得社会资源的意识与能力，因为社区矫正过程终究有结束的时候，矫正社会工作者不可能包办代替一辈子，社区矫正的工作成果，最终要以是否重建社会功能作为衡量标准。题中，社会工作者和林浩经过反复讨论和协商，共同制订了服务计划，正是采用了发掘矫正对象潜能和参与问题解决的方法。

31.【答案】A

【解析】抚恤是指国家对因公伤残人员、因公死亡以及病故人员家属所采取的一种物质抚慰形式。优抚安置工作中的抚恤是指对现役军人、残疾军人、烈士遗属、因公牺牲军人遗属、病故军人遗属、复员军人、带病回乡退伍军人等优抚对象给予的精神抚慰和物质照顾待遇，主要包括死亡抚恤和残疾抚恤两类。题中，张涛因抢险任务而牺牲，社会工作者可以为其遗属提供的优抚安置服务是抚恤。

32.【答案】B

【解析】依托不同的服务载体，优抚安置社会工作主要包括优抚医院社会工作、光荣院社会工作、烈士褒扬社会工作、军供社会工作、复员退伍军人安置社会工作、军休社会工作。其中，光荣院社会工作属于老年社会工作的范畴，是指社会工作者运用社会工作的专业知识，以孤老和生活不能自理的优抚对象及其相关人员和系统为工作对象，帮助孤老和生活不能自理的优抚对象，改善社会功能，增进社会福祉，提高生活质量。

密封线内不要答题

33. 【答案】A

【解析】根据《军人抚恤优待条例》，复员退伍军人包括复员军人和退伍军人。其中，复员军人是指 1954 年 10 月 31 日开始试行义务兵役制以前参加中国工农红军、东北抗日联军、中国共产党领导的脱产游击队、八路军、新四军、解放军、中国人民志愿军等，持有复员、退伍军人证件或组织批准复员的人员，在乡的红军失散人员也按复员军人对待。退伍军人是指 1954 年 11 月 1 日开始试行义务兵役制以后参加中国人民解放军，持有退伍或复员军人证件的人员。

34. 【答案】C

【解析】军休社会工作的内容主要是：①协助军休干部实现角色转变、减少对生活和环境的负面感受、顺利度过军地转化的过渡期；②促进军休干部充分发掘和利用资源、更好地发挥其社会功能，建立并发展积极的社会关系，实现“六个老有”（老有所养、老有所医、老有所教、老有所学、老有所为、老有所乐）的目标；③促进社会政策的良性改变，推进接收安置工作稳步进展，促进服务管理水平整体提高。题中，老张感到失落，时常怀念部队的美好时光，针对这种情况，社会工作者应该积极引导军休干部进行平民化角色转换，做好心理补偿和精神慰藉，帮助适应移交安置后的新生活，发展新的人际关系，树立积极健康的休养观，推进融入社区和社会，提高幸福指数。

35. 【答案】C

【解析】危机干预主要包括以下相互联系的七个阶段：①开展评估；②建立关系；③聚焦问题；④稳定情绪；⑤制定方案；⑥实施计划；⑦后续跟进。题中，社会工作者小杜和小李经过讨论，确定问题清单，讨论问题细节，按照优先顺序排列的做法属于聚焦问题阶段。在该阶段，社会工作者采取的步骤主要包括：①问题扫描；②问题细节；③优先问题。

36. 【答案】C

【解析】社会救助政策类型多，涉及项目广，内容非常丰富。服务对象对于申请救助的程序和拟申请的救助类型、项目不一定充分了解，或者限于能力和认识，不知道自身应享有的救助权利以及国家相应的救助政策。社会工作者首先要熟悉社会救助的项目、内容和程序，对相关法规政策有清晰的了解，然后帮助服务对象正确分析自身的状况，对照政策作出是否符合申请要求的判断，最后在政策范围内申请合适的救助项目。题中，该家庭中夫妻双方都下岗了，孩子还在上学，家庭没有任何经济来源，作为社会救助社会工作者，首先需要帮助这个家庭申请城市最低生活保障，并针对孩子的具体情况申请专项教育救助。

37. 【答案】C

【解析】申请最低生活保障的家庭或者收入微薄，或者家庭成员身患重病、身体残疾等，或者没有劳动能力、不具备劳动条件，自身无法获取足够的收入，生存和生活压力巨大，精神或者心理易于焦虑。社会工作者需要给予及时的心理疏导和支持，帮助他们舒缓压力，宣泄情绪。

38. 【答案】B

【解析】受自身能力和知识技能所限，以及社会资源缺乏，救助对象在参与就业过程中可能会遇到挫折和挑战，不能及时就业或者就业岗位不能完全符合自己的就

业意愿的问题。社会工作者要协助救助对象认真分析就业形势和自身的优势与不足，调整自己的认知和心态，以更加务实和乐观的心态积极就业。

39. 【答案】A

【解析】评估的主要特点之一是保持连续性。评估是救助工作的开始并持续到整个救助过程。在救助之初，通过评估可以了解救助对象的需求，提出初步解决的方案。救助工作开始以后，评估依然要继续，因为在救助过程中会有新的信息和问题涌现出来，同时救助对象的需求和问题也可能发生变化，所以社会工作者要坚持持续的评估。通过评估适时调整救助工作的内容和步骤，推动救助工作有序进行。

40. 【答案】D

【解析】在交谈过程中，社会工作者要善于观察救助对象的身体语言，例如站立的姿势、对话中眼神的交流、手脚的动作、着装风格、语音语调等。通过这些线索能发现救助对象行为、思想上的一些特点，同时能够预估救助对象遇到问题的重要性以及对于他们的影响程度。

41. 【答案】D

【解析】家庭生命周期理论强调，家庭成员的互动交流关系以及需要会随着家庭的发展在不同阶段呈现出不同的特征，每一家庭发展阶段都有不同的任务和要求需要家庭成员去面对，让家庭成员感受到一定的压力。因此，在家庭发展比较脆弱的阶段容易出现问题，如家庭增添了第一个孩子，或者孩子开始上学等，都会让家庭成员面临新的任务。题中，社会工作者帮助陆先生夫妇认识到家庭发展阶段的变化，逐渐适应女儿离开后的生活，正是以家庭生命周期理论为基础开展的服务。

42. 【答案】A

【解析】在家庭结构图中，□表示男性；○表示女性；——表示婚姻关系；—//—表示离婚关系；—/—表示分居关系；------表示同居关系。家庭结构图的绘制遵循三项基本的原则：①长辈在上，晚辈在下；②同辈关系中，年长的在左，年幼的在右；③夫妻关系中，男的在左，女的在右。由此可知，题中图示代表的意思是一个 40 岁的离婚女性带着一个 10 岁的女儿。

43. 【答案】C

【解析】家庭成员增能原则假设，每个家庭成员都有自己解决困难的能力，帮助家庭成员克服困难的有效方式是增强他们克服困难的能力。家庭成员增能原则要求社会工作者在帮助家庭成员解决问题过程中，鼓励家庭成员积极参与问题的解决过程，增强家庭成员自身的能力，提高他们的自信心和独立性。题中，社会工作者帮助晓娜提高学习能力的服务突出地体现了这一原则。

44. 【答案】B

【解析】学生身处的“困境”源于个人成长的家庭、学校、社会等一系列与其生活息息相关的环境。社会工作是一个整合个人资源与社会资源的工作，它用整合、包容的视角看待个人、群体和社会。重构困境学生的环境，是学校社会工作的切入点和重要内容。

45. 【答案】D

【解析】学校社会工作以全体学生为主要直接服务对象，尤其是“社会—情绪—文化”适应有困难的学生，同时兼顾服务于学校教职员工、学生家长、学校和社区环境等。为了更好地协助学生成长，学校社会工作者需要与学生家长、学校人员及社区人士进行沟通与协调，形成合力为学生提供服务。

46. 【答案】A

【解析】学校社会工作对学业困境学生的服务主要有：①个案帮助。对于一般原因引起的学业困境问题，可以采用个案工作的方法，以服务对象的学业进步为中心任务，通过学生的家长、老师、同学等收集资料，判断其问题形成的原因。通过与学生沟通、协调，协助其制定解决此问题的个案服务方案。②团体互助。对在学习障碍方面存在共性的学生，可以采取小组工作的方法，把面临同样问题的学生组成一个小组，彼此分享感受，达到互相鼓励、互相促进的效果。③与任课教师合作。对有学习障碍的学生，在充分了解他们的情况后，学校社会工作者可以代表其与学校老师商谈，建议采取个别化教学的方法，通过对他们降低学业要求、改变教学方式或补课等方式，协助其走出困境。④整合社会资源。对因家庭问题陷入学习困境的学生，学校社会工作者可与其家庭联系，请家人合作，以帮助学生营造一个良好的学习环境。

47. 【答案】D

【解析】学校社会工作进行个案管理的适用对象是那些有特殊需要的、处境不利的学生，主要包括学业困境、人际关系困境、家庭生活困境、心理困境及有特殊行为问题的学生。

48. 【答案】D

【解析】社区关系主要有两种表现形式：①对外关系，是指社区通过与政府机构、辖区单位建立良好互动关系，表达居民的意见和诉求，争取资源，解决社区问题和满足社区需求。②对内关系，一方面是指社区内部各组织之间的关系，如居委会、服务站(工作站)、业主委员会、物业公司等，社会工作者致力于推动各个组织建立互信互赖的关系，合力解决社区问题，促进社区凝聚力的形成；另一方面是指居民和居民之间的各种关系，包括邻里关系、本地人和外来人口的关系、代际关系、同辈关系等，社会工作者致力于推动社区居民之间的交流、沟通、协商与合作，促进社区居民之间的互惠、互助，培养相互关怀的社区美德，促进社区归属感的建立。

49. 【答案】D

【解析】资源共享是指相邻社区都有资源，但资源的种类不同，如一个社区有丰富的场地资源，另一个社区有丰富的人力资源，为了改善社区环境和促进社区发展，相邻社区通过共同合作的方式，各自获得自己的利益或达到自己的目的。题中两个社区的行为属于资源共享。

50. 【答案】D

【解析】从国际、国内对社区教育内涵的理解来看，社区教育主要体现的是社区社会工作和教育工作的整合，其实施与成人教育和社区发展有密切的关联，基本内容包括社区内正规化的教育课程及一般非正规但有系统化学习目标的社区活动，这些活动都是以学习为核心展开的。

51. 【答案】D

【解析】社区服务(活动)策划是一个理性的过程，分为三个时期：①在策划之初，对社区问题和需求进行科学地评估，并广泛征求社区居民或服务对象的意见；②在策划中期，充分考虑资源状况，估计工作人员素质和能力，订立服务(活动)目标，规划服务内容、服务流程和人员分工；③在策划后期，确定服务(活动)的成效评估方法。

52. 【答案】D

【解析】社区需求分析较为常用的方法是布雷德绍1972年提出的四种需要的类型：①表达性需求，是指社区居民或服务对象把自身的感觉通过行动表达出来的需要，例如申请服务、排队等候服务等。②规范性需求，是指由专家学者、专业人士、政府行政官员评估而决定的需求。③比较性需求，是指社区居民或服务对象将所得到的服务与其他类似社区进行比较，而认为有所差别的需要。④感觉性需求，是指社区居民或服务对象感受到或意识到，并用言语表述出来的需要。题中，居民代表们所反映的问题都是他们在实际生活中遇到的，是居民的感觉性需求。

53. 【答案】D

【解析】医务社会工作的服务与现代医学模式的转变有着紧密联系，在医学模式由“以疾病为中心”转向“以病人为中心”之后，它与社会工作者在此领域的服务理念相弥合。正如希波克拉底所言：“了解什么样的人得了病，比了解一个人得了什么病更重要”。

54. 【答案】B

【解析】社会工作者对糖尿病患者的社会服务内容包括：①在医疗适应方面。社会工作者需要协助患者对于病情或医疗的了解和适应；鼓励患者接受病情和治疗措施；鼓励患者向医护人员了解病情和治疗；向医护人员反映患者的需求，以此提高患者的治疗依从性。②在疾病认知方面。社会工作者需要对患者进行健康指导，包括疾病、治疗、康复及饮食等知识介绍；对患者疾病及治疗的认知不足及偏差作认知矫正。③在心理情绪支援方面。社会工作者需要为患者因疾病及治疗而引起的情绪困扰提供情绪支援。④在家庭支援网络层面。社会工作者可以为患者家属提供资源，解决家庭因疾病而引起的各类困扰；为患者家庭提供社会心理支援。⑤在出院照顾方面。社会工作者可以协助患者对疾病自我管理能力的学习；协助家属学习照顾患者的能力；连接社区及医疗资源，为患者制订出院计划，使患者出院后依然能得到良好照顾。

55. 【答案】A

【解析】公共卫生领域社会工作常用方法有四种：①个案工作，常常在社区紧急事件中运用；②小组工作，健康教育和培养良好生活习惯特别适合运用小组工作方法；③社区工作，是公共卫生服务最常用的方法；④项目管理，社会工作者通过项目管理，研究和收集资料发现公共健康方面的问题，在公共卫生场所宣传健康观念。

56. 【答案】D

【解析】有相同问题或经验的人组成的支持小组的特点在于重在分享经验、知识与

密封线内不要答题

技巧，探索疾病因应策略，处理负面情绪。遭受同样疾病折磨的患者或家庭照顾者，可以通过小组组员彼此之间提供的信息、建议、鼓励和感情上的支持，纾缓负面情绪，增强面对疾病的信心。题中，抗癌讨论小组属于支持小组。

57. 【答案】C

【解析】C项，企业社会工作的主要服务对象是职工和他们的家属，协助职工解决面对的问题，回应他们的需要。与其他领域的社会工作服务对象不一样，企业社会工作的对象不是环境各不相同的单一个体，而是环境相同、面临问题相似的一个群体，即企业职工。

58. 【答案】D

【解析】目前我国对企业社会工作的需求包括：①职工人数不断增加，企业社会工作的服务对象增多；②强资本弱劳动，维护社会公平和公正任务艰巨；③职业的压力越来越大，呼唤发展为职工服务的企业社会工作；④下岗、失业者群体不断出现，需要大量的帮贫解困的工作；⑤“80后、90后”新型劳动者群体，需要更加人性化的服务。

59. 【答案】A

【解析】职工福利是指工资以外的各种福利，是职工基于企业组织一员的身份而得到的奖励，与职工个人的工作绩效并无直接关系。社会工作介入职工福利的目的是通过职工福利来弥补职工工资的不足，以达到对职工基本生活的保障与改善，同时提升职工的心理满足度，以激励职工士气，提升职工生产力，从而吸引人才，留住人才，增加企业的竞争力。

60. 【答案】A

【解析】将小组工作方法运用于劳动关系协调中的个人或小组问题的解决，如职工个人成长、企业干部训练、上下级之间的沟通、职工活动积极分子培训、职工的体教育等企业关系问题的解决，以促进企业组织内部的关系协调和组织的正常运转。企业小组工作的过程为：①需求评估；②确定目标；③招募组员；④制订小组计划书，并按计划开展小组活动。

二、多项选择题(共20题，每题2分。每题的备选项中，有2个或2个以上符合题意，至少有1个错项。错选，本题不得分，少选，所选的每个选项得0.5分)

61. 【答案】BCDE

【解析】社会工作实务的通用过程包括接案、预估、计划、介入、评估和结案六个阶段或步骤，每个阶段或步骤都有各自不同的工作任务、内容、方法和技巧。

62. 【答案】ABDE

【解析】社会工作者要在服务结束后的一段时期内定期对服务对象进行回访和跟踪，了解他们的情况和服务需要，这就是跟进服务。跟进服务的实施方法包括：①电话跟进。这种方式简便易行，虽不能亲眼见到服务对象的情况，但也能让他们感受到社会工作者的关心和支持。②个别会面。面对面地跟进可以让服务对象感觉亲切，也可以了解更多信息。③集体会面。这种方式适用于小组跟进。④跟进服务对象的社会支持网络。社会工作者可以通过跟进服务对象的社会支持网络来了解服务对象的情况，以便及时提供相应的服务和必要的支持。

63. 【答案】ABCE

【解析】以家庭为中心方法的实务原则包括：①在服务过程中，包括制订和落实服务计划，儿童的安全和健康永远是第一需要考虑的；②儿童社会工作者必须通过相关服务了解儿童需要和儿童及其家庭情况；③在服务过程中，儿童和家庭不应因为语言、宗教、发育迟缓等原因受到不同对待；④凡有可能，家庭应获得服务以保持儿童在家庭中生活，避免发生亲子隔离创伤；⑤家庭寄养照料是临时安置方式，应尽量短暂；⑥凡有可能，家庭外照料儿童都应在最短的时间里与父母团聚，并在过程中获得社会工作者的支持；⑦如没有回归原生家庭的可能，儿童社会工作者应该为家庭外照料安置儿童提供永久性替代照顾服务，安排领养寄养；⑧儿童社会工作服务必须为家庭外照料安置儿童提供能够维持儿童与其关系密切人士的联系的保障，提供安置环境对儿童无不利于其成长的约束和能够满足儿童个性化需要的保障，提供从临时安置到永久安置的决策应在符合法律规定的前提下，以有利于儿童长远发展为出发点的保障。

64. 【答案】ABDE

【解析】从发展的角度，可以把青少年个体发展性需要分为以下几类：①接纳自己的身体与容貌，表现符合社会所规范的性别角色需求；②个体与同伴发展适当的人际关系；③追求个体的情绪独立自主，少依附父母及其他人；④自食其力，寻求经济独立；⑤为未来的生涯做准备；⑥发展符合社会期望的认知技能和概念；⑦努力表现负责任的行为，追求理想和抱负；⑧为未来的婚姻和家庭做准备；⑨建立个体的价值体系，符合现实世界的需求。

65. 【答案】ACDE

【解析】老年社会工作中，有些情形下社会工作者不宜采用小组工作的方法。比如：①老年人身体状况不好，出行有实际困难；②患有器质性疾病，思维混乱；③有精神疾病；④有严重行为问题；⑤正处于紧急的危机状况中等。

66. 【答案】ABC

【解析】题中，方瑜帮助老范分析就业形势，并帮助其找到工作，运用了个案工作方法；方瑜联系和老范情况类似的家庭困难户定期举行小组活动，运用了小组工作方法；方瑜在社区宣传栏发布就业信息，以及与街道办事处积极沟通，最终与社区的物业公司达成共识，让这些下岗工人成为物业公司停车场的管理员，运用了社区工作方法。

67. 【答案】ABCD

【解析】妇女社会工作的内容具体包括：①妇女的婚姻和家庭工作；②针对伤害妇女行为的干预；③对流动妇女和留守妇女的工作；④针对妇女生殖健康的工作；⑤推动妇女参政的工作；⑥针对妇女就业问题的工作；⑦针对妇女贫困问题的工作；⑧维护妇女权益的工作；⑨推进性别平等的工作。

68. 【答案】ABCD

【解析】民政部、中国残联等十四个部门颁布的《关于加强社区残疾人工作的意见》明确了我国社区残疾人工作的基本原则：①坚持以政府为主导，社区为依托，有关部门密切配合，社会各界共同参与的社会化工作方式；②将社区残疾人工作纳入社区建设总体规划，融为一体、同步发展、共建共享；③建立以社区居民委员会为核心、社区残疾人组织为纽带、社区服务机构为基础的工作机制，促进残疾

人平等参与社会生活。E 项属于残疾人家庭环境改造的基本原则。

69. 【答案】CDE

【解析】在社区矫正工作领域，运用社区工作方法，社会工作者应该注意以下几个方面的问题：①进行综合治理，以改善矫正对象的生活环境；②开展社区教育，培育社区居民接纳、尊重矫正对象的意识和习惯；③挖掘社区志愿力量，共同参与社区矫正工作。

70. 【答案】ABCE

【解析】优抚医院社会工作中，出院及跟进服务的具体内容包括：①与医护人员一起商讨病情，做好出院评估，制订离院计划，尤其要做好离院前的适应性方面的工作；②教导家庭照顾服务对象；③协助家庭与服务对象一起设计跟进及检讨方案；④运用居家照顾及社区康复护理等公营或志愿者服务。D 项属于协助处理服务对象与医疗系统的关系。

71. 【答案】ABCD

【解析】接收安置后，军休社会工作的内容之一在于协助促进社会政策的良性改变，推进军休干部同步享受地方离退休干部待遇、同步享受经济社会发展成果，推进实现服务标准化、管理规范化、利益均等化、保障一体化。

72. 【答案】BC

【解析】受灾人员救助的主要内容有：①协助安置受灾人员；②及时开展危机干预；③修复社会支持系统；④社区重建与发展。

73. 【答案】ACD

【解析】A 项，家庭社会工作出现的时间要比家庭治疗早，它源于社会工作发展初期的美国慈善组织运动中的“友好访问者”活动，已有一百多年的历史，而家庭治疗是系统理论产生后把心理治疗从个人延伸到家庭的尝试和实践；C 项，家庭社会工作更为强调“人在情境中”的服务理念，注重在受助家庭的日常生活场景中开展专业服务；D 项，家庭社会工作更倾向在受助家庭的日常生活场景中开展服务，而家庭治疗更多地在离开家庭日常生活场景的辅导室中进行。

74. 【答案】ABC

【解析】题中，爸爸、妈妈与黄荣之间的冲突都是围绕着黄荣的学习，黄荣的学习已成为家庭亟待解决的问题。黄荣的学习问题具体涉及三个方面：学习没有兴趣、上课经常走神以及完成家庭作业困难等。针对黄荣的学习问题以及家庭的沟通交流情况，社会工作者可以把服务介入计划总目标确定为：①增强黄荣完成家庭作业的能力；②提高黄荣的学习兴趣；③改善黄荣上课的行为表现。

75. 【答案】ABE

【解析】针对人际关系困境的学生，学校社会工作者应先对这些学生的人际关系困境进行评估，发掘他们产生这些问题的深层次原因，然后再根据他们各自的特点对其开展服务，主要方法有：①个案帮助；②团体促进；③能力提升与德育教育结合；④家校资源整合。

76. 【答案】BCD

【解析】善于控制和表达情绪能增强学生处理人生逆境的能力。要培养和强化学生控制和表达情绪的能力，主要技巧有：①识辨自己的情绪；②识辨他人的情绪；

③运用不同的词语和方法表达情绪；④对他人的情绪经验有同理心和同情心；⑤了解个人内在情绪与外在表达的必然差异；⑥以健康的方法处理负面情绪；⑦了解情绪交流是建立深厚人际关系的一部分；⑧加强个人对情绪的自我效能感。A 项，题中对舟舟进行的情绪管理辅导并不能直接提高学习成绩；E 项，情绪辅导可以使舟舟认识并很好地识别自己的情绪，但并没有增强心理承受能力的功效。

77. 【答案】ABC

【解析】社区问题分析包括社区内群体性问题分析和社区内共同性问题分析。社区内群体性问题分析包括社区中的老年人、青少年、妇女、残疾人、失业者、贫困者和低收入者等群体。社区内群体性问题分析的角度有：①该人口群的共同属性是什么；②人口的分布和人口的数量如何；③群体存在的问题是什么；④政府是否有相关政策扶持，内容如何；⑤民间和社区组织是否提供服务，内容如何等。共同性问题是指社区所有居民都卷入其中，带有明显的“集体性”。AD 两项属于社区内共同性问题分析。

78. 【答案】ABDE

【解析】社会工作者对慢性病患者进行依从治疗的咨询包括四个不同的阶段：①评估和界定依从治疗的问题；②制定治疗方案；③促进行为改变。其主要方法包括协助患者改变以往的行为，激活社会支持、加强和拓展患者家庭内部和外部的支持网络，促进家庭成员共同承担责任。④维持患者的依从。维持技巧包括教授如何应对失误以及跟进患者，随时提供支持等。

79. 【答案】BCDE

【解析】认知行为疗法主要包括以下几个步骤：①详细讲述问题行为；②收集数据；③设定目标；④行为介入；⑤家庭作业；⑥行为改变的强化；⑦行为改变的认同；⑧防止故态复萌。

80. 【答案】BD

【解析】企业社会工作的服务对象主要是企业职工，服务内容主要是帮助企业职工解决困难问题、促进其发展和提升，也兼顾服务企业和满足企业发展的合理需求。因此，公共性和公益性是企业社会工作服务的主导属性，否则很可能会沦为企业的一种管理手段和方法，服务于企业的利益尤其是经济利益最大化，从而导致其与企业职工的合理利益和社会的整体利益出现偏差或背离，违背社会工作的宗旨、理念和价值观。

密　封　线　内　不　要　答　题

全国社会工作者职业水平考试模拟试题(二)
(助理社会工作师)社会工作实务(初级)

(考试时间120分钟　满分100分)

题　号	一	二	总　分	统分人签字
得　分				

得　分	评卷人

一、单项选择题(共60题，每题1分，每题的备选项中，只有1个最符合题意)

1. 小丽所在的社会服务机构最近要为脑瘫儿童及其家长提供服务，如为脑瘫儿童的家长提供训练脑瘫儿童生活技能的方法，举办小组活动，分享照顾脑瘫儿童的经验；直接给脑瘫儿童提供训练，让他们能独立在校生活等。此外，该机构还通过向各级残联部门汇报脑瘫儿童及其家庭的困难，倡导和发掘社会资源以帮助脑瘫儿童及其家长。由此可见，该机构分析服务对象资料时决定的介入策略原则是(　　)。
A. 单层次介入　　B. 多层次介入
C. 递进式介入　　D. 系统性介入

2. 李丽是某社会工作机构的工作者，正在为服务对象制订服务计划。在目标设定阶段，她对服务对象说：“我们对目前所存在的问题已经有了很多讨论，为了达到解决问题的目的，现在需要制定明确的目标来督促你的行动，同时也让我知道应该怎样帮助你。下面，我们讨论一下，看看什么是你认为最重要的目标，以及应该怎样具体行动来一步步达到你所希望的目标，好吗?”这是李丽在制订服务计划中对目标设定的(　　)程序所采用的方法。
A. 共同选择适当的目标　　B. 确定服务对象的需要和问题
C. 向服务对象解释设定目标的目的　　D. 确定目标并决定目标的先后次序

3. 覃爽由于对生活充满困惑，于是向社会工作者求助。在制定目的和目标阶段，社会工作者认真询问了她的愿望，并与她讨论协商，最后她们对需要达到的目的达成了一致意见。社会工作者的这种做法充分体现了制订服务计划时应遵循(　　)原则。
A. 详细和具体　　B. 平等和协商
C. 计划与宗旨相符合　　D. 要尊重服务对象意愿

4. 预估的最终目的是(　　)。
A. 全面把握服务对象的背景资料　　B. 正确认识服务对象的问题

C. 对正确的计划作出贡献　　D. 解决服务对象提出的一切问题

5. 某市成立了一家儿童救助中心，专门为遭遇家庭暴力的受虐儿童提供免费的衣服和学习用品，并提供义务的家庭辅导。这类服务追求最小限度地改变儿童的生存环境，维护其发展过程的稳定，属于(　　)。
A. 补充性儿童福利服务　　B. 替代性儿童福利服务
C. 支持性儿童福利服务　　D. 儿童保护服务

6. (　　)是指向所有儿童的父母和家庭传播科学育儿理念，并为他们提供具体的科学育儿实践指导和日常育儿问题咨询。
A. 亲职辅导　　B. 亲职教育
C. 母婴保健指导　　D. 幼儿早教指导

7. 开展儿童支持服务是促进儿童健康成长的一项内容，而儿童的社会化引导服务又是开展儿童支持服务的一项重要内容，下列关于儿童的社会化引导服务的描述错误的是(　　)。
A. 包括自我认同、技能学习、团队精神和社会责任
B. 处于青春期儿童的自我认同是需要重点关注的对象
C. 技能学习是一个人心理人格健康的重要基础
D. 培养青少年的团队精神是儿童社会工作的重要内容

8. 针对寄养家庭，培训的具体内容不包括(　　)。
A. 了解儿童寄养的意义　　B. 了解寄养家庭的权利
C. 了解福利机构儿童的特点　　D. 了解寄养家庭的责任

9. 方某自幼脑瘫造成残疾，走路略有不便，受到周围不少人的嘲笑。作为社会工作者对这样的孩子开展服务时应遵循(　　)原则。
A. 以人为本　　B. 接纳与关爱青少年
C. 注重青少年的个别需求　　D. 尊重青少年的价值与尊严

10. 在具体开展亲职教育辅导服务时，“父母效能训练模式”教导家长如何能成为一位有效的(　　)强化亲子关系。
A. 教育者　　B. 管理者　　C. 使能者　　D. 辅导者

11. 司法转向计划的模式不包括(　　)。
A. 以社区为基础的转向计划　　B. 以警察为基础的转向计划
C. 以学校为基础的转向计划　　D. 以社会福利机构为基础的转向计划

12. 在青少年社会工作服务过程中，社会工作方法的运用具有(　　)特征。
A. 单一性　　B. 整合性　　C. 复杂性　　D. 简单性

13. 人们常常把国家规定的退休年龄作为老年期的开始，我国政府规定老年人的年龄为(　　)岁以上。
A. 50　　B. 55　　C. 60　　D. 65

14. 一对老年夫妇住在偏远的山村，儿女们生活在大城市。由于交通不便，尽管儿女们偶尔会寄钱给二位老人，但是很少回去看望老人，老人生病时即使有钱也无人照料。在老年社会工作中，这属于(　　)行为。
A. 虐待老人　　B. 情感虐待
C. 子女不孝　　D. 他人疏于照顾

15. 花园社区老年服务中心常年推出“关爱老人”服务项目，主要是为社区残疾、生活困难的老人提供送餐、洗衣和家居清洁等服务。该项目为老人提供的服务属于(　　)。

A. 居家养老　B. 家务服务　C. 生活保障　D. 日托照顾

16. 下列各项不属于老年社会工作中与健康照顾有关的服务的是(　　)。

A. 送餐服务　B. 家务服务

C. 提供精神健康服务　D. 入住老人院舍

17. 央视最近一个视频节目介绍，某地男方倾家荡产给彩礼，对女方无要求也娶不上亲。节目中也间接揭示了原因：二十世纪九十年代，那里的人们只愿意生男孩，生了女孩就送人或者扔掉。这表明妇女的(　　)需要得到保障。

A. 婚姻权　B. 参政权　C. 教育权　D. 生命权

18. 下列关于妇女生殖健康的说法中，错误的是(　　)。

A. 生殖系统及其功能和过程所涉及的一切事宜在身体、心理和社会方面的健康状态

B. 妇女对自己健康权利的认识、权利的行使和能力

C. 人们能够有和谐、满意而安全的性生活，有生育能力

D. 妇女生殖健康的阶段包括怀孕期、哺乳期等

19. 在我国，从一个个因家庭暴力而受虐妇女的个案中发现，很多妇女受到家庭暴力不报案，或者没有得到及时的救助和干预，以至于演变成严重的致伤、致残和致死案件。究其原因，是因为人们普遍缺少对家庭暴力的认识，而法律中又没有制裁家庭暴力的具体条文规定。如果针对妇女的家庭暴力开展干预，通常需要妇联、公检法司、医院卫生等多个机构的合作，采取综合干预和解决问题的策略。但是，各方的合作到目前为止缺少相应的政策和法律保障。因此，社会工作者需要加强的工作环节是(　　)。

A. 倡导　B. 宣传教育　C. 资源连接　D. 妇女赋权

20. 对单亲母亲来说，她们迫切需要一份相对稳定的工作，能够养家糊口，性别意识教育等对她们来说不是最急需的，无论性别意识怎样，一切繁重家务和养家糊口的责任都落在她们身上。因此，社会工作者如果不去关注和解决她们的这些问题，她们很难静下心来参加小组活动。这体现了在协助妇女建立支持小组工作中社会工作者要(　　)。

A. 兼顾社会工作者和妇女的平等关系

B. 根据妇女的情况来决定小组活动的条件、时间和场地

C. 兼顾妇女的实用性性别需求和战略性性别需求

D. 关注自己的情绪和感受，将自己的心放到小组中去

21. 残疾人社会工作的目的与宗旨是帮助(　　)。

A. 增强残疾人的自助能力　B. 提高残疾人的社会地位

C. 改变残疾人的世界观　D. 促进残疾人与社会的融合

22. 残疾人的教育康复是指狭义上的残疾人特殊教育。下列不属于残疾人社会工作在教育康复中的主要内容是(　　)。

A. 开展康复评定和建档工作

B. 针对残疾父母或监护人、家属等的工作

C. 针对社会组织、残疾人服务组织和各类爱心人士的工作

D. 对残疾人群体的教育康复

23. 由于残疾人自身难以克服的身心障碍，需要特殊的就业保护政策。下列措施不属于特殊的就业保护政策的是(　　)。

A. 政府有关部门下达职工招用、聘用指标时，应预先交纳“残疾人就业保障金”

B. 地方人民政府应当确定适合残疾人生产的产品，并优先安排残疾人福利企业生产

C. 对残疾人福利性企业事业组织和城乡残疾人个体劳动者，实行税收减免政策

D. 对于从事各类生产劳动的农村残疾人，有关部门应当在生产服务、技术指导、农用物资供应、农副产品收购和信贷等方面给予帮助

24. 残疾人社会工作的发展正在经历从“医学治疗模式”向(　　)的转变。

A. “家庭支持模式”　B. “社区融合模式”

C. “社会康复模式”　D. “心理辅导模式”

25. 在我国香港地区，将矫正社会工作称为(　　)。

A. 感化工作　B. 特教工作　C. 缓刑工作　D. 教育工作

26. 矫正社会工作领域中的院舍训练，通常是为违法犯罪人员，尤其是(　　)而设置的。

A. 违法犯罪青少年　B. 违法犯罪的高龄老人

C. 违法犯罪的妇女　D. 犯罪行为轻微的成年人

27. 矫正社会工作者介入司法过程最早在(　　)开始。

A. 案件发生后　B. 司法判决前　C. 监禁场所中　D. 刑满释放后

28. 作为被判处刑罚的服务对象，适合于用(　　)的方法来处理。

A. 接纳　B. 社区工作　C. 小组工作　D. 个案工作

29. 根据《社区矫正对象考核奖惩暂行办法》，社区社会工作站在学习和研究的基础上为矫正对象开展了“当新人、做好事、多加分”的宣传服务活动，同时还要求社会工作者在服务开展过程中注意收集活动反馈信息，总结经验，以促进社区矫正制度的不断完善。上述工作采用的方法是(　　)。

A. 社区社会工作　B. 社会工作行政

C. 社区综合治理　D. 社会工作研究

30. 社会工作者田雪联合医护人员，采取讲座方式，对有关伤病残所引起的心理、生理问题和社会影响开展宣传教育。这项工作属于优抚医院社会工作中的(　　)内容。

A. 协助增强服务对象对医院环境的适应能力

B. 协助处理服务对象与医疗系统的关系

C. 协助处置服务对象及家庭的问题

D. 协助增强服务对象战胜疾病的信心

31. 个案管理及转介是优抚医院社会工作(　　)的内容。

A. 出院及跟进服务

B. 协助处理服务对象与医疗系统的关系

密封线内不要答题

密封线内不要答题

C. 协助处置服务对象及家庭的问题
D. 协助增强服务对象对医院环境的适应能力

32. 协助服务对象适应新工作和新生活，顺利地度过军地转化的过渡期属于(　　)的内容。
A. 军休社会工作　　B. 军供社会工作
C. 复员退伍军人安置社会工作　　D. 优抚医院社会工作

33. 孑身一人的钱老已年逾 80，抗日战争时期入伍，1993 年入住光荣院。近期钱老越来越虚弱，自己感觉"人生的大限"就要到了，每每"送走"身边的同伴，这位老人久久难以平复那份不舍与忧伤。作为社会工作者，光荣院社会工作的介入重点是(　　)。
A. 社会再适应　　B. 生命回顾与哀伤辅导
C. 危机干预　　D. 认知和情绪问题的处理

34. 社会救助有"不救不活""不救难活"的说法，"急难"二字凸显了社会救助的急迫性和重要性。在社会救助中要坚持社会工作伦理，将(　　)作为服务的第一要义。
A. 服务对象的急需需要　　B. 服务对象的人身自由
C. 服务对象的生命安全　　D. 服务对象的物质需求

35. 依据救助服务对象的不同、贫困类型的不同以及贫困产生原因的不同，社会救助社会工作所采取的工作模式是不一样的。比如，面对一位因身体残疾而导致贫困的救助对象，可以采取的工作模式是针对个体的微观的工作方法；针对一个因自然灾害而导致贫困的社区，可能要用到小组或者社区的工作方法。这体现了社会救助社会工作具有(　　)特点。
A. 工作过程的持续性　　B. 工作方法的融合性
C. 工作方法的政策性　　D. 服务对象及救助类型的复杂性

36. 借助救助巡逻车和救助亭对街头流浪人员实施救助属于(　　)。
A. 机构救助　　B. 街头救助　　C. 间接救助　　D. 全天候救助

37. 对于流浪乞讨人员，救助机构首先应(　　)。
A. 纠正其偏差行为　　B. 给予生活的合理安排
C. 向其提供工作　　D. 对其行为和心理进行疏导

38. 社会工作者小秦到贫困家庭中去家访，他看到在狭窄的平房里居住着三代人，睡觉、学习、吃饭都在一起。没有一件像样的家具，因为也没地方摆放。孩子的学习资料堆在餐桌上，老人的药品放在床头。这里，小秦获得评估信息的方法属于(　　)。
A. 使用量表　　B. 直接询问
C. 家庭探访　　D. 观察身体语言

39. 家庭社会工作的目的是(　　)。
A. 帮助处于危机当中的家庭解决困难
B. 提高家庭的生活水平
C. 促进家庭关系的和谐
D. 帮助有需要的家庭更好地发挥家庭的社会功能

40. 婚姻辅导、家庭暴力的干预等都是常见的(　　)。
A. 改善亲子关系的服务　　B. 改善夫妻关系的服务
C. 家庭的救助与帮扶　　D. 改善家庭成员关系的服务

41. 家庭治疗关注的焦点是(　　)。
A. 家庭中的父母　　B. 整个家庭
C. 家庭与社区的互动交流　　D. 亲子关系

42. 学校社会工作的主要目的是(　　)。
A. 为家庭困难学生提供服务　　B. 实现学校教育的目的
C. 促进学生人格完善　　D. 为国家培养全面发展的人才

43. 小张是初中三年级的学生，在最近一次期中考试中考试成绩下降非常严重。下列关于造成小张考试成绩下滑严重的可能原因分析，不恰当的是(　　)。
A. 学校学习环境所导致　　B. 家庭的学习环境和父母的管教方式
C. 国家政策的改变　　D. 社区环境和社交网络影响

44. (　　)，提升案主的抗逆力，是社会工作优势视角实践中的一个重要环节。
A. 用"常规方式"替代"非常规方式"
B. 用"非常规方式"替代"常规方式"
C. 整合"非常规方式"和"常规方式"
D. 将"常规方式"转换为"非常规方式"

45. 学校社会工作者在为处境不利学生提供服务时，应邀请学生及其家庭共同参与制订计划、资源整合和评估过程。通过共同合作，来发展出学生及其家庭寻求资源和社会支持的途径，从而达到助人自助的目的。在这个过程中，学校社会工作者扮演的角色是(　　)。
A. 服务经纪人　　B. 资源提供者　　C. 使能者　　D. 指导者

46. 下列各项不属于社区社会工作的内容的是(　　)。
A. 社区福利服务　　B. 资源连接
C. 社区就业服务　　D. 社区教育

47. 下列各项中，不属于社区内共同性问题的是(　　)。
A. 社区有什么问题存在
B. 民间和社区组织是否提供服务，内容如何
C. 居民对这些社区问题的看法是什么
D. 社区内部是否有严重的冲突

48. 布雷德绍认为，由专家学者、专业人士、政府行政官员评估而决定的需要是(　　)。
A. 感觉性需求　　B. 表达性需求　　C. 规范性需求　　D. 比较性需求

49. 社区服务(活动)的逻辑推进步骤一般是(　　)。
①选定评估的指标；②列举方案并进行比较分析；③计算每个方案的成本(包括人力、物力、时间)；④确认要达到的目标；⑤计算每个方案的成效；⑥寻找各种可行的方案；⑦界定和确认问题
A. ⑦④①⑥③⑤②　　B. ⑦②①④⑥③⑤
C. ⑥⑦④①③⑤②　　D. ⑥②①⑦④③⑤

50. 一般社区社会工作者会采取(　　)的方式掌握社区问题。
A. 质询　　B. 问卷调查　　C. 网上调查　　D. 小组工作
51. 下列关于医务社会工作服务对象的陈述，最恰当的是(　　)。
A. 残疾人与突发伤害的受害者的家属
B. 罹患严重慢性疾病的患者
C. 受到潜在疾病威胁的正常人
D. 受到实际的或潜在的疾病、残疾或者伤害等不同方面影响的人士
52. 从我国医疗卫生服务体系及服务对象的需求角度来看，医务社会工作的特点不包括(　　)。
A. 服务规范的专业化　　B. 以服务对象的健康为主导
C. 以病人为中心　　D. 以医院的长远发展为目标
53. 宫颈癌患者支持小组评估的内容不包括(　　)。
A. 服务对象的改变情况　　B. 社会工作者的角色实现情况
C. 目标的实现情况　　D. 服务对象的分享情况
54. 陈女士的女儿患有先天性心脏病，为此陈女士辞了工作在家专心照顾女儿，长此以往，陈女士觉得自己付出的太多，对丈夫和婆婆的意见很大，致使家人之间矛盾不断。社会工作者了解后开始介入，他的工作重点应该在(　　)。
A. 危机干预　　B. 哀伤辅导
C. 心理社会评估与干预　　D. 病情评估
55. 在各种生物学、心理学以及社会环境因素影响下，大脑功能失调，导致认知、情感、意志和行为等精神活动出现不同程度障碍为临床表现的疾病是(　　)。
A. 身心障碍　　B. 认知障碍　　C. 精神障碍　　D. 心理疾病
56. (　　)是以改善肿瘤或慢性疾病患者及其家庭的生理、心理、社会功能的适应不良为目的。
A. 精神治疗　　B. 纾缓疗护　　C. 放松训练　　D. 行为治疗
57. 小方刚进入公司不到一个月，由于对工作环境和工作事务的陌生，时常无法完成当日的工作任务，小方为此承受了非常大的压力。社会工作者了解后，帮助小方分析了自己的问题，引领小方熟悉公司业务，并鼓励他对自己有信心，小方得到了很大的鼓舞。这说明企业社会工作具有(　　)功能。
A. 维护职工合法权益，体现社会公平正义
B. 预防问题发生，保障社会和谐均衡稳定
C. 协调内外关系，增强企业组织的凝聚力
D. 为企业职工提供心理疏导和支持
58. 下列关于传统工会的表述正确的是(　　)。
A. 传统工会对职工个人发展和价值实现的延伸服务的关注度高
B. 传统工会不缺乏专业训练的人员
C. 传统工会具有有效地方法来解决职工问题
D. 传统工会以维护职工合法权益为服务宗旨
59. 如果职工面临职业或生活困扰，企业社会工作者应及时给予支持和鼓励，帮助他们分析面临的问题和困境，确认问题原因，协助他们发掘自身的潜力和资源，促使其更有效地解决问题，从无助和无能的状态中解脱出来，从而增强其生产适应性和生活适应性。此时，企业社会工作者扮演(　　)角色。
A. 促进者　　B. 联结者　　C. 调解者　　D. 协调者
60. 为失恋的职工、单亲母亲、患某类疾病职工建立的小组属于(　　)。
A. 兴趣娱乐小组　　B. 成长小组　　C. 支持小组　　D. 教育小组

得　分	评卷人

二、多项选择题(共20题，每题2分，每题的备选项中，有2个或2个以上符合题意，至少有1个错项。错选，本题不得分，少选，所选的每个选项得0.5分)

61. 马娟是一名社会工作者，正在为服务对象制订服务计划，那么她的服务计划中应包括的内容有(　　)。
A. 目的及目标　　B. 关注的问题与对象
C. 介入方法和介入行动　　D. 确定服务期限
E. 识别服务对象及环境的积极因素
62. 儿童的社会属性的特点具体表现在(　　)。
A. 童年是每一个人人生的基础　　B. 儿童是每一个家庭的基础
C. 儿童是一个社会发展进步的基础　　D. 儿童是家庭概念中的基本要素
E. 儿童是联系家庭与社会的桥梁和纽带
63. 自我认识与自我探索服务的主要目标有(　　)。
A. 协助青少年发掘内在的潜能，并使之得到充分的发挥
B. 提升青少年自我觉察和觉察他人需要的能力
C. 协助青少年实现情绪独立，不再依附于父母或他人
D. 通过青少年间的互动与分享，强化其自我表达的能力
E. 帮助青少年修正自我认知和对外界环境的认知
64. 老年人的特点主要体现在(　　)方面。
A. 生理的老化　　B. 心理的老化　　C. 意识的老化　　D. 行动的老化
E. 社会角色变化
65. 单亲母亲家庭常常面临的问题有(　　)。
A. 亲子关系　　B. 就业困难　　C. 再婚困难　　D. 贫困化
E. 老人赡养问题
66. 从性别视角来看家庭，社会工作者在进行家庭教育时的重点有(　　)。
A. 女性在家庭生活中如何自我增权
B. 女性如何争取自我更人性化的生活
C. 如何尊重女性独特的个性和权利
D. 女性是否受到来自文化、社会、政治、经济等方面的外在影响
E. 女性受到的外在影响是否给妇女造成了压迫和家庭中的不平等地位
67. 发展本土视野下的残疾人社会工作服务主要包括(　　)。
A. 确立残疾人社会工作的新理念，把残疾人社会工作纳入公共服务体系
B. 实现残疾人工作机制的创新，构建网格化的服务模式

密封线内不要答题

C. 加强对残疾人社会工作专业服务组织和专业人才队伍建设
D. 开展残疾人社区康复
E. 开展残疾人职业教育

68. 在矫正社会工作中，个案管理的运作与实施需要注意的问题有(　　)。
A. 要有重点、分步骤地制订矫正工作计划
B. 要重视和善于与矫正对象建立良好的专业关系
C. 进行综合治理，以改善矫正对象的生活环境
D. 要善于协调多部门、多机构，提供整合性的服务
E. 要着眼于矫正对象的潜能发掘和自己解决问题，必要时包办代替

69. 优抚安置社会工作服务对象的特点包括(　　)。
A. 覆盖范围广　B. 军队情结深　C. 问题压力大　D. 需要层次多
E. 身份具有特殊性

70. 军休社会工作干预的技巧包括(　　)。
A. 认知重构　B. 社交技能训练　C. 自我认同　D. 系统脱敏
E. 放松技巧

71. 社会救助社会工作的主要作用有(　　)。
A. 促进服务对象的社会融合　B. 发现和解决服务对象的心理困扰
C. 解决服务对象的一切困难　D. 协助服务对象申请合适的救助项目
E. 协助服务对象制定最有利的反贫困策略

72. 一般来说，下列各项中可以帮助社会工作者了解服务对象所遇到的问题的有(　　)。
A. 相关的法律法规是什么
B. 服务对象关注什么、问题是什么
C. 服务对象的健康或者安全问题的迫切性如何
D. 服务对象的职业规划情况
E. 问题对服务对象的影响以及服务对象的反应

73. 在我国，依据家庭服务关注的焦点和目标的不同，可以将其分为(　　)等类型。
A. 改善亲子关系的服务　B. 改善夫妻关系的服务
C. 改善婆媳关系的服务　D. 家庭救助和帮扶
E. 改善邻里关系的服务

74. 下列各项属于抗逆力的外部支持因素的有(　　)。
A. 解决问题的能力　B. 积极合理的期望
C. 有意义的参与机会　D. 正向的连接关系
E. 坚定清晰的规范

75. 从社区教育的服务功能看，社区教育的内容包括(　　)。
A. 家庭生活教育　B. 公民教育　C. 安全教育　D. 健康教育
E. 成人教育

76. 社区建立的支援网络主要包括(　　)。
A. 互助网络　B. 个人网络
C. 街道网络　D. 邻里协助网络

E. 志愿者联系网络

77. 在对慢性疾病患者进行个案管理工作时，为了维持患者的依从，社会工作者可以使用的技巧有(　　)。
A. 随时提供支持　B. 激活社会支持
C. 教授如何应对失误　D. 跟进患者
E. 有效管理压力的技巧

78. 与狭义上医务社会工作相比，广义上医务社会工作的内容包括(　　)。
A. 协助病人及其家属解决与疾病相关的情绪问题
B. 注重对影响健康的社会心理因素的探索
C. 开发、利用社区与社会资源，推进医疗保健与社会福利整合
D. 促进对疾病的预防，保护公众健康
E. 协助病人适应医疗过程

79. 企业社会工作主要是把社会工作的专业理念和工作手法应用到企业这一社会系统中，它提供社会服务的对象包括(　　)。
A. 职工个体及职工家属　B. 企业整体或者企业内所有的部门
C. 职工群体　D. 一个行业
E. 整个社会

80. 下列各项中属于治疗小组的是(　　)。
A. 反暴躁小组　B. 解压小组
C. 戒烟小组　D. 戒赌小组
E. 患某种疾病的病人组成的小组

答案及详解

一、单项选择题(共60题，每题1分。每题的备选项中，只有1个最符合题意)

1. 【答案】B

【解析】多层次介入原则包括：①直接提供物质资源给服务对象，以帮助解决问题和满足需要；②通过辅导改变他们对问题的看法及应对问题的技巧。题中，为脑瘫儿童的家长提供训练脑瘫儿童生活技能的方法，举办小组活动分享照顾脑瘫儿童的经验；直接给脑瘫儿童提供训练，让他们能独立在校生活等都属于提供直接服务。同时，还可以提供社会工作的间接服务，即通过向各级残联部门汇报脑瘫儿童和他们家庭的困难，倡导和发掘社会资源以帮助脑瘫儿童和脑瘫儿童家长，这属于多层次介入策略。

2. 【答案】C

【解析】制订服务计划中目标设定的程序和工作包括：①确定服务对象的需要和问题；②向服务对象解释设定目标的目的；③共同选择适当的目标；④目标陈述要明白易懂，重在促进服务对象的成长；⑤目标要可测量、具有操作性和现实性；⑥与服务对象讨论目标的可行性和可能的利弊；⑦确定目标并决定目标的先后次序。题中所述为向服务对象解释设定目标的目的的方法，尚未进入目标选择阶段。

3. 【答案】D

【解析】制订服务计划时应遵循原则包括：①要有服务对象的参与；②要尊重服务对象的意愿，在制定目的和目标时，社会工作者要考虑服务对象的愿望，要与服务对象分享对目的和目标的期望。如果服务对象与社会工作者双方的目的和目标不一致，双方就要进行讨论与协商，直到取得完全一致的意见。③详细和具体；④计划要与工作的总目的、宗旨相符合。题中，社会工作者与覃爽对需要的目的达成了一致意见，符合要尊重服务对象意愿的原则。

4. 【答案】C

【解析】预估是一个认识服务对象情况的过程，目的在于达到对服务对象、服务对象的问题以及他们所处环境的了解，并对之形成概念化的认识，从而建构一个计划去解决或消除问题。因此，预估的最终目的是制订出正确的计划。

5. 【答案】D

【解析】儿童社会工作包括支持性儿童福利服务、补充性儿童福利服务、替代性儿童福利服务和儿童保护服务。其中，儿童保护服务的对象是遭受到人为伤害，包括虐待、忽视、剥削和暴力伤害的儿童及其家庭，内容主要包括伤害预防和伤害应对服务。题中，该市成立儿童求助中心属于提供保护性服务。

6. 【答案】B

【解析】亲职教育是指向儿童的父母和家庭传播科学育儿理念，并为他们提供具体的科学育儿实践指导和日常育儿问题咨询。具体内容包括：①科学育儿的理念，包括儿童权利和现代儿童观；②科学育儿的知识，包括儿童生理、心理人格和社会行为发展的知识；③科学育儿的技能，包括观察的技能、沟通的技能、引导的技能等。

7. 【答案】C

【解析】为处于不同年龄段的儿童提供与其社会化发展需要相符合的社会化引导服务，主要内容包括：①自我认同，又称“自我同一性”，是贯穿一个人一生的主题，是一个人心理人格健康的重要基础。处于青春期儿童的自我认同是儿童社会工作者需要重点关注的对象；同样，儿童社会工作也需要更多地聚焦社会边缘群体儿童，即困境儿童和困境家庭儿童。②技能学习，是指儿童学业之外的生活技能学习，包含人际交往技能、时间管理技能、理财技能等主题内容。儿童社会工作者需要根据儿童的年龄，联合父母和教师，采用体验式方法，培养儿童处理自己日常生活事务的能力。③团队精神，是指一个人与他人团结一致，相互帮助，为了一个共同的目标一起努力、克服困难的精神。④社会责任，是指在特定的社会中，每一个人在心理和感觉上对其他人的伦理关怀和义务，它是一个人彼此相辅相成不可分割的整体。

8. 【答案】C

【解析】筛选到合适的寄养家庭之后，负责儿童家庭寄养的机构需要为这些寄养家庭提供培训。针对寄养家庭具体的培训内容包括三个方面：①了解儿童寄养的意义；②了解寄养家庭的责任；③了解寄养家庭的权利。C项，帮助寄养家庭了解福利机构儿童的特点是针对进入寄养家庭的儿童进行的培训。

9. 【答案】B

【解析】面对方某这样因生理残疾而遭到嘲笑的孩子，社会工作者要坚持接纳与关爱青少年的价值选择。接纳可具体表述为接受青少年是一位有价值、有尊严、积极向上且有向善发展可能的人。关怀是关心、接近与重视青少年的各种学习与生活概况，并能与青少年共享成长的喜悦，共同分担失落的痛苦。

10. 【答案】D

【解析】在具体开展亲职教育辅导服务时，“父母效能训练模式”教导家长如何能成为一位有效的“辅导者”，如何强化父母与子女之间的亲子关系，如何运用接纳、尊重、同理、倾听等辅导技巧与子女做有效的沟通。“父母效能训练模式”主要包括三个重点：①积极倾听；②使用“我—讯息”；③积极沟通。

11. 【答案】C

【解析】司法转向计划通常包括四种模式：①以社区为基础的转向计划。该计划是指由社区中的个人或团体，对偏差行为青少年，认为不适宜送官方处理，而应在社区层面开展一系列转向辅导计划。②以警察为基础的转向计划。该计划系由警察单位将青少年个案转介至社区辅导单位。③以法院为基础的转向计划。该计划系由法院、检查官在起诉前或判决前面向青少年所提供的转向计划，将犯罪嫌疑人或被告转介至特定社会福利或辅导机构。④以社会福利机构为基础的转向计划。该计划由政府或民间福利团体介入，处理初步轻罪的少年事件，决定是否给予非司法处遇，并提供咨询服务。

12. 【答案】B

【解析】青少年社会工作服务的方法和策略具有整合性特征。决定整合性的因素包括：①青少年需求的多元性决定了社会工作方法的整合性；②社会资源的综合性

密 封 线 内 不 要 答 题

决定了社会工作方法的整合性；③社会工作专业的通才要求决定了社会工作方法的整合性。

13. 【答案】C

【解析】我国政府多以60周岁以上的公民为老年人。单以出生日期为标准界定的年龄常被称为日历年龄。

14. 【答案】D

【解析】在老年社会工作中，他人疏于照顾是指主动或被动地未尽责满足老人身心健康的需要，包括未能充分满足老人在饮食、住所、穿衣、医疗照顾和身体保护等方面的需要。题中，儿女偶尔寄钱，很少看望老人，生病无人照料，符合他人疏于照顾的内容。

15. 【答案】C

【解析】在老年社会工作的社会支持网络中，正式支持涉及贫困救助、生活照料、危机干预、老年人权益保障等多方面的内容。它为老年人提供了基本的生活保障，特别是为老年人中的特殊困难群体提供了基本保障。题中，花园社区的“关爱老人”服务项目提供的服务属于生活保障。

16. 【答案】C

【解析】与健康照顾有关的服务是指为老年人提供的与身心健康间接相关的生活照料、家务助理、出行协助、信息咨询等方面的服务。健康照顾服务的主要内容包括：①送餐、家庭病床、家务、探访、电话慰问等个人协助服务；②出行和行动服务，包括提供手杖、轮椅和住所改造等辅助手段的提供；③紧急呼叫系统安装等技术支持；④信息咨询、转介、代际互助、日托、营养配餐、房屋修缮、照顾者的休息安排、入住老人院舍等服务。

17. 【答案】D

【解析】一个国家的妇女地位主要看两头，即生命权和参政权。一个国家女比男的出生性别比正常的数字应该是100∶107，目前我国女男出生性别比达到了100∶122.85，这是溺、弃女婴的结果。男孩偏好导致女婴的生命权利被剥夺，涉及女性生命权利的保障问题。

18. 【答案】D

【解析】生殖健康是指生殖系统及其功能和过程所涉及的一切事宜在身体、心理和社会等方面的健康状态，而不是没有疾病或不适。D项，妇女的生殖健康涉及其整个生命周期的完好和安全状态，包括享有生命安全的权利、在整个生命周期达到身心健康标准的权利、享受基本的卫生保健服务的权利以及有能力抵御各种传播性疾病的权利，而不是狭隘地集中在怀孕期、哺乳期等阶段。

19. 【答案】A

【解析】倡导是指为了确保社会公正，站在服务对象或者受助团体的立场上，直接从事代表、捍卫、支持受助个人或者团体的利益的活动过程。倡导的前提是妇女个人存在着困难和社会保障制度的缺乏以及政策和法律保障不力等。题中，“各方的合作到目前为止缺少相应的政策和法律保障”体现出社会工作者要加强倡导这一工作环节。

20. 【答案】C

【解析】妇女有实用性性别需求和战略性性别需求两种需求。社会工作者需要以满足妇女实用性性别需求为基础，进一步启发妇女的思想意识朝向战略性性别需求满足的目标发展。社会工作者如果不去关注和解决她们的实用性性别需求，她们很难静下心来参加小组活动。因此，建立小组要兼顾妇女的两种需求。

21. 【答案】B

【解析】残疾人社会工作不同于一般的残疾人服务，它是指在社会福利制度框架下，社会工作者秉承利他主义的宗旨，运用社会工作专业知识和方法，帮助残疾人进行能力建设并克服自身缺陷，构建社会性支持系统并克服各种环境障碍，使得残疾人能够全面融入社会生活并提升人类社会整体生活质量的专业活动。这种专业化的实务性工作与其他社会工作一样，都使用个案工作、小组工作、社区工作等工具和手段为有需求的残疾人提供服务。其目的与宗旨是帮助残疾人提高社会地位，改善生活质量，获得社会保障，在平等地参与社会生活的基础上，与健全人一样共享人类社会创造的一切物质文明和精神文明成果。

22. 【答案】A

【解析】残疾人社会工作在教育康复中的主要内容包括：①对残疾人群体的教育康复；②针对残疾父母或监护人、家属等的工作；③针对社会组织、残疾人服务组织和各类爱心人士的工作。A项属于残疾人社区康复的内容。

23. 【答案】A

【解析】残疾人就业的支持性资源包括：①政府部门。对残疾人福利企业事业组织和城乡残疾人个体劳动者实行税收减免政策；对适合残疾人生产的产品，优先安排残疾人福利企业生产；政府部门下达职工招录、聘用指标时，应当为残疾人保留一定数额的用人指标，不达标的要求缴纳“残疾人就业保障金”。政府还可以出台一些单项的促进残疾人就业的收入支持计划、社会保险费补助、贫困家庭补助等。②企事业单位。不仅要加大力度聘用残疾员工，并且应该在完全公平的工作场所对残疾人的需求采取特殊照顾，这是企业社会责任的具体表现。③残疾人社会组织和其他社会组织。激发社会主体的活力，做政府部门和市场部门“做不好”“不能做”的事情，推动政府购买社会组织服务制度，大力推进各种服务残疾人的项目。④社区各类志愿者服务。社会化的志愿服务受惠最多的就是残疾人、老年人等弱势群体。

24. 【答案】C

【解析】残疾人社会工作的发展正在经历从“医学治疗模式”向“社会康复模式”的转变。近20多年来联合国一直倡导这种模式的转型。

25. 【答案】A

【解析】矫正社会工作在一些国家和地区又称感化工作（如我国香港地区），它是司法矫正体系中非常重要的组成部分，是社会工作实务的一个重要领域。

26. 【答案】A

【解析】院舍服务是社会工作领域中一种重要的服务模式，通过向服务对象提供住院或寄宿等训练机会，使服务对象掌握正常生活的技能，从而顺利回归社会。矫正社会工作领域中的院舍训练，通常是为违法犯罪人员尤其是违法犯罪青少年而设置的。

27.【答案】B

【解析】矫正社会工作者介入司法过程，自司法判决前的案件审理阶段就已经开始。这时的主要服务对象是已被拘押或保释的、尚未被判定有罪的犯罪嫌疑人。

28.【答案】C

【解析】矫正社会工作者所负责帮教的服务对象可能有很大的差异性，例如年龄、性别、性格、文化程度、职业状况、家庭背景、犯罪性质、刑罚类型等，因此，提倡用个别化的原则来实施矫正。但是，作为被判处刑罚的服务对象，他们的处境、困难和面对的问题，肯定带有许多共同的性质，适合于用小组工作的方法来处理。

29.【答案】B

【解析】社会工作行政又称社会行政，是将社会政策变为社会服务的活动。从宏观上讲，社会工作行政与政府的社区矫正政策实施相联系，这种政策变动过程应该是双向的：将社区矫正的政策法规变成具体的针对矫正对象的社会服务；又将服务经验上升到理论层面以影响政策法规的修订。题中，先根据政策法规开展宣传服务活动，同时又总结经验，以促进社区矫正制度的完善，采用了社会工作行政的方法。

30.【答案】C

【解析】优抚医院社会工作中，社会工作者协助处置服务对象及家庭问题的具体内容包括：①参与入院时的评估，疏导因伤、病、残而引起的心理及情绪方面的问题；②协助处理不良的家庭关系，促进服务对象与家庭的沟通，加强互相支持；③增强对病情或医疗程序的了解与适应，可联合医护人员，采取讲座方式，对有关伤、病、残所引起的心理、生理、社会影响开展宣传教育；④手术或特别治疗之前及之后的心理辅导；⑤纠正不当行为，如复员退伍军人慢性病患者短期重复住院率高或不愿出院的问题；⑥增进与医护人员的沟通，建立适当关系；⑦对遭遇紧急或突发事件的服务对象进行危机介入。

31.【答案】B

【解析】优抚医院社会工作中，协助处理服务对象与医疗系统关系的内容包括：①提供相关的医疗资讯；②协助及联络医疗团队的各专业同仁，为服务对象提供包括生理、心理方面的全面性诊疗；③协助服务对象及其家庭运用有关的社会资源；④提供相关的医疗及福利的电话咨询；⑤个案处理及转介；⑥疏导医疗纠纷，妥善处理服务对象及其家属的投诉，进行相关的医务纠纷调解，营造良好的就医环境，构建和谐的医患关系。

32.【答案】C

【解析】复员退伍军人安置社会工作的主要内容包括：①协助服务对象适应新工作和新生活，顺利度过军地转化的过渡期；②协助服务对象充分利用和发掘自身和外部的正式和非正式社会支持网络；③加强协调沟通，推进政府主导、部门协作、社会参与的安置格局形成；④做好信访接待工作，倾听心声、舒缓情绪、提供慰藉；⑤协助搭建信息咨询平台；⑥积极推进社会政策的良性改变。

33.【答案】B

【解析】对于案例中钱老这样进入耄耋之年的孤老优抚对象来说，生活的意义和存

在的价值感对于他们来说尤为重要，其人生的主要任务是实现自我整合、避免自我绝望，核心议题是有能力处理并接受人生中发生的所有事情，把这些人生事件当成是令生命有意义的东西。社会工作者的主要角色是作为“陪伴者”——帮助孤老优抚对象个体做好生命回顾、协助群体做好哀伤辅导，陪伴他们走完人生最后的旅程。

34.【答案】C

【解析】社会救助有“不救不活”“不救难活”的说法，“急难”二字凸显了社会救助的急迫性和重要性。在一个人的生命和生活处于危急时刻，社会救助要在第一时间给予最直接、最有效的物质帮助，以保全生命、保障基本生活。救急难同时也表明社会救助中要坚持社会工作伦理，将服务对象的生命安全作为服务的第一要义。

35.【答案】B

【解析】社会救助社会工作的主要特点包括：①救助对象的多样性；②救助类型的复杂性；③工作过程的持续性；④工作方法的融合性；⑤工作依据的政策性。其中，工作方法的融合性是指依据救助服务对象的不同、贫困类型的不同以及贫困产生原因的不同，社会救助社会工作所采取的工作模式是不一样的。题中所述说明社会救助社会工作的工作方法具有融合性的特点。

36.【答案】B

【解析】社会工作机构或者社会工作者要积极开展外展服务，对于生活陷入困境，无力改变自身状态的人员要给予及时的帮助。如对于生活无着的流浪、乞讨人员，要了解其需求，并及时提供临时的食宿、衣物、疾病治疗等，或者协助他们返回原籍。外展服务是社会救助社会工作的重要内容，一般包括：①街头救助，是指借助救助巡逻车和救助亭对街头流浪、乞讨人员实施救助；②全天候救助，是指各个地区的救助站 24 小时开放接待流浪、乞讨或其他需要急难救助的人员。

37.【答案】B

【解析】机构救助包括基本生活安置以及行为思想引导与矫正。流浪乞讨人员没有基本的生活条件，生存缺乏保障。救助机构首先应给予生活的合理安排。除了物质上的救助，还要开展教育，对其行为和心理进行疏导。

38.【答案】C

【解析】家庭探访是有效地了解救助对象的真实生活状况的方法。社会工作者可以很直接和直观地观察到救助对象的生活情境以及家庭成员之间的互动交流，如家居生活、家里的空间大小、周边邻里关系和社区环境、家具摆设等；同时还可以与其他重要的家庭成员沟通了解他们的想法和感受。

39.【答案】D

【解析】家庭社会工作的目的是帮助有需要的家庭更好地发挥家庭的社会功能。家庭社会工作不仅仅关注那些处于危机当中或者社会弱势的家庭，帮助其解决面临的困难，同时也关注其他有需要的家庭，帮助他们更好地发挥社会功能，以满足家庭成员的成长发展以及各种情感的需要。因此，家庭社会工作的服务重点既可以采用治疗修补取向，帮助家庭克服面临的困难；也可以采用成长发展取向协助家庭发挥家庭成员的潜能。

密封线内不要答题

密 封 线 内 不 要 答 题

40. 【答案】B

【解析】如果家庭社会工作服务的焦点集中在家庭夫妻关系的改善上，这样的服务就属于改善夫妻关系的服务。题中，婚姻辅导、家庭暴力的干预等都是常见的改善夫妻关系的服务。

41. 【答案】B

【解析】家庭治疗以整个家庭作为关注的焦点，家庭治疗的焦点主要集中在家庭本身的结构和互动关系，特别是家庭成员之间的权力关系。

42. 【答案】B

【解析】学校社会工作的主要目的是实现学校育人的目的，协助学生准备面对现在及未来的生活，养成健康人格，培养积极品质，优化社会关系，实现满意人生。

43. 【答案】C

【解析】学生出现学业困境的主要原因包括：①学生自身原因，具体包括：a. 存在生理缺陷和心理障碍；b. 学习的心理动力不足，缺乏学习动机，自我认知悲观消极，情绪不稳定等；c. 学习能力低，学习方法和学习习惯不良；d. 偏科或者学习基础差。②学校因素，具体包括：a. 有的教师的教学方法不利于学生听讲或掌握知识；b. 教师的教学态度因素；c. 学生之间恶性的竞争氛围，同学关系紧张有可能使学生无心学业，甚至对学习产生抵触心理。③家庭因素，家庭的学习环境和父母的管教方式，都会影响学生的学习成绩。④社区因素，社区的环境和学生的社交关系网络对青少年的学业影响巨大。题中，导致小张成绩下降的原因不包括国家政策的改变。

44. 【答案】A

【解析】抗逆力有常规和非常规两种形式。尽管二者在表现方式上呈现出有所对立的趋向，但它们如同一枚银币的两面，往往同时存在，都是抗逆力的具体表现方式。用“常规方式”替代“非常规方式”，提升服务对象抗逆力，是社会工作优势视角实践中的一个重要环节。

45. 【答案】C

【解析】学校社会工作者在进行个案管理时主要充当两种角色：①服务经纪人，学生的处境不佳不会只受一种关系的影响，而是各个方面共同作用的结果，学校社会工作者需要通过识别问题所在，找出解决办法，通过整合和提供多种服务来帮助学生处理这些问题。②使能者，学校社会工作者应邀请学生及其家庭共同参与计划制订、资源整合和评估过程。通过共同合作，来发展出学生及其家庭寻求资源和社会支持的能力，从而达到助人自助的目的。

46. 【答案】B

【解析】从社会工作专业视角出发，结合我国社区服务政策要求及社区服务实践成果，我国社区服务内容包括社区公共服务、社区志愿服务、社区便民利民服务等几个方面。其中，社区公共服务包括社区就业服务、社区福利服务、社区教育、社区治安、流动人口服务等。B 项属于社区社会工作的工作方法。

47. 【答案】B

【解析】社区内共同性问题是指社区所有居民都卷入其中，带有明显的“集体性”。一般社区社会工作者会采取“质询”的方式来掌握社区问题，社区内共同性问题包括：①社区有什么问题存在；②居民对这些社区问题的看法是什么；③社区内部是否有严重的冲突；④社区与外部是否有严重的冲突；⑤如果社区存在问题和冲突，当前是如何处置的等。B 项属于社区内群体性问题。

48. 【答案】C

【解析】布雷德绍提出的四种需要的类型主要包括：①感觉性需求，是指社区居民或服务对象感受到或意识到，并用言语表述出来的需要；②表达性需求，是指社区居民或服务对象把自身的感觉通过行动表达出来的需要；③规范性需求，是指由专家学者、专业人士、政府行政官员评估而决定的需求；④比较性需求，是指社区居民或服务对象将所得到的服务与其他类似社区进行比较，而认为有所差别的需要。

49. 【答案】A

【解析】社区服务(活动)方案策划是一个以未来为取向，服务或活动为归依的策划过程。社区服务(活动)的逻辑推进步骤一般是：①界定和确认问题；②确认要达到的目标；③选定评估的指标；④寻找各种可行的方案；⑤计算每个方案的成本(包括人力、物力、时间)；⑥计算每个方案的成效；⑦列举方案并进行比较分析。

50. 【答案】A

【解析】一般社区社会工作者会采取“质询”的方式来掌握社区问题，“质询”的内容包括：①社区有什么问题存在；②居民对这些社区问题的看法是什么；③社区内部是否有严重的冲突；④社区与外部是否有严重的冲突；⑤如果社区存在问题和冲突，当前是如何处置的。

51. 【答案】D

【解析】医务社会工作的目的是协助那些受到实际的或潜在的疾病、残疾或者伤害等不同方面影响的服务对象、家庭和群体，增强、促进、维持和恢复他们的社会功能。因此医务社会工作的服务对象是受到实际或潜在的疾病、残疾或者伤害等不同方面影响的人士。

52. 【答案】D

【解析】医务社会工作的特点很多，难以穷尽。从我国医疗卫生服务体系及服务对象的需求角度看，医务社会工作的特点包括：①与医疗卫生体系相融合；②以服务对象的健康为主导；③以病人为中心；④服务规范的专业化。

53. 【答案】D

【解析】宫颈癌患者支持小组的评估内容主要包括：①服务对象的改变情况；②目标的实现情况社；③社会工作者的角色实现情况。评估方法为：①过程评估有社会工作者观察、服务对象对每一次服务的分享或问卷；②结果评估以问卷、座谈会的形式来进行。

54. 【答案】C

【解析】针对慢性疾病患者与长期照顾者的常用的个案管理方法有三种：①社会心理评估。社会工作者需对患者社会心理状况、医疗适应、家庭社会支持系统及经济状况等作全面的评估，发掘患者各方面的需求及优势，在此基础上，社会工作者提供相应服务以适应患者及家属的需要。②治疗依从性管理。③压力管理。题

中，陈女士女儿是先天性心脏病患者，陈女士由于对其长期的照顾而出现了情绪问题，并且由此带来了家庭矛盾，他们之间的矛盾最主要是由于陈女士长期的心理压力所导致，因此社会工作者首先要纾解陈女士的心理压力，并调解其家庭矛盾。AB 两项是急诊室社会工作的方法；D 项针对的是患者本人情况，而题中最主要解决的问题是患者家属的问题。

55. 【答案】C

【解析】精神障碍是指在各种生物学、心理学以及社会环境因素影响下，大脑功能失调，导致认知、情感、意志和行为等精神活动出现不同程度障碍为临床表现的疾病。精神障碍除包括精神病外还包括痴呆、精神活性物质所致精神和行为障碍、心境障碍、神经症性障碍、应激相关障碍、躯体形式障碍和人格障碍等。

56. 【答案】B

【解析】纾缓疗护以改善肿瘤或慢性疾病患者及其家庭的生理、心理、社会功能的适应不良为目的。主要做法包括：①协助病人及其家庭参与到服务计划中，提出问题，做出决策，以澄清需求并排列出重要事项；②获取信息和资源；③调解家庭问题并提供支持，协助家庭满足需求、处理想法和感受；④协调并组织协助病患的个案会议，让家庭成员一起表达他们的需求、关注点和愿望；⑤提供转介服务，帮助患者和家庭获得社会支持和帮助，同时协助照顾者得到休息的机会。

57. 【答案】D

【解析】某些企业职工的工作压力和紧张度比较高，加之企业在资源与权限以及利益分布上存在事实上的不对称，职工处在明显的不利地位，为此，他们必然会面临因工作环境和条件恶劣、劳资冲突、工资待遇偏低以及其他问题导致的身心不适等。题中，小方就属于这一类问题。社会工作者帮助小林分析问题，熟悉公司业务，鼓励他要有信心，体现了企业社会工作为企业职工提供心理疏导和支持的功能。

58. 【答案】D

【解析】企业工会主要是以维护职工合法权益为服务宗旨的正式组织。传统工会对职工个人发展和价值实现的延伸服务和全面服务，职工在工作适应、心理健康、人际交往和职业生涯发展方面的微观需求关注欠缺。尤其是针对新形势下企业职工出现的新问题，如职工在社会转型期出现的心理问题、新生代职工希望得到人性化的对待等方面，缺乏专业训练的人员和专业有效的方法来解决，难以满足职工需求，需要专业的嵌入。

59. 【答案】A

【解析】企业社会工作者承担促进者的角色时，如果职工面临职业或生活困扰，企业社会工作者应及时给予支持和鼓励，帮助他们分析面临的问题和困境，确认问题原因，协助他们发掘自身的潜力和资源，促使其更有效地解决问题，从无助和无能的状态中解脱出来，从而增强其生产适应性和生活适应性。作为促进者的企业社会工作者提供的服务就是促进职工问题的解决和应对职业和生活问题能力的提升。

60. 【答案】C

【解析】支持小组的主要目标是协助成员应对充满压力的生活事件，并恢复原有的应对能力。在支持小组中，最重要的是小组成员的关系建构、互相交流和互相支持。社会工作者的主要任务是指导和协助小组成员讨论自己生命中的重要事件，表达经历这些事件时的情绪感受，加强小组成员间的沟通及相互帮助，达到互相支持的目的。支持小组要充分发挥小组成员的自主性，鼓励成员分享经验并协助解决彼此的问题。在企业社会工作实务开展中，常见的支持小组有为失恋的职工、单亲母亲、患某类疾病职工组成的支持小组，为尚不能适应新环境的新入职工、岗位调整或下岗失业职工组成的支持小组，为处于职业倦怠中的职工组成的支持小组等。

二、多项选择题(共 20 题，每题 2 分。每题的备选项中，有 2 个或 2 个以上符合题意，至少有 1 个错项。错选，本题不得分，少选，所选的每个选项得 0.5 分)

61. 【答案】ABC

【解析】社会工作中，服务计划是一个理性思考及作决定的过程，包括制定介入目标及选择为了达到目标而采取的行动。计划是发展有效行动方案、明确任务和责任的过程，也是决策行动的过程。服务计划的内容包括：①目的及目标；②关注的问题与对象；③介入的方法和介入行动。

62. 【答案】ABC

【解析】儿童作为一个独立的社会个体，具有社会属性特点，即基础性。具体表现在：①童年是每一个人人生的基础。童年是人生的最初阶段。每一个儿童在童年时期的经历，决定了他进入成年期的状态，对其成年生活有着重要的影响。童年对每一个人来说，都是其人生的基础。②儿童是每一个家庭的基础。儿童能使每一个家庭得到延续，包括延续家庭的经济和文化，是家庭可持续发展的基础。③儿童是一个社会发展进步的基础。任何一个社会的发展和进步都离不开儿童的发展和进步，国家的命运在于“少年”，儿童是国家的希望，民族的未来，是社会发展进步的基础。

63. 【答案】ABD

【解析】自我认识与自我探索服务的主要目标有：①帮助青少年更清楚地认识自己及未来发展的可能性；②协助青少年发掘内在的潜能，并使之得到充分的发挥；③通过青少年间的互动与分享，强化其自我表达的能力；④提升青少年自我觉察和觉察他人需要的能力；⑤强调青少年间彼此回馈和反应的重要性，不仅帮助了个人的自我成长，也帮助了他人成长；⑥协助青少年能够自我接纳、自我完成，终至自我实现。

64. 【答案】ABE

【解析】老年人处于人生的最后一个年龄阶段，老化是其最显著的特点，主要表现在三个方面：①生理老化，当人的各种器官达到成熟期后，会逐渐地丧失其功能，这种逐步丧失功能的现象就是老化；②心理老化，心理学意义上的老化是指老年人个人的感官变化的过程；③社会角色变化，角色理论认为当个体经历老化过程所带来的变化时，他们会丧失象征中年的社会角色和社会关系。

65. 【答案】ABCD

【解析】单亲母亲家庭是指因为丧偶或者离异以及其他一些原因导致的只有母亲和孩子一起组成的家庭。单亲母亲家庭常常面临的主要问题有：①亲子关系和孩子

教育；②单亲母亲的贫困化、就业困难、再婚困难；③社会对单亲母亲的歧视和偏见；④缺乏针对单亲母亲家庭的社会保障等。

66. 【答案】ABC

【解析】从性别视角来看家庭，社会工作者必须有性别平等的敏感度及关注妇女的经验，关心家庭中女性是否受到来自文化、社会、政治、经济等方面的外在影响，以及这些影响是否给妇女造成了压迫和家庭中的不平等地位。因此，家庭教育的重点是教育女性在家庭生活中如何自我增权，如何争取自我更人性化的生活，以及教育其他成员如何尊重女性独特的个性和权利，而不仅仅成为家庭角色的扮演者。

67. 【答案】ABC

【解析】发展本土视野下的残疾人社会工作服务主要包括：①确立残疾人社会工作的新理念，把残疾人社会工作纳入公共服务体系，建构多元中心治理机制下的新型的残疾人社会工作，正确处理政府、非营利性组织、服务对象、残疾人社会工作等多元要素之间的关系，在法律的框架中赋予这些组织以合乎其社会身份的法律地位。②实现残疾人工作机制的创新，构建网格化的服务模式，建立“横向到边，纵向到底”的工作网络，形成“多级”的网络服务体系。③加强对残疾人社会工作专业服务组织和专业人才队伍建设。④构建全社会“友善”的残疾人价值观，营造“友善残疾”文化。

68. 【答案】AB

【解析】在矫正社会工作中，个案管理运作与实施中需要注意的问题有：①要有重点、分步骤地制订矫正工作计划；②要重视和善于与服务对象建立良好的专业关系；③要着眼于矫正对象的潜能发掘和自己解决问题，切忌包办代替；④要妥善处理为案主保密的原则与维护社会安全的关系。

69. 【答案】ABCD

【解析】优抚安置社会工作的服务对象是为军队和国防建设作出或正在作出贡献和牺牲的特殊群体，是国家和社会的有功之臣，地位突出，特点鲜明。具体特点包括：①覆盖范围广；②军队情结深；③需要层次多；④问题压力重。

70. 【答案】ABDE

【解析】军休干部移交政府安置是重新回归社会，实际上是一个由在职到离职、由军队到地方、由军人到老百姓的社会角色转变过程和“再社会化”过程。社会工作者需要运用的干预技巧有：①认知重构；②放松技巧；③社交能力训练；④问题解决技巧；⑤系统脱敏；⑥模仿和角色扮演。

71. 【答案】ABDE

【解析】社会工作者在参与救助过程中既要依据有关社会政策对困难群体进行及时救助，又要采用社会工作的专业方法，实现物质救助与精神救助的结合，充分发挥社会救助社会工作的作用。主要作用有：①协助服务对象申请适合的救助项目；②协助服务对象提升反贫困的能力；③促进服务对象的社会融合与社会支持；④疏导和解决服务对象的心理困扰。C 项，社会救助不可能解决服务对象的一切困难。

72. 【答案】ABCE

【解析】社会工作者评估的重点是发现服务对象的问题和需求，同时也要更全面地了解服务对象生活情境中的各种信息。一般来说，以下内容可以帮助社会工作者了解服务对象遇到的问题：①服务对象关注什么、问题是什么；②相关的法律法规是什么；③服务对象的健康或者安全问题的迫切性如何；④服务对象发生问题的原因、时间、地点、过程；⑤问题对服务对象的影响以及服务对象的反应；⑥服务对象及其家庭拥有的解决问题的方法、能力和资源。

73. 【答案】ABD

【解析】针对我国的实际情况，依据家庭服务关注的焦点和目标不同，家庭服务可以分为三种类型：①家庭的救助和帮扶，是以整个家庭作为帮助的对象，其目的是为了保障整个家庭的基本生活水平；②改善亲子关系的服务，有家庭生活教育、有关家庭的主题活动以及家长学校等服务；③改善夫妻关系的服务，有婚姻调解和婚姻学校等形式，其目的是为了解决夫妻之间的矛盾和冲突，改善夫妻之间的沟通交流，维护家庭的稳定与和谐。

74. 【答案】BCDE

【解析】抗逆力是指个人面对生活逆境时，能够理性地作出正向的、建设性的选择方法和应对策略的能力。从构成要素上看，抗逆力由外部支持因素、内在优势因素以及效能因素三部分组成。构成个体抗逆力的要素主要体现在三个方面：①外部支持因素；②内在优势因素；③效能因素。其中，外部支持因素包括：①拥有正向的连接关系；②坚定清晰的规范；③关怀支持的环境；④积极合理的期望；⑤有意义的参与机会。A 项，解决问题能力是指懂得运用资源及寻求帮助的能力，属于效能因素。

75. 【答案】ABDE

【解析】社区社会工作既是一种工作方法，也是一个教育工程。从社区教育的服务功能看，社区教育的内容可分为：①家庭生活教育，目的是预防家庭解体及其引发的相关社会问题；②公民教育，目标是为了让公民能够面对当今日益多样化，甚至不断发生互相冲突的社会，充分做好准备在未来能够有效参与社会、经济、政治的生活；③成人教育，以因各种原因失学或未能接受正规教育的人士为对象，为他们提供教育机会；④健康教育，以社区为单位，向居民提供健康和预防疾病的知识。

76. 【答案】ABDE

【解析】社区建立的支援网络主要包括：①个人网络，主要是针对服务对象个人的现存人际关系以及其所置身的环境内具有发展潜力的成员；②志愿者联系网络，用于社区中拥有极少个人联系的服务对象，将他们与可以提供帮助的志愿者建立联系，建立一对一的帮助关系；③互助网络，把面对相同问题或具有相似兴趣或能力的人聚合在一起，帮助他们建立联系，促进他们互相帮助和互相支援；④邻里协助网络，社区社会工作者认为社区中的邻里、社区商店员工、物业公司职工、保洁员、保安员等在为服务对象提供支援上扮演着重要角色，并且可以用最自然、最快捷的方式为服务对象提供支持。

77. 【答案】ACD

【解析】社会工作者对慢性病患者进行依从治疗的咨询包括四个不同的阶段：①评

估和界定依从治疗的问题。对患者的社会支持、生活方式、心理因素、健康信念及依从治疗史进行评估。②制定治疗方案。评估一项切实可行的治疗方案；鼓励患者参与制定治疗方案；促进患者与医生的沟通；鼓励患者与医务人员联合决策治疗方法。③为了促进行为改变，社会工作者可以采用协助患者改变以往的行为、激活社会支持、促进家庭成员共同承担责任三种方法。④维持患者的依从。维持技巧包括：教授如何应对失误；跟进患者，随时提供支持等。

78. **【答案】**ABCD

【解析】从广义上来说，医务社会工作不仅协助病人及其家庭解决与疾病相关的社会、心理问题，而且也注重对影响健康的社会心理因素的探索和开发，并且利用社区与社会的资源，推进医疗保健与社会福利的整合，促进对疾病的预防，保护公众健康。E 项属于狭义医务社会工作的内容。

79. **【答案】**ACDE

【解析】企业社会工作对象包括职工个体及职工家属、职工群体、企业整体或企业内的管理部门、一个行业或一个社区、整体社会。B 项，“企业内所有的部门”扩大了企业社会工作对象的范围，应为“企业内的管理部门”。

80. **【答案】**ABCD

【解析】治疗小组的主要目标是协助成员改变他们的行为，改善个人问题，治疗生理、心理和情绪上的创伤。通过小组工作的活动过程，帮助小组成员了解自己的问题及背后的社会原因，利用小组的经验交流与分享，辅助以一定的资源整合或社会支持网络，以达到对小组成员的心理和社会行为问题的治疗，从而改变小组成员的行为，重塑其人格，开发其潜能，促使其成为健康、健全的社会人。例如，为那些有长期或短期情绪问题的职工建立的治疗小组，为有酗酒、赌博等行为的职工组成的心理治疗小组等。E 项属于支持小组。

密 封 线 内 不 要 答 题

准考证号：________ 姓名：________

全国社会工作者职业水平考试模拟试题(三)
(助理社会工作师)社会工作实务(初级)

(考试时间120分钟　满分100分)

题　号	一	二	总　分	统分人签字
得　分				

得　分	评卷人

一、单项选择题(共60题，每题1分，每题的备选项中，只有1个最符合题意)

1. 对于离家出走的孩子，社会工作者需要及时将他们安置在儿童保护中心；对发现有被虐待危险的孩子，则要提早进行预防。这说明社会工作者在接案时应注意(　　)。
   A. 决定问题的优先次序
   B. 权衡是否有能力处理问题
   C. 决定是否需要紧急介入
   D. 保证服务对象所要求的服务符合服务机构的工作范围
2. 据社会工作实践结果的研究显示，多数社会工作者的助人活动无功而归，或不能完全达到计划的目标的重要原因是(　　)。
   A. 服务对象与社会工作者在计划时无法达成一致
   B. 服务对象与社会工作者没有朝同一目标努力
   C. 服务对象大多持有对社会工作者怀疑的态度
   D. 社会工作者大多对服务对象持有怜悯的态度
3. 关于社会工作评估，下列说法正确的是(　　)。
   A. 运用科学的研究方法和技术系统地评价社会工作的介入结果，总结整个介入过程，考察社会工作的介入是否有效、是否达到了预期目的与目标的过程
   B. 评估主要由社会工作者和机构完成，不需要服务对象的参与
   C. 评估的目的在于提高机构的经济效益
   D. 分为中期评估和后期评估
4. 关于长期介入结案，下列说法错误的是(　　)。
   A. 结案所花时间比较长
   B. 服务对象的问题一般比较复杂
   C. 服务对象早就对结案有心理准备
   D. 服务对象对社会工作者的依恋较深，结案反应比较强烈

5. 父母对晓旭的期望非常高，要求十分严格，规定他作息时间，从学校回来只许读书、做功课，不许出屋与小朋友一起玩。晓旭的父母剥夺了孩子(　　)的需要。
   A. 生存　B. 教育　C. 受保护　D. 社会化
6. 儿童社会工作中，补充和改善家庭监护状况的内容主要包括亲职教育和(　　)。
   A. 课后服务　B. 社区宣传　C. 托管服务　D. 幼儿早教
7. 以家庭为中心的方法由五大要素构成，下列各项关于这些构成要素的描述不正确的是(　　)。
   A. 必须联合全体家庭成员，与家庭中的每一个人建立关系
   B. 要以提高家庭成员解决问题的能力为主要任务
   C. 需要分配好不同的任务，不同阶段需要不同人员的参与
   D. 要与家庭建立相互信任和相互尊重的沟通模式
8. 根据学者对青少年文化的类型划分，循规蹈矩的青少年是(　　)的特征。
   A. 正直青年　B. 文化青年　C. 三好青年　D. 优秀青年
9. 因地震，小马的父亲被截肢，家里的房子也塌了，现在一家人住在自己搭建的帐篷里。从青少年社会工作的主要内容来看，工作者要进行(　　)青少年社会工作。
   A. 发展性　B. 成长性　C. 预防性　D. 治疗性
10. 下列各项中，不属于亲职教育辅导服务的主要目标的是(　　)。
    A. 协助父母如何有效地扮演好做父母的角色
    B. 学习如何专注地聆听
    C. 了解家庭气氛对子女成长的影响
    D. 改善父母对子女的管教态度
11. 赫胥提出的(　　)认为个人与社会的联系可以阻止个人进行违反社会准则的越轨与犯罪行为。
    A. 社会连接理论　B. 沟通分析理论
    C. 3R理论　D. 道德发展理论
12. 在青少年小组工作中，社会工作者在向成员讲述团体的内容、目的及未来动向时，所扮演的角色是(　　)。
    A. 协调者　B. 协助者　C. 提供咨询者　D. 联系者
13. 老年人处于人生的最后一个年龄阶段，其最显著的特点是(　　)。
    A. 老化　B. 怀旧　C. 无力感　D. 孤独感
14. 老年社会工作中，社区照顾正在由(　　)转变。
    A. 管理导向型向服务导向型　B. 服务导向型向管理导向型
    C. 需求导向型向服务导向型　D. 服务导向型向需求导向型
15. 老年社会工作者小胡的服务对象张老伯因为刚刚退休在家里，不适应，经常发脾气，在与小胡会谈时常常表现出很气愤的样子，言辞过于激烈。小胡觉得张老伯很像自己刚退休的父亲，有时与张老伯谈话就像是与父亲谈话，甚至对张老伯产生一种厌恶，这是一种(　　)现象。
    A. 移情　B. 反移情　C. 心理压力　D. 情绪枯竭
16. 女性在制度和社会环境方面的需要是：呼吁全社会倡导将(　　)敏感意识纳入决策主流，为妇女创造一个良好的社会发展环境。

A. 女性主义　　B. 性别平等　　C. 女权主义　　D. 社会性别

17. 小燕和小丽抱着美好的理想来到城里打工。城里人的生活使她们越来越自卑，甚至认为生活没有意思。在老乡的介绍下，她们来到一个专门为进城务工人员提供服务的机构参加了打工妹小组活动。小燕和小丽一下子就喜欢上了这个小组，在社会工作者小张的帮助下，她们在小组中学习了许多以前没有接触过的知识，结识了许多大学生志愿者和打工姐妹，开阔了眼界，使他们越来越自信。上述案例中，社会工作机构、社会工作者小张为小燕和小丽提供的是(　　)服务。

A. 家庭社会工作　　B. 妇女社会工作

C. 矫治社会工作　　D. 康复社会工作

18. 某服务机构，运用艺术作为认识社区和发动社区的主要方法，专门为农民工提供所需的服务。他们为社区举办了各类艺术小组，如社区儿童音乐小组和绘画小组，社区成人音乐、舞蹈和戏剧小组等。戏剧小组由打工的妇女们(社会工作者们称之为大姐)组成，她们渴望有些娱乐活动来增加她们的生活乐趣。社会工作者经过社区调查了解到，一些妇女对戏剧和表演有兴趣，于是组建了戏剧兴趣小组。从编剧到完成的整个过程都由该小组负责。上述事例中采用的干预方法是(　　)。

A. 社会性别主流化　　B. 妇女赋权

C. 性别视角的家庭工作原则　　D. 与家庭一起的工作原则

19. 下列各项属于妇女社会工作直接目标的是(　　)。

A. 重新建构权利关系

B. 解决妇女的实际困难和需要

C. 提升性别意识，促进自省、自信和自我认同

D. 建立妇女的支持小组，减少成员的孤独感

20. 残疾人职业康复的工作可以归纳为四个步骤，即(　　)。

A. 咨询、培训、就业指导、保障　　B. 保障、咨询、培训、就业指导

C. 评估、培训、保障、就业指导　　D. 咨询、评估、培训、就业指导

21. 下列各项属于残疾人社会工作的总目标是(　　)。

A. 恢复残疾人的身体健康　　B. 恢复残疾人的心理健康

C. 尊重残疾人的公民权利　　D. 促进残疾人的家庭和谐

22. 开展社区康复工作的有利条件不包括(　　)。

A. 社区建设工作已成为我国社会主义建设事业的组成部分

B. 社区中有配置较为合理的资源

C. 在社区中残疾人可以得到方便、及时的康复服务

D. 在社区中可按照统一标准为残疾人提供各种康复服务

23. 目前在很多城市的道路设计中，都会专门铺设盲道，这是(　　)的体现。

A. 提高残疾人社会地位　　B. 建设无障碍环境

C. 维护残疾人合法权益　　D. 社会对残疾人观念转变

24. 小军因吸毒被强制戒毒结束后，矫正社会工作者小张跟进了小军的个案。接案时小张了解到小军为非婚生子女，母亲改嫁后一直无人管他，小张对小军的需要进行了评估。此时，小军最需要满足的是(　　)要求。

A. 生理脱毒　　B. 基本生存条件的保障

C. 就业　　D. 正常家庭生活的需要

25. 矫正社会工作者针对犯罪嫌疑人亲友的社会工作介入一般发生在(　　)。

A. 司法判决前　　B. 监禁场所中(判刑执行中)

C. 社区矫正　　D. 缓刑或假释

26. 小组工作的实施模式有多种分类，从对小组成员的影响和作用的角度看，在社区矫正工作领域，使用(　　)是比较适合的。

A. 治疗模式　　B. 发展模式　　C. 生存模式　　D. 社会模式

27. 矫正社会工作中，最普遍的服务模式是(　　)。

A. 外展服务　　B. 团体辅导

C. 个案辅导　　D. 社会工作行政

28. 社区矫正是一个注重理论与实际紧密结合的、涉及面广、政策性强、讲求操作的社会工作实务领域，综合了众多专业学科的理论、知识和方法，其健康发展，需要加强这些理论、知识和方法的研究，是指(　　)在社区矫正中的运用。

A. 社会工作研究　　B. 小组工作方法

C. 社区工作方法　　D. 社会工作行政

29. 优抚安置工作需确保其工作对象的生活水平(　　)。

A. 高于所在地的最低生活水平　　B. 高于所在地的平均生活水平

C. 等于所在地的平均生活水平　　D. 不低于所在地的平均生活水平

30. 下列各项不属于军休社会工作主要内容的是(　　)。

A. 培训工作人员，促进专业服务的发展和服务质量的提高

B. 协助军休干部实现角色转换，做好心理关怀和精神服务

C. 协助做好工作人员的情绪疏导和压力释放工作

D. 做好信访接待工作，倾听心声、舒缓情绪、提供慰藉

31. 小孙是一名军人，2014 年年底复员，希望当地民政部门能安排一个如意的、保障高的单位就业，民政部门联络上了当地的公交公司。小孙认为公交公司售票工作很累，没有技术含量、也没有个人发展，不愿意去。一来二去，终不成功。作为社会工作者，对于复员退伍军人安置社会工作的介入重点是(　　)。

A. 社会再适应　　B. 生命回顾与哀伤辅导

C. 危机干预　　D. 认知和情绪问题的处理

32. 关于运用开展小组辅导的方法进行复员退伍军人安置社会工作，下列说法错误的是(　　)。

A. 小组介入旨在帮助面对同类问题或共同需求的组员，建立同辈群体支援网络，推进社会再适应

B. 职业准备内容丰富，主要是心理准备和知识技能两方面

C. 小组中期主要是引导复员军人进行心态调适

D. 社会工作者作为一个引导者，主要是帮助组员通过寻找组内的共同点来拉近关系、建立认同，从而调整彼此的心态

33. 复员退伍军人安置社会工作，个案介入旨在增强服务对象的自我能力，以应对新工作和新生活的压力，社会工作者主要担当(　　)的角色。

密封线内不要答题

A. 管理者　B. 人力资源专家　C. 教育者　D. 同行者

34. 农村困难家庭希望申请农村居民最低生活保障或者专项社会救助的，都需要首先向(　　)提出书面申请。

A. 所在宗族　B. 所在乡镇人民政府

C. 县人民政府　D. 县民政部门

35. 下列各项属于开展灾后社区人居环境重建工作的内容的是(　　)。

A. 编制救助方案

B. 协助地方政府监督管理重建工程建设进展

C. 组织开展医疗救助服务

D. 参与制定管理措施

36. 社会工作者小肖，为了更好地服务特困人员，决定建立特困人员的健康档案，了解他们的身体健康状况，对所患疾病实时监控、动态管理，定时进行康复和救治；需要到当地医疗机构住院治疗的，还要及时联系医疗保险和医疗救助部门，协调解决治疗费用问题。小肖的做法属于为特困供养人员(　　)。

A. 提供基本生活条件　B. 提供日常生活照料

C. 提供疾病治疗服务　D. 办理丧葬事宜

37. 社会救助通过发放救助款物，及时解决贫困群众的生存困难，使他们脱离险境，同时还要设法逐渐增强他们生活的能力和战胜贫困的信心。这说明社会救助社会工作具有(　　)特点。

A. 救助类型的多样性　B. 工作过程的持续性

C. 工作模式的融合性　D. 工作方法的政策性

38. 为了获取评估信息，一些社会工作者在和救助对象交流之前都会先使用基本资料的表格，了解救助对象的姓名、家庭地址、通信方式、家庭结构、婚姻状况和问题描述等。这里，社会工作者获得评估信息的具体方法属于(　　)。

A. 使用量表　B. 直接询问

C. 家庭探访　D. 观察身体语言

39. 对于进城务工家庭的子女来说，(　　)是社会环境中的重要他人，对改善进城务工家庭子女的学习状况和家庭沟通交流状况发挥着重要的作用。

A. 班主任老师　B. 社会工作者　C. 父母　D. 兄弟姐妹

40. 婚姻辅导涉及的内容很多，不同的问题可以采取不同的方法。注重夫妻沟通交流方式改善的，可以运用(　　)。

A. 行为学习理论　B. 性别视角

C. 家庭系统理论　D. 家庭周期理论

41. 在家庭社会工作介入阶段，社会工作者扮演的(　　)角色是指社会工作者在了解受助家庭成员资源限制的同时，认识和调动受助家庭成员发生积极的改变。

A. 支持者　B. 教育者　C. 使能者　D. 资源调动者

42. 某学校社会工作者在新生报到期间会为新生进行“破冰训练”，积极组织学生活动，使学生之间多接触、多交流，增进彼此之间的了解，建立良好的关系。学校社会工作者运用了(　　)的方法增强了学生的抗逆力。

A. 促进亲社会连结　B. 建立清楚一致的行为和规范

C. 教授生活技能　D. 提供关怀与支持

43. 社交能力包括各种与人相处的技巧，良好的亲子关系和师生关系与学生的正向社交行为有正面的关系，良好的同辈关系与学生的负面行为则有反面的关系，学校社会工作者促进学生社交能力的第一步是(　　)。

A. 协助学生认识自己所在的城市或农村

B. 协助学生认识自我

C. 协助学生建立国民身份认同

D. 协助学生培养社会责任感

44. 从事学校社会工作的服务人员要具备良好的专业素养和扎实的专业基础，这表明学校社会工作具有(　　)特点。

A. 专业性　B. 科学性　C. 严谨性　D. 实践性

45. 针对学生特殊需要开展学校社会工作时，对那些在学习障碍方面存在共性的学生，可以采取(　　)的方法。

A. 个案工作　B. 小组工作　C. 社区工作　D. 家庭工作

46. 在社区服务(活动)方案执行的结束阶段，主要进行的工作不包括(　　)。

A. 经费报销　B. 对服务资料及时归档

C. 对士气的激励和提升　D. 对服务(活动)成效进行评估

47. 社会工作者王某在某社区工作，他在与居民的接触中发现，有些居民特别是家庭主妇在平时除了接送孩子之外，大多时候不知道该干什么。针对这种情况，王某把这些家庭主妇组织在一起，开设了烹饪、插花、茶艺、居室布置以及时间管理等培训活动。王某的这种工作属于(　　)。

A. 健康教育　B. 家庭生活教育

C. 公民教育　D. 文化科学教育

48. 在社区参与的(　　)形式中，虽然居民被邀请参加了决策过程，但社区建设或改造的最初设计者通常会设定讨论议题的范围，限定其他参与者的决策权。

A. 协商　B. 咨询　C. 共同行动　D. 社区自治

49. (　　)是指重点帮助中下阶层群体掌握社会结构、投诉途径、公民权益等知识，改善他们在这些方面存在的知识欠缺的教育方式。

A. 发展式教育　B. 全面式教育　C. 补偿式教育　D. 控制式教育

50. 在社区参与的层次和形式中，从过程层面看，最需要教育或能力，也需要权力、责任和沟通的是(　　)。

A. 社区自治　B. 共同行动　C. 咨询　D. 告知

51. 与医院内部或社区机构的人员联系，并讨论病人及其家属如何获得预防疾病、照顾病人等服务，这是医疗社会工作中的(　　)功能。

A. 寻求与整合资源　B. 诊断与评估

C. 多专业协调与合作　D. 咨询与辅导

52. 下列各项中，(　　)属于医务社会工作者需要隐私保护的范畴。

A. 治疗方案　B. 病友关系

C. 疾病咨询　D. 治疗所用药物

53. 黄先生由于酗酒，家庭矛盾一直不断，黄先生也想改掉这个坏习惯，可是每次下

决心戒酒都没成功，为此他向社会工作者小张求助。为帮助黄先生戒酒，培养良好的生活习惯，小张最适合用(　　)方法帮忙。

A. 个案工作　　B. 小组工作　　C. 社区工作　　D. 项目管理

54. 社会工作者会在社区进行相关的卫生宣传，以及疾病的预防和监控，这些服务属于(　　)。

A. 社区社会工作服务　　B. 医院社会工作服务

C. 精神健康社会工作服务　　D. 公共卫生社会工作服务

55. 小林由于临近生产期，最近总是很沮丧，觉得生育子女是一件很恐怖的事情，容易产生焦虑，为此她求助于医务社会工作者，小林的问题属于医务社会工作者要处理的(　　)议题。

A. 心理的调试问题　　B. 疾病适应问题

C. 生育问题　　D. 情绪问题

56. 社会工作者在医疗机构中通常以团队的形式开展工作。医务社会工作中的团队合作是指(　　)。

A. 社会工作者与医疗团队合作　　B. 社会工作者之间的合作

C. 社会工作者与社区的合作　　D. 社会工作者与患者家属的合作

57. 企业社会工作的主要任务是(　　)。

A. 争取职工的职业福利

B. 协助监督企业落实涉及职工权益的法律法规

C. 因地制宜开展和设计有特色的服务项目

D. 兼顾公共性、公益性与多方共赢的统一

58. 如果职工不清楚、不了解所在岗位是否会经常接触职业危害因素，是否会患职业病，作业场所应有哪些安全防护措施，应有什么操作程序规定等问题时，企业社会工作应该扮演(　　)的角色。

A. 咨询辅导者　　B. 促进者　　C. 协调者　　D. 倡导者

59. 下列关于企业个案工作过程排列正确的是(　　)。

A. 接案—预估—介入—计划—评估与结案

B. 预估—接案—计划—介入—评估与结案

C. 计划—预估—接案—介入—评估与结案

D. 接案—预估—计划—介入—评估与结案

60. S工业园内以中小企业为主，共有企业30余家，职工共计5000余人。工业园内设有一个社会工作服务中心，有4名常驻社会工作者，社会工作活动中心形成了完善的中心日常活动体系和管理体系。社会工作者致力于为工业园内的企业与职工提供服务，促进园区的长期和谐发展。案例中社会工作者使用(　　)工作方法更有利于工业园区的发展。

A. 个案工作　　B. 小组工作　　C. 社区工作　　D. 行政工作

得　分	评卷人

二、多项选择题(共20题，每题2分，每题的备选项中，有2个或2个以上符合题意，至少有1个错项。错选，本题不得分，少选，所选的每个选项得0.5分)

61. 社会工作中，服务对象的来源包括(　　)。

A. 主动求助者　　B. 由他人介绍

C. 由机构转介　　D. 由相关部门提供

E. 由社会工作者通过外展工作而成为服务对象

62. 社会工作中，社会工作者制订服务计划的原则包括(　　)。

A. 公平和公正　　B. 详细和具体

C. 要有服务对象的参与　　D. 要尊重服务对象的意愿

E. 计划要与工作的总目的、宗旨相符合

63. 下列各项属于宏观层面青少年社会工作的有(　　)。

A. 青少年家庭服务　　B. 青少年组织建立

C. 青少年社区工作　　D. 青少年个案辅导

E. 青少年法规修改

64. 艾瑞克·伯恩的沟通分析论为社会工作者开展人际沟通与相处技巧训练提供了较好的理论基础。该理论的主要内容包括(　　)。

A. 沟通分析　　B. 游戏分析　　C. 人格结构分析　　D. 角色分析

E. 脚本分析

65. 社会工作者在老人濒临死亡时要做的重要工作有(　　)。

A. 提供情感支持　　B. 做丧亲辅导

C. 提供相关资讯　　D. 提供丧亲后续服务

E. 代表老人及其家人争取合理权益

66. 下列各项属于《妇女权益保障法》面临的任务的有(　　)。

A. 改善男女同工不同酬状态

B. 保护妇女不再遭受家庭暴力、性侵犯、被拐卖等威胁

C. 改善妇女的贫困状态

D. 维护妇女的特殊权益

E. 促进妇女在就业、教育、参政、婚姻、家庭等方面的平等的机会和发展权利

67. 下列关于《中华人民共和国残疾人保障法》中残疾人定义的表述，正确的是(　　)。

A. 在范围上更显完整，基本上概括了残疾人的基本特征

B. 包含了身体上的缺陷而带来的器官的丧失或者不正常

C. 没有包含心理上的功能障碍而带来的精神和智力层面的残疾

D. 在概念运用上完全实现了由“残废”向“残疾”转型

E. 在范围界定上把部分残障人士排除在残疾人范围

68. 根据残疾人社会工作的特点，社会工作实务主要涉及的方法包括(　　)。

A. 社会康复　　B. 社区康复　　C. 职业康复　　D. 教育康复

E. 家庭康复

69. 矫正社会工作针对罪犯的功能与作用有(　　)。

A. 教育功能　　B. 监管功能　　C. 矫正功能　　D. 服务功能

E. 引导功能

70. 刘江以邻居家的狗在半夜狂吠不停影响自己休息为由，将邻居砍成重伤，已经被

密封线内不要答题

收押，处在等待审判中，而他是家庭收入的唯一提供者。此时社会工作者的重要工作任务有(　　)。

A. 寻找证据让法院减刑　　B. 对其家人进行心理辅导

C. 为其家人申请社会救济　　D. 帮助其家人寻找暂时性工作

E. 帮助其家人寻找长期性工作

71. 军休社会工作服务对象的需要包括(　　)。

A. 军队情结　　B. 社会尊重

C. 居住环境舒适的需要　　D. 健康维护

E. 社会参与

72. 下列各项属于协助增强服务对象对医院环境的适应的有(　　)。

A. 解释医院的有关规定

B. 帮助服务对象善于运用医院的设备

C. 对遭遇紧急或突发事件的服务对象进行危机介入

D. 手术或特别治疗之前及之后的心理辅导

E. 协助处理不良的家庭关系

73. 社会救助社会工作的主要特点包括(　　)。

A. 救助对象的多样性　　B. 救助类型的复杂性

C. 工作过程的持续性　　D. 工作方法的融合性

E. 工作理念的创新性

74. 一般来说，人们遭遇危机后的反应可分成不同的阶段，包括(　　)。

A. 初始的紧张和惊吓

B. 紧张过后短时间的迟钝

C. 个人或者家庭出现严重的紧张情绪

D. 个人或者家庭采用不同的反应策略并观察这些策略是否有效

E. 个人或者家庭内出现分歧

75. 社会工作者与受助家庭成员签订的服务合同应包括的内容有(　　)。

A. 家庭会谈的时间　　B. 家庭会谈的次数

C. 家庭会谈的规模　　D. 家庭会谈的地点

E. 服务介入活动的目标

76. 对有违纪违法行为的学生开展社会工作要形成整合的观点，具体做法是(　　)。

A. 建立团体，形成正向影响　　B. 社会工作与学校教育相结合

C. 深入细致的个案工作　　D. 关注家庭，凝聚力量

E. 开发社会资源，争取社会支持

77. 社会工作者在挖掘资源的过程中，需要(　　)。

A. 重视挖掘社区中的人力资源

B. 重视社会政策研究工作

C. 重视政府的财力支持工作

D. 重视辖区单位(或组织)的资源发展工作

E. 估计社区的存续时间

78. 儿童医院社会工作中，对儿童患者而言，社会工作者应(　　)。

A. 帮助其适应医院环境和治疗过程

B. 降低其对于医院和治疗的恐惧感

C. 帮助个体或整个家庭从疾病造成的混乱中恢复正常

D. 将整个家庭的功能调节到正常的状态

E. 用个案或者小组的方法，帮助他们处理情绪上的问题

79. 宋大爷是一位糖尿病患者，自从得知自己患病后，宋大爷对自己的病情忧心忡忡，宋大爷子女求助于医务社会工作者小杨，希望他可以开导宋大爷，针对糖尿病患者，小杨可以在(　　)方面提供帮助。

A. 患者的医疗适应　　B. 疾病认知

C. 情绪支援　　D. 家庭支援

E. 医患关系

80. 目前从事企业社会工作服务的社会组织有(　　)。

A. 企业内独立设置的社会工作部门

B. 设在工会内的社会工作部

C. 专门以企业社会工作为服务目标和服务领域的社会工作事务所

D. 社会工作站中的企业社会工作者

E. 提出企业社会工作服务方向和服务项目要求，并提供一定的项目经费支持和项目过程监督的协会

答案及详解

一、单项选择题(共60题，每题1分。每题的备选项中，只有1个最符合题意)

1. 【答案】C

【解析】社会工作中，并非每个案例都是从接案开始的，遇到紧急情况时，就需要社会工作者直接进入干预程序。社会工作者要辨别服务对象问题的迫切性和严重程度，从而决定何时和如何开始工作。对于离家出走的孩子和发现有被虐待危险的孩子，都需要决定是否跳过接案阶段，而提供紧急介入服务。

2. 【答案】B

【解析】对社会工作实践结果的研究显示，很多时候社会工作的助人活动无功而归，或不能完全达到计划的目标，是因为服务对象与社会工作者没有朝同一目标努力。当服务对象抱着一个确定的目标接受社会工作者协助，而社会工作者提供的帮助并不是他所想要的时候，服务对象往往会带着挫折感和失望而离开。社会工作者需要为自己与服务对象双方找到共同点，使服务对象与自己的工作朝向共同的方向。

3. 【答案】A

【解析】B项，在评估的过程中需要对服务对象表现以及是什么因素导致服务对象的改变进行评估，所以评估一定要有服务对象的参与，才能实现评估的目的；C项，社会工作评估的目的包括考察社会工作介入效果、服务对象进步情况及介入目标的实现程度，总结工作经验，改善工作的方法和技巧，提升服务水平，验证社会工作方法的有效性，进行社会工作研究；D项，评估包括过程评估和结果评估两种类型。

4. 【答案】C

【解析】某些特殊情况下，有些服务对象需要一个比较长的时间段来处理与社会工作者的分离，结案所花时间比较长，称为长期介入结案。长期介入结案的服务对象的问题一般比较复杂，对社会工作者的依恋较深，结案反应比较强烈。

5. 【答案】D

【解析】儿童的社会化是儿童逐步了解社会、掌握生存技能的过程，是人的社会化过程中的第一步，它要求儿童在其成长过程中通过个人和社会的交互作用，获得在语言、思维、情感等能力和行为方式。同辈群体在一个人的社会化过程中发挥着重要的功能。题中，晓旭的父母只许晓旭读书、做功课，不许晓旭出屋与小朋友一起玩耍，剥夺了晓旭社会化的需要。

6. 【答案】A

【解析】补充和改善家庭监护状况的内容包括：①亲职教育，是指为亲职不当的父母提供亲职教育，并跟踪辅导，以帮助父母纠正不当教养理念和行为，改善亲职状况，为儿童健康成长提供基本保障。②课后服务，是指所有为补充父母或儿童主要照顾者时间和精力不足而提供的儿童托管服务。它为临时无人看管儿童提供了安全和有积极意义的活动或者学习空间，降低了儿童因临时缺乏监护而面临的

各种风险，如意外伤害、被拐骗、结识社会不良青少年等。

7. 【答案】C

【解析】以家庭为中心的方法是指以儿童获得最佳照顾和保护为目标，针对儿童生活的家庭和社区开展的提升照顾儿童和保护儿童技能，改善社区儿童安全环境的社会工作专业实务方式。其方法要素包括：①以家庭为单位，社会工作者与家庭中的每一个人建立关系，联合全体家庭成员；②聚焦家庭功能，社会工作者通过提升家庭成员解决问题的能力，增强家庭发挥其功能的能力；③家庭全程参与，从问题界定，到潜能分析，再到服务方案制定和落实，家庭全程参与服务过程；④建立良好关系，儿童社会工作者与家庭建立相互信任、相互尊重、彼此坦诚和开放的沟通模式；⑤连接资源网络，儿童社会工作者帮助家庭连接社区支持网络。

8. 【答案】A

【解析】从文化方面可将青少年分成四种类型：①正直青年，指那些循规蹈矩的青少年，他们似乎不需要经历什么冲击或反叛行为便可过渡至成年期；②问题青年，指那些有越轨行为甚至犯罪倾向的青少年，他们不守纪律、爱游荡、性滥交、吸毒、惹是生非的行为被视为社会问题；③文化叛逆青年，这类青少年不甘平凡，喜欢标新立异，追求独特的文化或生活品味，建立自己的一套生活方式；④政治偏激青年，他们好打抱不平，认同并采取激进的行动，以追求某些理想或社会取向。

9. 【答案】D

【解析】青少年的本质特征是其发展性，青少年社会工作的根本目标是激发青少年自我发展、自我成长的潜能。青少年社会工作可以分为三类：①针对青少年的生理、心理和社会发展需要，提供社会资源，协助正常发展而设计的发展性青少年社会工作服务；②针对已经发生问题的青少年的个人、家庭、社区环境的不良因素而提供的矫正性青少年社会工作服务；③针对青少年个人及其家庭、学校、社区现况等方面的不良因素而开展的预防性青少年社会工作服务。题中，小马在地震中遭受了严重的精神创伤，其家庭生活也遇到了非常大的困难，社会工作者需要针对小马的情况提供治疗性青少年社会工作服务。

10. 【答案】B

【解析】亲职教育辅导服务的主要目标包括：①协助父母如何有效地扮演好做父母的角色；②协助父母了解孩子成长过程中，身心发展的特征以及发展中的阶段任务与危机；③强化父母与子女之间的沟通技巧与沟通渠道；④改善父母对子女的管教态度；⑤了解家庭气氛对子女成长的影响；⑥如何及早发现与辅导子女的异常行为表现。B项属于青少年人际沟通与相处技巧训练的主要目标。

11. 【答案】A

【解析】赫胥的社会连接理论认为个人与社会的联系可以阻止个人进行违反社会准则的越轨与犯罪行为，而当此种联系弱化时，个人就会无约束地随即进行犯罪行为。

12. 【答案】C

【解析】在青少年小组工作中，社会工作者需要让成员更清楚了解团体，向成员讲述团体的内容、目的及未来动向。在这个过程中，社会工作者扮演的角色是提供

密 封 线 内 不 要 答 题

咨询者。

13. 【答案】A

【解析】老年人处于人生的最后一个年龄阶段，老化是其最显著的特点，主要表现在三个方面：①生理的老化。一般认为人的各种器官达到成熟期后，会逐渐丧失其功能，这种逐渐丧失功能的现象就是老化。从生物学意义上讲，老年除了代表生理年龄的增加，也表示人体渐渐失去自我更新的能力。②心理的老化。心理学意义上的老化是指老年人个人的感官过程的变化。包括知觉、智力、解决问题、理解过程、学习及再学习过程、内驱力以及情绪等方面能力的降低，并由此而产生的反应迟缓现象。③社会的老化。社会学讨论社会互动过程与社会角色的变迁，因而认为老年人有老年人的角色。老年人满足了社会对老年人的期待与要求，即被认为与老年的社会角色相符合。

14. 【答案】D

【解析】老年社区照顾的特点是，社区照顾正在由服务导向型向需求导向型转变，即不是由机构根据自己的观点来决定提供什么样的服务，而是基于服务对象的需求来提供服务。

15. 【答案】B

【解析】老年社会工作会面临许多老年人的人生问题，如疾病、伤残、死亡等，社会工作者会不由自主地想到自己的晚年，对处理这些问题感到焦虑、沉重。而个人以往与老年人打交道的经历，特别是跟家中老人交往也可能导致对老年服务对象抱有特殊的感情，出现反移情。这可能会表现为对老人特别不好，缺乏耐心和关怀，也可能表现为对老人过度保护，想要“拯救”老人。题中，小胡对服务对象张老伯产生了一种厌恶，这是一种反移情现象。

16. 【答案】D

【解析】妇女社会工作的目标是呼吁和宣传全社会消除对妇女一切形式的歧视，宣传和普及马克思主义妇女观和男女平等的基本国策，倡导将社会性别敏感意识纳入决策主流，为妇女创造一个良好的社会发展环境。

17. 【答案】B

【解析】妇女社会工作的内容包括：针对特殊困难妇女群体的社会工作服务，以及针对全体妇女的社会工作服务。其中，针对特殊困难妇女群体的社会工作内容包括：①为失业女工提供的服务；②为单亲母亲提供的服务；③为家庭暴力中被虐待妇女提供的服务；④为进城打工妹提供的服务。题中，小燕和小丽属于进城打工妹，社会工作机构、社会工作者小张为她们提供的是妇女社会工作服务。

18. 【答案】B

【解析】增能(赋权)是指一个人感觉有一种自我控制的能力，尊重自己、充满自信，并且相信自己有能力改变现状。它是通过社会工作者和妇女之间的共同合作，让妇女有能力认识到自身的真实处境，引发她们对形成这种境况的社会因素进行思考，寻找解决的途径，并且通过采取具体的行动来改善处境。让妇女学会掌握生活空间，发掘潜力，提升动力，包括自我意识觉察(个人层次)、互助合作开拓资源与机会(人际层次)、摆脱或者改变受压迫的环境(环境层次)。题中，戏剧小组从编剧到完成的整个过程中采用的干预方法是妇女赋权。

19. 【答案】B

【解析】开展妇女社会工作，需要遵循一些独特的目标和原则。妇女社会工作的目标包括直接目标、中间目标和最终目标三个层次。其中，妇女社会工作的直接目标包括：①缓解压力和宣泄情绪；②重塑自信，提升对自我的认识；③解决妇女的实际困难和需要。A 项属于最终目标；CD 两项属于中间目标。

20. 【答案】D

【解析】职业康复是残疾人全面康复中的重要环节，是为残疾人获得并保持适当的职业，使其重新参与社会生活而进行帮助的方式，也是残疾人社会工作的一种特殊方法。其工作步骤为：①咨询；②评估；③培训；④就业指导。

21. 【答案】C

【解析】残疾人社会工作的总目标是尊重残疾人的公民权利，促进残疾人平等的社会参与，实现残疾人体面工作和尊严生活，推动残疾人树立“自尊、自信、自强、自立”观念，全面提升素质为社会做出更大贡献，达成“共建、共享、共融”的具有亲和力的文化，从而提升人类整体的生活质量。

22. 【答案】D

【解析】开展社区康复工作的有利条件包括：①社区建设工作已成为我国社会主义建设事业的组成部分；②社区中有配置较为合理的资源；③在社区中残疾人可以得到方便、及时的康复服务；④在社区中可因地制宜地为残疾人提供各种个性化的康复服务。

23. 【答案】B

【解析】残疾人环境友好权是指为残疾人享有平等社会生活创造无障碍环境的权利。无障碍环境包括物质环境无障碍、信息和交流的无障碍。消除社会性环境中阻碍残疾人参与的“物化”因素是环境友好的重要措施，主要包括：①物理环境(各类建筑物、道路和交通设施等)的无障碍；②信息交流环境无障碍；③公共服务无障碍；④政治参与无障碍等。题中，在道路设计中铺设盲道是为残疾人建设无障碍环境的体现。

24. 【答案】B

【解析】矫正对象的需要包括：①基本生存条件的保障需要；②教育、就业权益的保障需要；③正常家庭生活的需要；④再社会化的服务需要。题中，小军戒毒成功后，最先需要解决的是生活压力，也就是基本生存条件的保障需要。

25. 【答案】A

【解析】服务对象被拘押或被保释等待审判期间，其家人、亲友会因此受到冲击和拖累，尤其是作为犯罪嫌疑人的服务对象，其家中有年迈的父母和年幼的子女的，生活会因事件的发生而陷入困境。矫正社会工作者此时的工作介入，主要是针对这些陷入困境的犯罪嫌疑人的家人提供帮助。

26. 【答案】A

【解析】从对小组成员的影响和作用的角度看，小组工作的实施模式可以分为治疗模式和发展模式两类。在社区矫正工作领域，应选择以治疗为主的模式。治疗性小组工作模式也称为临床模式，其关注的中心是怎样运用小组工作来改变人的功能丧失与行为偏差，协助个人社会功能的恢复与行为的矫治。小组在这里是治疗

环境，也是治疗工具。

27. 【答案】C

【解析】对于矫正社会工作者而言，其大量的工作内容是与单个的服务对象打交道，因此，个案工作的专业方法是最常用的方法，也是最普遍的服务模式。

28. 【答案】A

【解析】社会工作研究是获取知识和发现事实的过程。在此过程中，社会工作及其他领域的理论和实务工作者使用社会研究方法，收集和分析与社会工作有关的资料，以协助实现社会工作目标。题中的论述体现的正是社会工作研究在社区矫正中的运用。

29. 【答案】D

【解析】优抚安置工作是国家依据法定的形式对现役军人、退役军人及其家属提供优待、抚恤和安置，以确保其生活水平不低于所在地平均生活水平的一项“补偿性社会保障制度”。

30. 【答案】D

【解析】军休社会工作的内容主要包括：①积极引导军休干部进行平民化角色转换，做好心理补偿和精神慰藉；②协助有关部门落实军休干部的政治待遇和生活待遇，依法维护军休干部的合法权益；③协助策划、组织形式多样的文体活动，积极培育自发性文体组织，丰富精神文化生活，实现“老有所乐”；④协助做好军休干部医疗保障工作，实现“老有所医”；⑤协助推进军休社区建设，整合社区资源，拓展服务内容，拓宽服务领域，推进服务管理社会化，便捷军休干部居家生活；⑥协助军休干部发挥自身综合优势，力所能及发挥余热，实现“老有所教”“老有所为”；⑦做好高危军休干部的临终关怀工作，引导正确面对生命的终点；⑧培训工作人员，促进专业服务的发展和服务质量的提高；⑨推动志愿服务，训练、组织和督导志愿者；⑩协助促进社会政策的良性改变，推进军休干部同步享受地方离退休干部待遇等。D 项，属于复原退伍军人安置社会工作的内容。

31. 【答案】A

【解析】当不再拥有国家行政命令的庇护、依靠自身竞争力立足就业市场时，既无学历优势、又无专业特长的退役士兵将如何度过从军队到地方的转化期，顺利完成告别军旅生涯、选择新职业、从业准备、稳定就业的全过程，是社会各界关注的焦点，社会再适应就成为社会工作介入的重点。

32. 【答案】C

【解析】小组中期的内容是环境探知。这一阶段主要是让复员退伍军人增加对个体和所处环境的了解，从而有针对性地进行改善提升，在此基础上，帮助组员更好地进行职业选择和准备。C 项，引导复员军人进行心态调适是小组初期的内容。

33. 【答案】D

【解析】复员退伍军人安置社会工作，个案介入旨在增强服务对象的自我能力，以应对新工作和新生活的压力。社会工作者主要担当同行者的角色，陪同服务对象走出困境，走过职业转向的特殊时期。

34. 【答案】B

【解析】最低生活保障制度有一套严格的申请审批程序。在申请过程中，社会工作

者可以帮助救助对象了解申请程序和申请方法。主要包括：①帮助申请人判断是否具备申请的条件；②以家庭为单位，帮助户主向户籍所在地的乡镇人民政府(街道办事处)提出书面申请，并如实提交所需的材料；③协助申请人接受乡镇人民政府(街道办事处)和社区居(村)委会开展的入户调查、社区评议等活动，并如实反映掌握的有关情况。

35. 【答案】B

【解析】组织开展灾后社区人居环境重建的内容有：①评估社区房屋、公共设施、生命线工程的重建需求；②组织受灾群众参与恢复重建活动；③征集受灾群众意见，向地方政府提出社区重建规划建议；④协助地方政府监督管理重建工程建设进展。

36. 【答案】C

【解析】社会工作者应当建立特困人员的健康档案，了解他们的身体健康状况，对于所患疾病实时监控、动态管理，定时进行康复和救治。联系社区医院或者专门机构为特困人员定期体检。一般性的体检以及小的疾病，可以通过设立在供养机构的医务室给予治疗；需要到当地医疗机构住院治疗的，还要及时联系医疗保险和医疗救助部门，协调解决治疗费用问题，这些都属于社会工作者提供的疾病治疗服务。

37. 【答案】B

【解析】社会救助社会工作的过程具有持续性特征，其服务过程不仅要协助政府经办机构为救助对象发放救助款物，及时解决贫困群众的生存困难，使他们脱离险境，同时还要设法逐步增强他们生活的能力和战胜贫困的信心。这是一个持续性的服务过程。

38. 【答案】A

【解析】量表是社会工作者经常使用的工具之一。一些社会工作者在和救助对象交流之前都会先使用基本资料的表格，了解救助对象的姓名、家庭地址、通信方式、家庭结构、婚姻状况、问题描述等。有时候社会工作者也使用一些量表，例如人际关系量表、婚姻满意度量表、个人问题清单等。社会工作者使用量表的时候要注意信度和效度，给出科学的解释。

39. 【答案】A

【解析】社会工作基本假设中的生态视角特别强调社会环境中重要他人的影响。对于进城务工家庭的子女来说，学校的班主任老师是社会环境中的重要他人，对改善进城务工家庭子女的学习状况和家庭沟通交流状况发挥着重要的作用。

40. 【答案】C

【解析】婚姻辅导是指针对夫妻的婚姻状况而开展的服务活动，涉及夫妻角色的界定、扮演以及相互之间沟通交流方式的改善等。婚姻辅导涉及的内容很多，不同的问题可以采取不同的方法。例如，关注夫妻角色学习的，可以运用行为学习理论作为指导；注重夫妻沟通交流方式改善的，可以运用家庭系统理论；强调夫妻平等关系的，可以采用性别视角。

41. 【答案】A

【解析】家庭社会工作者在介入阶段主要承担着支持者、教育者、咨询者、使能者

密　封　线　内　不　要　答　题

和资源的调动者等不同角色。其中，支持者是指社会工作者在了解受助家庭成员资源限制的同时，认识和调动受助家庭成员的能力，并在此基础上与受助家庭成员建立积极、信任的合作关系，推动受助家庭成员发生积极的改变。

42. 【答案】A

【解析】培养学生抗逆力的方法主要有：①促进亲社会联结；②建立清楚一致的行为和规范；③教授生活技能；④提供关怀与支持；⑤建立和表达高期望；⑥提供机会，促进参与。促进亲社会联结可采用以下步骤：①组织学生活动，使学生之间多接触、多交流，相互学习，彼此鼓励，建立健康的同辈关系；②创造机会吸引父母参与学校工作，使孩子与父母在共同工作中加强联结；③在教育和教学环节中促进师生沟通，增进信任，加强关系，形成和谐民主的师生关系。

43. 【答案】C

【解析】在增强学生明确自我身份和有效处理冲突的社交能力方面，学校社会工作的内容包括：①协助学生建立国民身份认同；②协助学生认识自己所生活的城市或乡村，从而认同自己的城市居民或农村村民身份；③协助学生通过对居住在家乡的各地人士的了解，明白在日常生活中不应歧视来自不同地区的人士，以建立和谐互助的社会。

44. 【答案】A

【解析】学校社会工作的基本特点有：①专业性；②科学性；③艺术性；④网络性。其中，专业性特点是指学校社会工作以各种社会科学知识，包括教育学、社会学、心理学的基本理论、研究范式、学术标准、研究方法等，探究学生的社会和心理需要、心理特征、心理困惑，化解冲突，协调人际关系，促进生活幸福。

45. 【答案】B

【解析】学校社会工作者对处于学业困境学生的辅导主要采用以下几种方法：①个案帮助；②团体互助；③与任课教师合作；④整合社会资源。其中，对那些在学习障碍方面存在共性的学生，可以采取小组工作的方法，把面临同样问题的学生组成一个小组，让他们彼此分享经验和感受，从而达到互相鼓励、互相促进的效果。

46. 【答案】C

【解析】在社区服务(活动)方案执行的结束阶段，主要进行的工作包括：①经费报销；②对服务资料及时归档；③对专业社会工作者和志愿者进行表彰；④对服务(活动)成效进行评估。C 项，属于社区服务(活动)方案执行的服务活动阶段所要进行的工作。

47. 【答案】B

【解析】家庭生活教育是一种通过讲座、宣传、知识竞赛和娱乐活动等方式增进家庭成员的生活常识，改善家庭成员的沟通交流的服务活动，其目的是促进家庭成员关系的协调，增强家庭的社会功能，提高家庭成员的生活质量。题中，王某所进行的工作属于家庭生活教育。

48. 【答案】A

【解析】协商是指社区进行建设和改造时，邀请受此影响的社区居民一起了解和讨论计划内容，推动居民成为决策过程中的一份子。不过，虽然居民被邀请参加了

决策过程，但社区建设或改造的最初设计者通常会设定讨论议题的范围，限定其他参与者的决策权。

49. 【答案】C

【解析】补偿式教育是指通过社区教育课程及其有系统的活动补偿社区居民没有接受的正规教育的知识空间。以非正规的教育方式，从经验出发，提供必须的知识和技能。社区社会工作者所开展的补偿式教育，主要是针对其服务的群体(中下阶层)的特征，通过提供一些成人课程和教育机会，重点帮助他们掌握社会结构、投诉途径、公民权益等知识，改善他们在这些方面存在的知识欠缺。

50. 【答案】A

【解析】在社区参与的层次和形式中，从过程层面看：①不需要教育或能力，也不需要权力、责任和沟通的是告知；②最需要教育或能力，也需要权力、责任和沟通的是社区自治。

51. 【答案】C

【解析】医务社会工作的功能中，多专业协调与合作是指与医院内部或者社区机构的工作人员联系，讨论病人及其家属如何采用有效的方法获得预防疾病、照顾病人等服务，也讨论病人的社会心理功能，包括个案研讨会等。

52. 【答案】C

【解析】社会工作是以人的尊严和价值为核心的专业助人工作，除了遵守一般社会工作伦理守则以外，还特别要注重相关特殊议题，包括：①隐私保护，如疾病咨询、病历记录等；②有限资源的有效利用，特别是在对于服务对象决定治疗方案或放弃治疗时；③安乐死，我国目前还没有相关明确法律规定；④药物或临床研究，必须遵守相关不伤害和告知原则，包括“知情同意书”也必须通过相关伦理委员会讨论通过。

53. 【答案】B

【解析】健康教育和培养良好生活习惯特别适合运用小组工作方法，包括：①合理膳食、控制体重、适当运动、心理平衡、改善睡眠、限盐、控烟、限酒、控制药物依赖、戒毒等健康生活方式和干预危险因素的健康教育；②慢性疾病的管理、康复和疾病适应，如高血压、糖尿病和肾脏病的控制等；③在社区中通过孕妇减压小组、孕期知识教育小组，帮助孕妇应对压力、处理焦虑、提升照顾新生儿的能力、降低产后抑郁病的发生率等。题中，社会工作者可运用小组工作法帮助黄先生戒酒以使其养成良好的生活习惯。题中，进行相关的卫生宣传以及疾病的预防与监控属于公共卫生社会工作服务。

54. 【答案】D

【解析】根据我国卫生部《国家基本公共卫生服务规范(2011 年版)》中的规定，在国内展开的基本公共卫生服务有 11 项，包括：①城乡居民健康档案管理；②健康教育；③预防接种；④0～6 岁儿童健康管理；⑤孕产妇健康管理；⑥老年人健康管理；⑦高血压患者健康管理；⑧2 型糖尿病患者健康管理；⑨重性精神疾病患者管理；⑩传染病及突发公共卫生事件报告和处理；⑪卫生监督协管服务规范。

55. 【答案】D

【解析】妇产科医务社会工作中常见的话题有：①疾病适应问题。无法适应治疗及

其副作用。如尿、便失禁，呕吐、疼痛、丧失食欲等；对疾病不了解、误解、不能配合治疗。特别是家属要求隐瞒病情时，情形更严重。②心理的调试问题。对性焦虑，担心影响性生活；自我形象的焦虑，性角色、性能力的担忧。③经济问题。长期的医疗费用负担，形成压力及实际困难。④情绪问题。否认、沮丧、恐惧、无助、焦虑等心理反应。⑤家庭问题。夫妻关系改变或更加恶化。题中，产妇小林出现产前沮丧、恐惧、焦虑等心理，属于妇产科医务工作中常见的情绪问题。

56. 【答案】A

【解析】医务社会工作中的团队合作是指社会工作者与医疗团队合作，为患者提供服务，并就心理社会议题培训其他医疗专业人员。

57. 【答案】C

【解析】因地制宜开展和设计有特色的服务项目是企业社会工作的主要任务。不同类型企业的社会工作会具有各自不同的特点。每一个企业在规模、所处的社会环境、自身的企业文化及发展战略的不同，决定了不同企业提供和承载的社会工作会有很大的差异性。

58. 【答案】A

【解析】作为咨询辅导者，企业社会工作者主要是为企业职工就职业和生活问题提供咨询辅导。如果职工不清楚不了解所在岗位是否会经常接触职业危害因素，是否会患职业病，作业场所应有哪些安全防护措施，应有什么操作程序规定，或受到职业伤害后如何应对，如何保护自身的正当权益等问题时，就可以向社会工作者咨询相关信息。社会工作者会帮助职工明确其所工作的环境和条件，厘清其需求，弄清其所担忧的问题，寻找各种解决方法和途径，发展职工自身应对环境的能力。

59. 【答案】D

【解析】社会工作者运用个案社会工作的方法，对职工及其家庭进行与工作、生活相关问题咨询、协助，对情绪进行疏导，改善职工的社会支持与资源状况，平衡家庭和社会关系、化解矛盾和冲突。企业个案工作的过程是接案、预估、计划、介入、评估与结案。

60. 【答案】C

【解析】题中，社会工作者致力于为工业园内的企业与职工提供服务，促进园区的长期和谐发展，可见服务对象是全体企业员工，主要目的是促进彼此和谐发展，因此，社会工作者使用社区工作方法更有利于该工业园区的发展。A 项，个案工作主要协助职工解决在工作生活中碰到的直接的实际的问题和困难；B 项，小组工作主要用于劳动关系协调中的个人或小组问题的解决；D 项，行政工作范围太窄。

二、**多项选择题**(共 20 题，每题 2 分。每题的备选项中，有 2 个或 2 个以上符合题意，至少有 1 个错项。错选，本题不得分，少选，所选的每个选项得 0.5 分)

61. 【答案】ABCE

【解析】服务对象的来源包括：①主动求助者，是一个人、一个家庭或团体带着超出他们能力之外而不能解决的问题主动前来寻求帮助；②由他人介绍或机构转介

来的，是由社区内的相关部门或邻居发现某人、家庭或团体因存在严重的个人、家庭或群体问题而影响了正常的社会功能发挥，从而要求社会工作者介入帮助他们解决问题；③由社会工作者通过外展工作而成为服务对象的，是指那些既不是自己主动求助，也不是由他人或机构转介而来的服务对象，而是由社会工作者主动接触并使他们接受服务的人。

62. 【答案】BCDE

【解析】社会工作者制订服务计划的原则包括：①要有服务对象的参与。在制订服务计划时，要注意以服务对象为中心，让服务对象参与计划的制订。②要尊重服务对象的意愿，在制定目的和目标时，社会工作者要考虑服务对象的愿望，要与服务对象分享对目的和目标的期望。③详细和具体。详细、具体的计划能够给社会工作者和服务对象提供行动的指示，促进改变的发生。④计划要与工作的总目的、宗旨相符合。制订计划的意义在于，激发服务对象和社会工作者投入行动，朝向共同的方向以获得改变和成长。

63. 【答案】BCE

【解析】宏观层面的青少年社会工作是指组织和社区社会工作，或者是针对法规或政策而进行的倡导或改变性工作，如建立青少年组织，开展社区工作，进行青少年法规、政策或制度的修改及倡导工作等。A 项属于中观层面的青少年社会工作；D 项属于微观层面的青少年社会工作。

64. 【答案】ABCE

【解析】艾瑞克·伯恩的沟通分析论的主要内容有：①人格结构分析，每个人都是由三个独立的自我状态：父母、成人、儿童组合而成一个个体，三者交互作用，会呈现个人的行为表现。②沟通分析，人与人之间沟通的通常形式是互补式、交叉式、暧昧式。③脚本分析，每个人从早年开始，因受父母及成长环境的影响，就已写定了自己的“生命脚本”，每个人乃是依据此脚本去计划自己的生活。④游戏分析，卡普曼戏剧三角论把人们在沟通中的角色分为压迫者、拯救者和牺牲者三类。

65. 【答案】ABCE

【解析】社会工作者在老人濒临死亡时要做的重要工作有：①提供情感支持。协助老年人及其家人处理伴随濒临死亡而带来的多种复杂的情绪，敞开心扉，处理未了的事宜。②代表老人及其家人争取合理权益。代表他们跟其他专业人员打交道，确保医护人员能敏锐地体察和理解老人及其家人的需要。③提供相关资料和信息。帮助老人及其家人得到有关病情、备选处置方案、预留治疗指示、临终关怀和支持性服务的相关资料和信息。④做丧亲辅导。帮助老人及其家人把丧亲视为一个过程，一个长期的系列调整过程，在生活方式和态度上有所改变。

66. 【答案】BCDE

【解析】贯彻和落实《妇女权益保障法》是妇女社会工作的艰巨任务。全社会要维护妇女的特殊权益，促进妇女在就业、教育、参政、婚姻、家庭等方面的平等机会和发展权利，改善妇女的贫困状态，保护妇女不再遭受家庭暴力、性侵犯、被拐卖等威胁。

67. 【答案】ABD

密封线内不要答题

【解析】《残疾人保障法》中第二条对残疾人的定义，在范围上更显完整，基本上概括了残疾人的基本特征，对残疾人的理解上不仅包含了身体上的缺陷而带来的器官的丧失或者不正常，而且也包含了心理上的功能障碍而带来的精神和智力层面的残疾。在概念运用上完全实现了由"残废"向"残疾"转型，在范围界定上也把更多的残障人士纳入残疾人范围。

68. 【答案】ABCD

【解析】根据残疾人社会工作的特点，社会工作实务主要涉及的方法包括：①个案管理，帮助残疾人及其家庭增强其在经济、政治、文化和社会领域的影响力；②社区康复，为残疾人及其他康复对象提供有效、可行、经济的全面康复服务；③社会康复，帮助残疾人全面康复、回归社会生活的主流；④职业康复，为残疾人获得并保持适当的职业，使其重新参与社会生活而进行帮助的方式；⑤教育康复，从出生到入学年龄前的残疾婴幼儿和少年儿童的早期干预，以及义务教育阶段后的与职业康复、就业安置等相关工作中的教育工作。

69. 【答案】BCD

【解析】矫正社会工作针对罪犯的功能与作用主要包括：①监管功能。对非监禁罪犯实施监管的目的是通过限制一定程度自由的办法对犯罪行为作一定补偿，通过监管预防其再犯罪。②矫正功能。矫正社会工作者通过运用专业的理论、知识、方法和技巧，使犯罪者或具有犯罪倾向的违法人员得到生理上、心理上、思想上和行为上的矫正治疗，从而重新融入社会，成为其中的正常成员。③服务功能。矫正社会工作的服务贯穿整个刑事司法过程，其内容涵盖生活照料、经济支持、疾病医治、心理辅导、就学就业指导、家庭关系调适等，服务手段包括直接的专业服务、转介性的间接服务等。

70. 【答案】CD

【解析】服务对象被拘押或被保释等待审判期间，其家人、亲友会因此受到冲击和拖累，矫正社会工作者此时的工作介入，主要是针对这些陷入困境的犯罪嫌疑人的家人提供帮助，为因事件发生而陷入经济困难的犯罪嫌疑人的家人寻找社会资源以维持生计。如帮助申请社会救济、帮助寻找暂时性工作等。

71. 【答案】ABDE

【解析】军休干部的需要主要包括：①军队情结的需要。军休干部是一个相对特殊的社会群体，具有明显的排他性。②社会尊重的需要。军休干部是一个政治上相对强势、生活上相对优势的群体，离退休后更渴望得到社会的尊重。③健康维护的需要。多数军休干部患有不同程度的疾病，对医疗保障需求高。④多元养老的需要。军休干部群体中，空巢老人多，独居老人不少，对家庭养老、居家社区养老和机构养老的需求不断增强。⑤社会参与的需要。军休干部具有丰厚的政治优势、经验优势、智慧优势，"离休不离志、退休不褪色"，社会参与意识强。

72. 【答案】AB

【解析】协助增强服务对象对医院环境的适应包括：①解释医院的有关规定；②帮助服务对象善于运用医院的设备，充分利用医院提供的医疗、康复服务，尽量预防伤、病、残的蔓延和复发。CDE 三项属于协助处置服务对象及家庭的问题。

73. 【答案】ABCD

【解析】社会救助社会工作是指在社会救助领域，社会工作者根据社会救助的性质与特点，以社会工作价值理念为指导，以社会工作的专业理论为依据，采用社会工作专业方法与技巧，为社会救助对象提供专业服务的过程。其主要特点包括：①救助对象的多样性；②救助类型的复杂性；③工作过程的持续性；④工作方法的融合性；⑤工作依据的政策性。

74. 【答案】ACD

【解析】一般来说，人们遭遇危机后的反应可分成三个阶段：①初始的紧张和惊吓。人们可能会否认有这种危机事件的发生，并且用平常处理紧急问题的技巧来降低紧张情绪，但是这不仅不能减轻问题带来的紧张情绪，反而有可能加剧紧张。②个人或者家庭出现严重的紧张情绪。如混乱、无助、沮丧、焦虑，情绪反应的程度和事件本身的性质以及个人的反应和承受能力有关联。③个人或者家庭采用不同的反应策略并观察这些策略是否有效。如果没有起作用，那么紧张以及焦虑的情绪会持续放大并互相影响。

75. 【答案】ABDE

【解析】社会工作者需要与受助家庭成员一起讨论如何解决整个家庭面临的问题，明确服务介入的目标和基本要求，并且与受助家庭成员签订服务合同。服务合同的基本内容包括：服务介入活动的目标、家庭会谈的时间和次数、家庭会谈的地点、参加会谈的家庭成员以及基本要求等。

76. 【答案】ACDE

【解析】对有违纪违法行为的学生开展社会工作要形成整合的观点，具体做法有：①深入细致的个案工作。学校社会工作者可以利用个案辅导，探究问题行为的真正原因。针对具体原因，制订介入计划，实施辅导。②建立团体，形成正向影响。通过组建兴趣小组、交流小组等互助成长小组，让学生们在小组中发泄情绪与压力，获得彼此支持，交流成长体会，学习成长经验，增强正向动机，帮助学生获得成就、提高自信。③关注家庭，凝聚力量。通过家访了解家长的管教方式、亲子关系及家庭状况，利用家长会传授亲子教育方法，帮助家长识别并改变孩子的问题行为。④开发社会资源，争取社会支持。学校社会工作者应努力协调当地公安、警察、校外教育机构一起行动，取缔社区内的不良场所，防止不良因素对青少年的影响，消除暴力隐患。

77. 【答案】ABD

【解析】社会工作者在挖掘资源的过程中，需要做到：①重视挖掘社区中的人力资源，如培养社区骨干、招募和组织志愿者等；②重视社会政策研究工作，通过对相关立法、政策、规章的分析，为社区居民和服务对象寻求政府资源的支持；③重视辖区单位(或组织)的资源发展工作，通过推动辖区内政府、事业单位、企业和公益性民间组织的合作，推动社区建设，促进社区和谐。

78. 【答案】AB

【解析】儿童医院社会工作中，对儿童患者而言，社会工作者应该帮助其适应医院环境和治疗过程，降低其对于医院和治疗的恐惧感，采用适合患者生理、心理发展阶段的社会工作方法，如游戏治疗、艺术治疗等，与患者建立良好的专业关系，通过促进患者情感的表达帮助其认识疾病、适应治疗环境，缓解其因疾病产

生的心理和行为问题。

79. 【答案】ABCD

【解析】针对糖尿病患者，医务社会工作者小杨可以从以下五个方面为宋大爷提供服务：①在医疗适应方面，协助患者对于病情或医疗的了解和适应等；②在疾病认知方面，对患者进行健康指导，包括疾病、治疗、康复及饮食等知识介绍等；③在心理情绪支援方面，为患者因疾病及治疗而引起的情绪困扰提供情绪支援；④在家庭支援网络层面，为患者家属提供资源，解决家庭因疾病而引起的各类困扰；⑤在出院照顾方面，协助患者对疾病自我管理能力的学习等。

80. 【答案】CE

【解析】目前从事企业社会工作服务的社会组织，主要有两大类：①专门以企业社会工作为服务目标和服务领域的社会工作事务所；②提出企业社会工作服务方向和服务项目要求，并提供一定的项目经费支持和项目过程监督的协会、基金会等。社会组织中的企业社会工作者开展工作的方式大致有两类：①在企业外围为企业职工提供各种相关服务，企业主和企业的管理层对社会工作者持有戒备心理；②通过某种途径与企业管理层达成合作协议，以进驻企业的方式为企业职工及其家属提供社会工作服务。AB 两项属于企业内的企业社会工作者的不同组织载体；D 项，社会工作站是承载政府、企业购买的社会工作服务项目以及承接企业为职工及其家属提供转介服务的重要载体。

U1060896

密封线内不要答题